Friedrich Karl Gottlob Hirsching

Historischliterarisches Handbuch berühmter und denkwürdiger Personen,

welche in dem 18. Jahrhunderte gestorben sind oder kurzgefaßte biographische und historische Nachrichten von berühmten Kaisern, Königen, Fürsten, großen Feldherren

Friedrich Karl Gottlob Hirsching

Historischliterarisches Handbuch berühmter und denkwürdiger Personen,
welche in dem 18. Jahrhunderte gestorben sind oder kurzgefaßte biographische und historische Nachrichten von berühmten Kaisern, Königen, Fürsten, großen Feldherren

ISBN/EAN: 9783743466159

Hergestellt in Europa, USA, Kanada, Australien, Japan

Cover: Foto ©ninafisch / pixelio.de

Weitere Bücher finden Sie auf **www.hansebooks.com**

Historisch-litterarisches Handbuch

berühmter und denkwürdiger Personen,

welche in dem 18. Jahrhunderte gestorben sind;

---

oder

kurzgefaßte biographische und historische

Nachrichten

von

berühmten Kaisern, Königen, Fürsten, großen Feldherren, Staatsmännern, Päbsten, Erz- und Bischöffen, Cardinälen, Gelehrten aller Wissenschaften, Malern, Bildhauern, Mechanikern, Künstlern und andern merkwürdigen Personen beyderley Geschlechts.

Herausgegeben

von

Friedrich Carl Gottlob Hirsching,

Doctor und Professor der Philosophie auf der Universität in Erlangen, und verschiedener gelehrten Gesellschaften Mitglied.

Fünfter Band. Zweyte Abtheilung. Middleton — Mustapha.

===

Leipzig,

im Schwickertschen Verlage

1801.

Middleton, Cenyers, ein gelehrter und scharfsinniger Englischer Theolog, der Sohn eines Geistlichen in Yorkshire, ward zu Richmond geboren. Sein Vater, der außer seiner Pfründe ein gutes Vermögen besaß, wendete viel an seine Erziehung. In seinem 17ten Jahr begab er sich nach Cambridge, ward 1707. Magister, und zwei Jahre darauf vereinigte er sich mit verschiedenen andern Mitgliedern seines Collegium in einer Bittschrift an den Dr. Moore, damaligen Bischof von Ely, als an ihren Visitator, gegen den berühmten Dr. Bentley, ihren Vorsteher. In seinen frühern Jahren glaubte man nicht von Middleton, daß er große Talente besitze, und damals, als er sich in den Streit mit Bentley einließ, war seine Aufmerksamkeit mehr auf Musik als auf Studieren gerichtet. Dies veranlaßte Bentley, ihn spöttisch den Fiedler zu nennen, und vermuthlich mag die Welt dieser Spötterei die vielen vortreflichen Werke, die er hernach hervorbrachte, zu danken haben.

Kaum hatte sich Middleton in das gerichtliche Verfahren gegen Bentley eingelassen, so entzog er sich auch seiner Gerichtsbarkeit; denn er verheurathete sich mit einem sehr reichen Frauenzimmer, und erhielt zugleich mit ihr eine Pfarrstelle, die sie zu vergeben hatte, auf der Insel von Ely, die er aber bald nach einem Jahr niederlegte, vermuthlich, weil sie nicht viel eintrug. Als König Georg I. im October 1717. die Universität Cambridge besuchte, ward Middleton, nebst verschiedenen andern, auf Befehl zum Doctor der Theologie ernannt, und war er, der den berühmten Proceß gegen den Dr. Bentley, der bei der Nation einen so großen Lerm machte, zuerst in Bewegung setzte. Nach der großen Erweiterung der öffentlichen Bibliothek zu Cambridge erhielt Middleton zuerst das neue Amt eines Oberbibliothekars.

Nach dem Tode seiner ersten Gattin reisete Middleton durch Frankreich nach Italien, und kam im Anfang des J. 1724. zu Rom an. Viel Muße und seine schwächliche Gesundheit bewogen ihn zu dieser Reise nach Italien, woselbst ihm, ob er gleich als ein Protestant bekannt war, dennoch von den vornehmsten Personen in der Kirche und im Staat mit besonderer Achtung begegnet ward. Sein allzu großer Aufwand, um seinem Posten zu Cambridge Ehre zu machen, und die Ausgaben, zu welchen ihn seine sehr große Liebe zu allen Merkwürdigkeiten verführte, verursachten in seinen Finanzen eine kleine Unordnung. Er kehrte daher 1725 über Paris nach England zurück.

Im J. 1731. ward er zum Professor nach der Woodwardischen Stiftung ernannt, und 1732. ließ er seine Inaugural-Rede drucken. Ueber die Foßilien Vorlesungen zu halten, war eben kein Geschäft, das seinem Geschmacke angemessen war, und worauf er sich eigentlich gelegt hatte, er legte also diese Stelle 1734. nieder. Bald darauf heurathete er seine zweite Frau, und als auch diese starb, seine Dritte. Artig ist die Anecdote, welche man von dieser erzählt. Nach Middletons dritter Verheurathung besuchte ihn der Bischof Gooch, und da er selbst noch nicht zugegen war, sagte er zur Madame Middleton: „er freue sich, daß sie die Alten nicht so sehr verachte, als ihr Mann es thäte." Worauf sie erwiederte: „sie hoffe nicht, daß der Bischof ihren Mann schon unter die Alten rechnen würde." Der Bischof antwortete: „Sie, Madame, können davon am besten urtheilen.

Middleton starb, nach der Meinung der Aerzte an einem schleichenden hectischen Fieber, und an einer Unordnung in der Leber, am 28. Jul. 1750. im 67sten Jahr seines Lebens, zu Hildersham in der Cambridgeshire, einem Landgut, das er sich erkauft hatte. Er war zu seiner Zeit unter den Englischen Theologen, was man unter den Rechtsgelehrten einen eleganten Juristen zu nennen pflegt, wie sein Leben Cicero's, und seine Abhandlung über den Römischen Senat, bezeugen. Nach seinem Tod erschienen zu London seine Miscellaneous Tracts, worin manche Abhandlungen mit zu den ersten und wichtigsten Versuchen gehören, wodurch zu einer liberalen Denkungsart in der Theologie der Weg gebahnt ward. Er legte sich vorzüglich auf das Studium der Alterthümer, und reisete auch in dieser Absicht nach Italien.

Dr. Warton in seinem Versuch über Pope, Band 2. S. 322. sagt von Middleton: „sein Styl, den man gemeiniglich für rein hält, ist mit vielen gemeinen und unverständlichen Ausdrücken befleckt. — In den Uebersetzungen jener vielen Briefe des Cicero, die er in seine Lebensbeschreibung eingerückt hat, ist er nicht glücklich gewesen; so merkwürdig sie auch sind, so unterbrechen sie doch den Faden der Erzählung." Eben dieser Gelehrte versichert: „das Leben des Cicero hat dem Dr. Middleton sehr viel Ehre und eine große Summe Geldes verschaft." Es ist, besonders für jüngere Leser, ein angenehmes und nützliches Werk, da es von einem sehr wichtigen Zeitraum in der Römischen Geschichte, und von den Personen, die vornemlich in diesen wichtigen Begebenheiten interessirt sind, eine viel umfassende Vorstellung macht. Es ist bemerkenswerth, daß er, ohne es anzuzeigen, einem artigen und wenig bekannten Buche vieles zu danken habe. Es führet den Titel: G Bellendini, Scoti, de tribus luminibus romanorum libri XVI. Parif. apud Taffanum du Bray, 1634. folio. Es enthält eine Geschichte Roms, von der Erbauung der Stadt bis zur Zeit des Augustus, mit den eigenen Worten Cicero's, ohne irgend eine Abänderung irgend eines Ausdrucks, abgefaßt. In diesem Buche fand Middleton einen jeden Theil von Cicero's Geschichte in seinen eigenen Worten, und seine Werke in chronologischer Ordnung gestellt, ohne dabei weitere Mühe zu haben. Da die abgedruckten Exemplare dieses Werks nach England eingeschifft waren, so giengen sie in dem Schiffe, das durch Sturm verschlagen ward, verloren, und nur die wenigen Exemplare, die man in Frankreich zurück gelassen hatte, blieben übrig."

Middleton schrieb viel, und hatte auch mancherlei Streitigkeiten. Von seinen Schriften bemerke ich:

Bibliothecae Cantabrigensis ordinandae methodus quaedam, quam — proponit *Cuniers Middleton* S. T. P. academiae Protobibliothecarius. Cantabr. 1723. 32 Seit. in 4. Eine bei uns sehr seltene Schrift, die nachher auch in den dritten Theil seiner zusammen gedruckten Werke aufgenommen wurde. De medicorum apud veteres romanos, degentium conditione dissertatio, qua contra viros celeberrimos, *Iacob. Sponium* et *Richard Meadium*, medicinae doctores, servilem eam fuisse ostenditur. Cantabr. 1726. 4 Bog. in 4. Gegen die dawider gemachten Einwendungen vertheidigte sich Middleton in folgender Schrift:

Dissertationis de medicorum Romae degentium conditione ignobili et servili, contra anonymos quosdam notarum brevium, responsionis atque animadversionis auctores, defensio. Cantabr. 1727. 4. Middl. änderte zwar hier in etwas seine Meinung, allein seine Gegner schwiegen nicht. Der Lehrer der Beredsamkeit am Greshamischen Collegio, Joh. Wardt, schrieb: Dissertationis Middletonii de medicorum Romae degentium conditione ignobili et servili defensio examinata. — Der Hausprediger des Herzogs von Montagu, Carl la Motte, schrieb englisch: An essay upon the stade and condition of physicians among the antients, occasioned by a late dissertation of the reverend Dr. Middleton, asserting, that physick was servile and dishonourable among the old romans, and only practis'd by slaves and the meanest of the people. Lond. 1728. 8. 48. Seit. — Und in Teutschland that eben dieses Joh. Heinr. Schulze zu Halle, in seiner Disputation: excursio in antiquitates ad servi medici apud graecos et romanos conditionem eruendam, die 1733. gehalten ward. Auch soll Joh. Christian Wolf in Hamburg eine Schutzschrift für die Aerzte herausgegeben haben.

A letter from Rome, shewing an exact conformity between Popery and Paganisme, or the religion of the present romans, derived from that of their heathen ancestors. Lond. 1729. 4. Dritte Aufl. eb. 1733. 4. Vierte Aufl. die ansehnlich vermehrt ist, eb. 1741. 4. Ein Auszug aus derselben stehet Bibl. raisonnée T. XXXIII. p. 284. Fünfte Aufl. eb. 17.. Ins Teutsche übersetzt, Frankft. am Main, 1738. 8. Französisch, unter der Aufschrift: Conformité des Cérémonies modernes' avec les anciennes, ou l' on prouve, que les cérémonies, de l' eglise rom. sont empruntées des Payens. Amst. 1744. Voll. II. in 12. Auch bei dieser Schrift bekam Middleton Gegner, darunter Warburton der wichtigste war. Man sehe: (Strodtmanns) Beiträge zur Historie der Gelahrtheit, 3. Th. S. 244. u. fg. Ein vortheilhaftes Urtheil über diese Schrift, welches unserm Middleton mag gefallen haben, lieset man in der Bibl. britannique, 1. B. S. 107. denn S. 128. heißt es: Notre auteur écrit avec beaucoup de jugement, son stile est net, il a une grande connoissance des antiquités et des auteurs grecs et latins."

Tindal, ein Englischer Gottesgelehrter, wollte beweisen, daß das Christenthum so alt, als die Welt, und daher keine Offenbarungen Gottes nöthig seyen. Unter den vielen Engländern, welche sich dieser Meinung widersetzten, war auch der Theolog, Daniel Waterland. Er vertheidigte in einer kleinen Schrift das göttliche Ansehen der heil. Schrift, worauf Middleton, doch ohne sich zu nennen, zum Vortheil Tindals, eine Vertheidigung herausgab, und dadurch in diese Streitigkeit verwickelt und zu mehreren Schriften gereizt wurde. Die dabei herausgekommenen Streitschriften sind in Rathlefs Geschichte jetztleb. Gelehrten, 1. Th. S. 174 — 191. verzeichnet.

Dissertation concerning the origin of Printing in England. Cantabr. 1735. gr. 4. und in seinen zusammen gedruckten Werken (Lond. 1752. 4.) 3ten Th. no. 13.

History of the Life of Marcus Tullius Cicero. Lond. 1741. gr. 4. (diese erste Ausgabe ist äußerst selten, weil sie der Verf. auf eigene Kosten hat drucken lassen). Dublin. 1741. II. Voll. in 8. (Auch diese Ausgabe ist selten). London 1742. III. Voll. in gr. 8. Edit. IV. ibid. 1753. III. Voll. in 8. Edit. V. ibid. 1755. III. Voll. in 8. Edit. sexta, ibid. 1757. II. Voll. in 4. Im Nachdruck, Basel, 1788. 4 Bände in gr. 8. Französisch (von Anton Franz Prevost D' Exilles) aber flüchtig übersetzt, Paris, 1742. 4 Bde. in 12.; ebend. 1743 — 1744. 5 Bde. in 12.; ebend. 1749. 4 Bände in 12. (Diese Ausgabe wird auf dem Titelblatt die zweite genennt, da sie doch die Dritte ist). — Diese Franz. Uebersetzung ist gar nicht zu loben, weil der Abbé Prevost das Middletonische Werk nach eigener Willkühr, theils verändert, theils gar verhunzt hat. f. Bibl. Françoise T. XXXVII. P. II. p. 295. seq. — Italienisch (von Jacob Fabrizi, einem Venetianer) Venedig, 1744 — 1748. 5 Bände in 8. (der 5te Band enthält: Lettere di Cicerone a M. Bruto e di Bruto a Cicerone, Latine et Italice, con Annotazioni ed una dissertazione di *Conyers Middleton*). Neapel, 1748 — 1750. 5 Bände in 12. Rom, 1777. 5 Bde. in 12. Teutsch, und zwar mit einem dem Werke weit angemessenern Titel (Römische Geschichte unter der Lebenszeit des M. T. Cicero), übrigens aber sehr nachlässig nach der dritten Original-Ausgabe übersetzt, Altona, 1757 — 1759. 3 Bände in 8. Weit vorzüglicher und angemessener, unter der Aufschrift: Middletons Römische Geschichte

Cicero's Zeitalter umfassend, verbunden mit dessen Lebensgeschichte. Aus dem Engl. von G. A. F. Seidel 4 Bände. Danzig, 1791 — 93. in 8. — Auszug aus Conyers Middletons Lebensgeschichte des Marcus Tullius Cicero (von Friedr. Molter, Fürstl. Badenaschem Hofrath und Bibliothekar zu Carlsruh) Kehl, 1784. 8.

Middletons classisches Werk hat, wie bekannt, großes Glück in der gelehrten Welt gemacht. Hr. Hofr. Meiners, der Willens war Cicero's Leben zu beschreiben, sagt davon: „Mehrere fruchtlose Versuche, in welchen ich alle meine Kräfte vergebens anspannte, belehren mich, daß man nach Middletons Leben des Cicero, über den Größten der Römischen Staatsmänner und Redner nichts liefern könne, was man wagen dürfte, neben der ersten aller Biographien aufzustellen."

Vor einiger Zeit hat es Auger in seiner Schrift de la constitution des Romains ins Kurze gezogen. Die erste Teutsche Uebersetzung von Dusch schien dem neuen Verteutscher Seidel veraltert zu seyn, und also entschloß er sich zu einer anderweitigen Bearbeitung dieses für Männer und Jünglinge äußerst schätzbaren Werks. Das Teutsche Gewand ist geschmackvoll; der Ausdruck rein und gut. Zur Erleichterung der Uebersicht theilte der Uebersetzer das Werk in Hauptstücke, und zeigte in einer Ueberschrift, die er jedem voranschickte, ihren Inhalt kürzlich an, so wie er es in seinem Auszug aus Gibbon gethan hat. Er begnügte sich, die in den Anmerkungen abgedruckten vielen Belege aus den Werken des Cicero blos zu citiren, um das Werk nicht unnöthiger Weise zu vertheuern. Auch fügte er einige berichtigende und erläuternde Anmerkungen hinzu. Ein Register vermißt man ungern, denn ob es gleich in Kapitel getheilt ist, so ist es doch sehr mühsam, aus einem solchen Schwall von Thatsachen, Schilderungen und Raisonnements einzelne, zu diesem oder jenem Behuf zu wissen nöthige Fälle, heraus zu finden.

Das ganze Buch ist eigentlich eine Sammlung von Memoires, die zur Biographie Cicero's gehören, und in so fern sein Leben in mehr als einem Betracht auf das genaueste mit der Geschichte seines Zeitalters und seines Vaterlandes verbunden ist, heißt es — Römische Geschichte. — Auszüge und Recensionen davon stehen in der Biblioth. Brit. To. XVII. p. 118. To. XVIII. p. 1.; in den zuverlässigen Nachrichten von dem Zustande der Wiss. Th. 42. S. 383 — 409.; Baumgartens Nachr. von merkw. Büchern, B. 8. S. 452. u. fg. Nov. Act. Erudit. an. 1742. p. 193 — 205. Leipz. gel. Zeit. v. J. 1741. No. 72.

Es verstrich eine kurze Zeit, als der Engländer Tunstall folgende Schrift drucken ließ: Epistola ad virum eruditum Conyers Middleton, vitae M. T. Ciceronis scriptorem; in qua ex locis eius operis quam plurimis, recensionem Ciceronis epistolarum ad Atticum et Quintum fratrem desiderari ostenditur: de illarum vero, quae Ciceronis ad M. Brutum Brutique ad Ciceronem vulgo feruntur, epistolarum αὐθεντία nonnulla differuntur. Cantabrigiae, 1741. gr. 8. Lond. 1742. 4. Tunſtall wirft dem Middleton vor, daß er in Abſicht der Briefe des Cicero an den Atticus, und an ſeinen Bruder Quintus manche Irrthümer begangen habe, und beſtreitet zugleich das ächte Anſehen ſeiner Briefe an den Brutus, die er dem Cicero abſpricht, und unter die Schriften ſetzt, die dem Cicero angedichtet werden.

Middleton blieb ſeinem Gegner die Antwort nicht ſchuldig. Er gab nämlich 1743. die Briefe, die zwiſchen dem Cicero und dem M. Brutus gewechſelt ſind, heraus, unter dem Titel:

The Epiſtles of M. T. Cicero to M. Brutus and of Brutus to Cicero: with the Latin Text on the oppoſite page and Engliſh Notes to each Epiſtle: together with a prefatory Diſſertation, in which the authority of the ſaid Epiſtles is vindicated, and all the objections of the Rev. Mr. Tunſtall particularly are confuted; by *Con. Middleton* Lond. 1743. 8. ſ. Bibl. britannique T. XX. p. 231. Leipz. gel. Zeit. v. J. 1743. St. 64. In der Vorrede, welche 127. Seiten beträgt, behauptet Middleton weitläufig die Richtigkeit der Briefe, die zwiſchen dem Cicero und Brutus ſind gewechſelt worden. Der Streit ward aber damit noch nicht geendiget. Tunſtall vertheidigte hierauf ſeine Sache in folgendem Werkchen:

Obſervations on the preſent Collection of Epiſtles between Cicero and M. Brutus repreſenting ſerveral evident Marks of Forgery in thoſe Epiſtles; and the true ſtate of many important particulars in the Life and Writings of Cicero, in anſwer to the late Rev. D. *Middleton*. Lond. 1744. 8.

Middleton fand nicht nöthig, dieſe Schrift zu beantworten. Dem Tunſtall aber ſind noch andere in der Beſtreitung ächter Schriften des Cicero gefolgt, darunter Jerem. Markland, Mitglied des Petersollegii zu Canterbury, der vorzüglichſte war. Auch iſt noch zu bemerken, daß der Dichter und Comönſchreiber, Colley Cibber, herausgegeben hat: Character and Conducts of Cicero, conſidered from the Hiſtory of his Life by *Con. Middleton*. Lond. 1747. 4. Cibber hat ſich zwar, nach ſeinem eig.nen Bekenntniß, der Middletoniſchen Arbeit bedienet, er hat aber dabei gelegentlich manche Geſchichte und Charactere erläutert, welche in dieſe Zeiten fallen. Doch waren die Götting. gel. Zeit. mit dieſem Dichter eben nicht zufrieden.

Ferner gab Middleton heraus:

Antiquitates Middletonianae: germana quaedam antiquitatis eruditae monumenta, quibus Romanorum veterum ritus varii, tam ſacri, quam profani, tum Graecorum atque Aegyptiorum nonnulli illuſtrantur; Romae olim maxima ex parte collecta, ac diſſertationibus iam ſingulis inſtructa. His appendicis loco adjuncta eſt Mumiae Cantabrigienſis deſcriptio. Lond. 1745. 1. Alph. 12. Bog. in 4. Es beſtehet dieſes ſplendide Werk aus 21. Diſſertationen, denen 23. Kupfer zur Erläuterung beigefügt ſind.

Middleton machte sich, bei seinem Aufenthalt zu Rom, eine kleine Sammlung von einigen Ueberbleibseln des alten Roms, welche zum Zierath seiner Bibliothek, und zugleich zur Erläuterung der alten Römischen Gebräuche, dienen sollte. Diese Sammlung hat er hier mitgetheilt, und solche mit Erklärungen und gelehrten Anmerkungen versehen.

Treatise on the Roman Senate. Lond. 1747. gr. 8.; ebend. 1748. gr. 8. und in Ebendess. Miscellaneous Works ibid. 1752. 4. ibid. 1753. II. Voll. in 8. Italienisch. Venedig, 1747. 8. s. Götting. gel.-Zeit. v. J. 1748. St. 121. Teutsch durch Christian Ernst von Windheim. Göttingen, 1748. 8. Französisch, (par M. D.*** Président du Parlement de Toulouse) à Montauban, 1753. 8. à Amsterd. 1755. 8. der Franz. Uebersetzer hat Noten beigefügt. — Der Lord Hervey gab unserm M. Veranlassung zu dieser Bearbeitung; weil er mit ihm über diese Materie einigemal in Briefen freundschaftlich gestritten hatte. Middleton, der in den Römischen Alterthümern sehr erfahren war, nahm sich nachher vor, diese Materie mit Muße gründlich für sich durch zu studieren, und dieser guten Gelegenheit verdanken wir die Erscheinung dieses schätzbaren Buchs. Er handelt darin von der Macht und dem Gerichtssprengel des Römischen Raths, von der Art, wie man ihn zusammen berufen, von den Oertern, wo er sich versammelt hat, von den gesetzmäßigen Zeiten, zu welchen er zusammen gekommen, von dem verschiedenen Rang der Personen, aus welchen der Rath bestanden, von der Kraft seiner Urtheile und Entschlüsse, und endlich von den Vorzügen, Titeln, und äußerlichen Zierathen eines Römischen Rathsherrn. — In den erstern Abschnitten liest man Middletons Briefe an Hervey. Letzterer hatte seine Briefe, welche er über diese Materie an Middleton geschrieben hatte, ebenfalls gesammelt; allein er verbot ihre Herausgabe bei seinen Lebzeiten. Erst lange nach Hervey's Tod, der im J. 1743. erfolgte, erschienen sie doch noch gedruckt, unter der Aufschrift: Letters between Lord *Hervey* and *D. Middleton* concerning the Roman Senate, published from the original Manuscripts by *Thomas Knowles*. Lond. 1778. 4.

Ein gelehrter Engländer, Namens Chapmann, bearbeitete zu gleicher Zeit mit Middleton die Materie von dem Römischen Rath, und er hatte bereits einen großen Theil seiner Arbeit fertig, als das Middletonische Werk erschien. Er bemerkte zwar mit Vergnügen, daß die Resultate ihrer Untersuchungen öfters mit einander übereinstimmten, ließ sich aber in seinem Vorhaben nicht irre machen, sondern gab heraus: An Essay on the Roman Senate by *Thom. Chapman*, D. D. Master of Magdalen College in Cambridge, and Chaplain in ordinary to his Majesty. Cambridge, 1750. 8. Französisch, von *Larcher*. Paris, 1765. gr. 12. Chapmanns Arbeit verdient mit der Middletonischen verglichen zu werden

Man hätte freilich denken sollen, Middleton würde sich bei zunehmenden Jahren der theologischen Streitigkeiten ganz entschlagen haben, weil er sich dadurch vormals viele Gegner zugezogen hatte. Dem ohngeachtet trat er noch einmal freimüthig auf den Kampfplatz. Er schrieb: Introductory discourse, to a larger work. Lond. 1747. und suchte zu beweisen, daß in der ersten christlichen Kirche die Wunder gleich nach den Zeiten der Apostel aufgehört hätten, und die Kirchenväter keinen Glauben verdienten, die der Kirche in den folgenden Jahrhunderten eine gleiche, wunderthuende Kraft zugeschrieben haben. Diese Schrift zog ihm folgende Gegner zu:

1) M. Georg White, ein Theolog zu Colne in Lancaster-Shire ließ dagegen Theological Remarks drucken.

2) Abraham le Moine, Rector von Everley in Wiltshire und Caplan des Herzogs von Portland, widerlegte ihn in der Schrift: Treatise of Miracles.

3) Zach. Brooke, A. M. ließ zu Cambridge eine Disputation defensio miraculorum drucken, worin er wider Middleton eine Schutzschrift für die Wunder liefert.

4) Thom. Comber, im Jesus Collegio zu Cambridge, schrieb: An examination of a late introductory discourse to a larger work, darin Middletons Grundsätze geprüft werden. s. Götting. gel. Zeit. v. J. 1748. No. 66. und No. 78.

5) Joh. Jac. Ibbot, Caplan des Bischofs von Lincoln und Mitglied des Exeftrischen Collegii, ließ zu Oxford im Sheldonischen Theater eine Rede drucken, unter dem Titel: De miraculis in ecclesia christiana, deren Zweck ist, die Wunderwerke gegen Middleton zu vertheidigen. s. Götting. gel. Zeit. 1749. No. 102.

Noch mehr Streitschriften darüber sind in Strodtmanns neu. gel. Europa, 5. Th. S. 231. angezeigt.

Das lange schon gedrohete Buch des Middletons, wovon der Introductory discourse schon so viel Lärmen gemacht hat, erschien endlich in einem starken Octavband, mit dem Titel: A free enquiry into the miraculous powers, which are supposed to have subsisted in the Christian Church from the earliest ages trough several successive centuries Cambrid. 1749. 4. Ins Teutsche übersetzt vom Prof. von Windheim zu Erlangen, Hannover 1751. 4. beinahe 3. Alph. stark.

Gegen diese Schrift traten sehr viele Gegner auf, zwei derselben, Dodwell und Church, zeichneten sich durch so vielen Eifer aus, daß sie von der Universität zu Oxford mit der höchsten Würde in der Gottesgelahrheit beehret wurden. Es scheint nicht, daß Middleton anfangs Willens gewesen sey, irgend einem derselben besonders zu antworten; da er aber krank wurde, und fühlte, daß er mit einer allgemeinen Beantwortung nicht zu Stande kommen würde, so wählete er sich Church und Dodwell, als die beiden wichtigsten von seinen Gegnern, und wollte eine besondere Beantwortung gegen sie herausgeben. Allein der beständig thätige Mann lebte nicht lange genug, um sie vollenden zu können.

Nach seinem Tod erschienen zu London seine Miscellaneous Tracts in Quart, davon wir erst in neuern Zeiten folgende Teutsche Uebersetzung erhielten: Vermischte Abhandlungen über einige wichtige theologische Gegenstände. Aus dem Engl. übers. und mit einigen Zusätzen begleitet. Leipz. 1793. in 8. Diese Abhandlungen gehören mit zu den wichtigsten Versuchen in der Theologie, denn man trift wirklich bei dem Engländer manche neue Jdeen und Combinationen an, aus welchen auch hier und da Resultate gezogen werden, auf die sonst die Aufmerksamkeit nicht so hinfiel, wenigstens sie nicht immer so weit verfolgte und ins Licht stellte. Middleton trägt seine Meinung darin mit Gelehrsamkeit, philosoph. Scharfsinn, Deutlichkeit und Bescheidenheit vor. Es verdienen also diese vermischten Abhandlungen noch immer gelesen zu werden, wenn gleich eben dieselben Materien seitdem von Teutschen Schriftstellern fleißig behandelt und zum Theil weiter sind ausgeführt worden. In den Zusätzen des Teutschen Herausgebers, die allein bei der vierten Abhandlung weggeblieben sind, wird ein und der andere, von Middleton nur beiläufig und ohne genauere Ausführung hingeworfene, prüfungswerthe einzelne Gedanke aufgefaßt, entwickelt, und aus den Schriften derjenigen Teutschen Gottesgelehrten, die mit der Denkart des Engländers harmoniren — doch ohne sie zu nennen — in gedrängter Kürze ergänzt, und meistens sehr glücklich bearbeitet. — Ein weitläufiger Auszug aus diesen Abhandlungen befindet sich in der Neu. allgem. deutschen Biblioth. B. 10. St. 2. Seite 430 — 454.

Alle seine Werke, außer Cicero's Leben, wurden 1752. gesammelt, und in vier Quartbänden zusammen gedruckt: The miscellaneous Works etc. Lond. 1752. 4. Das vorgesetzte Leben des Middletons ist unvollständig. Man tadelt auch an der Samunlung nicht mit Unrecht, daß in der Ordnung der Bücher weder auf die Folge der Zeit, noch auf den Inhalt, und die Sprache, ist Rücksicht genommen worden.

Von seinem Leben und Schriften s. Rathlefs Gesch. jetztleb. Gelehrten, 1. Th. S. 150 — 194. und einige Zusätze dazu in Strodtmanns Beitr. zur Historie der Gelahrtheit, 3. Th. S. 243 — 257. und Ebend. neu. gel. Europa, 5. Th. S. 231 — 238. — Biographia Britannica (Lond. 1760. fol.) Voll. V. — Bambergers biograph. Anecd. 1. Bd. S. 184.

Zum Beschluß führe ich hier noch folgende Schrift an, die mir aber noch nicht zu Gesicht gekommen ist: Versuch einen Streit zwischen Middleton und Ernesti, über den philosophischen Character der Ciceronischen Bücher, von der Natur der Götter, zu entscheiden. Altona, 1799. 8.

Mieg, Ludwig, Christian, der um die gesammte reformirte, besonders die Pfälzische Kirche wohl verdiente Gottesgelehrte, war Pfälzischer Kirchenrath, erster Professor der Theologie bei der Universität Heidelberg, Ephorus des Collegii Sapientiä, und erster Prediger bei der reformirten Gemeine zum heil. Geist daselbst. Sein Vater war der Heidelbergische Gottesgelehrte Joh. Fried. Mieg, welcher nachher 1691. als Professor der Theologie nach Gröningen gieng, daselbst aber bald darauf starb.

Mieg wurde zu Heidelberg am 20. August 1668 geboren, und als er die ersten Gründe der christlichen Religion, der Sprachen und freien Künste begriffen, fieng er schon im J. 1684. an, die akademischen Vorlesungen zu hören. Im folgenden Jahr begab er sich nach Basel, wo er unter dem Vorsitz des Prof. Sam. Werenfels, eine Disputation, de regulis communicationis motus öffentlich mit vielem Beifall vertheidigte. Bei dem Jubileo der Universität Heidelberg 1686. erhielt er die Magisterwürde, bei welcher Gelegenheit er eine Rede: de Nestore trisecliſene hielt. Von dieser Zeit an las er philosophische Collegien, und übte sich auch selbst im Theologischen unter der Anführung Joh. Ludw. Fabricii und seines Vaters, unter dessen Vorsitz er eine Disp. de baptismo flaminis, 1687. vertheidigte, welche ihrer Seltenheit wegen der gelehrte Gröningische Theolog Gerdes seinen Miscellan. Duisburg. To. I. pag. 203 — 222. einverleibt hat.

Als im J. 1689. bei dem damaligen Einfall der Franzosen und der Verwüstung der Stadt Heidelberg, sein Vater als Geisel nach Strasburg abgeführt wurde; so hielt sich unser Mieg noch immer in der Pfalz auf, und vicarirte bei der reformirten Gemeine zu Mannheim. Hierauf reiste er in die vereinigten Niederlande, wo er sich vorzüglich in Utrecht und Leiden verweilte. Bei seiner Rückkunft wurde er 1691. Professor der Griechischen Sprache auf der Universität Rinteln, und Prediger bei der dasigen reformirten Gemeine, worauf er 1694. nach Marburg zum öffentlichen Lehrer der Kirchengeschichte bei der Universität, und Prediger bei der reformirten Gemeine berufen wurde. Außerdem erhielt er noch 1696. eine außerordentliche, und 1697. eine ordentliche Professur der Theologie, und nach öffentlich vertheidger Disp. de fundamento certitudinis fidei obiectiva die theologische Doctor-Würde.

In Marburg blieb er bis zum J. 1706., worauf er die obige Würde in Heidelberg annahm, und diese wichtigen Aemter daselbst mit aller Treue, Geschicklichkeit und Sorgfalt, verwaltete. Im J. 1730. wurde er vom Schlag gerührt, aber doch wieder hergestellt, so daß er seine öffentliche Arbeit wieder verrichten konnte. Alters halber gab er in der Folge sein Predigtamt, und das Ephorat bei dem Collegio Sapientiä auf, und behielt blos das Amt eines Kirchenraths und Professors der Theologie, das er bis an sein Ende treu und fleißig verwaltete. Er starb am 19. Jan. 1740. in einem Alter von 71. Jahren. In seiner Ehe mit der Tochter des Marburgischen Theologen Pauli erzeugte er 16. Kinder, von welchen bei seinem Tod noch 3. Söhne und 5. Töchter am Leben waren.

Seine Schriften bestehen, theils aus Disputationen, theils aus Predigten, theils aus solchen, welche bei Gelegenheit der Streitigkeiten mit den Catholiken sind verfertigt worden. Sie hier alle anzuführen, fehlet es an Raum. Sonst ist bekannt, daß durch seine, und des Churpfälz. Leibmedicus, geh. Raths und Prof. Nebels Besorgung, die beliebten Monumenta pietatis et litteraria virorum in re publica et litteraria illustrium selecta, zu Frankfurt am Main, 1701. in 4. zum Vorschein gekommen sind.

Mieris, Franz, der Aeltere genannt, ein sehr berühmter Maler, geboren zu Leiden 1635, hatte den großen Gerhard Dauw zum Meister. Er malte seine Gemälde in eben dem Geschmack aus; allein viele Kenner behaupten, daß er ihn in der Richtigkeit der Zeichnung, in der Zierlichkeit der Zusammensetzungen, und in der Lieblichkeit des Colorits übertroffen habe. Seine Gemälde sind sehr selten und sehr theuer.*) Er starb zu Leiden 1681., und hinterließ einen Sohn, welcher den großen Ruhm seines Vaters nicht erhalten hat. Dieser ist

Willhelm von Mieris, der gleichfalls zu Leiden geboren wurde. Er malte die Gegenstände und in der ganzen Manier seines Vaters Franz, besaß auch gleichfalls große Vollkommenheiten, aber alle in einem niedrigern Grade, als sein Vater. Vielleicht würde man ihn mehr bewundern, wenn nicht sein Vorgänger zu trefflich gewesen wäre. Er starb zu Leiden 1747. im 85sten Jahr seines Alters. Ein Gemälde von ihm ward mit 1200. Holländischen Gulden bezahlt.

Franz Mieris, ein geschickter Maler, geb. 1689. am 24. Dec. starb in Holland am 22. Oct. 1763. im 73sten Jahre seines Alters. Er malete nach der Manier seines Vaters Willhelm, und seines Grosvaters Franz, allerhand kleine Cabinetsstücke von Kramläden, Gesellschaften u. s. w. welche er mit besonderm Fleiß und Nettigkeit ausarbeitete. Nebst etlichen andern Büchern schrieb er auch seine Niederländische Historie, wozu er die dabei befindlichen Schaustücke selbst zeichnete.

Milani, Aurelian, ein vorzüglicher Maler zu Bologna, geboren daselbst 1675. Seine Werke, von denen man die schönsten auf dem Rathhaus zu Marseilles; und dann auch viele in den Kirchen zu Rom und Bologna findet, sind den jungen Künstlern in Ansehung der Zeichnung nackender Figuren zu empfehlen, worin er dem M. Angelo und G. Caracci nachahmte.

---

*) Der Kurfürst von der Pfalz besitzt unter mehreren sein bestes Stück. Wie an den Gemälden des Mezu kann man die verschiedenen Stoffe Mieris sehr gut unterscheiden, welches Wille mit dem Grabstichel glücklich nachgeahmt hat, so daß seine Gemälde durch die Hand dieses Kupferstechers am wenigsten verlieren.

Sie sind mit schönen, sehr richtigen Umrissen gezeichnet, und die Muskeln sind stark darin ausgedruckt. Milani zeichnete alle Werke der Caracci nach. Man hat auch von ihm eine Ausführung Christi, die er auf drei Blättern radierte. Er starb 1749. in einem Alter von 74. Jahren.

Mill, David, der Philosophie und Theologie Doctor, ordentlicher Professor der Theologie, der Morgenländischen Sprachen und Alterthümer, auf der Universität zu Utrecht, zeichnete sich besonders in der orientalischen Litteratur aus. Er war zu Königsberg in Preußen am 13. April 1692. geboren, studirte daselbst, und machte nach zurückgelegten Studien eine Reise nach Holland. Hier hielt er sich besonders in Utrecht auf, wo er sich mit vielem Fleiß auf die Theologie und Kenntniß der Sprachen legte, sich vornehmlich an den berühmten Reland und von Alphen hielt, und es durch seine Geschicklichkeit gar bald dahin brachte, daß man ihn gern in Holland befördern wollte. Unvermuthet starb Reland am 6. Febr. 1718. an den Kinderpocken, und Mill wurde Prof. der orientalischen Sprachen zu Utrecht, worauf man ihm auch 1727. in Sept., wie seinem Vorgänger, die Professur der Morgenländischen Alterthümer ertheilte; und im August 1729. das ordentliche Lehramt der Theologie. Er starb als erster Professor der Theologie am 22 Mai 1756. in einem Alter von 65. Jahren.

Seine Schriften, deren Verzeichniß ich hier mittheile, verewigen sein Andenken und seine Verdienste um die orientalische Litteratur.

Dissertationes selectae varia sacr. literarum et antiquitatis orientalis capita illustrantes. Ultraj. 1724. 8. s. *Buddei* Isagog. in univ. Theolog. p. 1220. a. b.

Vetus Testamentum ex versione LXX. interpretum, secundum exemplar Vaticanum Romae editum, denuo recognitum. Praefationem una cum variis lectionibus e praestantissimis Mss. codicibus bibliothecae Leidensis descriptis, praemisit *Dav. Millius.* Tom. II. Amst. 1725. 8.

Catalecta rabbinica. Traj. 1728. 8. worin die von Reland im J. 1702 herausgegebenen Analecta mit vielen andern sind vermehrt worden. Man sehe hierüber: Die neu. Zeitungen von gel. Sachen v. J. 1729. S. 215. und 294.

Th. Bostoni, ecclesiae Atticensis apud Schotos pastoris, tractatus stigmologicus hebraeo — biblicus, quo accentuum Hebraeorum doctrina traditur, variusque eorum in explananda sacra scriptura usus ostenditur, cum. praef. *Dav. Mill.* Amst 1738.

Dissertationes selectae varia literarum et antiquitatis orient. capita exponentes et illustrantes, curis secundis nouisque dissertationibus, orationibus et miscellaneis orientalibus auctae. Lugd. Batav. 1743. 4. Man findet zuerst 14. zu verschiedenen Zeiten gehaltene akademische Abhandlungen, worauf die miscellanea orientalia folgen, welche ein Capitel von der Indostanischen Sprache, ein anderes von der heutigen Persischen Sprache, und ein etymologicon harmonicum enthalten. Letzteres ist ein kleines Wörterbuch von Indostanischen, Persischen und Arabischen Wörtern, wobei das Latein voran steht, und unten allerlei Anmerkungen über die Arabische Sprache, welche aus der Arabischen Uebersetzung des alten und neuen Testaments genommen sind.

De ware Wysheit op haaren tydt spreseende of Leerredenen synen leerlingen tot een boorbeeld, ook alle heilbegerige Sielen tot opbowinge en bevestiginge in t' allerheiligst gelove, eenmaal den heiligen overgelevert, voorgestellt. Grafenhaag, 1748. 4. Es ist eine Sammlung von akademischen Predigten über verschiedene Texte der heil. Schrift, welche vornehmlich die Befestigung in dem christlichen Glauben, wider die Zweifel und Einwürfe der Ungläubigen zum Entzweck haben.

De groote Werken en aanbiddelyke wegen der Heeren, volgens den ewen CV Psalm ontleedt en verklaart, om den verbondsgod in syne pryswaardige en weergalose schoonheit te roemen en te verheerlyken. Amsterd. 1752. 4. Vor einem jeden der ausgelegten Psalmen geht eine gelehrte Einleitung von dem Verfasser; dem Inhalt und der Abtheilung desselben, vorher. Die Auslegung selbst ist nach der zergliedernden Lehrart eingerichtet, und zugleich mit reichen Anmerkungen versehen.

Miscellanea sacra, Iesaiae cap. LIV. Psalmos CXXI. et CXXII., aliaque argumenta, tam theologica quam exegetica, enucleantia et exponentia. Inter illa eminent duae dissertationes, quarum altera demonstratur obligatio hominis christiani ad sacram coenam, altera complectitur errores virorum doctorum in delineando tabernaculo Mosis, fig. aen. illustrata et ornata. Amstelod. 1753. 4. Großen Theils enthält dieses Werk eine Sammlung der theologischen und exegetischen Disputationen, welche Mill während der Begleitung seiner Professur, und besonders seit 1738. unter seinem Vorsitz hat vertheidigen lassen. Der Prediger zu Mönnikendam, Bernh. Keppel. hat dasselbe in das Holländische übersetzt, unter dem Titel: Heilige mengelstoffen etc. Amst. 1754. 4.

Disp. exegetica dissertationem de Nilo et Euphrate, terminis terrae sanctae vindicans et illustrans. Utrecht 1746. Sie ist dem Dr. Iken zu Bremen entgegen gesetzt, welcher in einer 1745. daselbst gehaltenen Disp. theol. philol. de finibus terrae promissae huiusque successiua occupatione, wider unsern Mill behauptet hatte, daß I. B. Mos. XV. 19. Jos. XV. 4. nicht der Nilstrom, sondern ein Bach bei Rhinokorura sey. Jener antwortete diesem wieder in der, in den Bremischen symbolis liter. Tom. III. P. II. p. 388. befindlichen disquis. philol. Allein Mill trat noch in demselben J. 1747. mit einer zweiten Disp. exeg. hervor: de Nilo, terrae sanctae termino, priorem defendens, cum refutatione nuperrimarum obiectionum. Dr. Gerdes. hatte in dem scrinio antiquit. Tom. I. P. II. p. 341. seine Meinung protritam sententiam genennt, und sein Urtheil über den Streit nicht vortheilhaft gefällt. Diesem begegnet er also hier auch. Der Streit zwischen diesen beiden Gelehrten wurde hernach etwas heftig, zumal da die in der Berlinischen Biblioth. 3. Th. 4. St. Nro. 4. davon befindliche und für den Dr. Mill vortheilhafte Erzählung in der Republyk der Geleerden 1751. p. 314. war übersetzt, und mit einigen unanständigen Anmerkungen begleitet worden. Insbesondere gab der bereits erwähnte Prediger Keppel eine ausschweifende Schrift wider den Dr. Gerdes heraus. — S. Neu. gel. Europa, 7. Th. S. 555.

Mill, Johann, ein Englischer Theolog und Philolog, geboren 1645. Er studirte zu Oxfort, wurde Caplan bei K. Carl II., und starb am 23. Jun. 1707. Sein Hauptverdienst ist um die Berichtigung des Textes des N. T., dessen Varianten er, nebst einem Bengel und Wettstein, gesammelt und kritisch beurtheilt hat. Er gab das Griechische neue Testament sehr schön mit überhäuften Anmerkungen heraus: Novum Testamentum graecum cum lectionibus variantibus Ms. Exemplarium, Versionum, Editionum, SS. Patrum et Scriptorum ecclesiasticorum etc. Oxonii 1707. fol. Küster ließ die Ausgabe nachdrucken, und vermehrte die Anzahl der Varianten: Nov. Test. gr. denuo recensuit, meliori ordine disposuit novisque accessionibus locupletavit *Lud. Küster*. Amst. 1710 Lips. 1723. fol. Mastricht hat die wichtigsten in seine Handausgabe (Amst. 1711. 8.) übergetragen.

S. *Wood* Athenae Oxon. T. II. p. 977. — *Chaufepié* nouv. Dict. Tom. III.

Miller, Johann Peter, Mag. der Philos. Rector und Professor der Geschichte und Griechischen Sprache, auch Vorsteher der Stadt-Bibliothek zu Ulm, geboren am 31. October 1705. zu Schaarenstetten, einem Ulmischen Dorf, wo sein Vater Pfarrer war. Er studirte im Ulmischen Gymnasium mit solchem Fleiß, daß er sehr früh die Universität beziehen konnte, und machte sich, da er einer der ersten war, der an der Wolfischen Philosophie gefallen fand, viele Gönner. Er bezog darauf Jena, wo er vorzüglich Theologie studierte, und nach einiger Zeit Leipzig. Da er die Geschichte nebst der Griechischen und Lateinischen Sprache vorzüglich lieb gewonnen hatte; so erwarb er sich bald viele Freunde unter den Gelehrten, und wurde nach erhaltener Magisterwürde Assessor bei der philosophischen Facultät. Während seines Aufenthalts in Leipzig war seine vorzüglichste Arbeit ein großer Theil von dem allgemeinen historischen Lexicon. Von Leipzig kam er nach Dresden als Hofmeister beim Baron Fritsch, wurde aber dabei zu Führung des Lateinischen Briefwechsels gebraucht. Dieser Aufenthalt in Dresden verschafte ihm nicht nur viele Weltkenntniß, sondern auch den Gebrauch vortrefflicher Bibliotheken.

Nach einer 17jährigen Abwesenheit von Ulm erhielt er den Ruf als Subrector in seiner Vaterstadt, weil der damalige Rector Weihenmeyer Alters halben entkräftet war. Nach dessen Tod 1752 erhielt er das Rectorat, verwaltete es mit großem Ansehen und Nutzen des Gymnasium, und bildete während seines Lehramts viele Männer, die jetzt in und außer Ulm den Kirchen und Schulen Ehre machen. Unter der Zeit bewirkte er 1772. eine merkliche Veränderung in demselben, da durch ihn die Geographie, Naturgeschichte und mehrere nützliche Kenntnisse öffentlich gelehrt wurden. Dies gab ihm Gelegenheit, sein Handbuch zu gemeinnütziger Bildung der Jugend (Ulm 1773. 8.) zu schreiben, von welchem aber nur der erste Theil fertig geworden ist. Auch fieng er von der Zeit an, ein artiges Naturaliencabinet zu sammeln. Er war zugleich Professor der Geschichte, und breitete vornehmlich die Kenntnisse der Litterärgeschichte aus. Seine historische Wissenschaft war überhaupt sehr ausgebreitet, wovon seine vielen Schulschriften Beweise sind; besonders hat ihm die de Corona Hungariae apostolica (1759.) viele Ehre gebracht. Sie zeugen auch von seinem guten lateinischen Stil, den er vorzüglich nach Cicero's Schriften gebildet hat.

Er war ein großer Freund der alten Classiker, und machte ihnen auch durch die bekannte schöne Berlinische Ausgabe derselben viele andere Liebhaber. Diese Ausgabe wird von allen Kennern geschätzt, und nur Klotz konnte ein unzeitiger Tadler derselben seyn. Eben so große Stärke besaß er in der Griechischen Sprache, deren öffentlicher Lehrer er gleichfalls war. Als Bibliothekar machte er sich Verdienste durch zweckmäßige Auswahl der neuanzuschaffenden Bücher, und erwarb sich viele Freunde unter denjenigen, welche die öffentliche Büchersammlung besuchten, und bei dieser Gelegenheit seine ausgebreiteten litterarischen Kenntnisse näher zu bemerken Gelegenheit fanden. Er genoß eine volle Gesundheit, und schien sich ein sehr hohes Alter versprechen zu dürfen. Aber durch sein anhaltendes, oft ganze Nächte hindurch dauerndes Sitzen zog er sich eine schmerzhafte Krankheit zu, an welcher er in seinem 77sten Jahr am 17. November 1781. starb. Der berühmte Doctor Miller in Göttingen — dessen Artikel nachfolgt, — war seines Bruders Sohn. Weil dieser vorher auch Rector, nämlich zu Helmstädt und Halle gewesen war, und gleichen Namen mit dem Ulmer Miller führte; so wurden sie oft mit einander verwechselt. Er hinterließ zwei Söhne. Sein Natutalienkabinet und seine ausgelesene Bibliothek erhielt sein Tochtermann, Prediger und Professor Scheiner.

In seinen Programmen bearbeitete er manche artige Materie; verschiedene sind auch *Wegelins* thes. rer. Sueu. einverleibt: z. B. De initiis Sueuiae cultioris oratio hab. 1755. ed. in *I. R. Wegelini* thes. rer. Sueu. Tom. II. no. I. — De natalibus Sueuorum. Ulmae 1752. exst. etiam in *Wegelini* thes. T. I. no.

1. — De Sueuorum priscis in Germania sedibus. Ulmae 1758. auch im Wegelin To. IV. no. 27.

Seine herausgegebenen Ausgaben von Auctoribus classicis sind:

Horatii Flacci opera, ed. Berolini (vel potius Ulmae) Edit. I. 1745. 8. Editio II. plenior et correctior. 1761. 8.

Corn. Nepotis vitae excell. imperatorum, cum interpr. Gall. Ed. I. 1746. Editio II. 1756.

M. Tullii Ciceronis opera rhetorica et orationes. 1748. Voll. IV. Epistolae 1747. Voll. II. opera philosophica. 1745. Voll. II. 8.

Q. Curtii Rufi de rebus gestis Alexandri M. libri superstites, cum supplem. Freinshemii et interpret. Gallica. 1746. 8.

Iustini historiae Philippicae 1748. 8. *P. Terentii* Afri comoediae. 1749. 8.

C. Iulii Caesaris et aliorum de bello gallico, civili etc. commentarii cum interpr. gall. 1748.

D. Iunii Iuvenalis et *A. Persii Flacci* Satyrae, eum argumentis et chrestomathia I. P. Milleri. 1749. in 8.

C. Plinii Caecilii Sec. epistolae et Panegyricus etc. cum interpret. gall. 1750. 8.

L. Annaei Flori epitome rer. Rom. accedit *Ampelii* liber memorialis Berol. 1750. 8.

T. Livii Patavini historiarum ab urbe cond. libri, qui supersunt, omnes. Voll. I. II. III. 1751. 8.

C. Crispi Sallustii, quae exstant, accedunt Iulius Exsuperantius, Porcius, Latro, et Historicorum veterum fragmenta. 1751. 8.

P. Virgilii Maronis opera, argumentis et chrestomathia illustrata 1753. 8.

Valerii Maximi factorum dictorumque memorabilium libri. X. 1753. 8.

Phaedri fabulae; *P. Syri* sententiae; *Dionysii Catonis* disticha de moribus. 1753. 8.

M. Accii Plauti comoediae, cum chrestomathia philologica. Vol. I. II. III. 1755. 8.

C. Velleji Paterculi, quae supersunt ex historiae romanae libris. 1756. 8.

P. Ouidii Nasonis opera omnia; acc. Chrestomathia historiam poëticam, geographiam, et cuiusuis generis antiquitates exponens. Vol. I. II. III. IV. 1757. 8.

Caius Suetonius Tranquillus, cum chrestomathia I. P. Milleri. 1762. 8.

C. Plinii Secundi Historiae naturalis libri XXXVII. acced. Chrestomathia indicibus aliquot copiosissimis expolita. Voll. IV. 1766. 8.

Paulini a Sto Iosepho orationes XXIII. praefationem de ingenio oratorio addidit editor. Ulmae, 1756. 8.

Sein Leben s. neu. hist. Handlex. 2. Th.

Miller, Johann Peter, ein sehr verdienter und berühmter Theolog und Pädagog, geboren zu Leipheim bei Ulm am 26. April 1725., studirte zu Helmstädt, kam 1747. mit dem Canzler von Mosheim als Hofmeister dessen jüngerer Kinder nach Göttingen, ward daselbst 1749. Magister, hernach 1751. Rector zu Helmstädt und 1756. zu Halle, von da er 1766 als ordentl. Professor der Theologie nach Göttingen kam, wo er mit Beyfall und Segen arbeitete, am 26. May 1789. auf dem Catheder vom Schlage getroffen wurde, und am 29sten dess. Monats starb.

Miller lehrte zu Göttingen mit großem Nutzen, und redlichem Eifer für den bisher angenommenen orthodoxen Lehrbegriff der lutherischen Kirche, der jedoch mit den tolerantesten Gesinnungen gegen Andersdenkende verbunden war, die Dogmatik und Polemik; vorzüglich aber die theologische Moral, Katechisirkunst, Pastoraltheologie und theologische Litteratur. Uebrigens hat er sich durch viele vortrefliche theologische, und vorzüglich moralische und pädagogische Schriften, durch practische Verdienste um die Verbesserung der Pädagogik und Katechisirkunst, durch seinen edeln, liebenswürdigen, und höchst duldsamen Charakter und Gesinnungen, und durch einen exemplarischen, tugendhaften und höchst wohlthätigen Lebenswandel, einen unvergeßlichen Nachruhm erworben; daher sein Tod auch allgemein und vorzüglich von denjenigen, die ihn persönlich gekannt haben, bedauert wurde. Seine Schriften sind Zeugen seiner ausgebreiteten Kenntnisse, und seines innigen Bestrebens, gemeinnützlich zu werden. Ich bemerke hier:

J. L. von Mosheims teutsche vermischte Abhandlungen, nebst einem ausführlichen Verzeichniß aller übrigen Schriften desselben. Hamb. 1749. 8.

I. L. a *Mosheim* commentationes et orationes varii argumenti, cum praefatione. 1751. 8.

Compendium Moshemianarum institutionum H. E. 1752. 8.

Historisch moralische Schilderungen zur Bildung eines edeln Herzens in der Jugend. 5, Th. Helmst. 1753 — 1764. 8. des ersten Theils 5te Aufl. Leipz. 1781. 8. Holländisch, Haag, 1763. 8. Eine seiner vorzüglichsten Schriften, die für ihre Zeit sehr viel Gutes wirkte, und Millern einen ansehnlichen Ruhm als Schriftsteller erwarb.

Chrestomathia latina ad formandum tam ingenium quam animum puerilis aetatis accomodata. Helmst. 1755. 8. Editio quintum recensa. Lips. 1775. 8. Wurde öfters aufgelegt, und auch nachgedruckt, und ist zum Unterricht in der lateinischen Sprache vortreflich zu gebrauchen. Ein gleiches Lob verdient auch die Mannigfaltigkeit und schickliche Abwechslung der darin abgehandelten Gegenstände, wodurch diese Chrestomathie der Jugend interessant und angenehm wird. Die Summa pietatis christianae wurde aus derselben polnisch übersetzt von K. Flor. Weber. Brieg, 17..

Erbauliche Erzählungen der vornehmsten biblischen Geschichten. 1759. 8. 3te Aufl. Leipz. 1769. 4te Aufl. Frankf. 1785. 8. Schwedisch, Stockholm 1771. N. A. 1786. in 8. Eine andere schwedische Ueberf. befindet sich in dem (von Gjörwell und Bergklint herausgegeb.) Handbok för suenska Ungdommen. Stockh. 1775. 8. Finnisch, von Zach. Cynäus. Stockh. 1774. 8.

Mosheims Sittenlehre, 6 bis 9. Theil. ebend. 1762 — 1770. 4. Holländisch von Ad. Abr. von Moerbeek. Utrecht, 1776 — 1777. gr. 8.

Vollständiger Auszug aus den sieben Theilen der Mosheimischen Sittenlehre der heil. Schrift. ebend. 1765. 8. 2ten verbess. Aufl. eb. 1777. 8. Holländisch. 1766. gr. 8. Dänisch, von Knud Bredenberg. Koppenh. 1780 — 82. 3 Bde. in 8. Schwedisch, von J. Mebius. Stockholm 1781. 8.

Anleitung zur Kenntniß der besten Bücher in allen Wissenschaften. 1766. 8.

Institutiones theologiae dogmaticae 1767. 8.

Anweisung zur Wohlredenheit, nach den auserlesensten Mustern französischer Redner. 2te Aufl. Leipz. 1767. 8. dritte vermehrte Auflage; ebendaselbst 1777. 8.

Holbergs moralische Gedanken, mit Anmerkungen. 2. Th. Flensb. 1767. 8. Grundsätze einer weisen und christlichen Erziehungskunst. Leipz. 1769. 8. Neue und sehr vermehrte Aufl. 1771. 8.

Abhandlung von den Pflichten der Christen vor und in der Ehe und im häuslichen Leben. Leipz. 1771 8. Schwedisch, in: Aegt en skaps-Standet pa den moraliska och physiska Sidan; auch besonders unter dem Titel: *Miller's moral Aegten skaper*, in 3 Theilen. Stockh. 1776 — 78. in 8.

Anleitung zum heilsamen Gebrauch des heil. Abendmals 1771. 8. Schwedisch. Stockh. 1784. 8.

Pflichten der Christen in Ansehung der Feinde, der Processe und der Zweikämpfe. 1771. 8.

Von der Tugendhaften Erhaltung des Lebens und von der richtigen Beurtheilung des Selbstmords. 1771. 8.

Von dem rechtmäßigen Gebrauch der Zeit und unschuldiger Ergötzlichkeiten. 1772. 8.

Vom Eide, Meineide, und von Gelübden 1771. 8.

Einleitung in die theol. Moral überhaupt und in die Mosheimische insonderheit. 1772. 4.

Systematische Anleitung zur Kenntniß auserlesener Bücher in der Theologie und in den damit verbundenen Wissenschaften, für Liebhaber der Litteratur eingerichtet. 1773. 2te verbess. und verm. Ausg. 1775. 3te vermehrte Aufl. 1781. 8.

Lehrbuch der ganzen christlichen Moral. Leipz. 1774. 8.

Religionsbuch, oder Anleitung zu katechetischen Unterredungen über den gemeinnützigsten Inhalt der heil. Schrift.

ebend. 1777. 8. 2te Auflage, ebend. 1779. 8. Nachgedruckt zu Tübingen 1780. 8.

Anweisung zur Katechisirkunst, oder zu Religionsgesprächen, mit vielen Beispielen. Leipz. 1778. 8. 2te Aufl. eb. 1782. 3te Aufl. eb. 1786. 8.

Unterhaltungen für denkende Christen zur täglichen Vermehrung ihrer Ueberzeugung, Tugend und Gemüthsruhe. 4. Theile. Halle, 1781. bis 82. gr. 8.

De ecclesiae evangelicae in Austria sub Ferdin. I. et Maximiliano II. fatis succincta narratio. Goett. 1783. 4.

Theologiae dogmaticae compendium theoretico-practicum Lipf. 1785. 8.

Auszug daraus, Lipf. 1787. 8.

Geschichte der vornehmsten Begebenheiten in der christl. Kirche vom ersten bis zum siebenten Jahrhundert; im 5ten Th. der Erläuterungsschriften und Zusätze zur allgem. Welthistorie, S. 1 — 194. (Halle 1761. 4.)

Hat nebst Dr. Leß das neue Göttingische Gesangbuch verfertiget. 1779.

Die meisten Aufsätze in der Hallischen Wochenschrift: Das Reich der Natur und Sitten. Sie sind am Ende mit M. gezeichnet.

Das Pfingstprogram vom J. 1789. war seine letzte schriftstellerische Arbeit. Es handelt de coniunctione doctrinae evangelicae de gratia divina cum libertate animorum humanorum. Goett. 1789. 4. — Seine Schriften sind in der vierten Ausg. von Meusels gel. Teutschl. verzeichnet.

Miller, Philipp, Gärtner, der Apotheker-Gesellschaft in dem botanischen Garten zu Chelsea, Mitglied der königl. Akademie der Wissenschaften zu London, und der botanischen Gesellschaft zu Florenz, einer der bekanntesten, aber auch ein um ganz Europa verdienter Gärtner, dessen allgemeinem Gärtner-Lexicon Europa schon längst den obersten Rang unter allen Gartenbüchern, zuerkannt hat. Dieser verdiente Mann war zu Middlesex 1691. geboren, und starb als ein 80 jähriger Greis erst am 18. Dec. 1771. zu Chelsea, einem Flecken hinter St. James Park bei London. Sein Garten-Lexicon erschien schon im J. 1724., also zu einer Zeit, wo die Cultur der edeln Gewächse noch sehr vernachlässigt, und die Warte und Pflege derselben nach sichern physikalischen Regeln zum Theil hintangesetzt, zum Theil gar nicht bekannt war. In welcher Achtung dieses Werk im Englischen bei allen Gartenfreunden stand, darf ich hier nicht weitläufig ausführen, da es auch schon über dem Meer Liebhaber genug gefunden hat. Le Blanc, der sonst eben nicht gar vortheilhaft von den Engländern schrieb, rühmet doch ihre große Kenntniß im Gartenbau und dessen Verbesserung, und nennet unsern Philipp Miller den geschicktesten Gärtner in Europa. Man weiß auch, daß Miller in der Wartung und Pflege seiner Pflanzen weit von der gemeinen Art seiner Mitbrüder abgegangen, und daß sein Gärtner-Lexicon bis zu unsern Zeiten bei Erhaltung fremder Gewächse fast das einzige Buch war, welches man mit Nutzen brauchen konnte. Er stützet sich darin auf die Naturlehre, und auf vielmal wiederholte und bewährt gefundene Erfahrungen. Wenn er von einem Gewächse handelt, so zeiget er allezeit zuerst den Ursprung des Namens an, beschreibt dann den Charakter desselben nach Tournefort oder Boerhaave, worauf er die meisten besondern Sorten des Gewächses nennt, welche in England gezogen werden. Hierauf zeigt er, wie sie zu ziehen sind, was sie für einen Boden erfordern, in was für einer Gegend, und in welchem Grad der Wärme sie gehalten werden müssen; in welcher Weite sie von einander stehen sollen, wie sie zu pflanzen sind, und worin ihr Nutzen zu suchen sey. Mit eben solchem Fleiß handelt er auch andere Artikel ab, die zum Gartenbau gehören. Auf diese Art hat er ein großes Stück der Naturlehre in seinem Werke mit ausgeführt, und sich überhaupt das große ihm stets gebührende Lob erworben, daß er durch seine vielfachen Bemühungen in England großen Eifer und Fleiß zur Erziehung vorzüglicher Gewächse, merkwürdiger ausländischer Bäume und Stauden, und schöner Blumen hervorbrachte. Selbst in Teutschland machte sein Werk viel Aufsehen, und erweckte Nachahmung und Eifer in der Bearbeitung der höhern Gartenkunst, welchen vielfachen Nutzen auch mit die verschiedenen teutschen Uebersetzungen beweisen, so wie das häufige Citiren dieses Werks auch bei den besten teutschen Schriftstellern und Naturforschern.

In den ersten Ausgaben hatte sich Miller ganz nach Ray und Tournefort in Ansehung der Eintheilung und Benennung der Pflanzen, gerichtet, in der siebenten fieng er schon an, das Linneische System zu gebrauchen, aber in der achten und folgenden Ausgabe ist er diesem völlig gefolgt, so daß man hier nicht nur die Linneischen Geschlechter, sondern auch die Kennzeichen der Arten und ihre Trivialnamen findet. Man kann sich leicht vorstellen, daß das Linneische System durch Millers Bemühungen recht viel gewonnen hat, zumal da ihm so viele ausländische höchst seltene Pflanzen zu Gebote standen, deren Naturgeschichte und Charakter Miller am besten untersuchen konnte.

Ich werde hier die mannigfachen Ausgaben des Millerschen Gärtner-Lexicons ausführlich angeben, weil sie Millers Verdienste in ein näheres Licht setzen, und dann seine übrigen Schriften beschreiben.

The gardeners and florists Dictionary, or a complete system of horticulture Lond. 1724. gr. 8. 2. Bde. Dies ist die erste Ausgabe. Da sich Miller stets beeiferte, seine Kenntnisse zu erweitern, weiter nachzudenken, und neue Versuche anzustellen, so arbeitete er sein Werk aufs neue aus, und diese Umarbeitung legte den Grund zu der folgenden wohl aufgenommenen Ausgabe. Sie führt den Titel: The gardeners Dictionary, containing the method of cultivating and improving the Kitchen fruit, and flower garden etc. interspers'd with the history of the plants, the characters, genus, and the names of all the particular species in latin and Englisch, and an explanation of all the therms vsed in botany and gardening. Lond. 1731. fol.

Eiusd. An Appendix to the gardeners Dict. containing several articles which were omitted in the folio editions of the works. ibid. 1735. fol.

— — the gardeners Dictionary abridg'd from the folio edition. ib. ap. eundem 1735. 8. Voll. II.

— — the gardeners Dictionary etc. the third edit. corrected. Lond. 1737. in fol. 9. Alph. 14. Bog. mit 4. Kupf.

— — The second Volume of the Gardeners Dict. Lond. 1739. in fol.

— — the second edit. (nämlich des 2ten Bandes) ibid. 1740. fol. 4. Alph. 14. Bog. mit 7. Kupf.

— — the fifth edit. corrected. Dublin, 1741. Voll. II. in fol.

— — the sixth edit. carefully revised and adapted to the present practice. Lond. 1752. fol. 10. Alph. 15. Bog. mit 9. Kupfert. der Gartenkalender ist hier noch mit beigedruckt.

— — the seventh edit. revised and attered according to the latest system of Botany, and embellished with several Copperplates which were not in the former editions. Lond. 1759. fol.

Die neueste englische Ausgabe erschien zu London 1795. 2. Bände in fol. durch Thom. Martyn, königl. Professor der Botanik auf der Universität zu Cambridge, die sehr vermehrt und verbessert ist.

Eine Holländische Uebersetzung: Groot botanisch Woortenboeck vertaalt door *I. van Enas.* Leyden, 1746. fol.

Teutsche Uebersetzungen besitzen wir zwei. Die eine hat die Aufschrift: Das englische Gartenbuch, oder Gärtner-Lexicon, nach der fünften vermehrten Ausgabe übersetzt von Dr. Ge. Leonh. Huth (ordentlichem ältern Physico der Reichsstadt Nürnberg). Nürnberg, 1750. 1751. und 1758. 3. Bände in fol. mit 11. Kupfert. Kaum hatte Dr. Huth im J. 1751. Millers Gärtner-Lexicon übersetzt gehabt; so erschien von eben demselben Buch eine neue und sehr vermehrte Ausgabe zu London. Er, entschloß sich sogleich, eine ganz neue Uebersetzung zu veranstalten, und derselben diese beträchtlichen Vermehrungen einzuverleiben. Allein zum Besten derjenigen, welche dieses Werk schon besaßen, ließ sich Huth ermuntern, die Verbesserungen und Zusätze der neuen Ausgabe herauszusuchen, und in einen eigenen Band zu fassen; und man machte also daraus und aus dem Gärtner-Calender den dritten Band der teutschen Uebersetzung, so daß diese alles enthielt, was in der fünften und sechsten Ausgabe zu finden war.

Die zweite teutsche Ueberseßung hat den Titel: **Allgemeines Gärtner-Lexicon, das ist, ausführliche Beschreibung der Geschlechter und Gattungen aller und jeder Pflanzen, nach dem neuesten Lehrgebäude des Ritter Linné eingerichtet, worin zugleich eine Erklärung aller botanischen Kunstwörter, und eine auf vieljährige Erfahrung gegründete practische Anweisung zum Garten-Acker-Wein- und Holzbau enthalten ist. Nach der allerneuesten, sehr vermehrten und veränderten achten Ausgabe aus dem Engl. übersetzt.** 1. Th. Nürnberg 1769. mit 1. Titelkupfer. A — C. II. Th. 1772. mit 4. Kupfert. D — L. III. Th. 1776. mit 7. Kupfert. M — R. IV. Th. 1776. mit 4. Kupfert. S — Z. in 4. Der Uebersetzer der beiden ersten Bände ist mir unbekannt; den 3ten und 4ten aber übersetzte Ge. Wolfg. Panzer, Prediger an der Pfarrkirche bei S. Sebald zu Nürnberg. Die Uebersetzung ist deutlich, gut und meist richtig. Zuweilen sollten die botanischen Kunstwörter genauer ausgedrückt seyn. Die achte englische Ausgabe macht einen fast unförmlich starken Foliobaud aus. Der ehrliche thätige Miller hat darin kaum einen Artikel unverbessert gelassen. Viele sind ganz und gar umgearbeitet, einige sind ganz neu; andere vermehret, und überall erkennet man den aufrichtigen Mann, der gern aus seiner vieljährigen Praxis unterrichten will. Den Gärtner-Calender hat der V. nicht wieder mit abdrukken lassen, theils weil man ihn einzeln haben kann, theils aber auch, weil er bei der starken Vermehrung des Werks, zu viel Platz eingenommen hätte.

Der Vollständigkeit wegen führe ich hier gleich mit an: *P. Miller* Abridgement of the Gard. Dict. the sixth edit. much enlarged. Lond. 1771. gr. 4. mit Kupf. 5. Alph. s. Götting. gel. Anz. 1774. S. 608.

Sein **Gärtner-Calender** — der auch in vielen Ausgaben seines allgem. Gärtner-Lexicons zu finden ist — erschien in folgenden einzelnen Ausgaben. Gardeners Kalender, directing what works are necessary to be donne every month in to Kitchin, fruit and pleasure garden, and in the conservatory etc. Lond... — the second edit. ibid. 1732. 8. — the third edit. with a large index and an addition of the work necessary to be done in the nursery in each month. Lond. 1734. 8. — Dublin 1735. 8. — the fifth edit. Lond. 1739. 8. — ibid. 1748. 8. — the twelfth edit. ibid. 1760 8. — the 16. edit. Lond. 1775. gr. 12. (13½ Bog. stark.) — aus der achten englischen Ausgabe übersetzt von **L. W. Bärtner**. Göttingen 1750. 8. der Uebersetzer hat hier verschiedenes verändert, und die Pflanzen nach Hallern geordnet. — Maandelyksche tuinoeffeningen, aantoonende, wat werk noodzaakelyk te doen is in jeder maand van het jaar door P. Miller naarden vertienden druck etc. vertaald en met eenige aanmerkingen verrykt door *Iob. Baster* Harlem 1767. 8.

Catalogus plantarum officinalium Horti Chelseiani. Lond. 1730. 8. pgg. 152. Er enthält 518. Pflanzen, und darunter viele ausländische. Daß der botanische Garten zu Chelsea einer der vorzüglichsten seiner Zeit war, ist bekannt, und die geschicktesten Botaniker, Rand, Joh. Wilmer, unser Miller und nach ihm Hudson, hielten darin Vorlesungen. Eben die Reichhaltigkeit an Gewächsen, und die große Sorgfalt mit welcher dieser Garten nicht nur unterhalten, sondern stets mit neuen Pflanzen vermehrt wurde, war unserm Miller so günstig, bei seiner großen Neigung zur Pflanzenkunde seine Freude nicht nur durch einen fortwährenden Genuß zu erhalten, sondern auch seiner Thätigkeit und Forschbegierde immer neuen Reiz zu geben. Die vielen Verzeichnisse von Gewächsen, aus dem botanischen Garten zu Chelsea, die von Zeit zu Zeit in den philos Transact. zum Vorschein kamen, kann man aus Böhmer's Biblioth. script. hist. nat. P. III. Vol. I. pag. 238. u. 239. kennen lernen.

The method of cultivating madder, as it is practised in Zeeland, with their manner of drying, stamping, and manufacturing. Lond. sumt. Auct. 1758. gr. 4. 38. Seit. mit 6. Kupfert. Teutsch: Abhandlung von der Färberröthe, worin so wohl von dem Bau als von der Zubereitung derselben ausführliche Anweisung gegeben wird. Nürnb. 1776. 8 mit 7. Kupf. diese Schrift ist aus dem dritten Theil des neuen Millerischen Gärtner-Lexicons genommen, und noch besonders abgedruckt, um die Anbauung der Färberröthe als eines so nützlichen ökonom. Krauts, in unsern Gegenden anzurathen und gemeiner zu machen. Die Abhandlung ist gut geschrieben, und leserlich übersetzt.

A short introduction to the Knowledge of the science of botany, explaining the terms of aut made use of in the Linnaean System, illustrated with five copperplates exhibiting the characters of the genera. Lond. 1760. gr. 8.

Figures of the most beauty-full, useful and uncommon plants described in the Gardeners Dictionary. Lond. 1760. fol. Vol. I, pgg. 100. tab. aen. ill. 150. Vol. II. pgg. 100. tab. aen. ill. 150. Man hat Exemplare mit schwarzen und illuminirten Kupfern. Der Titel könnte einen verleiten, diese Kupfer bloß für Beilagen zu dem Wörterbuch zu halten, die man ohne dasselbe nicht wohl gebrauchen könnte; allein es sind zwei ganz getrennte Werke, indem Miller bei jeder Kupfertafel eine so umständliche Beschreibung der abgebildeten Pflanzen gegeben, als zur Kenntniß derselben nöthig ist, ohne sich dabei auf das Wörterbuch zu beziehen. So wie hier bei weitem nicht alle die im Wörterbuch genannten Pflanzen abgebildet sind, so findet man auch hier recht viele, deren im Gärtner-Lexicon gar nicht gedacht ist. Die Blüten und Kennzeichen sind jederzeit besonders ausgedruckt worden. s. Götting. gel. Anz. v. J. 1756. S. 1352. v. J. 1758. S. 447. 575 u. 744. v. J. 1759. S. 288. und 1008.

u. b. J. 1760. S. 423. Die teutsche Ausgabe hat die Aufschrift:

Millers Abbildungen der nützlichsten, schönsten und seltensten Pflanzen, welche in seinem Gärtner-Lexicon vorkommen, auf das genaueste, nach den von der Natur genommenen Zeichnungen in Kupfer gestochen und illuminirt, auch mit einer ausführlichen Beschreibung und Anzeige der Classen, worunter sie nach Raji, Tourneforts und Linnäi Classification gehören, erläutert. Aus dem Engl. übersetzt. Nürnb. bei Ad. Wolfg. Winterschmidt, 1768. u. fg. in fol. I. Band, 1. Alph. 17. Bog. mit 150. Kupfert. II. B. mit 150. Kupfert. Kostet 50. Thlr. In der Richtigkeit und Schönheit der Malerei giebt die Uebersetzung der Urschrift wenig nach.

Icones plantarum pictae, sculptae et editae. Lond. 1780. fol. max. Fasc. I. tab. aen. 7. s. Comment. Lips. Vol. 24. p. 682.

A method of raising some exotick seeds, which have been judged almost impossibile to be raised in England; in den Philos. Transact. no. 403. p. 485. Lowth To. VI. P. II. p. 353.

Auch verdienen folgende beide Schriften hier noch eine Anzeige:

Anleitung zu der Pflanzung und Wartung der vornehmsten Küchengewächse, aus Millers Gärtner-Lexicon, durch Veranstaltung der ökonom. Gesellschaft zu Bern. Bern 1766. 14 Bog. in gr. 8.

Traité du plantage et de la culture des principales plantes potagères recueillies du dict. de *Miller.* Yverdon 1768. 8. Augm. par les Soins de la Soc. Oecon. de Berne. à Berne 1769. 12.

Von ihm sehe man Richard Pulteney's Geschichte der Botanik bis auf die neuern Zeiten mit besonderer Rücksicht auf England. Aus dem Engl. von Kühn. Leipz. 1798. 8. Th. II. S. 431. fg.

Millet, Mille, Johann Franz, auch Milé, zugenannt Francisque, ein großer Historien- und Landschaftenmaler, geboren zu Antwerpen 1643. Seine Zeichnung ist richtig, und in dieser ahmte er Poussin nach. Seine Pinselstriche sind leicht, seine Köpfe und Figuren schön, und sein Baumschlag angenehm, sein Colorit hingegen ist einförmig, und seine Gemälde haben zu wenig lichte Parthien. Er hatte ein sehr glückliches Gedächtniß, daß er alles, was er einmal beobachtet hatte, getreu nachmachte. Man findet auch drei radirte Blätter von ihm. Er starb 1680., und wie man glaubt, von seinen Feinden vergiftet. Sein Sohn,

Johann, ward wie sein Vater in Landschaften berühmt, und gebrauchte in denselben eine hellere Färbung. 1709. wurde er Mitglied der königlichen Akademie, und 1732. starb er, in einem Alter von 53. Jahren. Auch er hinterließ einen Sohn.

Millot, Claudius Franz Xaver, ein französischer Abbé, Exjesuit, Mitglied der Academie françoise und einiger anderer Akademien, und Lehrer des Duc d' Enghien, geboren zu Besançon am 5. März 1726., starb zu Paris am 20. März 1785. im 59sten Jahr seines Lebens. Er ist Verfasser einiger durch Deutlichkeit und Präcision sich empfehlender Geschichtbücher. Am bekanntesten ist in Teutschland seine Universalhistorie alter, mittler und neuer Zeiten, die der Justizrath und Prof. Christiani zu Kiel mit Anmerkungen, Zusätzen und Fortsetzungen teutsch herausgegeben hat.

Das Original hat die Aufschrift: Elemens d' histoire generale. Première Partie. Histoire ancienne. T. I — IV. à Paris 1772. IV. Voll. in gr. 12. — Seconde Partie. Histoire moderne. T. I — V. ibid. in gr. 12. Wieder aufgelegt: Paris et Lips. 1774. IX. Voll. in gr. 12. Bern et Basil. 1775. IX. Voll. in gr. 12. Lugd. Batav. 1777. VI. Voll. in gr. 12. à Bâle. 1791. IX. Voll. in 12. Dieses sehr schön geschriebene Werk hält die Mittelstraße zwischen Compendium und weitläufigem Raisonnement, und erwarb sich eben dadurch seinen bisher behaupteten Beifall. Da die Begebenheiten meistens richtig erzählt, die Charaktere merkwürdiger Personen ganz gut geschildert, die eingestreuten Reflexionen ziemlich treffend sind, eine leidliche Auswahl getroffen, und alles sehr unterhaltend vorgetragen ist; so gewährt dies Werk dem Anfänger in der Geschichte und dem Dilettanten eine nützliche und angenehme Lecture. Seine Absicht bei diesem Werk war eigentlich der Unterricht der Jugend, vorzüglich aus den höhern Ständen, und allenfalls Selbstunterweisung derjenigen Leser, denen es Zeit und Umstände nicht erlauben, die Geschichtskunde aus den Quellen zu schöpfen. Die neuere Geschichte handelt Millot in 15. Epochen ab., bei welchen fast überall die Französische Geschichte zum Grund liegt, die Geschichte der andern Reiche aber dieser eingewebt ist. Die neuere Geschichte von China und andern asiatischen Reichen ist gleichsam als Anhang dem letzten Band beigefügt. Die Quellen seiner Erzählung hat freilich Millot nirgends angezeigt, und in der Teutschen Geschichte schreibt er oft fehlerhaft.

Die Teutsche Uebersetzung, welche Joh. Bertram Mielk besorgte, gewann durch die vielfachen Bemühungen des Justizr. Christiani, besonders durch seine Zusätze, sehr an Werth, und wurde daher auch von dem Ausland günstig beurtheilt und in fremde Sprachen übersetzt; der Titel ist:

Des Hrn. Abts Millot Universalhistorie, alter, mittler und neuerer Zeiten; aus dem Französischen, mit Zusätzen und Berichtigungen von W. E. Christiani. 8. Theile. Leipz. 1777 — 1785. in gr. 8. die Teutsche Uebersetzung hat auch dadurch Vorzüge vor dem Original, daß sie vollständiger ist. Denn die Fortsetzung dieses Werks von dem letzten Aachner Frieden d. i.

von 1748. bis auf unsere Zeiten hat Christiani selbst zu bearbeiten übernommen, und solche so wohl als Uebersetzung der Millotschen Universalhistorie erscheinen lassen, wodurch die Teutsche Uebersetzung 11 Bände enthält, als auch als ein besonderes Werk unter dem Titel: Christiani Geschichte der neuesten Weltbegebenheiten von 1748. oder von dem Aachner Frieden an, bis auf die gegenwärtige Zeit. 3. Bde. Leipz. 1788 — 1791. in gr. 8.

Von ausländischen Uebersetzungen sind mir vier bekannt, nämlich 1) die italienische: Elementi d'istoria generale antica e moderna etc. recuta nell' Italiano da Ludov. Ant. *Loschi*, con varie aggiunte, ed annotazioni. In Venezia 1778. seq. in 8. 2) die Holländische: Oude en hedendaagsche allgemeene wereldlyke Geschiedenis van den Heer Abt *Millot* vervolyd door W. E. *Christiani*. Haarlem 17.. — 1792. XI. Deel in gr. 8. 3) die Dänische Uebersetzung, davon der 17te und letzte Theil zu Kopenhagen 1795. abgedruckt wurde, enthält zugleich alle Verbesserungen und Zusätze, welche der Herausgeber der Teutschen Uebersetzung, Christiani, dem Werke mitgetheilet hat. 4) Die Portugiesische, vom J. 1780. und den folgenden. Millot gab ferner noch heraus:

Hist. d' Angleterre depuis la conquête des Romains jusqu'au regne de George II. Lausanne 1779. Voll. III. in 12.

Elemens de l' histoire d' Angleterre à Paris 1769. 3. Voll. in gr. 12. Englisch zweimal, von Mistreß Brocke und Hrn. Kenrick, beide, Lond. 1771. 2. Voll. in 8.

Histoire de France depuis Clovis jusqu'à Louis XV. à Lausanne 1779. III. Voll. in 12.

Mémoires politiques et militaires, pour servir à l' histoire de Louis XIV. et de Louis XV., composés sur les piéces originales recueillies par *Adrien Maurice Duc de Noailles*, Maréchal de France et Ministre d' Etat. Par M. l' Abbé *Millot*. à Paris 1777. VI. Voll. in 12. jeder ohngefähr 400. Seiten stark. Teutsch: Nachrichten von den merkwürdigsten, politischen und Kriegsbegebenheiten unter Ludwig XIV. und Ludwig XV. ꝛc. Aus dem Französ. Leipz. 1777 — 78. 6. Bde in 8. Dieses wichtige, und zur Ergänzung oder Bestädigung der neuesten Geschichte Europa's, vom J. 1682 bis 1756. unentberliche Werk ist ein gedrungener und mit Reflexionen durchwebter Auszug aus beinahe 200. Folianten Original-Nachrichten, die der auf dem Titel genannte Marschall von Noailles gesammelt, und noch in den letztern Jahren seines Lebens eigenhändig in Ordnung gebracht hat; der fast ganz aus den eigenen Worten der Handschriften zusammen gesetzt ist, und vielleicht jedem andern, als einem in dergleichen Arbeiten so geübten Schriftsteller, als Millot war, unmöglich gewesen seyn würde. Das ganze Werk ist in drei Theile, und jeder in Bücher vertheilt. Durch und durch sind auf jeder Seite die Jahrzahlen und vollständige Marginalien (welche letztere in der Uebersetzung fehlen) auf den Rand gesetzt.

Die Marginalien sind am Ende eines jeden Bandes unter ihren Fächern wieder gesammelt, und zusammen gedruckt worden, um die Stelle eines vollständigen Registers zu vertreten. Bei schon aus andern Nachrichten bekannten Begebenheiten hält sich Millot, wie billig, gar nicht auf, wenn sie nicht aus der Noaillischen Sammlung neues Licht erhalten. Desto umständlicher ist er bei Erzählung solcher, deren geheime Triebfedern er aus den vor sich gehabten Handschriften zu entdecken vermögend war. Der Reichthum in diesen Memoiren ist groß, und Millots Verdienst, als ein Wahrheitsliebender und geschickter Geschichtschreiber, hervorstechend.

Seine letzte Arbeit war: Tableau de l' Histoire de Romains. Ouvrage posthume de *Millot*. Orné de 48. belles figures, qui en representent les traits les plus interessents. Paris (Breslau) 1796. fol.

Vergl. das gelehrte Frankreich, von J. S. Ersch. Hamburg 1797. T. II. S. 390. u. f.

Minozzi, Bernhard, ein Maler, geboren zu Bologna 1699. Er zeichnete und malte Landschaften mit Wasserfarben auf Papier, welche sehr geschätzt wurden. Minozzi arbeitete mit vielem Ruhm zu Venedig, Florenz, Rom, u. s. f. verfertigte auch viele Gemälde für Engländer, und starb 1769.

Sein Sohn, Flamin Innocenz, geboren 1735, malte anfangs Figuren, legte sich aber nachher auf die Architectur.

von **Mirabeau**, Johann Baptist, aus der Provence gebürtig, starb am 25. Jun. 1760., und war Erzieher zweier Prinzessinnen von Orleans, in der Folge Secretair der Französischen Akademie. Als Schriftsteller hat er den Tasso und Ariosto seiner Nation durch Uebersetzungen bekannter gemacht, war aber beim erstern glücklicher, als bei letzterm. Auch schrieb er Alphabet de la Fée und Roland le Furieux. Er ist der Großvater des 1791. verstorbenen Repräsentanten bei der National-Versammlung zu Paris, dessen Leben jetzt folgt.

Mirabeau, Gabriel Honorius Riquetti, Graf von, stammte aus einer adelichen Familie in der Provence ab, und war 1749. zu Egreville geboren. Sein Vater, der berühmte Marquis de Mirabeau, widmete ihn dem Militairstande, und schickte ihn 1769. nach Corsica, wo sich damals Französische Truppen befanden, welche die Insel erobern sollten. Mirabeau kam dahin, und diente als Unterlieutenant, machte sich bei allen Offizieren, die um ihn waren, verhaßt, kehrte nach der Provence zurück, und gab seine Offizierstelle auf. Im Jahr 1772. heurathete er die junge und liebenswürdige Madmoiselle de Marignane, deren Vermögen auf eine Million Livres geschätzt wurde, machte nun großen Aufwand, zehrte sein eigenes und seiner Frau Vermögen auf, und war in kurzer Zeit über 300,000. Livres schuldig. Er mißhandelte seine Frau so gröblich, daß sie zu ihren Eltern zurück kehrte, und der Marquis von Mirabeau erklärte nun seinen Sohn für einen Verschwender, und wirkte einen Verhaftbrief gegen ihn aus. Er wurde nach dem Staatsgefängniß Chateau Dif, unweit Marseille, gebracht, dann nach dem Schloß zu Joux in der Franche Comte.

Da er kein Staatsgefangener war, so wurde er nicht strenge gehalten, und der Befehlshaber des Schlosses erlaubte ihm sogar, die benachbarte Stadt Pontarlier zu seinem Aufenthalt zu wählen, nachdem Mirabeau sein Ehrenwort gegeben hatte, daß er niemals ohne Erlaubniß diese Stadt verlassen, viel weniger entfliehen wolle. Zu Pontarlier machte Mirabeau Bekanntschaft mit der Marquise de Monnier, einer jungen, schönen, reichen, und unerfahrnen Dame. Er verführte dieses Weib, und überredete sie, in seiner Gesellschaft, ihren Mann und ihr Vaterland zu verlassen, und, zu Bestreitung der Reisekosten, ihrem Manne eine Schatulle, welche eine beträchtliche Summe an Geld und Geldeswerth enthielt, mitzunehmen. M. de Monnier ließ sich überreden. Sie floh, und nahm das Geld mit. Aus der Schweiz kamen sie nach Holland, wo sie anfangs sehr verschwenderisch, und nachher sehr dürftig lebten. Indessen klagte der Mann der Verführten bei dem Parlamente gegen Mirabeau. Dieser wurde citirt. Er erschien nicht, und nunmehr ward er verurtheilt, wegen Verführung und Diebstahl seinen Kopf auf dem Schaffote zu verlieren. Durch die Verwendung von Mirabeau's Familie wurde dieses Urtheil gemildert, und in ewige Gefangenschaft abgeändert. Es werden Polizeybediente von Paris nach Holland abgesandt. Mirabeau wird dort, nebst seiner Geliebten, im Monat Mai 1777. gefangen genommen, nach Frankreich gebracht, und in das Gefängniß zu Vincennes, bei Paris, gesetzt, wo er 3. Jahre und 7. Monate zubrachte. Während dieser Zeit unterhielt er mit der Mad. de Monnier denjenigen Briefwechsel, welcher unter dem Titel:

Lettres originales de Mirabeau, écrites du Donjon de Vincennes, pendant les années 1777. 78. 79. et 80. Contenant tous les détails sur la vie privée, ses malheurs et ses amours avec *Sophie Ruffei* Marquise *de Monnier*. Recueillies par P. *Manuel*, citoyen françois. à Paris 1792. 4 starke Octavbände.

gedruckt zu lesen ist, und welcher den höchsten Grad von Liebe und von Wollust athmet. Die Briefe sind voll von Versprechungen, voll von Schwüren einer ewigen Liebe, welche nur mit dem Tode aufhören sollte. Diese Schwüre hatten aber eben das Schicksal, welches die Schwüre der Verliebten gemeiniglich zu haben pflegen. Sie wurden nicht gehalten, und bald vergessen. Als sich Mir. wieder in Freyheit sah, da verließ er das

Weib, welches ihm Tugend, Ehre und Glück aufgeopfert hatte. Er zog mit einer gewissen Madame de Nera in der Welt herum; und Mad. de Monnier brachte sich aus Verzweiflung selbst um das Leben, indem sie sich im Kohlendampf erstickte.

Nach seiner Befreiung wollte er sich mit seiner Gemahlin wieder aussöhnen, aber sie drang auf die Ehescheidung, und da Mirabeau seinen Proceß verlor; so wandte er sich nun an die berühmte Sängerin, Madame Huberti, und lebte auf ihre Kosten, so lange sie dies zugeben wollte. Dann reis'te er mit einer Französischen Dame von leichter Tugend nach England, lebte daselbst kümmerlich, und nährte sich vom Bücherschreiben. Aus England kam er nach Paris zurück, und da die Regierung eben zu der Zeit eines Spions an dem preußischen Hofe bedurfte, so bot er sich dazu an, und wurde gewählt. Von seiner Anmaßung und unglaublichen Eitelkeit gab er während seines Aufenthalts zu Berlin die deutlichsten und auffallendsten Beweise. Während seines Aufenthalts in Teutschland sammelte er Nachrichten und Beyträge zu einem Werke über die preußische Monarchie, welches nachher gedruckt worden ist.

Mirabeau mußte mit seinem Gehülfen, dem Marquis de Luchet, Berlin verlassen. Er reis'te nach Paris zurück, und nunmehr floß eine Brochüre nach der andern aus seiner fruchtbaren Feder. Er schrieb gegen den neuen Vorschlag, die Stadt Paris mit Trinkwasser zu versorgen! gegen den Wucher mit dem Papiergeld; gegen die Tactik des Grafen Guibert; gegen Ceruti, u. s. w. Endlich erschien auch seine geheime Berliner Correspondenz, ein Gewebe der frechsten und schändlichsten Verläumdungen über Personen, welche zu erhaben waren, als daß so ungegründete und niedrige Schmähungen bis an sie hinauf hätten reichen können. —

Indessen rief der König von Frankreich die Stände des Reichs zusammen, und da eröfnete sich nun Mirabeau ein neues Feld für seine unermüdete Thätigkeit. Er gieng nach der Provence, und nahm eine Stelle in der Versammlung des Adels ein, ob er gleich dazu kein Recht hatte. Da er hier sein Glück nicht machen konnte; so erschien er plötzlich unter einer neuen Gestalt, als Vertheidiger der Rechte des Bürgerstandes. Das Volk in der Provence glaubte in ihm seinen Retter zu sehen, und erwieß ihm die größten Ehrenbezeugungen. Seit der Zeit war er einer der ersten Theilhaber an den wichtigsten Auftritten der Französischen Revolution, bis ihn der Tod ganz unvermuthet am 2. April 1791. von diesem Schauplatz abrief. In seiner letzten Krankheit litt er unbeschreiblich viel. Seine Schmerzen vermehrten sich so, daß sie ihm unerträglich waren, besonders in der letzten Nacht. Unterdessen behielt sein Geist einen solchen Grad von Thätigkeit, daß der Strom seiner Ideen ihn seine Leiden fast vergessen ließ, und sein convulsivisches Athmen schien ein unangenehmes Geräusch zu seyn, auf welches er lediglich nur in so fern achtete, als es ihn in seinen Betrachtungen unterbrach.

Oft gab er in den letzten Tagen seines Lebens zu einer Unterredung Anlaß, um nur den Wirbel seiner Ideen zu unterbrechen, von denen er befürchtete, daß sie, wenn sie sich zu sehr häuften, in ein wahres Delirium übergehen möchten. Gedanken und Bilder strömten mit einer erstaunlichen Schnelligkeit herbei, und vielleicht war seine Sprache nie so präcis, so kräftig und schön.

So bald der Tag, der 2te April anbrach, befahl er, die Fenster zu öffnen, und mit einer gesetzten Stimme und einem ruhigen Tone sagte er zu seinem Arzt: „der heutige Tag ist mein Todestag; und da dieses nun einmal nicht zu ändern ist, so ist nichts mehr übrig, als daß man Wohlgerüche um mich her verbreite, mich mit Blumen schmücke und mit Musik umgebe, damit ich sanft hinüber schlummern möge, in den Schlaf, aus dem wir nicht wieder gestört werden sollen." Seinem Diener rief er zu: „Setze meine Toilette in Bereitschaft, damit ich rasirt und angezogen werden könne." — Er rief seinen Arzt, Hrn. Cabanis zu sich, streckte seine Hand nach ihm aus, und sagte: „Mein lieber Freund, in wenig Stunden werd' ich sterben; geben Sie mir Ihr Wort, daß Sie mich nicht verlassen wollen. Ich möchte so gern mein Leben unter angenehmen Eindrücken und Empfindungen beschließen." Cabanis antwortete ihm nur durch Seufzer, die er nicht zurückhalten konnte. „Lassen Sie, sagte er hierauf; lassen Sie keine Schwäche blicken, die uns beiden, Ihrer und meiner, unwürdig ist. Es ist so nur noch ein Augenblick, den wir benutzen, in welchem wir darauf bedacht seyn müssen, wie wir einer des andern noch genießen wollen. Geben Sie mir das Versprechen, daß Sie mich ohne Noth nicht mehr wollen leiden lassen. Ich möchte gern ohne Mischung die Gegenwart aller derer genießen, die meinem Herzen theuer sind."

Bald darauf verlor Mirabeau die Sprache, antwortete aber noch durch Zeichen. Die Schmerzen stiegen zuletzt aufs äußerste; er verlangte ein Opiat, erlebte es aber nicht mehr. Er legte sich im letzten Todeskampf auf die rechte Seite, und mit gen Himmel gerichteten Augen gab er morgens nach halb 8 Uhr seinen Geist auf. — Man hat behauptet, daß Mirabeau sterbend die merkwürdigen Worte gesagt habe: „Ich nehme in meinem Herzen die Trauer der Monarchie mit mir; die Trümmer derselben werden die Beute der Partheyen werden." — Bey der Secirung seines Körpers zeigten der Magen, das Duodenum, ein großer Theil der Leber, der rechten Niere, das Zwergfell und das Herzfell, alle Merkmale des Brandes, oder vielleicht eine Congestion des Bluts. Das Herzfell enthielt eine beträchtliche Menge dicker, gelber, undurchsichtiger Materie, und lymphatische Gerinnungen bedeckten die ganze Oberfläche des Herzens, die Spitze ausgenommen. —

Sein Leichnam wurde in der Kirche der heiligen Genofeva feierlich beigesetzt. Der Leichenzug bestand aus mehr als

00,000 Menschen, worunter einige tausend bewafnete Bürger in Uniform waren. Vor der Leiche gieng ein Piquet Cavallerie und ein Detachement der National-Garde, ihr folgten die meisten Glieder der National-Versammlung, die Municipalität, die . Minister, der größte Theil des Jacobiner-Clubbs und unähligl viel Volk. Ueberhaupt hatte seit langer Zeit zu Paris er Tod keines Mannes so allgemein, und in einem so hohen Grade die Theilnehmung rege gemacht, als der Tod Mirabeau's. Seine Freunde so wohl als seine Feinde beklagten seinen Verlust, weil sie alle fühlten, daß der Verlust sehr groß sey, indem ein außerordentlicher, ein talentvoller Mann gestorben sey. Seine ausgebreiteten Kenntnisse, sein richtiger Verstand und sein dreister Charakter bestimmten ihn, eine wichtige öffentliche Rolle zu spielen. Freiheit war seine Leidenschaft, und was der Freiheit entgegen war, das konnte er nicht vertheidigen. Er wollte nicht blos Geld, er wollte auch Ruhm; und er fühlte das Bedürfniß, einen schlechten Ruf gegen einen bessern zu vertauschen. Ein Hauptzug in seinem Charakter war Feigherzigkeit und Furchtsamkeit. Niemals hat er eine Herausforderung zum Zweikampf angenommen, sondern sich lieber prügeln lassen. Daß er sich bezahlen ließ, um für oder gegen einen Beschluß in der National-Versammlung zu sprechen, ist außer Zweifel, da er in der letzten Zeit beständig einen fürstlichen Aufwand machte, und ein ungeheures Vermögen hinterließ.

Die Lebhaftigkeit und der Reichthum seiner Ideen, das Feuer, mit welchem er sie ergriff und verfolgte, das Bestreben, sie eben so eindringend und überzeugend, als er sie faßte, vorzutragen, veranlaßten die Schöpfung eines eigenthümlichen Styls. Noch mehr als die frühern, mußten seine spätern Arbeiten diesen sie auszeichnenden Stempel tragen, da bei ihnen die große Thätigkeit ihres Verf. und das ungeschwächte Feuer seines Geistes mit der Abnahme seiner körperlichen Kräfte in beständiger Collision stand.

Der General Dumouriez sagt in seiner Lebensbeschreibung: er habe sich mit Mirabeau in eine genaue Verbindung eingelassen, giebt ihn aber für den talentvollsten und lasterhaftesten der ganzen National-Versammlung aus. Mirabeau starb zu bald, um seinen Charakter deutlicher zeigen, und seine Grundsätze bei der Franz. Revolution geltend machen zu können.

Mittwochs den 30sten März sprachen mehrere öffentliche Blätter in Paris von der Gefahr, in welcher Mirabeau geschwebt hatte, als von einem öffentlichen Unglück, und von seiner schnellen Genesung, als einem Quell allgemeines Jauchzens und Frohlockens. Mirabeau's Verwandte, Freunde und Bekannte füllten sein Haus, seinen Hof, seinen Garten, und Haufe auf Haufe drängte sich herbei, um in jeder Stunde über den Zustand des Kranken unterrichtet zu seyn. Am Abend sandte die Gesellschaft der Constitutions-Freunde eine Deputation, an deren Spitze Barnave war. Mirabeau war über die Beweise von zärtlicher Besorgniß und Zuneigung für ihn, und den Antheil sehr gerührt, den eine Gesellschaft an seinem Schicksal nahm, deren wichtige Dienste ihm wohl bekannt waren.

Als es am 1sten April in Paris bekannt wurde, daß ihm seine Aerzte Chinarinde geben wollten, so beeiferten sich Personen aus allen Gegenden, welche die beste und echteste zu haben glaubten, ihm davon zu schicken, der trefliche Pilos, eines der berühmtesten Schlachtopfer der spanischen Inquisition, unter dem Namen Paul Olavides, brachte selbst einige Unzen, welche er unmittelbar aus dem Lande, aus dem wir diese heilsame Arznei bekommen, erhalten hatte. Als Mirabeau den geringen Erfolg des Gebrauchs dieser Rinde bemerkte, so sagte er zu Hrn. Cabanis: „Sie sind ein großer Arzt, aber der ist noch ungleich größer, der die Winde alles niederwerfen, das Wasser die Erde durchdringen und befruchten, und das Feuer alles beleben und verwüsten läßt."

Er verlangte einst von den Umstehenden, sie möchten ihm den Kopf in die Höhe heben. „Ich wünsche," fügte er hinzu, „ich könnte ihn Euch als ein Erbtheil hinterlassen."

Unaufhörlich fragte er nach den Vorfällen in der National-Versammlung. Er sprach von auswärtigen Verhandlungen, und insbesondere über die geheimen Absichten des englischen Hofes. „Der Pitt," sagte er, „ist der Minister der Entwürfe und Vorbereitungen; er regiert mehr durch seine Drohungen, als durch wirkliches Handeln. Ich glaube, ich würde ihm noch, wenn ich das Leben behalten hätte, eine kleine Kränkung oder Demüthigung angebracht haben."

Sein Arzt Cabanis sprach mit ihm über die außerordentliche Theilnahme des Volks an seiner Krankheit, wie es Haufenweise sich vor seiner Thür versammle, um zu wissen, wie es ihm gienge; wie es den Eingang der Straße ober- und unterhalb seines Hauses versperrt habe, damit ihm das Geräusch der Wagen nicht beschwerlich fallen solle. „O gewiß, rief Mirabeau hiebei aus, ein so gutes Volk kann mit Recht allen Anspruch auf unsern möglichsten Diensteifer machen. Ihm mein ganzes Leben zu widmen, war mein Ruhm und meine Ehre, und ich fühle tief, wie wonnevoll es ist, mitten unter ihm zu sterben."

Gemeiniglich hielt man Mirabeau im Publikum für ehrgeizig und rachsüchtig. Es ist freilich wahr, daß ihn die ungestüme Heftigkeit in seinen Empfindungen und Meinungen wirklich oft in Feuer brachte; aber eben so gewiß ist es, daß dieser Mann, der, wenn er gereizt ward, oder Widerstand fand, leicht in Hitze gerieth, zu gleicher Zeit, sehr wohl Herr über sich selbst zu bleiben wußte; daß er, der ohne Zweifel der allerlebhaftesten Empfindlichkeit fähig war, seitdem er sich Ansehen und Würde des Charakters erworben hatte, seine Leidenschaften jederzeit dem öffentlichen Wohl aufopferte. In den stürmischen Stunden der National-Versammlung vergaß er sich nie so weit, um nicht unbefangen, mit freier Seele alles beurtheilen, und die heilsamsten Mittel zur Hebung des gegenwärtigen Uebels angeben zu können. Konnte er sich durch Vereinigung mit Personen, von denen er sonst eben nicht viel hielt, dem Staate nützlich machen; so kostete ihm dieses keine große Ueberwindung. Ich habe ihn Opfer dieser Art bringen gesehen, sagt sein Arzt Cabanis, welche, — ich muß es bekennen — so sehr ich sie auch bewundere, ich nicht leicht hätte darbringen können. — Sehr oft tadelte und verwarf er Meinungen, und griff Maaßregeln ohne alle Rücksicht auf Personen an, und wofern es darauf ankam, seinen Edelmuth zu beweisen; so war kein Unrecht so groß, daß er's nicht hätte vergessen können. Ich habe ihn heimlich, habe ihn lange beobachtet; habe ihn in allen Lagen und Umständen des Lebens bemerkt, und — ich kann dreist behaupten, daß kein Mensch mehr entfernt war von Bosheit, Niemand weniger fähig war, einer überlegten und kalten Rache.

Sein ganzes Leben durch, das heißt, von dem Augenblick an, wo er auf dem Schauplatz der Meinungen erschien, sah sich Mirabeau unaufhörlich von Haß und Verläumdung verfolgt. Sein heftiger Charakter hatte ihn manche persönliche Feindschaft zugezogen, und Leute, die gewohnt sind, alles oberflächlich abzuurtheln, ließen sich verleiten, von einigen Verirrungen seiner Jugend auf die große Wahrscheinlichkeit des Daseyns mehrerer wirklichen schweren Laster zu schließen. Allein die Geschichte seines Lebens hat doch auch so manche große Gedanken, so manche edle Gesinnungen, so manche segensvolle Arbeiten von ihm aufzuweisen, die mit seinen Lastern, welche manche Partheien nach seinem Tod so hoch anrechneten, nicht im Verhältniß standen.

Mirabeau's Nachruhm und die National-Trauer, welche man bei seinem Tod hielt, waren in Frankreich von keinem bleibenden Eindruck, von keiner langen Dauer. Man hat ihn schon zu Ende des J. 1792. nach Beweisen von Unrechtschaffenheit und Verrätherei, die man unter neu entdeckten Briefschaften in den Thuillerien aufgefunden haben will, der Verehrung der Nation und des ehrenvollen Begräbnisses im Pantheon unwürdig erkannt, auch seine aufgestellte Bildsäule zertrümmern wollen.

Am 25. November 1793. decretirte der National-Convent, daß die Büste Mirabeau's aus dem Pantheon entfernt, und die von Marat an ihre Stelle soll gesetzt werden.

Am 15. Sept. 1794. decretirte sogar der National-Convent, daß der Leichnam des einst angebeteten Mirabeau aus dem Pantheon weggeschafft werden soll. Wie veränderlich sind doch die Meinungen der Menschen! — Wie seltsam oft die Ehrenbezeugungen, welche man großen Männern nach ihrem Tod erweist; —

Folgende Schilderung wurde von Mirabeau im Pariser National-Convent 1793. bei dem Decret gemacht, welches seine Leiche aus dem Pantheon stößt: „Große Talente und große Laster; eine heiße Ruhmsucht und noch heißere Geldsucht; erstaunende Redner-Talente, die dem Meistbietenden aber feil waren; tiefe Kenntniß der Geschäfte und noch tiefere der Ränke, ein in großen Entwürfen und erhabenen Bewegungen fruchtbarer Geist; unbegrenzter Stolz, äußerste Niederträchtigkeit, Wunsch, des Vaterlandes Loos zu verbessern, und zugleich der niedrigste Egoismus und Selbstsucht; Wahn, die Großen zum Zittern zu bringen, und zugleich Neigung, sich von ihnen erkaufen zu lassen. Das waren die Widersprüche, welche einen Mann bezeichneten, dessen Name die Geschichte unter die großen Politiker und großen Bösewichter setzen wird."

Mirabeau besaß eine sehr große Bibliothek, die er in weniger als 15. Monaten zusammen brachte. Den Plan zu dieser Sammlung faßte er erst im J. 1789., da die Bibliothek seines kürzlich verstorbenen Vaters versteigert wurde. Er kaufte zu seiner schon beträchtlichen Sammlung die ganze Bibliothek des Grafen von Büffon. Alle Fächer der Litteratur sollte seine Bibliothek umfassen, besonders aber eins, das ihm bis jetzt allzu sehr vernachläßigt schien — die orientalische Litteratur. Mitten im Strudel der vielen Geschäfte, welche ihm die Französische Revolution verursachte, und welche die gesammten Kräfte mehrerer Männer hinlänglich würden beschäftiget haben, dachte dieser außerordentliche Kopf immer auf Vermehrung seiner Bibliothek, und sein bewundernswürdiges Gedächtniß führte ihm immer das Jahr einer seltenen Ausgabe, oder sonst einen Umstand, durch den ein Buch zur Seltenheit wird, zur günstigen Stunde wieder herbei. Oft unterbrach er sich im Lesen und sogar im Schreiben, um einen interessanten Auctions-Catalog zu durchlaufen, um für sich etwas auszuzeichnen. Der Ankauf eines vorzüglichen Buchs machte ihm die größte Freude, an der alle seine Freunde Theil nehmen mußten. Wer hätte es denken sollen, daß dieser fleißige und passionirte Büchersammler eben der Mann wäre, der eine Stunde vorher in der Versammlung der National-Deputirten seine Gegner zum Zittern gebracht hatte! Dereinst sollte diese Bibliothek allen Gelehrten zum freien Zugang eröffnet werden.

Die meisten Schriften, welche Mirabeau unter seinem Namen herausgegeben hat, sind nicht von ihm selbst geschrieben worden. Er besaß in einem vorzüglichen Grad die Kunst, Andere für sich arbeiten zu lassen, und ihrer Arbeit seinen Namen zu leihen. In seinem politischen Leben bewieß er, daß er gar keine festen Grundsätze hatte, nach denen er sprach, schrieb und handelte: daher die unaufhörlichen Widersprüche in seinen Reden und Schriften.

Sein Hauptwerk, das ihn vorzüglich als Schriftsteller berühmt machte, ist seine Statistik der Preußischen Monarchie.

De la Monarchie Prussienne, sous Frédéric le Grand; avec un Appendice contenant des Recherches sur la situation actuelle des principales Contrées de l' Allemagne. Par le Comte *de Mirabeau*. à Londres 1788. 7. Bände in gr. 8. jeder von ungefähr einem Alphabet, und darüber, der 4te besteht aus 2. Theilen, jeder auch 1. Alph. stark, daß also das ganze Werk ungefähr 10. Alphabete stark ist. Hierzu kommt noch ein besonderer Band Landcharten, Tabellen und Kupferstiche in folio. — Man darf ohne Scheu behaupten, daß vorher noch kein solches Werk über die Statistik der Preußischen Monarchie zum Vorschein gekommen war. Sein Urheber hat nicht etwa, nach der Weise seiner meisten Landsleute, halb wahre, falsche und partheiische Nachrichten vom Hörensagen und aus bekannten Büchern wieder aufgewärmt, und eine declamatorische Brühe darüber gegossen; sondern er hat, da er der Teutschen Sprache mächtig ist, alle Hülfsmittel benutzt, die je ein Teutscher benutzen könnte und müßte, wenn er eine solche Statistik schreiben wollte. Er hat sie unter einander verglichen, geprüft, und mit seltenem Scharfsinn seine Resultate daraus gezogen. Besonders hat er dieß in Ansehung Statistischer Tabellen und Berechnungen gethan, und dabei eine Geduld bewiesen, die man einem Franzosen nicht zu trauen sollte. Auch in der Rechtschreibung Teutscher Wörter und Namen sind nicht so viele Fehler begangen worden, als in andern Französischen Büchern. Indessen mag vieles von dem, was ich bisher gerühmt habe, auf die Rechnung des Oberstlieutenant Mauvillon in Braunschweig zu schreiben seyn, den Mirabeau seinen Cooperateur allemand nennt, qui a bien voulu analyser et critiquer la plus grande partie des materiaux de cet ouvrage. Manche Urtheile über Teutsche Gelehrte und Anekdoten von ihnen mögen wohl auch von ihm herrühren. Ueberhaupt muß man wissen, daß das Werk in Teutschland, und zwar zu Berlin und zu Braunschweig, ausgearbeitet worden ist. — Freimüthigkeit in Urtheilen über Fürsten, Staatsmänner und Gelehrte, herrschen durchaus; und überall zeigt sich der Verf. als ein warmer Freund und Vertheidiger der Menschheit und ihrer Rechte, und als ein geschworner Feind des Despotismus, des Zwanges, der Intoleranz, der Monopolien, und was weiter dahin gehört. Doch, von dieser Seite kannte man schon vorher Mirabeau aus seinen andern Schriften. In diesen nicht allein, sondern auch hier zeigt er bei jeder Gelegenheit seinen patriotischen Eifer für die Beförderung des Ackerbaues und gegen die übermäßige Anzahl der Manufacturen, wenn sie jenem zum Nachtheil gereichen. Er macht manche Digressionen: aber auch sie lieset man gern, und erbauet sich daraus. —

Die Einrichtung des Werks — von dem bei seiner Erscheinung sehr viel gesprochen wurde, ist folgende: Zuerst Vorrede, dann Verzeichniß der vornehmsten Teutschen (89.) Werke, deren sich der Verf. bei Ausarbeitung des seinigen bedient hat; ferner Beschreibung der Teutschen Münzen, Gewichte und Maaße, nebst ihrer Reduction auf Französische. Hierauf das Werk selbst in 8. Büchern. Das erste enthält allgemeine Betrachtungen über die Erhebung des Hauses Brandenburg, oder kurze Geschichte des Hauses Brandenburg, besonders vom großen Kurfürsten an. Das 2te handelt von der Geographie und Bevölkerung der Preuß. Staaten. Das 3te, vom Ackerbau und von den natürlichen Producten. (Die bekannte Abh. des Staatsministers von Heinitz über die Producte des Mineralreichs in der Preuß. Monarchie ist diesem Buch ganz beigefügt). Das 4te, von den Manufacturen. Das 5te, von der Handlung. Das 6te, vom Finanzwesen. Das 7te, vom Kriegswesen; und das 8te, vom Religions- und Erziehungswesen, von der Legislation, und von der Staasverwaltung, diese 8. Bücher sind in den 5. ersten Bänden enthalten. Im 6ten und 7ten Band findet man statistische Nachrichten von Sachsen, Oestreich und Pfalzbayern, auch aus den besten gedruckten Quellen, mit herrlichen Reflexionen durchzogen. Den 8ten Band machen die schon erwähnten Landcharten und Tabellen aus.

Das Urtheil der meisten Gelehrten von diesem Werke geht dahin, daß, ob es gleich das nicht leistet, was es dem Titel nach eigentlich leisten sollte, und das man ganz fehlerfrei auch von keinem Ausländer erwarten könne, und ob es gleich mit vielen, zum Theil groben Fehlern befleckt sey, es doch hin und wieder und in einzelnen Theilen gut und brauchbar sey. Daß es in des 105ten Bandes 2tem Stück der allgem. Teutschen Bibliothek sehr derb mitgenommen wurde, rührt von Zeitumständen her, deren Ursachen ich des lieben Friedens wegen nicht erörtern will. Doch dächte ich, hätte man Mirabeau da, wo er gefehlt hätte, ganz kalt zu recht weisen können, weil ein Ausländer doch immer mehr Nachsicht verdient, und man dabei seine vielen treflichen Reflexionen und Winke, die er über das Ganze ausgestreuet hat, nicht außer Acht lassen darf.

Im 6ten Buch vom Finanzwesen hat Mirabeau viel geschöpft aus den im Druck nicht bekannt gewordenen Vertheidigungsschriften des zu Anfang der vorigen Regierung entlassenen Generaldirectors der Regie, Hrn. De Launay. Da aber der Graf von Mirabeau seine Monarchie prussienne hauptsächlich geschrieben zu haben scheint, um das ihm so sehr am Herzen liegende physiokratische System zu vertheidigen; so konnte er natürlich mit den Preußischen Accise-Einrichtungen nicht zufrieden seyn. Er beschuldigte sie sehr selten mit Recht, meist mit Unrecht. Hr De Launay, welcher 20. Jahre lang Chef der Preußischen Accisen und Zölle war, vertheidigt sie in seiner Apologie particulière und in der Iustification du Systeme d'Economie politique et financiene de Frédéric II. R. de Prusse, par. Mr. *de Launay*, welche zugleich Teutsch, unter der Aufschrift, erschien: Friedrichs des zweiten, Königs von Preußen, ökonomischpolitisches Finanzsystem, gerechtfertigt durch dessen geheimen Ober-Finanzrath und ersten Regisseur De la Haye Launay.

Berlin, 1789. 8. letzterer zeigt, daß der Graf von Mirabeau die Preußischen Lande nicht genug kannte, und daß er von Accise-Einrichtungen überhaupt, und besonders von den Preußischen, oft nicht ganz deutliche und richtige Begriffe hat. Hin und wieder wäre aber auch etwas wider Hrn. De Launay zu sagen, wenn er seine Einrichtungen vertheidigt.

Daß man von einem solchen schön geschriebenen Werke von allen Seiten Teutsche Uebersetzungen ankündigte, war ganz natürlich zu erwarten; doch hielt man eine Zeit lang damit zurück, um ohne Zweifel erst Berichtigungen abzuwarten. Endlich erschien die Mauvillonische neue Bearbeitung, unter der Aufschrift: Von der Preußischen Monarchie unter Friedrich dem Großen. Unter der Leitung des Grafen von Mirabeau abgefaßt, und in einer vermehrten und verbesserten Uebersetzung herausgegeben von Jac. Mauvillon, Herzogl. Braunschw. Oberstlieutenant beim Ingenieur-Corps. Erster Band, enthält: 1stes Buch: Historische Uebersicht des Zustandes der Preußischen Staaten. 2tes Buch. Geographische Beschreibung desselben. Braunschw. u. Leipz. 1793. Zweiter Band; enth. das 3te und 4te Buch, vom Ackerbau und den Manufacturen. Ebend. 1793. Dritter Band; enth. 5tes Buch: vom Handel, und 6stes Buch: Einnahme und Ausgabe. Ebend. 1794. gr. 8. Die noch übrigen zwei Bücher über Kriegsverfassung (mit Weglassung der dem Zweck des Unternehmens ganz fremden Abhandlung von der Taktik), und über Religion, öffentl. Unterricht, Gesetzgebung, Polizey und Justizverfassung, wollte der im Fache der Litteratur bekannte Hauptmann von Blankenburg in Leipzig bearbeiten, allein beide Männer starben bald darauf, und die Fortsetzung gerieth dadurch ins Stocken.

Indessen erhielten wir doch von dem siebenten Buch des Mirabeauschen Werkes: Ueber die Kriegsverfassung, einen Teutschen Auszug, unter der Aufschrift; Grundsätze der neuern Infanterie-Taktik der geübtesten Truppen gegenwärtiger Zeiten — nebst einem Anhang über Cavallerie-Taktik — nach der Franz. Orig. Ausg. des Mirabeauschen Werks: de la Monarchie pruss. — neuerlich revid. und sorgfältig bearb. vom Oberstl. v. Mauvillon, und übersetzt von J. H. M. (Malherbe). Meißen 1791. gr. 8.

So sehr indessen die Untersuchungen Mauvillons unterhalten, und mit so vieler Theilnahme und Selbst-Belehrung man ihnen folgt; so wird doch jeder Einsichtsvolle weit entfernt seyn, alle Behauptungen, wenn man ihnen auch den Charakter des Scharfsinns und des tiefen Forschens nicht abspricht, darum auch als wahr zu unterzeichnen. Das physiokratische System, das bekanntlich allen Urtheilen Mauvillons zum Grunde liegt, ist nur Ideal, und kann für keinen Staat passend seyn. Eben so wenig aber, als man bei Beurtheilung gewisser Staatseinrichtungen jene ihnen nothwendige Schranken der Unvollkommenheit, die in ihnen selbst liegen, vergessen sollte, eben so wenig sollte man auch ihre Verhältnisse gegen andere Länder aus den Augen setzen, durch die so manche Unternehmung, so manche Einrichtung anders modificirt, oder wohl gar vereitelt wird. Diese Gesichtspuncte hat allerdings Mauvillon nicht im Auge behalten, und vielmehr ganz strenge den Weg verfolgt, den ihm seine Grundsätze vorzeichneten *) Aber auch auf diesem ist er lehrreich; auch da führt er zu vielen Entdeckungen und Beobachtungen, die den Dank des wahren Freundes der Menschen und der Staatenvereine stets verdienen.

Vielleicht dürfte auch noch die Revision des ganzen von einem Preußischen Staatskundigen unternommen werden, eine Hoffnung, deren Erfüllung gewiß allgemeiner Wunsch ist. —

In der Urschrift erklärte Mirabeau den Hrn. Mauvillon für seinen Mitarbeiter; im 1sten Band der Teutschen Umarbeitung aber sagt dieser, daß nur wenige Zusätze im ersten und letzten Buch, die Anschaffung der zur Abfassung der Schrift nöthigen Hülfsmittel, und die Verbesserung der Arbeit auf Rechnung Mirabeau's zu setzen sey. Lebte Mirabeau noch, so würde er wahrscheinlich diese Behauptung übel nehmen. Es muß auch nicht wenig auffallen, daß sie erst nach Mirabeau's Tod geschiehet, nachdem, so lange dieser lebte, das Werk seinen Namen getragen hat. Auch fällt es auf, daß in Mauvillons von ihm selbst herausgegebener Correspondenz mit Mirabeau deutlich zu sehen ist; daß Mirabeau das Werk als sein eigenes betrachtete, und Hrn. Mauvillon als einen Gehülfen ansah, den er bezahlte, und der ihm in die Hände arbeitete, z. B. S. 63. 101. 232. 359. u. an andern Orten mehr. Zumal da auch diejenigen, die den Grafen von Mirabeau in Berlin gekannt haben, recht gut wissen, daß derselbe ein Werk über die Preußische Monarchie schreiben wollte, und viel dazu sammeln und übersetzen ließ, ehe er mit Mauvillon in Verbindung kam.

Ehe noch die Mauvillonische Teutsche Umarbeitung zum Vorschein kam, erschien schon ein Teutscher Auszug, der aber auch nicht vollendet ist. Er führt die Aufschrift: Graf von Mirabeau über die Preußische Monarchie unter Friedrich dem Großen. Aus dem Französ. übersetzt und zusammen gezogen; nebst berichtigenden Anmerkungen sachkundiger Männer, von J. G. Schummel, Prorector und Prof. der Philos. und Gesch. zu Breslau. 1. Bandes 1ster Theil. Breslau, 1790. 2ter Theil. 1791. gr. 8.

Auch in Sachsen stand ein Ungenannter, Hr. Gebhard in Dresden, auf, der das, was von Mirabeau in seinem Werke de la Monarchie prussienne, von dem Sächsischen Staat unrichtig sollte dargestellt seyn, in einer besondern anonymischen

---

*) Der Werth der Mauvillonischen Umarbeitung ist bei der Anzeige der oben angeführten drei Bände, sehr strenge und mit vielen entdeckten Fehlern gewürdigt in der neu. allgem. Teutschen Bibliothek, 11. B. 2. St. S. 279 — 295. und 19. B. 2. St. S. 417 — 435, welche Recensionen bei dem Gebrauch des Buchs nicht zu übersehen sind.

Schrift zu widerlegen suchte. Diese Schrift ist aber in keiner gelehrten Zeitung angezeigt, man wüßte also gar nichts von ihrer Erscheinung, wenn uns nicht der berühmte Professor Zimmermann in seinen Annalen der geographischen und statistischen Wissenschaften v. J. 1790. 9. St. Seite 287. darauf aufmerksam gemacht hätte. Gebhard betitelte seine Schrift: Lettre d'un Saxon à M. le Comte de Mirabeau, contenant quelques remarques sur son Tableau d'Electorat de Saxe. (Ohne Druckort) 1789. 9. Bogen in 8.

So viel von diesem Mirabeauischen Werke, das noch lange in der Litteratur ein gewisses Ansehen behaupten, und das man wegen seines guten Vortrags und wegen des Scharfsinns, mit dem die meisten Sachen dargestellt sind, immer gerne lesen wird. Man muß M. die Gerechtigkeit wiederfahren lassen, daß er, seine Lieblings-Theorie die Physiokratie ausgenommen, aufmerksamer und empfänglicher des Unterrichts war, als andere Franzosen, und nachdem er sich wirklich eine Anzahl Teutscher statistischer und anderer Bücher hatte übersetzen und Auszüge daraus machen lassen, urtheilte er, obgleich nicht immer treffend, dennoch so sehr ungereimt nicht mehr, als der größte Theil seiner Landsleute. Ich komme nunmehr auf seine übrigen Schriften.

Ich habe schon oben bei den biographischen Nachrichten bemerkt, daß Mirabeau, als er von England nach Paris zurück kam, sich in gewissen dringenden Angelegenheiten habe an den Preußischen Hof senden lassen, und man in Frankreich auf seine Geschicklichkeit viel Vertrauen gesetzt habe. Die geheime aber wahre Ursache seiner doppelten Reise nach Berlin, — die sehr vielen, welchen die Staatsverhältnisse unbekannt sind, auffiel — war nun folgende.

Es ist bekannt, daß sich in der Französischen Finanzverwaltung ein ansehnliches Deficit seit vielen Jahren gefunden hatte, welches nicht eingebildet war. M. glaubte ein sicheres Mittel zu wissen, demselben wenigstens vor der Hand abzuhelfen (weiter giengen die Finanz-Operationen der Französischen Finanziere damals nicht — und gehen auch noch jetzt nicht weiter). Er dachte: Nichts ist natürlicher, Preußen hat Geld, Frankreich braucht Geld, es kommt also nur darauf an, die Preußen zu bereden, daß ihr Geld besser in Frankreich liegt, als bei ihnen selbst; und dieß hielt Graf v. Mirabeau für leicht, denn er kannte sehr wohl die Stärke seiner Beredsamkeit, und hatte auch schon das Beispiel vor sich, daß Genf, und durch Genf halb Teutschland und Italien, zu einem ähnlichen Schritt waren beredet worden. Konnte M. seinen Vorschlag wirklich ins Werk setzen; so war gewiß, daß er auf eine gute Stelle im Corps diplomatique, oder wo es sonst gewesen wäre, hätte rechnen können, welches damals seine höchste Aussicht und zugleich sein ernsthaftes Bestreben war: und es würde auch dadurch die Französische Revolution etwas weiter hinausgesetzt worden seyn. Daher machte er sich auf nach Berlin;

und jeder, der ihn in Gesellschaft gesehen hat, wird sich erinnern, daß er diese Lehre, und was dahin einschlägt, allenthalben predigte, und sonderlich in der ersten Zeit mit größter Beredsamkeit bewieß, so gut man mit Beredsamkeit und ohne Kenntniß beweisen kann, daß die Teutschen von Geld und Circulation keinen Begriff hätten. Fast jeder Franzose hat eine lebhafte Einbildungskraft nebst einer großen Meinung von sich, und M. besonders vereinigte diese Eigenschaften mit überaus vielem Witz und Beredsamkeit. Er glaubte also vermuthlich seinem Zweck viel näher gekommen zu seyn, wenigstens verzweifelte er gar nicht daran, Mittel zu seinem Zweck zu finden, vielmehr war er ganz voll davon. Die neue Regierung schien ihm der rechte Zeitpunct zu seyn. König Friedrich II., dachte er, hat zu einem Franzosen in Finanz-Sachen Zutrauen gehabt, warum sollte K. Friedrich Willhelm II. nicht zu einem andern Franzosen Zutrauen gewinnen? Dahin gieng seine Lettre remise à Fr. Guill. II.; er glaubte, dem Könige ganz neue Wahrheiten gesagt, und sie auch so eingekleidet zu haben, wie sie Wirkung thun müßten; er glaubte dadurch die größte Aufmerksamkeit zu erregen, und sich den größten Einfluß zu verschaffen; daß Mirabeau also in seiner Schrift das obige sagte, darüber durfte sich niemand verwundern; denn es war die Absicht, warum er zweimal nach Berlin reisete, und die Hauptabsicht, warum er die Lettre remise au Roi schrieb und überreichte. Aber freilich hätte wohl aller Verstand stille stehen können, wenn der König von Preußen auf eine solche Lettre remise par un etranger das zur Erhaltung des Stadts gewidmete Geld in die Französischen Fonds gelegt hätte. Damit hatte es aber gute Wege. Der Preußische Staat hat überhaupt das Schicksal, daß Ausländer dessen Geschichte und Verfassung, Aufkommen und Abnehmen besser zu verstehen vermeinen, als alle Inländer *).

Mirabeau's Histoire secrete de la Cour de Berlin etc. machte bei ihrer Erscheinung viel Aufsehen, enthält manches bemerkungswerthe, ist aber jetzt schon vergessen. Dr. **Ernst Ludw.** Posselt widerlegte sie: Ueber Mirabeau's Hist. secrete etc. aus authentischen Quellen. Carlsruhe, 1789. 8.

Lettre remise a *Frédéric Guillaume* II. Roi, regnant de Prusse, le jour de son avénement au trône. 1787. gr. 8. 4. Bog. Ins Teutsche übersetzt: nach der von dem Hrn. von Grossing bekannt gemachten Teutschen Uebersetzung und von ihm darüber gemachten Anmerkungen; mit Bemerkungen eines Märkischen Patrioten darüber (von Magn. Willh. von Arnim). Prenzlau, 1788. 8. Um die Beschuldigung zu vernichten, auf Friedrich II. eine Satyre gemacht zu haben, sahe sich v. Mirabeau genöthigt, dieß Schreiben, welches er an dem Tage der Thronbesteigung K. Friedrich Willhelm II. zuschickte, öffentlich bekannt zu machen. Dieses Schreiben enthält mehrere gutgemeinte

---

*) f. allgem. Teutsche Bibl. 105. B. 2. St. S. 111.

Wünsche, Bitten und Vorschläge zur Verbesserung der Fehler der vorigen Regierung, und zur Erhöhung des Glücks der Preußischen Unterthanen. Wenn gleich der Hr. Graf manche Vorschläge, die in Republiken eher, als in Monarchien ausführbar seyn möchten, gethan, und in vielen Fällen nicht ganz dem Vorwurf der Ungerechtigkeit in Beurtheilung Friedrichs des Einzigen entgangen ist; so sind doch auf der andern Seite viele Vorschläge und Wünsche einleuchtend vortheilhaft für den Preußischen Staat, und der jetzt regierende Preußische Monarch hat auch seit seiner Thronbesteigung sehr vieles, was als Fehler angesehen werden konnte, geändert und verbessert.

Der Ritter von Zimmermann in Hannover hat der Lettre remise à Fr. Guill. II. die Ehre angethan, sie in einer besondern Schrift zu widerlegen, und hat sich über dessen geheime Geschichte des Berliner Hofes in vielen unnöthigen Eifer gesetzt; er scheint aber, wie man merkt, die Cause secrete der doppelten Reise des Grafen M. nach Berlin gar nicht zu wissen, ungeachtet sie bald von jedem in Berlin bemerkt ward, der den Gr. M. in Gesellschaft einigemal sprechen hörte.

Des Grafen von Mirabeau Sammlung einiger philosophischen und politischen Schriften, die vereinigten Staaten von Nordamerika betreffend. Nebst einem Schreiben von demselben an den Uebersetzer. Aus dem Französischen (von J. Brahl, Accise-Rendanten zu Königsberg in Preußen.) Berlin und Libau 1787. gr. 8.

Er soll auch aux Morceaux choisis des actes des apotres etc. Tomes III. à. Lond. 1790. Antheil gehabt haben.

Die von dem Oberstlieut. Mauvillon zu Braunschweig herausgegebenen Lettres du Comte de Mirabeau etc. erschienen zugleich Teutsch: Briefe des Grafen von Mirabeau an einen Freund in Teutschland, geschrieben in den Jahren 1786 — 1790. Ohne Anzeige des Druckorts (Braunschw.) 1792. 8. Freilich sind diese Briefe, so wie alles, was von Mirabeau kommt, gut geschrieben; freilich trift man hin und wieder vortrefliche Gedanken, vorzüglich über die Staatswirthschaft, an. Aber der größte Theil des Inhalts betrift die besondern, vorzüglich die schriftstellerischen Angelegenheiten, der beiden Correspondenten, die Werke, welche beide gemeinschaftlich ausarbeiteten, z. B. über die Preußische Monarchie, einen Commentar über das Preußische Gesetzbuch, u. s. w., den Absatz der Mauvillonschen Schriften, die Abrechnung unter beiden Freunden u. dgl. welches für einen Dritten eben nicht interessant ist.

Original-Briefe von Mirabeau, geschrieben aus dem Kerker zu Vincennes in den Jahren 1777., 78. 79. und 80.; mit umständlichen Nachrichten über sein Privatleben, seine Unglücksfälle und Liebesbegebenheiten mit Sophie Ruffei, Marq. von Monnier. Gesammelt von Manuel. Aus dem Franz. Frankf. u. Leipz. 1792. 8. das Original habe ich oben schon angezeigt.

Jugendgeschichte Mirabeau's, von ihm selbst geschrieben, in einem Briefe an seinen Vater, aus dem Kerker zu Vincennes, im Jahr 1778. übersetzt von F. W. Räbiger. Mannh. u. Leipz. 1792. 8. M. schrieb diesen Brief an seinen Vater zu seiner Vertheidigung; er klagt darin über die Härte seines Vaters; untersucht, wodurch er eine solche Behandlung könne verdient haben, prüft demnach die vornehmsten Beschuldigungen, welche gegen ihn angeführt waren, und die seine Verschwendung, sein Betragen in dem Rechtsstreit mit dem Hrn. von Villeneuve, seine Aufführung in den Festungen, wohin ihn sein Vater geschickt hatte, und die Entführung der Frau von Monnier betreffend und erzählt diejenigen Begebenheiten seines Lebens, welche, seiner Meinung nach, als Veranlassungen seiner Fehler anzusehen sind. Das ist es, was hier Mirabeau's Jugendgeschichte heißt. So viel ist indessen gewiß, daß dasjenige, was der Graf hier im bescheidensten Tone zu seiner Rechtfertigung sagt, einen starken Anstrich von Wahrheit zu haben scheint. Sein Vater hingegen erhält das Ansehen eines zwar guten, aber vorzüglich irre geleiteten, und durch intrikante Verläumdungen äußerst aufgebrachten Mannes, der folglich des Mitleidens würdiger, als des Unwillens ist. Die Härte, mit der er seinen Sohn behandelte, ist fast ohne Beispiel. Die Uebersetzung ist gut.

Considerations on the ordre of Cincinnatus; to which are added, as well several original Papers relat. to that Institution, as also a letter from — *Turgot*, to Dr. *Price* on the constit. of Am. and on Abstract of Dr. *Prices* Observ. on the Imp. of the a R. with notes and Reflexions upon that work; transl. from the French of the Count of *Mirabeau*. Lond. 1785. 8. f. Monthly Review, Jahrg. 1785. 73 St. S. 96.

Denonciation de l'Agiotage au Roi et de l'Assemblée des Notables. Ohne Druckort. 1787. 150. Seit. in 8. Mir. ist einer von den heftigsten Gegnern des Agiotrams, und die Zusammenberufung der Notabeln in Frankreich hat ihm Anlaß gegeben, hier seine Gedanken über die schädlichen Folgen dieser Geschäfte dem Publikum vorzulegen. Der ganze Aufsatz ist lesenswerth, und mit vieler Freimüthigkeit, obgleich nicht immer mit gründlicher Einsicht abgefaßt.

Discours et replique sus les Assignats monnoye prononcé par Mr. *Mirabeau* l'ainé, dans l'Ass. nat. Paris 1790. 104. S. in 8.

Doutes sur la liberté de l'Escaut, reclamée par l'Empereur, sur les causes et les consequences probables de cette réclamation. Par le Gomte de *Mirabeau*. Londres (Paris) 1785. 208. Seit. in 8. Erschien auch holländisch.

Enquiries concerning Lettres de Cacher; the Consequences of arbitrary Imprisonements and a History of the Inconveniencies, Diseases and Sufferings of State Prisoners; written in the Dingeon of the Castle of Vincennes by the Count *de Mi-*

rabeau; with a preface by the Translator. Lond. 1786. 2. Voll. in 8. ſ. Monthly Review, von J. 1787. St. 3. S. 537.

Lettre du Comte de Mirabeau à... ſur M. M. de *Cagliostro* et *Lavater*. Berlin, 1786. 48. u. 13. Seit in 8. Weitläufig davon handeln die Leipziger gel. Zeit. v. J. 1786. S. 707 — 710. Götting. gel. Anz. 1786. S. 773. Dagegen erſchienen folgende Schriften: Schreiben an den Grafen von Mirabeau von J. F. Reichhardt, Lavater betreffend. Berl. u. Hamb. 1786. 8. (ſ. Götting. gel. Anz. v. J. 1786. S. 1896.) und Lettre à Mr. le Comte de *Mirabeau* au ſujet d'une brochure contre M. *Lavater* (von W. L. Ch. reg. Landgr. von Heſſen-Homburg.) Franckf. 1786. 2. Bog. in 4. ſ. Götting. gel. Anz. 1786. S. 2000.

Lettre du Comte *de Mirabeau* à M. le Comte de *** ſur l' Eloge de Frédéric par M. de *Guibert* et l'Eſſai général de Tactique du même Auteur. 1788. 67 Seiten in 8. In der Oberd. allgem. Litteratur Zeit. v. J. 1788. St. 300. S. 3299. wird dieſer Brief ſcharf kritiſirt; ob mit Recht, wäre eine andere Frage.

Sur Moſes Mendelsſohn, ſur la Réforme politique des Iuifs; et en particulier ſur la revolution tentée en leur faveur en 1753. dans la grande Bretagne. à Londres, 1787. 12½ Bog. in 8. Ins Teutſche überſetzt mit Anmerkungen (des Ueberſetzers). Berlin, 1787. 8. Die weitläufige Vorrede nimmt eine Zänkerei des Grafen von Mirabeau mit Lavatern ein, der darauf folgende erſte Aufſatz betrift Moſes Mendelsſohns litterariſches Leben und Charakter; die beiden folgenden Aufſätze beſtehen in einem freien Auszug aus Dohms Werke über die bürgerliche Verbeſſerung der Juden, und aus einer Geſchichte der im J. 1753. in England vorgeweſenen, jedoch nicht zu Stande gekommenen Naturaliſirung der Juden, dazu der Stoff dem Verfaſſer nach ſeiner Verſicherung von ein paar Engländern ſoll mitgetheilt worden ſeyn. Zu der Teutſchen Ueberſetzung ſind verſchiedene berichtigende Anmerkungen des ungenannten Ueberſetzers hinzu gekommen, die oft erhebliche Zweifel enthalten.

Von Mirabeau allgemeine politiſche Betrachtungen über den Preußiſchen Staat, ſ. Berl. Monatſchr. v. J. 1789. St. 2.

Plan de Diviſion du Royaume et Reglement pour ſon organiſation par M. le Comte *de Mirabeau*; ſiehe Jenaiſche allg. Litt. Zeit. v. J. 1790. 3. B. S. 118.

Die Sammlungen der Vorträge einiger der vornehmſten Redner bei der erſten Franzöſiſchen Nationalverſammlung erſchienen nach und nach gedruckt, und darunter auch die folgende, die Mirabeauiſche.

Mirabeau peint par luimême, au Recueil des Discours qu'il a prononcés, des Motions qu'il a faites tant dans le ſein des Communes, qu'a l'aſſemblée nationale conſtituante; depuis le 5. Mai 1789. jour de l'ouverture des Etats-généraux juſqu'au

2. Avril 1791. époque de sa mort. Avec un précis des Matières, qui ont donné lieu à ces discours et motions; le tout rangé par ordre chronologique. à Paris 1791. IV. Voll. in 8.

Travail sur l'education publique; trouvé dans les Papiers de Mirabeau l'ainé; publié par *P. I. G. Cabanis*, Docteur en Medicine. à Paris, 1791. 8. Teutsch: Discours über die National-Erziehung, nach seinem Tode gedruckt und übersetzt, auch mit einigen Noten und einem Vorbericht begleitet, von Friedr. Eberh. von Rochow auf Rekahn. Berl. und Stettin, 1792. 8. Auch diese Mirabeauische Schrift hat eben so viele treffende als gewagte Behauptungen. Der Uebersetzer hat sich im pädagogischen Fache bereits einen großen Namen erworben.

Der bei le Jay herausgekommene Discours de M. Mirabeau l'ainé, sur l'Education nationale, ist nur die erste von den vier Reden, die jenes Buch enthält.

Lettres de *Mirabeau à Chamfort* imprimées sur les Originaux écrits de la main de Mirabeau et suivies d'une Traduction de la Dissertation allemande sur les causes de l'universalité de la langue françoise, qui a partagé le prix de l'academie de Berlin. Paris, 1796. 8. Man findet sich beim Lesen dieser Briefe in der Idee bestärkt, daß M. ohne tugendhaft zu seyn, Anlage zur Tugend hatte. Ein Hauptcharakterzug Ms. sticht auch vorzüglich hier hervor; Schmeichelei gegen die, an deren Achtung oder Freundschaft ihm gelegen war.

Esprit de Mirabeau au Manuel de l'homme d'etat, des publicistes, des fonctionnairs et des orateurs, divisé par ordre de matière, et embrassant les différentes branches de l'economie politique, extrait de tous les ouvrages de *Gabriel Honoré Riquetti de Mirabeau*, et précédé d'un precis de sa Vie. à Bale.... 2. gr. Voll. in 8.

Mehrere Männer, freilich von verschiedenem Range und Werth, aber doch mehrentheils Männer von Kopf und litterarischen Verdiensten, entwarfen bisher Gemälde von Mirabeau, die entweder sein ganzes, an interessanten Begebenheiten reichhaltiges Leben, oder einzelne Scenen desselben darstellten, und alle diese Gemälde wurden vom Publikum gesucht und gerne gesehen. In Teutschland haben, so viel ich weiß, die Ephemeriden der Menschheit seiner zuerst erwähnt. Man findet im 12ten Stück des Jahrg. 1776. S. 314. und im 8ten Stück des Jahrg. 1777. S. 224. Nachrichten von ihm. Seit dem Jahr 1789. aber, in welchem er bekanntlich auf demjenigen Schauplatz stand, auf welchem seitdem das Auge des ganzen Europa unverwendet gerichtet ist, sind mehrere größere und kleinere ihn betreffende Schriften und Aufsätze durch den Druck bekannt gemacht worden, davon ich hier folgende anführen will.

Schilderungen Mirabeau's, aus der Gallerie des Etats généraux, Paris 1789. s. Hamburger Abdr. Comtoir Nachr. v. 1790. St. 16. S. 121. und Französische Staatsanz. gesammelt und herausgegeben zur Geschichte der großen Revolution. Erstes Heft. 1790. No. 2. Einen Auszug aus diesem Aufsatz findet man im neu. Journ. aller Journale, 1790. Monat März S. 305.

Portrait ou Eloge critique de Mr. le Comte de Mirabeau. à Paris 1789. in 8.

Mirabeau's Leben und Selbstgeständnisse. Nebst der authentischen Darstellung einer der wichtigsten und neuesten Begebenheiten der Französischen Staats-Revolution. Leipzig 1790. 8. Die Selbstgeständnisse sind Uebersetzung eines mit wüthender Partheisucht geschriebenen Französischen Pasquills: Precis de la vie du Comte de Mirabeau. Der Uebersetzer hat zwar viel weggelassen; aber er hätte seine Feder überhaupt gar nicht mit dieser nichtswürdigen Broschüre besudeln sollen, da das Ganze für den Biographen M's nicht von der geringsten Brauchbarkeit ist. s. Jen. Litt. Zeit. 1795. I. B. S. 743.

Anekdoten und Charakterzüge aus dem Leben des Grafen von Mirabeau. Drei Hefte. Leipz. 1790. in 8. Diese Hefte sind ein unseliger Mischmasch von origineller und erborgter Weisheit, und die wenigen unbedeutenden Facta, welche sie enthalten, sind unter einem Schwall der abgesch.nacktesten Betrachtungen und Declamationen vergraben. Mirabeau wird übrigens hier als der nichtswürdigste aller Menschen behandelt. Auf dem Titelkupfer zum ersten Heft sitzt er schreibend unter Eingebung des Teufels!! s. Jen. Litt. Zeit. 1795. I. B. S. 374.

Lobrede auf den Tod Mirabeau's. Augsb. 1791. 8.

Schilderung des berüchtigten Mirabeau in Paris, in der Altonaischen Monatsschrift des Barons von Trenk v. J. 1793. ist unwürdig.

Mirabeau ist auch in Ge. Forster's Erinnerungen aus dem J. 1790. in historischen Gemälden und Bildnissen (Berl. 1793. gr. 8.) charakterisirt. Auch hier werden seine großen Talente nicht verkannt.

Verdiente Mirabeau nach seinem Tod ins Pantheon zu kommen oder nicht? s. von Archenholz Minerva 1795. März S. 537. u. fg. Auch gefällt mir der Aufsatz von Archenholz im Aprilstück der Minerva v. J. 1793.

Besondere Umstände der letzten Krankheit und des Todes des Hrn. v. Mirabeau, von seinem Arzte J. P. G. Cabanis s. neu. Hannov. Magaz. 1791. St. 54. und 55.

Nachrichten von ihm stehen in des Hrn. von Meilhan vermischten Werken. 2. Bde. aus dem Franz. übersetzt von Eschenburg. Hamb. 1795. 8.

Was Mirabeau, als einer der angesehensten und fleißigsten Redner in der Franz. National-Versammlung gewirkt habe, sucht ein Recensent in der Jenaer Litt. Zeit. v. J. 1792. I. B. S. 473 — 478. mit vieler Sachkenntniß und treflichen Beobachtungen darzustellen.

Mirabeau, Victor de Riquetti, Marquis de, Mitglied der Akademien von Marseille und Montauban, zeichnete sich als ein großer Physiokrat aus. Er schrieb in diesem Fach mehrere Schriften:

Theorie de l'Impôt, ou moyens surs et faciles de diminuer les Impôts. à Avignon, 1761. 8. 322. Seit. ohne die Vorrede. M. hat sich hier nicht genannt; aber seine Materie gut bearbeitet. Warum diese Schrift äußerst selten angeführt wird, kann ich mir nicht erklären.

Diss. sur l'etat de l'Agriculture en Suisse; im 5ten Th. seines Ami des hommes. In den Mém. de la Soc. econ. de Berne 1760. P. II. p. 227 — 311. P. III. p. 443 — 477. in der Teutschen Auflage Th. 2. S. 247 — 341. und Th. 3. S. 487 — 523. So vollständig, als es ein Mann liefern konnte, dem das Land, von welchem er handelte, unbekannt ist. s. Iourn. Encyclop. 1760. T. V. P. III. p. 3 — 21. Annal. typogr. 1760. Avril p. 306 — 308.

L'Ami des hommes, ou traité de la population. à Avignon 1762. VIII. P. in 8. Teutsch: Der politische und ökonomische Menschenfreund, oder practische Vorschläge zum Aufnehmen der Bevölkerung der Staaten und zu Erhaltung und Vermehrung ihrer Reichthümer. Hamb. 1759. 3. Th. in 8. s. von Justi fortgesetzte Bemühungen, 1. Band S. 79.

Philosophie rurale ou Oeconomie générale et politique de l'agriculture. Paris 1764. Voll. III. in 12.

II. Voll. in 8. Beide Werke, dieses und der l'ami des hommes, enthalten das so genannte physiokratische System, das mehrere mit Enthusiasmus empfolen, andere aber widerlegt haben. Lettres sur la legislation. à Berne 1777. III. Voll. in 12. mit Kupf.

Er schrieb auch: Mémoire concernant les Etats Provinciaux; Mémoire sur les Etats Provinciaux; Examen des Poësies de M. le Franc. — s. Année françoise, Tom. II. 25. Iun. Auch wird Mirabeau das System de la Nature, London 1770. 2 Bde. 8. und Teutsch, (von Schreiter) Frkf. und Leipz. 1783. 2. Bände 8. beigelegt.

Von ihm s. Hess. gelehrtes Frankreich G. 2.

Mirus, August Georg, ein Schulmann, geboren zu Braunschweig am 13. December 1737. Er machte sich durch verschiedene kleine Schriften bekannt, wurde Magister der Philosophie, und 1773. Director des Johanneum zu Lüneburg, wo er sich als Lehrer um die Erziehung der Jugend sehr verdient machte. Im August 1783. starb er. Seine Lebensgeschichte ist in Alberts Program. de Consilio chrest. Fabianae scribendo; sein Schriften-Verzeichniß im Hamberger Meuselschen gel. Teutschl. 4. Ausg. 2. B. S. 573.

Mirus, Adam Erdmann, Conrector am Gymnasium zu Zittau, machte sich, außer andern Schriften, durch seine kurzen Fragen aus der Musica sacra, in 2. Theilen, die er 1715. zu Dresden in Duodez drucken ließ, um die Geschichte der Musik der Ebräer verdient.

Misson, Maximilian, ein Hugenot und Parlaments-Rath zu Paris, gieng wegen der schrecklichen Verfolgung, da das Edict von Nantes aufgehoben war, nach England. Von da reisete er mit dem jungen Grafen von Arran, einem Enkel des Herzogs von Ormont, über Holland nach Italien; gerieth da unter die Sevennischen Propheten; reisete nach Rom und Constatinopel, den Pabst und türkischen Sultan zu bekehren; starb aber am 16. Jan. 1722. in England, ohne seine Absicht erreicht zu haben.

Man hat von ihm: Nouveau Voyage d'Italie. à la Haye, 1691. Voll. II. in 12.; ib. 1694. Voll. III. 12.; ib. 1698. u. 1702. Voll. III. in 12. am besten avec les remarques, que M. Addison faites dans son Voyage d'Italie. à Utrecht, 1722. Voll. IV. c. fig. in 12.! Ins Teutsche übersetzt durch Chr. Junker. Leipz. 1701. Voll. II. in 8.; mit vielen neuen Anmerkungen, eb. 1713. 3. Bände in 8. mit Kupf.; Englisch, London, 1714. 4. Bände mit Kupf. in 8. Holländisch, Utrecht, 1724. 2. Bände mit Kupf. in 4. — Rogisart hat in seinen Delices d'Italie etc. die darin befindlichen Fehler bemerkt. Doch wurde diese Reisebeschreibung noch immer hoch geschätzt, bis Volkmann, Bernoulli, u. a. bessere Nachrichten lieferten. Will man aufrichtig sprechen, so fordert Misson Behutsamkeit, da seine litterarischen Nachrichten selten mit der gehörigen Genauigkeit aufgezeichnet sind, und er sich einer eilenden Flüchtigkeit schuldig gemacht hat. Man trift oft auf Stellen bei ihm, die das Urtheil des Marchands, der ihn einen ungleich angenehmern, als genauen und aufrichtigen Reisebeschreiber nennte, rechtfertigen. — s. Bouginé Handb. 4. B. S. 500.

De Missy Cäsar, ein gelehrter Theolog, zwar von Teutscher Herkunft, der sich aber mehr als 40. Jahre in England aufgehalten hat. Er war der älteste Sohn Carls de Missy, eines Kaufmanns zu Berlin, der aus der Provinz Saintonge gebürtig war, geboren zu Berlin 1703.

De Missy studirte im Französischen Collegium zu Berlin, und bezog hierauf die Universität zu Frankfurt an der Oder. Nach seiner Rückkunft nach Berlin ließ er sich zum Candidaten des Predigtamts prüfen; weil er aber gewisse daselbst eingeführte Glaubensformeln nicht ohne Einschränkung unterschreiben wollte, so verliefen eilf Monate, bis man ihn zum Candidaten aufnahm. Wenn die Französischen Candidaten zum Predigtamt berufen wurden, waren sie damals ebenfalls verbunden, ein gewisses Glaubensbekenntniß zu unterschreiben. Um nun diesen

Unbequemlichkeiten zu entgehen, verließ de Missy freiwillig sein Vaterland, um anders wo sein Glück zu suchen. Er begab sich also nach Holland; und nachdem er sich hier fünf Jahre aufgehalten, und im Predigen geübt hatte, ward er 1731. nach London berufen, und in der Französischen Capelle der Savoy ordinirt. 1762 wurde er Französischer Hofprediger in der Königlichen Kapelle von St. James.

Er starb am 20. Aug. 1775. De Missy war ein entschlossener Christ, ohne Aberglauben und Bigotterie. Mit vieler natürlichen Munterkeit, mit gefälligen Gesinnungen, besaß er eine gründliche wiewohl lebhafte Denkungsart, eine starke Beurtheilung, einen sehr feinen Geschmack, und die uneigennützigste Liebe zur Wahrheit, und war im Stande, mit dem angestrengtesten Fleiße zu studieren. Die Beförderung des Christenthums, das er vorzugsweise die Wahrheit nannte, war der Hauptzweck seines Lebens und seiner Wünsche. Angefüllt mit dem aufrichtigsten Wohlwollen, mit der herzlichsten Liebe zu allen Menschen, konnte er auch auf Achtung Anspruch machen. In England genoß er die Achtung und Freundschaft verschiedener Personen von Ansehen.

In seinen jüngern Jahren war er mit den berühmtesten Gelehrten seines Vaterlandes, mit la Croze, Chauvin, Lenfant, den beiden Beausobre, persönlich bekannt, und correspondirte nach seiner Abreise von Berlin, mit den letztern, so wie auch mit dem berühmten Jordan, mit seinem Freunde und Verwandten Benj. Godefroy, Franz. Prediger zu Dresden; dann auch mit Wettstein, Formey in Berlin, u. a.

De Missy hat sich mehr durch kleine Schriften, als durch große Werke bekannt gemacht. Verschiedene kleine poetische Aufsätze, Versuche in der Litteratur, Auszüge aus Büchern, Memoirs, Abhandlungen ꝛc. von De Missy, mit seinen Anfangsbuchstaben C. D. M. oder mit einem erdichteten Namen, oft auch ohne Namen, erschienen in verschiedenen Sammlungen und periodischen Schriften in Holland, Frankreich und England, seit dem Jahr 1721. Er gab selten etwas heraus, wenn er nicht dazu veranlaßt ward, oder wegen gewisser unerwarteter Verpflichtungen, oder weil er von seinen Freunden dazu aufgefordert ward. So findet man von ihm einige Aufsätze in dem Mercure de France; in Jordan Recueil de Literature, de Philosophie et d'Histoire 1730.; die Verse an Voltaire in Jordans Voyage liter. fait en 1732., gedruckt 1735.; die Anreden an die Königin von England und Prinzessin von Wallis, gedruckt in der Holländischen Zeitung 1736.; vier poetische Arbeiten in der Französischen Uebersetzung der Pamela 1741.; wie auch einige in der Biblioth. brittannique, und in dem Magazin François de Londres; und ein Griechisches Epigramm, mit einer Uebersetzung und den dazu gehörigen Briefen, in einer Englischen Wochenschrift the public Advertiser 1763.

Unter andern Schriftstellern, die ihm vieles zu verdanken hatten, waren Wetstein in seiner prächtigen Ausgabe des Griechischen Testaments (s. T. I. p. 46. 50. 53. 58. T. II. p. 271.); Jortin, in seinem Leben des Erasmus (s. Voll. II. p. 26. 89. 414.); Bowyer und Nichols, in den beiden Versuchen über den Ursprung der Buchdruckerkunst, 1774; wie auch in der neuen Ausgabe mit Zusätzen 1776.

Einige Kunstrichter haben ihn sehr getadelt wegen seiner kleinen Schrift: Remarques de Pierre le Motteux sur Rabelais, traduites librement de l'Anglais par C. D. M. et accompagnées de diverses Observations du Traducteur. Edition revue etc. à Londres 1740. 4.

In der Bibliotheque Britannique findet man von ihm verschiedene Arbeiten, als Urtheile über neue Bücher, Abhandlungen, und Aufsätze in Versen; und in dem Journ. Britannique von Maty unter andern einige Briefe über die von Pere Amelot angeführte vaticanische Handschrift wegen der drey Zeugen im Himmel.

De Jo. Harduini, Jesuitae Prolegomenis cum autographo collatis epistola, quam ad amicissimum virum Wilh. Bowyerum, iisdem nondum prostantibus, scripserat *Caesar Missiacus* etc. 1766.

Im J. 1769 erschien die erste, und 1770 die zweite Ausgabe der Paraboles ou Fables et autres petites narrations d'un Citoyen de la Republique chretienne du dix huitieme siecle, mises en vers par *Caesar de Missy* etc. Die dritte Ausgabe mit vielen Verbesserungen war zum Druck fertig, als der Verfasser starb, und kam 1776., nebst einem Kupferstich von ihm in Medaillon, heraus.

Nach seinem Tod kamen von ihm heraus drei Bände von seinen Sermons sur divers Textes de l'Ecriture sainte etc. 1780. 8.

Unter seinen hinterlassenen Papieren hat man noch verschiedene poetische Aufsätze, einzelne Anmerkungen über Schriftstellen, und viele klassische Autoren, einige Abhandlungen u. s. w. gefunden, welche zwar nicht vollendet, aber doch des Drucks werth waren.

De Missy hinterließ eine vortrefliche Bibliothek, von welcher das Verzeichniß auch in Teutschland bekannt geworden ist. Bei vielen von seinen Büchern hatte er sehr gelehrte Anmerkungen geschrieben. s. Bambergers biogr. und litterarische Anekd. 2. B. S. 165.

Mittarelli, Johann Benedict, gewesener General des Camaldulenser-Ordens, der durch seine Werke und Bemühungen über die Geschichte Italiens fast eben so viel Licht verbreitet hat, als der berühmte Muratori, und wenn man die Seltenheit der Urkunden betrachtet, die er aus den verborgensten Winkeln der Klöster hervor gezogen hat, jenen an Verdienst übertrift; ein solcher Mann, der sich um die Diplomatik und Geschichte so sehr verdient gemacht hat, verdient in Teutschland allgemein bekannt zu werden. Er war am 2. September 1707 zu Venedig von Eltern bürgerlichen Standes geboren, und studirte die schönen Wissenschaften unter der Anleitung des Canonicus Hocher, der damals zu Venedig mit vielem Ruhm die Jugend unterwieß. Im 15. Jahre seines Alters studirte er die Philosophie bei den Jesuiten, als er in den Camaldulenser-Orden aufgenommen wurde, wo er 1723 in der Abtei St. Michaelis bei Murano seine Profession ablegte. Darauf wurde er nach Florenz in das Kloster Degli Angioli geschickt, wo er die Philosophie und Theologie studirte, bis er 1729 nach Rom gieng, wo er im Kloster St. Gregorio die Theologie endigte, und mit vielem Ruhm öffentlich disputirte. Zu Rom erwarb er sich die Freundschaft der Prälaten Archinto und Rezzonico, welche hernach beide Cardinäle, und der zweite auch Pabst wurden, und Lebenslang ihm wohl wollten. Darauf wurde er von seinen Obern in sein erstes Kloster S. Michaelis bei Murano zurückgeschickt, daselbst erst die Philosophie, hernach auch die Theologie zu lehren. Beides that er mit vieler Einsicht und Klugheit. Denn anstatt der vielen unnützen Quästionen der klösterlichen Philosophie, lehrte er nur solche Sätze, ohne welche die Theologie nicht verstanden werden kann, und ersetzte das übrige reichlich durch die Geschichte der Philosophie. In der Lehre der Theologie folgte er durchaus dem dogmatischen Wege, so daß er alle scholastische Grübeleien auf die Seite setzte. Dabei hatte er das Glück, daß ihm sein wohlhabender Vater, so lang er lebte, alle Bücher, die er nur wünschte, anschafte, und in seinem Testament ihm ein so reichliches jährliches Einkommen; welches die Geistlichen in Italien Libello nennen, vermachte, daß er auch nach desselben Tod seine Bibliothek vermehren konnte. Diese wurde endlich so beträchtlich, daß, da er sie einige Jahre vor seinem Tode der Bibliothek seines Klosters einverleibte, diese hierdurch unter die vornehmsten Büchersammlungen des Venetianischen Staats gerechnet wurde.

Den Anfang seiner diplomatischen und historischen Bemühungen machte er zu Treviso, wo er, nach den gewöhnlichen neun Jahren seines Lehramtes, im Camaldulenser Nonnenkloster S. Parisio Beichtvater wurde. Da er hier das klösterliche Archiv in Ordnung brachte, bekam er einen unersättlichen Durst nach alten historischen Nachrichten, und benutzte diejenigen, die er daselbst fand zu einer Geschichte dieses uralten Klosters, und zur Lebensbeschreibung des heil. Parisius, des ersten Beichtvaters desselben, welche er 1748 drucken ließ.

Vielleicht würde sein Hang nach diplomatischen Kenntnissen in engen Schranken geblieben seyn, wenn ihm das Glück nicht ein weiteres Feld eröfnet hätte. Der damalige General seines Ordens, Joh. Ipsi, machte ihn zum Ordenskanzler, dessen Amt ist, die Obern zu begleiten, wenn sie die untergeordneten Klöster besuchen. Hierdurch erhielt er Gelegenheit, die klösterlichen Archive seines Ordens zu untersuchen, und genau kennen zu lernen. Dies brachte ihn auf den Gedanken, das große Werk der Jahrbücher seines Ordens, welches seinen Namen verewiget, zu unternehmen. Er hatte ein außerordentliches Gedächtniß, und eine so große Leichtigkeit, was er wollte, zu Papier zu bringen, daß er hierin in wenigen Stunden mehr zu Stande brachte, als andere in einem Tage kaum gethan haben würden. Dieses half ihm große Schätze in seinen amtsmäßigen Besuchen davon tragen, und jenes setzte ihn in den Stand, auch von Haus aus Andern Commission zu geben, die im Gedächtniß bemerkten Urkunden für ihn abzuschreiben. Zu diesem Ende waren ihm am meisten behülflich seine Ordensbrüder Calogera, der Verfasser der Raccolta d'Opuscoli scientifici e filologici, die über 60 Bände ausmachen, und der P. Costadoni. Dieser begleitete ihn auch in die vornehmste Abtei ihres Ordens, Camaldoli auf dem Apennin, das ungemein reiche Archiv daselbst zu durchsuchen, welches durch den Fleiß des 1741 gestorbenen Paters Odoardo Barontini, eines Florentiners, nicht nur in die beste Ordnung gebracht, sondern auch mit einem sehr wohl eingerichteten Catalogus versehen worden war. Aus diesem zeichneten sie, was historisch war, auf, um sich nach und nach der in dem Archiv befindlichen Urkunden bedienen zu können. Anselmo Costadoni wohnte bei ihm in dem nämlichen Kloster bei Murano, war nicht über 26 Jahre alt, und von der Begierde, an dem großen Werke Theil zu haben, ganz belebt. Mittarelli war in seinem 43sten Jahre, höchst begierig durch ein so wichtiges Werk seinen Namen zu verewigen; beide gesund und stark genug, dasselbe zu unternehmen, und zu Ende zu bringen. Ehe sie aber Hand anlegten, unternahmen sie 1752 noch eine gelehrte Reise durch Italien, um mehrere Quellen nöthiger Urkunden zu entdecken, und die schon gesammelten Schätze zu vermehren. Fast ein ganzes Jahr brachten sie auf dieser Reise zu; und sobald sie in ihr Kloster zurückgekommen waren, fiengen sie das Werk muthig an, vollendeten den ersten Band innerhalb zwei Jahren, und stellten ihn 1755 ans Licht. Darauf folgten bis ins Jahr 1764 nach einander sieben andere Bände. Aber der neunte erschien erst im Jahr 1773. In dieser Zwischenzeit arbeiteten sie an Zusätzen und Verbesserungen, und der P. Mittarelli wurde auch dadurch nicht wenig gehindert, daß er 1765 zum General seines Ordens erwählt wurde. Es geschah dieses aus dankbarer Erkenntlichkeit gegen den Stifter eines Werks, das ihrem Orden so viel Ehre macht. Auch beschloß zu diesem Ende das Generalkapitel ihm eine Denkmünze prägen zu lassen, eine vortrefliche Arbeit des berühmten Pergers zu Rom, welche auf der vordern Seite das Bild des P. Mittarelli mit der Umschrift seines Namens vorstellt, und auf der andern Seite zwischen einem Kranze von Eichenlaub folgende Inschrift enthält: Annalium Camaldulensium conditori et Patri suo X. viri Camald. D. D. MDCCLXV.

Dieser höchsten Würde stand er, wie gewöhnlich, 5 Jahre sehr rühmlich vor. Darauf gieng er von Faenza, wo er sich meist aufhalten mußte, nach seinem Kloster S. Michele; als Abt desselben, welche Würde er schon 5 Jahre vor seinem Generalat rühmlich begleitet hatte, mit Freuden zurück, und gab 1771 eine Sammlung alter ungedruckter Faentischer Chronicken, zur Fortsetzung oder Ergänzung der Muratorischen Alterthümer, heraus, welche er in seinem Aufenthalt zu Faenza gesammelt hatte. Darauf legte er die Hand an den 9ten und letzten Band der Camaldulensischen Alterthümer, und beförderte ihn 1773 zum Druck. Diese Jahrbücher fangen an vom Jahr 907 und gehen bis 1770.

Sein letztes Werk waren historische Nachrichten von den ältern Gelehrten der Stadt Faenza, unter dem Titel: de Literatura Faventinorum, welche er 1775 in dem Format der oben genannten Chronicken drucken ließ, damit sie in einem Band vereiniget werden könnten. Er arbeitete an einem gelehrten Verzeichniß der gedruckten und ungedruckten Manuscripte seiner Abtei S. Michele, und hatte auch schon den Druck derselben angefangen, als er nach einer achttägigen Krankheit am 14. Aug. 1777 an einem Faulfieber starb.

Er führte einen unschuldigen Lebenswandel, folgte in allem willig seinen Obern, lebte bei jedem Schicksal zufrieden, und war bei allen seinen reichlichen Einkünften arm; weil er alles entweder an Bücher wendete, oder den Dürftigen schenkte. Man hat ihn nie in seinem Leben klagen gehört, ob er gleich viele Jahre hindurch Kopfweh litt; welches sehr heftig seyn mußte, um ihn von seiner Arbeit abzuhalten. So verdienstvoll er auch war, so gering schätzte er sich selbst, und war ungemein sanftmüthig.

Sein Gedächtniß war sehr stark. Als Knabe lernte er einmal in einer Nacht 500 Verse aus dem Virgil auswendig, und gewann die Wette, die er mit einem seiner Mitschüler angestellt hatte, der ihrer 300 aus dem nämlichen Buche hersagen konnte. Dabei war er mit einem durchdringenden Verstand und mit ungemeiner Standhaftigkeit begabt. Was er sich einmal vorgenommen hatte, darauf konnte man gewisse Rechnung machen. Er hatte die besondere Eigenschaft, daß niemand von ihm erfahren konnte, was er gelehrtes unter den Händen hatte, bis es vollkommen zu Ende gebracht war. Seine Schriften sind:

Memorie della vita di S. Parisio Monaco Camaldolense, e del Monastero de' Santi Cristina e Parisio di Treviso, raccolte da un Monaco Camaldolense, Venezia, 1748. 8. Am Ende finden sich alte Urkunden.

Annales Camaldulenses Ord. S. Benedicti, quibus plura inseruntur tum caeteras Italico-monesticas res, tum historiam ecclesiasticam, remque diplomaticam illustrantia, D. *Iob. Bened. Mittarelli* et D. *Anselmo Costadini*, Presbyteris et Monachis e Congregatione Camaldulensi, Auctoribus. Venet. 1755 — 1773. Tom IX. in folio.

Ad Scriptores rerum Italicarum cl. *Muratorii* accessiones historiae Faventinae, quarum Elenchus ad calcem legitur, prodeunt nunc primum opera et studio D. *Ioh. Ben. Mittarelli*, Abbatis S. Michaelis de Muriano ad fidem Codicum primigeniorum et veterum tabularum. Venet. 1771. fol. welchem Werke das oben angezeigte: de Literatura Faventinorum beigefügt wird. S. Jagemanns Magaz. der Italien. Lit. 4. B.

Mittarelli's Annalen sind also ein Hauptwerk zur Geschichte des Camaldulenser Ordens. Der achte Band begreift die Geschichte vom J. Christi 1515 bis 1764 und ein vollständiges Register in sich. Auch sind mehrere Prospekte von Klöstern dieses Ordens und auch Kupfer diesem Bande einverleibt. Von den Vorzügen dieses Werks handeln die Göttinger gel. Anz. v. J. 1757. St. 107. S. 1049 u. f. Wenn sich gleich Mittarelli des Mabillons Jahrbücher des Benedictiner Ordens zum Muster der Nachahmung dargestellt hat; so erreichte er doch jenes gelehrte und elegante Werk in Rücksicht der Darstellung und der guten Schreibart nicht, wohl aber verdient es wegen seiner Deutlichkeit, der darin bewiesenen Gelehrsamkeit und mannigfachen guten Urtheile Empfehlung! Außer den Erzählungen alles Merkwürdigen, das sich in jedem Jahr in dem Orden zugetragen hat, enthält auch dieses Werk Dissertationen und Vorreden, welche viele Begebenheiten, die noch in einem dichten Schleier verborgen lagen, entweder ganz entwickeln und deutlich darstellen, oder doch besser erläutern.

Der heil. Romoaldus, der Stifter des Camaldulenser Ordens, hatte seinen Schülern keine besondere Regel vorgeschrieben, sondern sie folgten den Regeln des heil. Benedicts, nur das ausgenommen, was sie aus dem Munde ihres Stifters gehört hatten. Allein, das Wachsthum des Ordens, welcher sich durch Italien, Ungarn, und Polen zeitig ausbreitete, nöthigte den vierten Camaldulensischen Prior, Rodulph, daß er im J. 1080 eine besondere Ordensregel entwarf. Fünf Jahre hernach übersahe er dieselbe, und vermehrte sie zwar mit einigen neuen Satzungen; weil er aber durch die Erfahrung gelernt hatte, daß das strenge Einsiedlerleben nicht einem jeden zu befolgen sogleich möglich sey; so stiftete er das Noviciat in dem nicht weit von Camaldoli gelegenen Kloster Fonte bella; und nach dessen Einrichtung bestehet dieser Orden nunmehr aus Eremiten und Mönchen. Man kann also gewissermaßen sagen, daß der Prior Rodulph den festen Grund zu dieser berühmten Congregation am ersten geleget, sie selbst aber noch etwas später, nämlich 1113 ihre erste Bestätigung von dem Pabst Paschalis II. erhalten habe, welches jedoch dieser Rodulph nicht mehr erlebt hat, indem er bereits 1088 gestorben ist.

An Urkunden haben Mittarelli's Annalen auch keinen Mangel; wie denn auch die vielen Bullen, die man im 3ten Theil von Rom ausgefertiget findet, und die stattlichen Privilegien, welche die Päbste so wohl dem ganzen Orden, als einzelnen demselben incorporirten Klöstern ertheilt haben, ein genugsamer Beweiß sind, daß der heil. Vater eine vorzügliche Liebe und Neigung für Camaldoli allezeit in seinem Herzen übrig behalten habe.

Sein Leben beschreiben Jagemann im Magazin der Italienischen Litteratur, Bd. 4. Seite 94 — 103, und *Fabroni* vitae Italor. doctrina excellentium etc. Vol. V. p. 373 — 391.

Model, Johann Georg, Doctor der Philosophie, Russisch-Kaiserl. Hofrath, Mitglied der Akademie der Wissenschaften, und Director bei der Oberapotheke zu St. Petersburg, geboren am 8. Februar 1711 in der Reichsstadt Rothenburg an der Tauber, erhielt seine erste wissenschaftliche Unterweisung auf der berühmten Fürstenschule zu Neustadt an der Aisch, trieb nachher in Windsheim, Nürnberg und Mannheim die Pharmaceutik, und wurde von da 1741 nach Petersburg gerufen. Er war einer der wichtigsten Chemisten unseres Jahrhunderts, besaß schöne gelehrte Kenntnisse, und tiefe Einsichten in das Fach der Chemie, das er durch seinen unermüdeten Fleiß durch manche neue Entdeckung bereicherte. Besonders war er der Erfinder der Tinctura Antimonii nigra. Um Rußland machte er sich dadurch verdient, daß er gute Apotheker zog, und die gelehrte Welt verdankt ihm seine chemischen Nebenstunden, und viele chemische Entdeckungen. Er starb am 22. März 1775 in Petersburg.

Seine Schriften sind:

De Borace nativa, a Persis Borech dicta, dissertatio. Lond. 1747, $4\frac{1}{2}$ Bogen in 4. (s. Götting. gel. Zeit. 1748. S. 11. Models Antwort auf die Götting. Recension, Ebend. S. 545.) Recusa, Halae, 1749. 4.; aus dem Latein. übersetzt mit einer Einleitung vermehrt von dem Auctore, nebst einer Vorrede von Joh. Ge. Gmelin. Stuttg. 1751. 7 Bog. in 8.; nach dem Londner Exemplar übers. im Hamburg. Magazin, 14. Band S. 473. Stehet auch in Models chemischen Nebenstunden.

Abhandlung von den Bestandtheilen des Borax. Tübingen, 1751. 8.

Versuche und Gedanken über ein natürliches und gewachsenes Salmiak, nebst Erörterung einiger Einwürfe über das Persische Salz. Leipz. 1758. 8. 5 Bogen stark.

Chemische Nebenstunden. 1 Stück Petersburg, 1762. 8. 2 St. eb. 1768. in 8.

Von der Bestuchew oder Lamottischen Tinctur. 1775. 8.

Viele Aufsätze in den Actis Nat. Curios. und dem Stralsundischen Archiv.

Kleine Schriften bestehend in ökonom. phys. chemischen Abhandl. Petersb. 1773. 8. Ins Franz. übersetzt, und mit Anmerkungen vermehrt von Parmentier, unter dem Titel: Recreations physiques, oecon. et chemiques. Paris, 1773. Voll. II. in 12. Die mehresten dieser kleinen Schriften sind schon ehedem theils einzeln, theils in den Sammlungen der Petersburger ökonomischen Gesellschaft Russisch erschienen, dem auswärtigen Publicum aber größten Theils unbekannt geblieben.

Untersuchung des Mutterkorns aus dessen chem. Nebenstunden. Wittenb. 1771. 6 Bog. in 8. Dr. Zeiher hat die Ausgabe veranstaltet, und eine Vorrede hinzugesetzt, sonst ist es die nämliche, welche im 2ten Th. seiner chem. Nebenstunden steht.

Entdeckung eines Seleniten in der Rhabarber. Petersb. 1774. 8.; in den Abhandl. der Churbaier. Akademie, 9. Band, No. 9. Französisch, von Demoret in *Rozier* Observ. sur la Physique, To. 6. p. 14.

Eine Lobschrift auf Model, von dem oben angeführten Parmentier verfaßt, befindet sich in *Rozier* Observat. sur la Physique To. VI. p. 1. seq.

Möckert, Johann Nicolaus, Professor der Rechte und Beisitzer der Juristenfacultät in Göttingen. Er wurde zu Königssee im Schwarzburgischen am 2ten Febr. 1732 von geringen Eltern geboren. Von 1750 bis 1754 studirte er zu Jena Theologie, kam hierauf als Instructor zu den fürstlichen Kindern Wilhelm Ludwigs, Prinzen von Schwarzburg, gieng aber bald darauf 1755 wieder nach Jena, legte sich daselbst auf die Jurisprudenz, wurde 1758 Magister und das folgende Jahr darauf Doctor der Rechte und Privatdocent. 1764 kam er als ordentlicher Professor der Rechte und Moral nach Rinteln; 1784 wurde er Professor der Rechte und Beisitzer der Juristenfacultät zu Göttingen mit dem Charakter eines Hofraths. Starb am 15. März 1792. Seine Disputationen und Programmen, die von ihm vorhanden sind, findet man am vollständigsten in dem Nekrolog, herausgegeben von Rötger, St. 2, S. 116. u. f. Sonst aber noch Nachrichten von seinem Leben, in Strieders Grundlage zu einer Hessischen Gelehrten- und Schriftsteller-Geschichte; Bd. 9. S. 70. u. f.

Mögling, Christian Ludwig, ein gelehrter Arzt, geboren zu Tübingen 1715, studirte daselbst, und ward 1735 Licentiat der Rechte, worauf er zur Erweiterung seiner Kenntnisse durch Teutschland, Holland, Frankreich und Italien reisete. Er ward hierauf 1738 Doctor der Arzneiwissenschaft; 1741 Stadt- und Amtsphysicus zu Tübingen; 1748 außerord. Prof. der Arzneiwissenschaft und 1752 ordentlicher; worauf er 1758 den Charakter eines markgräfl. Baden-Durlachischen Raths und Leibarztes erhielt. Er starb 1762. Auf seinen Reisen erwarb er sich viele Wissenschaft, und gewann die Freundschaft der berühmtesten Gelehrten, daß seine nachmaligen Empfehlungen reisender Landsleute von der besten Wirkung waren. Die Akademien zu Lyon und Bologna nahmen ihn als Mitglied auf, mit denen er durch eingesandte Abhandlungen die Gemeinschaft unterhielt. Seine vieljährige Kränklichkeit entzog der Universität Tübingen manche Früchte seines Lehramtes, und hatte selbst auf sein Privatleben einen merklichen Einfluß.

Von seinen Schriften sind zu bemerken: Diff. de saluberrimo aëris moderate calidi et sicci in microcosmum influxu; De tutiss. methodo curandi morbos quam plurimos eosque gravissimos; Oratio de iis, quae in curationis negotio contingunt quandoque extra ordinem, et quam maxime de curationibus dictis vulgo et creditis miraculosis; Tentamina Semioticae, P. I. II. III.; Tractatus pathologico-practicus exhibens 1) febres continuas et 2) febres intermittentes.

S. Progr. fun. — Tübing. Ber. von gel. Sachen, v. J. 1762. St. 9. — Böks Gesch. der Univ. Tübingen. S. 196.

Möhring, Paul Heinrich Gerhard, fürstl. Anhalt-Zerbstischer Rath und Leibarzt, auch Stadt- und Landphysicus der Herrschaft Jever. Ein um die Natur- und Arzneikunde gleich verdienter Gelehrter und Forscher. Zu Jever wurde er am 21. Jul. 1710 geboren, wo sein Vater als Rector der Schule vorstand. Anfänglich studirte er von 1729 bis 1732 zu Danzig, und genoß den Unterricht in der Philosophie von Hanov, in der Anatomie und Chemie von den beiden Kulmus und in der Naturgeschichte von dem berühmten Naturforscher Klein; von Danzig aus gieng er durch Polen über Breßlau und Dresden nach Wittenberg, wo er im J. 1733 sich die Doctorwürde in der Arzneikunde erwarb und als praktischer Arzt in seine Vaterstadt zurückkehrte, 1742 Stadt und Landphysicus und 1743 fürstl. Zerbst. Leibarzt wurde. Schon in seinen Studienjahren beschäftigte er sich fleißig mit der Naturgeschichte, mit dem Aufsuchen von Pflanzen u. dgl. diese Lieblingsneigung behielt er auch als praktischer Arzt und widmete ihr die meisten seiner Nebenstunden. Mit vielen Kosten und durch einen starken auswärtigen Briefwechsel sammelte er sich ein Naturalienkabinet. Er stopfte alle nur zu bekommende Vögel aus, deren nicht wenig seltene oftmals Stürme an Seestrand liefern. Bei diesen Bemühungen hatte er Gelegenheit den Mangel der meisten Schriftsteller, so von Vögeln geschrieben, genauer zu bemerken, wie nämlich aus dem verschiedenen Alter und Geschlecht, verschiedene Species gemacht worden, und wie größten Theils einer den andern ausgeschrieben, den Willoughby nicht ausgenommen, ja wie die wenigsten die Vögel, in der Natur, bei ihren Beschreibungen vor sich gehabt. Dies ermunterte ihn eine ausführliche Beschreibung von jedem Vogel zu verfertigen, die aber, wahrscheinlich wegen des großen Aufwands, den der Verlag dieses Werkes, wegen der vielen dazu bestimmten Kupfertafeln erforderte, nie gedruckt wurde. Die Aufmunterung daß er in seinem Vaterlande einiges an Pflanzen und Naturalien fand, das von andern noch nicht beschrieben wurde, veranlaßte Möhring mehrere ihm auswärts angetragene Ehrenstellen abzuschlagen. Er starb zu Jever am 28. October 1792. — Er schrieb sehr viele Abhandlungen, die in mehrern gelehrten Zeitschriften eingerückt stehen. Um die wissenschaftliche Anordnung der Naturgeschichte der Vögel erwarb er sich durch seine Schrift: Avium genera, Bremae, 1752. 8. (auch ins Holländische übersetzt) Verdienst. Nur häufte er darin durch eine zu übertriebene Genauigkeit die Geschlechter zu sehr an. Möhring sah bei der Eintheilung der Vögel auf die Bedeckung der Knien und die Haut, welche die Füße bekleidet; in den Unterabtheilungen aber auf die Beschaffenheit des Schnabels. — Von ihm und seinen übrigen Schriften s. in Börners Leben der Aerzte, B. 2. S. 171 u. B. 3. S. 419 u. 738. und in Rötgers Nekrolog, St. 2. S. 118.

Möhsen, Johann Carl Wilhelm, ein gelehrter Arzt und Königl. Preuß. Leibmedicus, geboren zu Berlin am 9ten Mai 1722, war einer von den seltenen Menschen, die so glücklich sind, die Erkenntlichkeit ihrer Zeitgenossen und der Nachwelt in gleichem Maaße zu verdienen, indem er in einem 70jährigen Lebenslaufe die treueste Ausübung einer der wohlthätigsten Wissenschaften mit der ununterbrochenen Anstrengung, welche mühsame Forschungen und gelehrte Arbeiten erfordern, auf das glücklichste zu verbinden wußte.

Die vorzüglichen Geistesgaben und die glückliche Laune, die aus seinen Schriften hervorleuchten, entwickelten sich schon früh bei ihm, und waren von einem Forschungsgeiste begleitet, der nur wenigen zu Theil wird. Mit diesen glücklichen Anlagen ausgerüstet, hätte er ohne Zweifel in jedem Fache der Gelehrsamkeit Epoche gemacht; das Beispiel und die Anleitung eines allgemein verehrten und glücklichen Arztes, seines Großvaters Horch, Leibarztes des Königs Friedrich Wilhelm des ersten, leiteten die Neigung des jungen Möhsen auf das Studium der Arzneiwissenschaft. Mit sehr guten Vorkenntnissen bezog er die hohe Schule, und studirte mit unermüdetem Fleiße zu Jena und Halle, an welchem letzteren Orte er in seinem 20sten Jahre die Doctorwürde erhielt.

Einem so talentvollen und mit vorzüglichen Kenntnissen ausgerüsteten jungen Arzte konnte der Eintritt in die praktische Laufbahn nicht schwer werden. Sie wurde ihm aber durch die thätige Unterstützung und die verdiente und wichtige Empfehlung seines Großvaters noch mehr erleichtert. Das erste öffentliche Amt, welches Möhsen bekleidete, war das eines Arztes beim Joachimthalischen Gymnasio zu Berlin, welches ihm der Leibarzt Horch freiwillig abtrat. Diesem Geschäfte unterzog er sich mit einem so glücklichen Erfolge, daß sein Ruf als praktischer Arzt, und zumal als Kinderarzt, sehr früh gegründet und seine Verdienste bald allgemein gewürdiget und geschätzt wurden.

Schon in dem Jahre 1747 ward Möhsen zum Mitgliede des Ober-Collegii Medici ernannt und hat in einer langen Reihe von Jahren mit unermüdeter Thätigkeit einem weitläuftigen Geschäftskreis darin auf das ehrenvollste vorgestanden. Die Gutachten welche er im Namen dieses Collegii ausgearbeitet hat, zeigen von seinem Scharfsinn, seiner großen Erfahrung und seinen vorzüglichen Kenntnissen in der gerichtlichen Arzneikunde, und verdienen als Muster solcher Arbeiten aufgestellt zu werden.

Er war von jeher ein thätiger Beförderer alles dessen, was zur Aufnahme und Ausbreitung einer vernünftigen medicinischen Polizei, welche sich dazumals noch in der Kindheit befand, beitragen konnte, und hat in dem Ober-Collegio Sanitatis, zu dessen Mitgliede er im Jahre 1763 freiwillig und ohne Gesuch von seiner Seite gewählt wurde, viele dahin gehörige, vortrefliche und nützliche Vorschläge gethan.

Sein verdienter Ruf als praktischer Arzt überhaupt, und sein besonderer Ruf als Kinderarzt verschafte demselben im Jahre 1766 die Stelle als Arzt der beiden hiesigen vortreflichen Militär-Erziehungsanstalten, nämlich des adelichen Cadetten-Corps und der Militär-Akademie. Es erwartete indessen ein noch größerer Beweiß des Zutrauens Friedrichs des Großen unsern Möhsen, und er erhielt ihn dadurch, daß dieser Monarch ihn 1778 zu seinem Leibarzte erwählte. Als solcher begleitete er den König in den damaligen Baierschen Erbfolgkrieg.

Mit diesen Würden und Aemtern verband Möhsen noch die Stelle eines Physicus des Teltowischen Kreises und eines Mitgliedes der zur Aufrechthaltung der Hofapotheke angesetzten Commission. Sein großer Geschäftskreis wurde durch eine ausgebreitete Praxis noch vermehrt. Auf dieser schwierigen Laufbahn hat er sich des Vertrauens seiner Kranken durch seine unermüdete Sorgfalt, wahre Humanität und seine glückliche Laune, so wie der Achtung seiner Amtsbrüder durch seine Redlichkeit, Offenheit und seine ausgebreitete Kenntnisse stets werth gemacht.

Möhsen besaß als praktischer Arzt das große Talent, seinen Kranken durch Aufheiterung des Geistes, Stärke, Muth und Zutrauen zu geben, und war deswegen bei dem schönen Geschlechte und bei Kindern, wo Strenge und rauhes Wesen so oft abschrecken und niederschlagen, ein glücklicher und beliebter Arzt. Im Allgemeinen betrieb er aber die Ausübung der Medicin mit einer Art von ängstlicher Vorsorge, welche zuweilen die Grenzen der Vorsichtigkeit überschritt. Ein abgesagter Feind aller heroischen Cur-Methoden, suchte er gern durch nichts entscheidende Mittel Zeit zu gewinnen, und in den Fällen wo ein rascher und kühner Entschluß für die Erhaltung des Lebens so wichtig ist, fehlte es ihm an der klugen Entschlossenheit, die sehr verschieden von den tumultuarischen Wagestücken der Charlatans, eine der nothwendigsten Gaben des praktischen Arztes ist.

Uebrigens aber war er ein sehr gelehrter Arzt und hatte das große Verdienst, daß er eine tiefe, aus den Quellen selbst geschöpfte Kenntniß dieser vielumfassenden Wissenschaft in den verschiedenen Perioden derselben, mit einer rastlosen Begierde die Meinungen und Entdeckungen der neuern Zeiten früh zu kennen und zu benutzen, verband. Keiner Sekte ängstlich oder ganz ergeben, ließ sein Scharfsinn ihn sehr bald das Wahre und Nützliche vom

Falschen und Entbehrlichen unterscheiden, und weit entfernt, daß er seine Privat-Ueberzeugung als eine allgemein gültige Meinung andern aufdrang, war er nachgiebig und duldsam. Ob er gleich der Pocken-Einimpfung nicht günstig war, und selbst in seinen Schriften die Vorliebe für diese nützliche Erfindung zu schwächen suchte, unterzog er sich und zwar mit glücklichem Erfolge derselben, so oft es von ihm verlangt wurde.

So viel von seinen Verdiensten als Arzt. Eben so groß und noch größer war er als Geschichts- und Alterthumsforscher, als Sammler und Kunstliebhaber. Von seiner frühesten Jugend an war Kunstliebhaberei seine angenehmste Erholung, und späterhin verwandte er auf diese und auf das Sammeln selbst, wo nicht die mehrsten, doch die schönsten Jahre seines Lebens. Der Geist, mit dem er seine Forschungen betrieb, zeichnet Möhsen vor seinen Vorfahren, auf das vortheilhafteste aus. Er wußte die Trockenheit und das Unschmackhafte dieses Geschäfts durch Witz und Laune stets zu würzen, und durch seine mannigfaltigen scharfsinnigen Beobachtungen, die Leser aller Art zu fesseln.

Einen unermüdeten Fleiß verwandte er auf die Geschichte seines Vaterlands, der Mark: Er hat diese zuerst auf eine ganz neue, höchst interessante Art geschildert, und ihm verdankt man die wichtigsten Aufschlüsse über diesen Gegenstand.

Der königlichen Akademie der Wissenschaften, zu deren Mitglied er 1787 erwählt wurde, hat er gegen eine mäßige Leibrente seine ansehnliche Sammlung von Bracteaten, nebst mehrern Schriften hinterlassen. — Ob er gleich das Unglück hatte im Jahre 1753 eine kostbare, gegen 8000 Bände starke Bibliothek durch den Brand zu verlieren, so hat er doch eine auserlesene Büchersammlung von 12000 Bänden hinterlassen, davon der Theil, welcher zur Litteratur, politischen Geschichte, Antiquitäten und Münzen der Mark gehöret, zur Königl. Bibliothek gekauft worden ist.

Möhsen starb als Wittwer, ohne Kinder zu hinterlassen am 21. September 1795 in seinem 74. Jahre. Nachdem er drei Jahre zuvor sein funfzigjähriges Jubiläum als Doctor der Arzneikunde erlebt hatte.

Seine hinterlassenen Schriften sind:

Dissert. inaug. de passionis illiacae causis et curatione, Halae 1742.

De manuscriptis medicis quae inter Codices Biblioth. reg. Berol. servantur. Epist. I. II. 1746. 1747.

Versuch einer historischen Nachricht von der künstlichen Gold- und Silberarbeit in den ältesten Zeiten. Berl. 1757.

Commentatio de medicis equestri dignitate ornatis. Berol. 1768.

Beschreibung eines ungemein dicken Stirnbeins, an welchem ein Stück des Siebbeins von besonderer Gestalt befestiget ist ꝛc. mit einer Abbildung. (im 12. Stück der Schriften der prüfenden Gesellschaft zu Halle. Desgl. in Act. Natur. Curios Vol. VIII.)

Verzeichniß einer Sammlung von Bildnissen größten Theils berühmter Aerzte, sowohl in Kupferstichen, schwarzer Kunst und Holzschnitten, als auch einigen Handzeichnungen. Berlin 1771.

Beschreibung einer Berlin. Medaillensammlung, die vorzüglich aus Gedächtnißmünzen berühmter Aerzte besteht; in welcher verschiedene Abhandlungen zur Erklärung der alten und neuen Münzwissenschaft, ingleichen zur Geschichte der Arzneigelahrheit und der Litteratur eingerückt sind. 1. 2. Theil Berl. und Leipz. 1773. Diese Sammlung besteht aus mehr als 200 Gedächtnißmünzen, die seit dem 15. Jahrhundert berühmten Aerzten zum Andenken verfertigt wurden: aus einem ansehnlichen Vorrath von alten Griechischen und Römischen Münzen und einer dahin gehörigen Sammlung von alten Steinen; aus Münzen, die Könige und Fürsten nach glücklich überstandnen Krankheiten schlagen lassen; solchen, die zum Andenken grassirender Krankheiten geprägt worden; solchen, die aus chemischem Gold und Silber sollen geprägt seyn; aus magischen Münzen, und endlich solchen, welche besondere Naturbegebenheiten vorstellen. Der 2te Theil führt auch folgenden Titel: Geschichte der Wissenschaften in der Mark-Brandenburg, besonders der Arzneiwissenschaft von den ältesten Zeiten an bis zu Ende des 16. Jahrhunderts, in welcher zugleich die Gedächtnißmünzen berühmter Aerzte, welche in diesem Zeitraum in der Mark gelebt haben, beschrieben werden. Berlin, 1781. Die in diesem Werke befindlichen Nachrichten verbreiten sich über die Geschichte der Mark in dem ältern und mittlern Zeitalter, über die Einwohner und ihren Charakter, über die abwechselnde Bevölkerung, über Handlung, Münzwesen und dergl. Der Inhalt des Buchs selbst ist nach Zeitperioden eingetheilt. Die erste enthält Nachrichten von den ältesten Zeiten bis auf das Jahr 1144; die zweite begreift den Zeitraum von 1144 bis 1417. Die dritte geht von 1417 bis 1499; und die vierte und letzte von 1499 bis 1598. Den Beschluß macht des Churfürsten Johann George Regierung, der Charakter desselben, der Zustand des Landes unter seiner Regierung, die Nachricht von seinen Leibärzten und zuletzt ein chronologisches Verzeichniß der Brandenburgischen Münzveränderungen im XVI. Jahrhunderte. Drei angehängte Kupfertafeln liefern Gedächtnißmünzen berühmter Aerzte.

Sammlung merkwürdiger Erfahrungen, die den Werth und großen Nutzen der Pockeninoculation näher bestimmen können. Berl. und Leipz. 1782.

Beiträge zur Geschichte der Wissenschaft in der Mark Brandenburg, von den ältesten Zeiten an, bis zu Ende des 16. Jahrhunderts. Berl. 1783. Diese Beiträge enthalten 1) das Leben Leonhard Turneisers zum Thurn, Churfürstl. Brandenburgischen Leibarztes, und einen Beitrag zur Geschichte der Alchemie, wie auch der Wissenschaften und Künste in der Mark Brandenburg u. s. w. 2) Fragmente zur Geschichte der Chirurgie von 1417 bis 1498. 3) Ein Verzeichniß der Dom- und Collegiat-Stifter wie auch Mönchs- und Nonnenklöster, die ehmals in der Mark Brandenburg florirt haben, oder auch auswärtig von deren Landesfürsten gestiftet worden.

Das Leben Leonhard von Turneisers zum Thurn. (Ist besonders aus obigen Beiträgen abgedruckt.)

Ob die bisherige Verbindung der Chirurgie mit dem Barbieren beizubehalten oder abzuschaffen sey? (in Pyls Magazin für die gerichtl. Arz. ꝛc. 2. Bd. 2 Stück 1784.

Promemoria über die möglichst beste Bestimmung der Begriffe in Ertheilung Medicin. Responsor. über zweifelhafte Gemüthszustände ꝛc. (in Pyls Repert. für die öffentl. und gerichtl. Arzneiwissensch. Berlin 1790.)

Ueber die Brandenburgische Geschichte des Mittelalters und deren Erläuterung durch gleichzeitige Münzen (in Memoires de l'academ. roy. des sciences et belles lettres de Prusse. Berlin 1792.)

Lebenslauf des Geh. Raths Cothenius (in Sammlung der Teutschen Abhandlung der Acad. der Wissensch. zu Berlin 1793.)

Abhandlung und Erklärung einiger Gedächtnißmünzen welche Aerzten zum Andenken geprägt worden. (im 11. und 12. Stück der fortgesetzten, zur Gelehrsamkeit gehörigen Bereicherungen der prüfenden Gesellschaft zu Halle. — Medicinische Ephemeriden von Berlin; herausgegeben von L. Formey Bd. I. St. 1. S. 118 — 130.)

Möller, Reinhard Abraham, Professor der Rechte zu Rinteln. Er wurde zu Homberg in Hessen am 2. Apr. 1739 geboren, wo sein Vater damals Amtsschultheiß war. In der Schule seiner Vaterstadt empfieng er den ersten Unterricht, darauf seit 1756 am Carolino zu Cassel, in welchem Jahre er auch noch die Universität Marburg, und denn 1759 Rinteln bezog. Eine Zeitlang stand er als Hofmeister in Helmstädt. 1763 begab er sich nach Marburg und ließ sich unter die Zahl der ordentlichen Regierungs-Advokaten aufnehmen und 1764 die juristische Licentiatenwürde ertheilen, worauf er noch in demselben Jahr eine ordentliche Professur der Rechte in Rinteln erhielt. Die Doctorwürde erhielt er 1770 zu Marburg abwesend. Er wurde schon 1772 am 8. Juny durch eine auszehrende Kranheit unter die Todten versetzt. Man hat von ihm:

Diff. (pro Lic.) de assignatione bonorum parentali cuidam iberorum facta, vulgo vom Anschlage der Güter, itemque de eservato vom Auszuge der Eltern. Marb. 1764. 4.

Diff. de iure subditorum emigrandi, cumprimis extra tabuas pacis Westphalicae restricto, Spec. I. Resp. (pro Lic.) Ioh. Christoph Krug, Niederzeila-Hass. Rint. 1769. 4. Rec. Rint. Inj. 1769. No. 33.

Diff. de judiciis inferioribus Hasiacis; resp. (pro Lic.) Cornel Schmincke, Cass. Rint. 1769. 4. Rec. Rint. Anz. 1769. Nr. 52.

Progr. de poenali emigratione. Rint. 1770. 4. Macht den 4ten Abschnitt von der angeführten Disputation de jure subditorum etc. also das spec. II. aus.

Diff. de finibus jurisdictionis imperialis quoad ejus in caulis criminalibus Augustae camerae competit; Resp. (pro Lic.) Io. Iac. Günste, Wettera-Hass. Rint. 1771. 4.

Im Manuscript hat er mehreres hinterlassen. S. Strieder Grundlage zu einer Hessischen Gelehrt. Geschichte. Bd. 9. S. 76.

Möller, Andreas, ein Bildnißmaler, geb. 1684 zu Kopenhagen, reisete in Teutschland und Italien, und hielt sich besonders lang in England auf, daher man ihn den Engländer zu nennen pflegte. Er begab sich endlich nach Berlin, wo er viel Bildnisse malte, und 1762 starb.

Mörikhofer, Johann Melchior, ein geschickter Petschaftstecher und Stempelschneider des Standes Bern, dessen Arbeiten sehr geschätzt werden. Er war zu Frauenfeld in der Schweiz 1706 geboren; lernte Anfangs das Gürtlerhandwerk, fieng aber durch eigenen Fleiß an, sich auf das Petschaftstechen zu legen, worin er besondere Geschicklichkeit erlangte. In seinen letzten Lebensjahren legte er sich auf Schaumünzen, darunter diejenigen K. Georgs II., Albrecht von Hallers, Voltaire's u. s. w. bekannt und geschätzt sind. Daß Hedlinger ihn hochschätzte und seiner vertraulichen Freundschaft würdigte, ist genug zu seinem Lobe gesagt. Er starb in der Osterwoche 1761 zu Bern, wo er die Münzpräge schnitt. — Man sehe J. C. Füeßlins Schweizer-Künstler-Gesch. 4. B. S. 161. 162.

Sein Bruders Sohn

Johann Caspar Mörikhofer, war 1733 zu Frauenfeld geboren, lernte bei Melchior, und versuchte es daneben in Edelsteine zu graben, und studirte auch einige Zeit zu Paris. Man hat von ihm einige wohl ausgearbeitete Schaumünzen. Er setzte sich zu Bern, wo er seines Oheims Geschäfte besorgte.

Mörl, Gustav Philipp, ein Theolog, geboren zu Nürnberg am 26. Dec. 1673, wo sein Vater Conrad Waagmeister war. Sein Eintritt in die Welt ließ kein langes Leben vermuthen, denn er erhielt wegen seiner großen Schwächlichkeit die Nothtaufe; wurde aber in der Folge so gestärkt, daß er ein Alter von 77 Jahren erreichte. 1690 bezog er die Universität Altdorf, und zeigte sich da öfters im Opponiren und Respondiren; so wie er besonders 1691 eine Streitschrift unter Prof. Omeis de iustitia particulari, und in eben dem Jahr unter Wagenseil eine selbst verfertigte Disp. de lingua authentica Noui Test. ventilirte, unter Mollern aber de quaest. metaph. an cadat in Deum potentia passiua inauguraliter disputirte, und damit 1692 die Magisterwürde erhielt.

Bald darauf begab er sich nach Jena, und suchte daselbst um die Freiheit an, Collegien lesen zu dürfen. Als der Dr. Baier den Ruf auf die neue Universität zu Halle annahm, gieng Mörl mit ihm dahin, besahe zugleich die benachbarten Sächsischen Universitäten, und wurde zu Halle Hofmeister über den jüngsten Sohn des geh. Raths und Kanzlers, Gottfr. Stößers von Lilienfeld, den er auch auf einer Reise durch Holland begleitete. Kaum war dieselbe vollendet, so wurde er Adjunct der philosophischen Facultät in Halle: und ob er gleich noch bei Stahl anatomische und chirurgische Collegien hörte; so eröfnete er doch vorzüglich selbst philosophische und theologische Collegien. Ohngeachtet sich nun Mörl bereits zu einer Hofmeisterstelle über die junge Herrschaft eines Dänischen Ministers verbindlich gemacht hatte; so nahm er doch 1698 den Ruf in sein Vaterland zum Inspectorat nach Altdorf an, und benutzte hier seine vortreflichen Lehrgaben bis in das fünfte Jahr. Er las nämlich in dieser Zeit etliche und vierzig Collegien, wurde um des starken Beifalls willen fast geneidet, disputirte fleißig, und hielt noch überdies Sonntags nach verrichtetem Gottesdienst eine theologische Stunde, in welcher er verschiedene Paulinische Episteln erklärte.

Man hätte nun glauben sollen, Mörl würde sich ganz dem akademischen Leben widmen; allein er kam 1703 als Diaconus zu St. Sebald nach Nürnberg, und rückte daselbst bis zu der größten Ehrenstelle fort. Denn 1724 wurde er Prediger an der vordern Haupt- und Pfarrkirche zu St. Sebald, des gesammten Nürnbergischen Ministerii Antistes, der Republik Bibliothekarius und Professor der Theologie. Seine ungemein gründliche, deutliche, fließende, und mit einer sehr angenehmen Aussprache verknüpfte geistliche Beredsamkeit zog aller Herzen an ihn. Kaum hat er viele seines gleichen auf dem Lehrstuhl und der Kanzel gehabt, und der berühmte Prof. Schwarz in Altdorf urtheilte ganz richtig von ihm in folgenden Versen:

    Alter Athenagoras, pariter Chrysostomus alter,
       Alter et Ambrosius, flectere corda potens.

Seine besondern Verdienste äußerten sich in den Kirchen-Visitationen, wozu er vornämlich gebraucht wurde, bei den Hochmännischen und Tichtfeldischen Schwärmereien, und in beständigem Eifer für das lau werdende Christenthum. In der gelehrten Welt lebt er durch die vielen wackern Schüler, die er gezogen hat, und durch seine Schriften. Besonders hat er sich bekannt und berühmt gemacht durch die Streitigkeiten mit dem reformirten Geistlichen in Holland, de Vallone, und mit dem berühmten Rechtsgelehrten, Christian Thomasius. Auch hielt er viele vortrefliche Casual-Predigten auf besondere öffentliche und wichtige Angelegenheiten, und 32 Leichenpredigten unter großer Erbauung. Gott erwieß ihm auch für seine treuen Dienste viele Gnade, denn er wurde der älteste des ganzen Nürnbergischen Stadt- und Land-Ministerii. Denn er hatte wirklich 52 Jahre im öffentlichen Amte, und 47 in-Kirchendiensten gelebt, und starb mit Ruhm gekrönt am 7. Mai 1750.

Sein schönes Bildniß ist oft in Kupfer gestochen, und auch eine sehr wohl gerathene Medaille auf ihn gepräget worden, die Köhler in seinen Münzbelustigungen erklärt hat. Mörl war dreimal verheurathet. Mit seiner ersten Ehegattin Christiana Dorothea, einer Tochter Hrn. Sam. Grünigk, Churf. Brandenb. Secretärs bei der Magdeburgischen Regierung in Halle, lebte er von 1703 in 22jähriger liebreicher Verbindung, und wurde von ihr mit 4 Kindern erfreuet, davon der mittlere Sohn, Johann Siegmund, dessen Leben gleich nachher folgen wird, allein am Leben blieb.

Außer den schon angeführten Predigten und andern Gelegenheitsschriften, welche Mörl dem Druck überlassen, sind hier besonders folgende beide Schriften zu bemerken:

Disquisitio de fide, occasione epistolae ad cl. Thomasium scriptae, 1698. Er gab diese 3 Schriften ohne seinen Namen heraus, und man kann darüber Walch's Relig. Streitigk. der evang. Kirche, 3. Th. S. 37. u. fg. nachlesen.

Vindiciae doctrinae Lutheranae de gratia praedestinationis. Nor. 1702. 8. Es sind eigentlich 5 zusammen gedruckte Disputationen, welche er in Altdorf als Präses gehalten, und in welchen er den Feuerlein, der wider die groben Anfälle des reformirten Predigers Schmidmann in Nürnberg schrieb, wider den Franzosen de Vallone vertheidiget hat. Letzterer ließ zwar eine Antwort auf diese Mörlischen Disputationen von 2 Duodez-Bänden in Französischer Sprache drucken, auf welche man sich aber aus vielen Ursachen nicht weiter eingelassen hat.

Man sehe, die Leichenpredigt auf ihn, von Joh. Conr. Spörl gehalten. — Köhler's Münzbelust. v. J. 1750 den 27. Mai. — Will's Gel. Lex. 2. Th. S. 628.

le Moine, Johann Ludwig, ein Bildhauer von Paris, wo ihn Johann, ein Ornament- und Grotesken-Maler daselbst, der 1681 in die königliche Akademie kam, und 1713 im 75sten Jahre seines Alters starb, im Jahr 1665 erzeugt hat. Johann Ludwig wurde 1703 Mitglied der Akademie, und starb als Rector derselben 1755. Er that sich vornehmlich durch Brustbilder nach dem Leben hervor.

Sein Sohn

Johann Baptist le Moine, wurde 1738 ein Mitglied der königlichen Akademie zu Paris, 1740 Professor Adjunctus und 1744 wirklicher Professor. Er wohnte in dem königlichen Pallaste des Louvre. Man zählet unter seine vornehmsten Werke: die Ritterstatue König Ludwigs XV. zu Bourdeaux; den Ocean, eine aus Blei gegossene und vergoldete Statue in dem Garten zu Versailles; das Grabmal des berühmten Peter Mignard in der Jacobiterkirche der Straße St. Honoré; die Statue Ludwigs

XVI. zu Rennes; ein Basrelief, die Verkündigung vorstellend, für die Kirche St. Louis du Louvre; und das Grabmal des Cardinals Fleuri. s. Allgemeines Künstler-Lexicon, S. 431.

Moine, Franz le, ein berühmter französischer Maler, ward zu Paris 1688 geboren, und lernte die Anfangsgründe bei Galloche, dessen Werke bekannt sind. Seine Verdienste erwarben ihm 1718 eine Stelle in der französischen Akademie. Er malte nachher in Oelfarben das Chor der Jacobinerkirche in der Vorstadt St. Germain. Ein Liebhaber der Malerey, welcher nach Italien reisete, nahm den le Moine mit sich, und sein Genie und seine Studien machten ihn an der Quelle der schönen Künste, schon nach einem jährigen Aufenthalt daselbst, vollkommen. Bei seiner Rückkunft nach Paris wurde er zum Professor ernennt, und that sich in der Kuppel von der Jungfraukapelle der Kirche St. Sulpice hervor. Der König erwählte ihn, den großen Saal zu Versailles zu malen, welchen man heut zu Tage den Sallon des Herkules nennt, weil le Moine darinnen die Vergötterung desselben gemalt hat. Diese große Composition, welche 142 Figuren enthält, ist ein Denkmal der Wissenschaft des Künstlers, und des Fortgangs der Malerei in Frankreich, unter der Regierung Ludwigs XV.; alles ist darinnen so frisch, so wahr, so edel, so fein ausgearbeitet, daß es zu bewundern ist. Der Neid einiger seiner Mitbrüder über sein Verdienst, welches ihm die Stelle eines ersten Hofmalers beim Könige, mit einem Gehalt von 3500 Livres erwarb; der Tod seiner Gattin, welcher ihm sehr nahe gieng; und sonst noch ein Misvergnügen über die schlechte Belohnung eines so großen Werks, in welchem er, wie man sagt, mehr denn für 10,000 Livres Ultramarin verwendet hatte; alles dieses zusammen verursachte bei ihm eine traurige Melancholie. Er verfiel in ein hitziges Fieber, das ihm den Verstand verrückte, und in der Raserei nahm er sich endlich selbst das Leben. Dieses geschah am 4. Mai 1737, eben als ein Freund zu ihm kam, um ihn aufs Land abzuholen, damit er sich ein wenig zerstreuen möchte.

Le Moine malte viel auf nassen Kalch, Historien im italienischen Geschmack. Man findet in seinen Figuren viel Leben und Abwechslung, große Charaktere, eine frische Färbung, schöne Austheilung des Lichts und Schattens, und eine gute Composition. — Schüler von ihm sind Natoire und Boucher, Professoren der Akademie, und Nanette. Ihre Werke sind zur Genüge bekannt. s. Perneti Handl. S. 412 und allgem. Künstler-Lexicon S. 411.

Molanus, Gerhard Wolter, ein lutherischer Gottesgelehrter. Sein Geschlecht schrieb sich sonst van der Müelen. Er ward zu Hameln 1633 am 22. October geboren, studirte zu Helmstädt Theologie und Mathematik und fand auch durch die letztere Wissenschaft seine erste Beförderung, indem er 1659 als ordentlicher Prof. der Mathematik nach Rinteln einen Ruf erhielt. Mit Beibehaltung dieser Professur erhielt er 1664 eine außerordentliche der Theologie und bald darauf 1665 eine ordentliche, nachdem er vorher die theologische Doctorwürde angenommen hatte. Die große Freundschaft, welche Molanus mit dem Abte des freien Reichsstifts Lockum, Joh. Kotzebue, unterhielt, brachte ihm 1672 eine Stelle unter den Conventualen desselben zu Wege, dabei er jedoch seine theologische Professur in Rinteln so lange verwaltete, bis er im Jahr 1674 vom Herzog Johann Friedrich zum Kirchenrath und Director der Kirchen des Herzogthums Calenberg nach Hannover berufen wurde. Nach dem Absterben des genannten Kotzebue wurde er 1677 wirklich bestätigter Abt des Klosters Lockum, somit Primas der Calenbergischen Landstände. Er starb am 7. September 1722. Er hat viele, aber meistens kleine Schriften hinterlassen. Am bekanntesten ist von ihm sein Responsum wegen einer hohen Person Religionsveränderung, d. d. Hannover 1705. Die hohe Person war die Prinzessin Elisabeth von Braunschweig, die zur Röm. Katholischen Kirche übergieng und an Kaiser Carl VI. vermählt wurde. Der Freiherr F. C. von Moser hat das Responsum des Molanus dem 11. Band des patriot. Archivs S. 38 u. f. einverleibt. Ferner: Bedenken über die Vereinigung der Röm. Katholischen und Protestantischen Religion, d. d. 27. Aug. 1698 zugleich von G. W. von Leibnitz mit unterschrieben; in lat. Sprache. Steht in Wincklers Anecdot. hist. ecclef. novantiquis, St. 3. S. 312. Winckler hält dafür, Leibnitz habe es deswegen mit unterschrieben, weil derselbe zugleich mit Molanus an dem Unions-Werke gearbeitet habe, und mit diesem alles überlegt und auch das Bedenken gemeinschaftlich übergeben, obwohl Molanus dabei die Feder geführt. — Strieder Grundlage einer Heff. Gel. Geschichte, B. 9. S. 103 u. f.

Moller, Carl Friedrich von, Königl. Preußischer Oberster des Artillerie-Korps, genoß die Gnade Friedrichs des Einzigen in einem vorzüglichen Grade, weil er das Geschütz sehr geschickt zu stellen wußte. Oft sagte er zum Könige bei drohenden Gefahren: „Eure Majestät, es wird alles gut gehen, mein Genius sagt es mir." Daher fragte ihn der König nicht selten in der Folge: „Moller, was sagt sein Genius, wird es gut gehen?" — In der Schlacht bei Lowositz erhielt er den Orden pour le mérite, und sein Tod erfolgte zu Freyberg in Sachsen den 9. Nov. 1762.

Moller, Daniel Wilhelm, ein berühmter Polyhistor, geboren zu Presburg in Ungarn am 26. Mai 1642. Sein Vater, Otto, war Juwelier und Goldschmidt daselbst. Die ersten Anfangsgründe lernte er auf dem Gymnasio seiner Geburtsstadt, reisete hierauf 1660 nach Leipzig, wo er sich nur einige Wochen aufhielt, und dann die Universität Wittenberg bezog. Hier studirte er alle Theile der Gelehrsamkeit, auch die morgenländischen Sprachen, die Rechte und die Medicin, disputirte sehr oft öffentlich, erlangte die Magister-Würde, und unternahm hierauf eine Reise durch Holland und England, wo er sich besonders in Amsterdam und London fleißig umsah. Indem er wieder nach Teutschland und Wittenberg zurückkehrte, machte er eine Reise durch Schlesien, Polen und Preußen, und begab sich 1664 nach Strasburg. Hier trieb er abermal die Theologie, und nunmehr auch das Französische, und fieng an Collegien zu lesen. Er verließ aber nach einiger Zeit Strasburg, wurde Hofmeister über die drei Söhne des Prätors und Portoscholarchens Moggens zu Colmar, und legte sich zugleich bei 8 Monate auf die Alchymie unter der Anweisung Pet. du Ponts.

Moller durchreisete hierauf die Schweiz und Schwaben; gieng wieder nach Strasburg und von da nach Paris, reisete hier auf durch Frankreich, ingleichen durch Savoyen und das Mailändische, und kam 1667 nach Rom. Bald darauf begab er sich nach Neapel, besahe den Vesuv, gieng von da wieder nach Rom, hierauf nach Venedig, Padua, Verona und andere italienische Orte, kam endlich nach Wien und im Nov. 1670 glücklich zu Presburg an. Weil aber damals keine andre Stelle, als das Subconrectorat an dem Presburger Gymnasio leer war; so wurde er im folgenden Jahr dazu berufen, und verwaltete es auf ein Jahr. Indessen wollte man höhern Orts die Römischkatholische Religion einführen, und Moller wurde von der ganzen Stadt und Bürgerschaft in Presburg des evangelischen Glaubens wegen an den kaiserlichen Hof gesandt, wo er sich in Wien sechs Monate aufhielt, und vier besondere Audienzen bei dem Kaiser hatte. Weil er aber darüber von dem päbstlich gesinnten Gegentheil sehr bedrohet und verfolgt wurde; so sahe er sich genöthiget, Ungarn und Oesterreich zu verlassen, ohne daß er vorher seine Eltern noch einmal sehen, oder in Presburg von ihnen Abschied nehmen konnte.

Moller gieng hierauf durch Mähren, Böhmen und die Oberpfalz nach Nürnberg, und suchte bei dem Magistrat Dienste. Er erhielt zu Altdorf die Erlaubniß, philosophische Collegien lesen zu dürfen, disputirte auch als Präses, und genoß von den Curatoren der Akademie ein ansehnliches Honorarium. Auf Empfehlung der Grafen von Windischgräz und von Sinzendorf erhielt er 1674 die erledigte doppelte Professur der Geschichte und Metaphysik zu Altdorf. 1692 heurathete er die gelehrte Tochter des verdienten Professors Wagenseil, wodurch er sich schätzbare Bekanntschaften erwarb. So wie er durch Vorschub dieses seines Schwiegervaters, von Kaiser Leopold I. im Jahr 1693 zum kaiserl. Hof- und Pfalzgrafen gemacht, und in Italien in die berühmte Academiam Recuperatorum, und in Teutschland in die kaiserl. Akademie der Naturforscher, aufgenommen wurde; so bekam er auch in Altdorf das Bibliothekariat bei der Universität.

Bei diesen Aemtern hatte er nun die schönste Gelegenheit, seine durch große Reisen, mannichfaltigen Umgang, beständiges Lesen, und vorzüglichen Fleiß erlangte, große Gelehrsamkeit an den Tag zu legen. So sehr er sich bemühete, der studirenden Jugend überhaupt, und der Litteratur nützlich zu seyn, so sehr bestrebte er sich, seinen Vortrag angenehm darzustellen; er mischte daher in seine Vorlesungen immer die seltensten Anmerkungen und Erzählungen ein. Zu seinen Schriften und vielen Disputationen wählte er nicht nur die nützlichsten und auserlesensten Materien, sondern auch manchmal ganz unerwartete Hauptsätze, die wohl nicht ein jeder, wohl aber Moller nach seiner muntern und aufgeräumten Denkungsart, sich auserlesen hatte. Er disputirte nämlich vom Hut, von den Nürnbergischen sogenannten Steckleins=Schmecken, und von dem Altdorfischen Käsleins=Wägen, welche 3 Disputationen lange Zeit nur geschrieben circulirten, und freilich kindische Gegenstände enthielten. Es hat auch wirklich der berühmte Spener die Auswahl solcher geringfügiger Materien an unserm Moller, bei Gelegenheit der Disp. von der Monte Fiasconischen Fabel*) scharf getadelt, und ihn dabei ermahnt, künftig seine Zeit und Kräfte besser anzuwenden.

Moller wurde zuletzt Senior bei der Universität, und starb, zwar ohne Erben, aber Lebens und Ruhmes satt, am 25. Febr. 1712. Seinen Lebenswandel konnte man mit Recht als ein Beispiel der Gottseligkeit und Aufrichtigkeit anpreisen. Nur allein von den Jahren 1692 bis 1712 hatte er die Bibel zwölfmal ganz durchgelesen, wie es damals noch ein heiliger Gebrauch war, und deswegen mit seiner zweiten Gemahlin einen erbaulichen Wettstreit angestellet. Seine Schriften zeugen von seinem ausnehmenden Fleiß und von seinen vielfachen Kenntnissen. Will hat sie in seinem Nürnb. Gel. Lexicon, 2. B. S. 644. am vollständigsten aufgezählt. Manche davon hat der Buchhändler Rothscholz wieder aufgelegt.

Die eine von den erst angeführten läppischen Disputationen erschien erst 1762 zu Schwabach im Druck. Sie führt die Aufschrift: Disp. circularis de Bacillis Flosculiferis, vulgo Steckelein=Schmecken, sub moderamine Dan. Guil. *Molleri* P. P. rationis et intelligentiae olfactui subiecta a Io. Iac. *Stoerio*, Nor. Altd. d. 25. Febr. 1708. Nunc primum edita a F. C. I. D. C. N. Suobaci 1762. 4.

Curriculum poeticum ad Amicum. Altd. 1674. 12. Enthält eine schöne Menge lateinischer Gelegenheits=Gedichte von Mollern und an ihn.

Von 1683 bis 1698 sind von Mollern 50 Disputationen von den vornehmsten alten Autoren, auch neuen Schriftstellern gehalten worden, von welchen einige **) Friedr. Rothscholz 1726

---

*) Disp. de fabula Monte - Fiasconia: propter nimium, est, est, dominus meus mortuus est. Altdorf. 1680. 4.

**) Nicht alle, wie so viele irrig schreiben.

wieder aufgelegt hat. Sie sind selten mehr zu bekommen, aber unstreitig die beste und brauchbarste Arbeit dieses Gelehrten, und handeln nach der Zeitordnung folgende Gegenstände ab: De Q. Curtio. De Corn. Nepote. De C. Sallustio. De L. Ann. Floro. De Iustino. De Valerio Maximo. De C. Suetonio. De Velleio Paterculo. De S. Aurelio Victore. De Eutropio. De Ammiano Marcellino. De Paulo Diacono. De C. Cornelio Tacito. De M. A. Cassiodoro. De Seu. Sulpitio. De Flau. Vopisco. De S. Rufo. De Aelio Spartiano. De C. Iul. Caesare. De Tito Liuio. De Ael. Lampridio. De Plinio secundo. De Iulio Capitolino. De Treb. Pollione. De M. Val. Corn. Messala. De Paulo Orosio. De Volcatio Gallicano. De S. Iul. Frontino. De Jornande. De Q. Fabio Pictore. De L. Apuleio. De Iul. Exuperantio. De Iul. Caes. Bulengero. De Io. Annio Viterbiensi. De Io. Meursio. De Masuro Sabino. De C. Iul. Solino. De C. Fannio. De B. Platina. De Abbate Urspergensi. De Franc. Hottomanno. De Barn. Brissonio. De Io. Carione. De Onuph. Panuinio. De Io. Sleidano. De Io. Nauclero. De Io. Politiano. De Io. Auentino. De M. A. Coccio Sabellico. De Ant. Bonfinio.

Decades tres epistolarum ad D. G. Mollerum missarum a Cel. Viris, inprimis a D. P. I. Spenero. Altd. 1711 und 1712. in 12.

Im Mspt. hinterließ er verschiedene Disputationen, Gedichte, darunter Versus de insigniis familiarum Patriciarum Norimbergensium u. s. w.

Man sehe: Memoriam Mollerianam, welche bestehet: 1) aus der Leichpredigt von Dr. Sonntag und dem Teutschen Lebenslauf des Verst. 2) Aus der Abdankungsrede. 3) Aus dem akademischen Leich-Programma, woran sein Schriften-Verzeichniß befindlich ist. 4) Aus der solennen Rede, welche der Prof. Joh. Dav. Köhler auf ihn gehalten hat. 5) Aus sehr vielen fremden und einheimischen Epicedien und Leichgedichten. 6) Aus dem Denkmal von seiner Gemahlin und seiner Grabschrift. — Czwittinger hat in spec. Hungariae liter. sein Leben beschrieben, und *Alexius Horany* in Memoria Hungarorum P. II. p. 628 — 646. — Wills Nürnb. Gel. Lex. 2. Th. S. 640 — 649.

Moller, Johann, ein um die Geschichte der Gelehrsamkeit verdienter Schulmann, geboren den 27. Febr. 1661 zu Flensburg im Herzogthum Schleswig. Er studirte zu Kiel und Leipzig, und legte sich besonders auf die Geschichte; wurde 1685 Lehrer in der untersten Classe, 1690 Conrector, und 1701 Rector am Gymnasio zu Flensburg, wo er am 20. Oct. 1725 starb. Er machte sich um die Schule seiner Vaterstadt bestens verdient, und erwarb sich besonders durch seine Schriften, welche vorzüglich die Geschichte und Litteratur der Herzogthümer Schleswig und Holstein vortreflich erläutern und in ein helleres Licht setzen, große und ausgebreitete Verdienste. Sein Hauptwerk: Cim-

bria literata, konnte bei seinem Leben keinen Verleger finden, mit
so vieler Begierde auch die Gelehrten der Erscheinung dieses
höchst schatzbaren Werkes entgegen gesehen haben. Schon im J.
1687 hat er Cimbriae literariae prodromum, und im J.
1691 ejusdem Ἀποσπαμάτιον, herausgegeben, welche zwei vorläufi-
ge Proben dieses Werks nicht nur selbst von den Gelehrten wohl
aufgenommen wurden, sondern auch ein allgemeines Verlangen
nach dem Werke selbst erweckten. Moller beschäftigte sich damit
40 Jahre, und hatte alle zu dieser mühsamen Arbeit erforderliche
Geschicklichkeit und Hülfsmittel. Er theilte sein Werk in 3 Theile.
Im ersten werden nach alphabetischer Ordnung 2184 Lebensbeschreibungen Cimbriae indigenarum Eruditorum geliefert. Der
doppelte Anhang zum ersten Theil enthält noch 222 dergleichen
Lebensbeschreibungen, die vergessen worden waren, und ergänzet
diejenigen, welche schon darinnen stehen. Im andern Theil werden die auswärtigen Gelehrten, an der Zahl 966, durchgegan-
gen, und zwar solche, welche in diesen Gegenden in öffentlichen
Aemtern gestanden sind, oder sich sonst eine lange Zeit daselbst
aufgehalten haben; in dem Anhang werden noch 58 solche Lebensbeschreibungen nachgeholt, und die vorhin ertheilten vollständiger gemacht. Im dritten stehen sehr ausführliche Lebensbeschreibungen von Schleswigischen und Holsteinischen Gelehrten beider
Art, nämlich einheimischen und ausländischen, die daselbst gelebt haben, von welchen so viel merkwürdiges beizubringen war,
daß ihre Leben unter die kurzgefaßten Nachrichten von weniger
bekannten Personen, die in den beiden ersten Theilen enthalten
sind, nicht füglich zu bringen waren.

Diese Lebensbeschreibungen sind nun, nach der Sitte damaliger Zeit, auch in Kleinigkeiten sehr accurat, und zeigen uns
nicht nur die gedruckten Schriften jedes Mannes an, sondern
auch seine nachgelassenen Handschriften und deren Schicksale.
Moller starb, ohne den Abdruck dieses ansehnlichen Werkes erlebt zu haben, hinterließ aber das sehr leserlich geschriebene und
ausgearbeitete Manuscript des ganzen Werks, das aus 760 enge
geschriebenen Quartbogen bestand. Die Erben boten es lange
feil, bis es endlich 19 Jahre nach des Verf. Tod, durch die
Freygebigkeit Joh. Ludw. von Holstein's, doch noch gedruckt
erschien. Es führt die Aufschrift:

 Io. Molleri Cimbria literata, sive Scriptorum Ducatus utriusque Slesvicensis et Holsatici, quibus et alii vicini quidam accen-
sentur, Historia literaria tripartita, etc. Opus magno quadragin-
ta annorum labore ac studio confectum, diuqu- desideratum,
Historiae literariae, ecclesiasticae et civilis, imo omnium disciplinarum, studiosis utilissimum, cum Praef. *Io. Grammii*, nec
non Indice necessario. Hafniae, 1744. Tom. III. in fol. Der
erste Theil enthält 8 Alphabet 4 Bogen; der zweite 11 Alphabet
8 Bogen, und der dritte 7 Alphabet 7 Bogen.

 Die Artikel sind alle in alphabetischer Ordnung eingerichtet,
und bei dem ersten Theil befindet sich eine wohlgeschriebene Vor-

rede von Gramm, darinnen er das Leben und die Verdienste Mollers mittheilt, hin und wieder allerhand Vorurtheile der meisten Gelehrten bescheiden widerlegt, und von S. 26 an, einige Fehler verbessert, die in dem Werke selbst vorkommen. Eine ehrenvolle Anzeige von diesem Werke machten die Acta Erudit. lat. vom J. 1745 Monat Juni S. 289 u. fg. Der Sohn des Verfassers, Glaus Heinr. Moller, zeigte nachher in Kehls Hamburg. Berichten von neuen gelehrten Sachen v. J. 1752. S. 544 an, daß er dem väterlichen Werke viele Supplemente beigeschrieben habe, die aber meines Wissens nicht in den Druck gekommen sind. Was manche an diesem Werke getadelt haben, ist, daß der Verfasser das Leben vieler Männer beschrieben habe, die für die Wissenschaften geringe Verdienste gehabt hatten, oder deren Andenken man überhaupt gar wohl hätte entbehren können. — Moller schrieb auch noch:

Isagoge ad historiam Chersonesi Cimbricae. Hamb. 1691. 8.

Homonymoscopia historico-philologico-critica, s. Schediasma de Scriptoribus homonymis. Hamb. 1697. in 8. Eine verbesserte und vermehrte Ausgabe nach dem väterlichen Handexemplar versprachen die Söhne in der herausgegebenen Lebensbeschreibung ihres Vaters Seite 39; sie erschien aber bis jetzt nicht.

Bibliotheca Septentrionis eruditi. Hamb. 1699. Voll. II. in 8. Der zweite Theil enthält *Molleri* introductio ad historiam Ducatuum Slesvicensis et Holsatici, die schon vorher zu Hamb. 1691 in 8. besonders herausgekommen war. Der Verleger schloß dieselbe mit an, damit er die übrigen Exemplare desto leichter verkaufen konnte.

Er gab auch den 2ten und 3ten Tom von Morhofs Polyhistor mit einer Vorrede heraus, die aber dem ersten nicht beikommen.

Man sehe: De vita et scriptis *Ioan. Molleri*, Flensburg. Commentatio, edita cura *Bernhardi* et *Olai Henrici Mollerorum*, Iohannis filiorum. Slesvici, 1734. 10 Bogen in 4. — *Morhofii* Polyhist. Tom. I. p. 206. — Hist. Bibl. Fabr. P. V. p. 471. seq.

Das Handexemplar von der Cimbria literata, welches der Sohn, Ol. Gerh. Moller, besaß, befindet sich in der königl. Bibliothek zu Kopenhagen; und Hr. Kordes zu Kiel besitzt ein Manuscript von dem erstgedachten Sohn, welches er aus seinem Nachlaß unter dem Titel erhielt: Index alphabeticus Cimbrorum, quorum nulla in *Molleri* Cimbria literata fit mentio.

Mollerin, Helena Sybilla, ein sehr christliches und gelehrtes Frauenzimmer, die Gattin des vorhergehenden Dan. Wilh. Mollers, war geboren zu Altdorf am 16. Jun. 1669. Ihr Vater war der berühmte Professor zu Altdorf, Dr. Joh. Christoph Wagenseil. Sie lernte unter väterlicher Anweisung sowohl die lateinischen als griechischen Schriftsteller verstehen, und besaß nicht nur eine außerordentliche Fertigkeit in der hebräischen, italienischen und französischen Sprache, sondern auch eine besondere Einsicht in die philosophischen und andern Wissenschaften. Sie machte auch einen netten lateinischen Vers, las den Homer, unterhielt einen gelehrten Briefwechsel, wurde von Fremden mit vieler Achtung besucht und gesprochen, und von freien Stücken als Mitglied in die berühmte Academiam Recuperatorum zu Padua aufgenommen. Bei allem dem versäumte sie nicht die einem Frauenzimmer so nöthigen und anständigen ökonomischen Verrichtungen.

Im Oct. 1692 hatte sie sich an den Professor Moller in Altdorf verheurathet, welches eheliche Band 19 Jahre gedauert hat, und 1712 durch den Tod aufgelöset wurde. Sie zeugete aber keine Kinder mit ihm, und starb, da sie 23 Jahre im Wittwenstand gelebt hatte, erst am 29. Sept. 1735. In die Stammbücher pflegte sie aus dem Homer zu schreiben: ἔχει Θεὸς ἔκδικον ὄμμα. In Schelhorn amcen. litt. Tom. V. p. 197 steht ein Brief an sie von Almelooven, auf den sie auch gedichtet hat. — s. ihr Leichenprogramm, und Will's gel. Lex. 2. B. S. 649.

de Molina, Caspar, Kardinal, geboren am 6. Januar 1679 zu Merida in der spanischen Provinz Estremadura. Er stammte aus einem alten adelichen Geschlechte her, das sonderlich in Kastilien seinen Sitz hat. Er trat frühzeitig in den Augustinerorden, und weil er ein fähiges Naturell besaß, gelangte er zu einer ziemlichen Erkenntniß der gelehrten und politischen Wissenschaften, wodurch er sich bei Hofe so bekannt machte, daß er das Bisthum Havana auf der Amerikanischen Insel Cuba erhielt, wohin er aber niemals kam. Dem Könige leistete er bei verschiedenen Gelegenheiten so nützliche Dienste, daß derselbe dadurch bewogen wurde, ihn 1730 zu dem Bisthum Barcellona in Katalonien zu befördern. 1733 ward er Generalkommissarius der Kruzada, kraft welcher Bedienung er die Oberaufsicht über die Einkünfte erhielt, die vermöge der päbstlichen Kreuzbulle von allen geistlichen Beneficien in ganz Spanien gehoben und zu Unterhaltung der Seemacht angewendet werden. 1735 ward er nicht nur Bischof zu Malaga, sondern auch Präsident des Raths von Kastilien. Er hatte in solcher Qualität sowohl an allen inländischen Staatssachen Theil, als er auch zu vielen auswärtigen Staatsgeschäften gezogen wurde; wie er denn unter andern an dem Vergleiche mit dem päbstlichen Hofe stark arbeiten half. Es fehlte ihm an seinem Ansehen nichts mehr, als die Kardinalswürde, die ihm endlich, ob sich gleich der Pabst lange weigerte, durch des Königs Nomination den 18. December 1737 zu Theile wurde. Es entstund sowohl bei Hofe, als unter seinen Anverwandten eine große Freude darüber, als die Nachricht davon im Jänner 1738 zu Madrit anlangte. Der gesammte Augustinerorden nahm Antheil daran, weil ihm durch die Erhebung eines so vornehmen Mitglieds eine sonderbare Ehre wiederfuhr, daher die Augustiner an vielen Orten, und besonders zu Lissabon, große Freudensbezeugungen anstellten. Der Abt

Regis überbrachte ihm das Biret, welches ihm der König zu Madrit mit den gewöhnlichen Ceremonien aufsetzte. Als derselbe wieder zurück reisete, wurde er von dem neuen Kardinale reichlich beschenkt. Nach der Zeit haben auch der Pabst und dessen Nepoten und Anverwandte viele kostbare Präsente von ihm empfangen, die von den herrlichen Umständen, darinnen sich dieser Prälate befunden, ein Zeugniß ablegen. 1738 hieß es zwar, er hätte die höchstansehnliche Bedienung eines Präsidenten des Raths von Indien niedergelegt, es ist aber diese Nachricht falsch gewesen. 1740 wurde er nach dem Tode Pabst Klemens XII zum erstenmale zum Konklave eingeladen; er ist aber in solchem nicht erschienen, sondern hat willig geschehen lassen, daß ohne sein Zuthun den 17. August der Kardinal Lambertini Pabst wurde, der den Namen Benedikt XIV. angenommen hat. Ein mehrers von seinen Lebensumständen kann man in Ermangelung der Nachrichten nicht berichten. Von seinen Eigenschaften konnte man in Betrachtung der hohen Bedienungen, die er bekleidete, viel Großes hoffen. Uebrigens wurde er doch des Ehr- und Geldgeizes beschuldiget. Er starb am 30. August 1744 an einem Schlagflusse, im 65sten Jahre seines Alters, und 7ten Jahre der Kardinalswürde. S. Lebensgeschichte aller Kardinäle, Th. 2. S. 440 u. f.

Molino, Johannes, Kardinal. Er war aus einem edlen Venetianischen Geschlechte entsprossen, und hatte den 16. April 1705 zu Venedig das Licht der Welt erblickt. Er wurde von seinen Eltern zum geistlichen Stande bestimmt, und daher in der Gottesgelahrheit und in den kanonischen Rechten von Jugend auf fleißig unterrichtet. Die erste Stufe seines Glücks war die Beförderung zu einer Stelle in dem Tribunal der Rota zu Rom. Es sitzen 12 Prälaten in diesem Rechtscollegio, unter denen die Republik Venedig einen von ihrer Nation hat, den sie selbst ernennet. Da nun Carl. Rezzonico den 20. December 1737 die Kardinalswürde bekam, hatte Molino das Glück, an dessen Stelle von der Republik zum Auditor ernennet zu werden. Dieses Amt bekleidete er über 17 Jahre, bis er 1755 das wichtige Bisthum zu Brescia erhielt, das durch den Tod des Kardinals Quirini erlediget wurde. Er hatte kaum von diesem Bisthum Besitz genommen, als ihn die Republik bei dem Pabste zur Kardinalswürde vorschlug, die er auch den 23. November 1761 empfieng, als Klemens XIII vor die Kronen eine Promotion anstellte. Er hielt sich eben damals zu Venedig auf, daher ihm der Prälat Rivaldi das Biret dahin überbrachte. Im Jahr 1768 gerieth er mit dem Senat zu Venedig in eine große Mishelligkeit. Es hatte derselbe den 9. September ein weitläuftiges Dekret in Ansehung der geistlichen Orden in dem Gebiete der Republik herausgegeben, durch welches alle Ordensleute der Gerichtsbarkeit ihrer Generale, ja des Pabsts selbst, entzogen und den ordentlichen Bischöffen untergeben wurden. Wider dieses Dekret ließ der Pabst nicht nur ein Ermahnungsschreiben an den Senat, sondern auch ein Cirkularschreiben an die Bischöffe ergehen, von welchen keines aber die erwünschte Wirkung that; vielmehr verlangte der Senat sehr ernstlich von den Bischöffen, die Klöster ihrer Diöcesen zu visitiren. Es erzeigte sich aber keiner hierinnen demselben widerspenstiger, als der Kardinal Molino, Bischof zu Brescia. Er wurde deshalben im December nach Venedig berufen, um sich bei dem Senat zu verantworten, weil er dem Dekrete der Republik vom 7. September nicht Folge geleistet. Allein anstatt zu gehorchen, begab er sich nach Mantua, und von da nach Ferrara, um allda, wie es schien, seinen Aufenthalt zu nehmen. Man sahe diesen Schritt für sehr übereilt an, weil man ihn nicht nur für einen Aufrührer erklärte, sondern auch alle seine weltlichen Güter und Beneficien einzog. Allein er ließ sich dadurch nicht bewegen nachzugeben, sondern hofte von dem Pabste auf andere Art mit zulänglichen Präbenden versehen zu werden. Ehe er aber nach Rom kam, starb Clemens XIII. Hierauf wurde ein Conclave veranstaltet, in welchem er am 7. April anlangte. Er schlug sich zu keiner Parthey und gab bald diesem bald jenem Kardinal seine Stimme. Endlich trat er den Freunden des Ganganelli bei, der den 19. May zum Pabst gewählt wurde und den Namen Clemens XIV. annahm. Dieser söhnte ihn auch mit der Republik Venedig aus, da er die Irrungen, die seinetwegen entstanden, dadurch beilegte, daß er ihm als Apostolischem Legaten über die Ordensgeistlichen seiner Diöces eben die Macht ertheilte, welche der Senat sich vorher in seinem Dekrete zugeeignet hatte. Er sollte nämlich die Klöster visitiren und damit bei den Minoriten, des neuen Pabsts Ordensbrüdern, den Anfang machen. Allein der Senat von Venedig bestand darauf, daß der Kardinal die Visitation der Klöster nicht als Apostolischer Legat, sondern Kraft des Dekrets des Senats verrichten sollte. Man verbot ihm daher, nicht eher wieder Besitz von seinem Bisthum zu nehmen, als bis er vorher durch ein offenes Pastoralschreiben den Ordensgeistlichen in seiner Diöces die Visitation angekündiget hatte. Der Kardinal befahl hierauf mit Einwilligung des Pabstes seinem Generalvicarius, den Ordensgeistlichen gedachte Visitation zwar anzukündigen, aber dabei nicht zu gedenken, auf wessen Befehl, ob auf Päbstlichen oder des Senats seinen solches geschehe. Hierdurch wurde die Zwistigkeit beigelegt, worauf der Kardinal von dem Senate die Erlaubniß bekam sich wieder in sein Bisthum zu begeben, wo auch alle seine in Beschlag genommenen Einkünfte wieder frei gemacht wurden. Von dieser Zeit hielt er sich beständig zu Brescia auf und wartete seine geistlichen Verrichtungen bis an sein Ende ab, welches am 12. März 1773 erfolgte. S. Leben der Kardinäle. Th. 4. S. 191 u. 361.

Molwitz, Nicolaus, ein sehr geschickter Mechanikus, hat in Berlin, sonderlich beim Schloßbau, verschiedene sinnreiche

Maschinen angegeben. Er gieng 1714 nach dem Harz, wo er die Wassermaschinen in den dasigen Bergwerken sehr verbesserte. 1724 hielt er sich in Kassel auf, und gab daselbst einen Tractat heraus, worin er besonders seine Erfindung zwei wichtiger Maschinen kund that, nämlich: 1) Einer Uhr, die niemals ungleich gehen kann, zum Behuf der Bestimmung der Länge (wie sie nachher Harrison in England erfunden hat). 2) Die Verbesserung der Wasserkünste, durch eine ganz neue Art von Maschinen, das hydraulische Herz genannt.

P. **Monamy**, ein guter Seestückmaler, war auf der Insel Jersey geboren, und starb 1749 zu London.

Monari, Christoph, ein sehr geschickter Maler, der sich im Anfang dieses Jahrhunderts auszeichnete, und zu Reggio di Modena geboren war. Er glich in Darstellung lebloser Gegenstände, z. B. Gefäßen von mancherlei Stoffen, musikalischer Instrumente, u. s. w. vollkommen den Niederländern, welche bekanntlich in diesem Fach viel gethan haben.

Moncigny, Haushofmeister des Herzogs von Orleans zu Paris, ein würdiger und mit Recht beliebter Opernkomponist; arbeitete zu gleicher Zeit mit Philidor, Duni und Gretry für das Pariser Theater. Er ist sehr sorgfältig in dem, was den Ausdruck befördert, als die Wahl der Instrumente und die fleißige Bearbeitung des Akkompagnements. Hierin scheint er es allen italienischen Komponisten zuvorzuthun. Doch pflegte ihn auch dann und wann sein Fleiß in der Ausarbeitung bisarre und langweilig zu machen.

Unter seinen Opern wird 1) der Deserteur von 1769 für sein Meisterstück gehalten. Die übrigen sind. 2) Aline, Reine de Golconde, 1766, welche den ganzen Sommer dieses Jahres hindurch zu Paris ist aufgeführet worden. 3) le Roi et le fermier, 1762. 4) On ne s'avise jamais de tout, 1768. 5) le Cadi dupé, 1761. 6) La belle Arsene, 1775. 7) Felix ou l'Enfant trouvé, 1777 und 8) Rose e Colas 1764, von welcher letztern 1787 ein Klavierauszug mit Teutschem und Französischem Texte zu Berlin ist gedruckt worden. Alle aber sind zu Paris in Partitur gestochen. Sie werden auch sämmtlich außer der ernsthaften Oper Aline No. 2. auf Teutschen Theatern in der Uebersetzung gegeben. Er hat auch noch folgende Opern gesetzt: les Aveux indiscrets 1759; le Maitre en droit 1760: Isle sonnante 1768. Le Faucon 1771, und le Rendez-vous bien employé 1776. S. Gerbers Lex. der Tonk. I. Th.

Moncrif, Franz Augustin Paradis von, Secretär des Grafen von Clermont, Vorleser der Königin, einer von den Vierzigen der Französischen Akademie, und Mitglied der Akademien zu Nancy und Berlin, geboren zu Paris 1687, erwarb sich durch seine Liebenswürdigkeit, die Freundschaft der Hohen und Niedern. Außer sanften, leichten und angenehmen Liedern und Romanzen schrieb er auch ein Buch über die Nothwendigkeit und Mittel zu gefallen, das oft aufgelegt wurde. Auch einen kleinen angenehmen Roman: Les Ames rivales und mehrere Theaterstücke hat man von ihm. Im Jahr 1761 wurden seine Werke in 4 Theilen gesammlet. Er starb den 13. Nov. 1770.

Mondonville, Jean Joseph Cassanea de, königlicher Kapellmeister zu Paris, ein berühmter Komponist sowohl für die Kirche als für das ernsthafte Theater, und zugleich Virtuose auf der Violine, geboren zu Narbonne in Languedoc am 24 Dec. 1711; kam in seiner Jugend, nach verschiedenen Reisen, nach Lille in Flandern, und übernahm daselbst eine Zeitlang die Direction des Concerts. Er gieng darauf nach Paris, und erregte daselbst durch sein vortrefliches Spiel auf der Violine die allgemeine Bewunderung. Man schreibt ihm auch die Erfindung der sogenannten sons harmoniques oder sons de flageolet auf der Violine zu. Und selbst Rousseau bewundert in seinem Dictionair desselben Geschicklichkeit hierinne.

Er gab hierauf 2 Bücher Violinsolos, 1 Buch Violintrios, und um 1750, 2 Bücher Klavierstücke heraus, um sich auch als Komponist zu zeigen. Endlich komponirte er auch Motetten, die so sehr gefielen, daß sie ihm die Stelle eines königlichen Maître de Musique zuwege brachten.

Darauf dirigirte er 1760 eine Zeitlang das Conzert spirituel zum Besten der Madame Royer, nach dem Tode ihres Mannes mit dem besten Erfolge. Und zugleich arbeitete er fleißig für das große Pariser Operntheater, wovon ihm jedes Stück neue Lorbeeren einbrachte.

Der einzige Theseus des Quinault, welchen er den 7ten November 1765 aufs Theater brachte, war so unglücklich, die Unzufriedenheit des Pariser Publikums zu erwecken; so, daß, ohnerachtet er zu Fontainebleau am Hofe mit Beifall aufgenommen worden war, er dennoch nach viermaliger Wiederholung vom Theater genommen, und statt desselben die alte hundertjährige Komposition des Lully gegeben werden mußte. So undankbar verfuhr das Publikum itzt mit einem Manne, der 20 Jahre früher, als die ..be Französische Musik durch die Italienischen Buffonisten und den Winkel der Königin fast vom Theater verdrängt wurde, ihre Ehre durch seine Oper, Titon et l'aurore, so fest wieder herstellete. Doch wurde er dafür 1768 durch eine jährliche Pension von 100 Pistolen entschädiget, welche ihm die beiden Verwalter der Oper, Trial und Leberton anwiesen. Seine Talente hatten ihn in Umstände versetzt, die ihm auf seinem Landhause zu Belleville ein geruhiges Alter genießen ließen. Er starb endlich daselbst am 8. Oct. 1772.

Seine Opern sind: 1) Isbé, 1742. 2) le Carneval du Parnasse, 1749. 3) Titon et l'aurore, 1753. 4) Daphnis et Alcimadure, 1754; beides Poeſie und Muſik von ihm. 5) les Fêtes de Paphos, 1758. 6) Pſyche. 7) Theſeus, 1765. Alle dieſe Opern haben zu ihrer Zeit großen Beifall erhalten, ſo wie man ihm in ſeinen Motetten und Oratorien den Vorzug vor ſeinem Vorgänger, dem la Lande, giebt. Im Jahr 1752 führte er in dem Conzert ſpirit. ein großes, aus Vocal= und Inſtrumentalſtimmen beſtehendes, Conzert von ſeiner Kompoſition auf, welches ſehr bewundert wurde. Die lateiniſchen Worte der Sänger gaben darin den Sinn und den Ausdruck der Inſtrumentalmuſik zu erkennen. S. Gerbers Lex. der Tonk. 1. Th.

Mongitore, Antonin, Domdechant zu Palermo, geboren den 1. May 1663, brachte ſeine Jugendjahre auf den blühendſten Schulen Ciciliens zu, und ſchrieb in der Folge ſeines Lebens gegen 50 Schriften, wovon die vornehmſten folgende ſind: Bibliotheca Sicula in 2 Foliobänden, Bullae, Privilegia et Inſtrumenta Panor. Metropol. Ecclefiae notis illuſtratae 1734. in fol. Oſſervazioni e Giunte alla Sicilia inventrice di D. Vincenzo Auria, in 4. Le Porta della Citta di Palermo al Preſente eſiſtenti, 1732. in 4. Diſcorſo Apologetico per la Fondazione della Chieſa di Palermo, in 4. Diſcorſo Iſtorico del titulo di Regno alla Sicilia conceſſo, in 4. Iſtoria del Moniſtero dé Sette Angeli, in 4. Apologia per la Patria di S. Silvia Palermitana, in 4. und La Sicilia Ricercata. Mongitore ſtarb den 6. Jun. 1743.

Monk, Mrs., ein gelehrtes Frauenzimmer, war eine Tochter des Lords Moleswerth, eines irrländiſchen Edelmanns, und eine Gemahlin Georg Monks, Esq. Die Natur hatte ſie mit ſo guten Fähigkeiten begabt, daß ſie die Lateiniſche, Italieniſche, und Spaniſche Sprache erlernte, und durch beſtändiges Leſen der beſten Schriftſteller in dieſen Sprachen, es in der Dichtkunſt ſo weit brachte, daß verſchiedene Stücke von ihr, der öffentlichen Bekanntmachung werth geachtet wurden. Ihr Vater gab dieſelben nicht lange nach ihrem Tode, zu London 1716, unter der Aufſchrift, heraus: Marinda Poems and Translations upon several occaſions. Sie enthalten: Ecclogues; the masque of the virtues againſt love, von Guarini; einige Ueberſetzungen aus dem Franzöſiſchen und Italieniſchen; Familiar epiſtels; Odes et Madrigals. Ihre Poeſie hat viel Feuer, Zärtlichkeit und Empfindung. ſ. Cibber Lives of the Poets etc. Vol. III. S. 201. seq.

De la Monnoye, Bernhard, (Moneta) Mitglied der Franzöſiſchen Akademie, Reviſor der Rechnungskammer zu Dijon, war in dieſer Stadt, am 15. Jun. 1641 geboren. Nachdem er hieſelbſt die ſchönen Wiſſenſchaften getrieben hatte, legte er ſich auf die Rechtsgelehrſamkeit, trieb ſie aber mit geringerem Fleiß, als die ſchönen Wiſſenſchaften, zu welchen er die ſtärkſte Neigung hatte. Ob er gleich durch ſeine vortreflichen Talente auch vor den Gerichtsschranken vielen Ruhm sich würde erworben und zu hohern Stellen empor geschwungen haben; so war er blos mit der Stelle eines Revisors bei der Rechnungskammer zu Dijon, die er im Jahr 1672 erhielt, zufrieden, weil ihm dieses Amt wenig Zeit raubte, und er also in seinem Umgang mit den Musen nur selten unterbrochen wurde. Immer hatte er sich auf die schöne Litteratur, und auf die Dichtkunst, auf Erlernung der Griechischen, Lateinischen, Italienischen und Spanischen Sprache und auf die Geschichtkunde gelegt, und war nicht nur ein guter Dichter, sondern auch ein scharfsinniger Kritiker. Seine Neugierde in Ansehung der Geschichte der Gelehrten und ihrer Schriften gieng so weit, daß er auch die geringsten Kleinigkeiten entdeckte. Seine Anmerkungen über die Menagiana, den Antibaillet über des Duverdier und de la Croix du Maine Französische Bibliotheken, über das entweder wahre oder untergeschobene Buch, de tribus impostoribus, über des Jacob Pelletier und Nic. Denisot Erzählungen, über den Pomponius Laetus, und verschiedene andere lesenswürdige Abhandlungen, sind die Früchte der gelehrten Untersuchungen, die er hierin angestellt hat, und lassen ihn für einen der sinnreichsten und geschicktesten Kunstrichter seiner Zeit gelten.

Noch ehe der Hr. de la Monnoye seine Geschicklichkeit an den Tag legte, hatte er sich schon durch verschiedene Poetische Schriften rühmlich bekannt gemacht; und seine Arbeiten wurden fast eben so oft gekrönt, als er mit um den Preiß stritte, welchen die Französische Akademie für die Poesie aussetzte. Als er 1671 zum erstenmal ausgetheilt wurde, war er der erste, welcher ihn davon trug; und in den Jahren 1675, 1677, 1683 und 1685 waren die Stücke, welche er übergab, eben so glücklich. Sein erstes Gedicht von dieser Art war über die Abschaffung des Duells, darauf folgten die Erziehung des Dauphins, die großen Thaten des Königs zum Besten der Religion, der Ruhm dieses Prinzen, der sich in seiner eigenen Sache verurtheilte, die Französische Akademie unter dem Schutz des Königs, eine Ode an den König über die Eroberung der Grafschaft Burgund, eine an den Dauphin, über die Einnahme von Philippsburg, eine Idylle über die Eroberung von Mons, eine Uebersetzung von drei Lateinischen Oden, davon die eine auf den Burgunderwein, die andere auf den Champagnerwein, und die dritte auf den Aepfelmost (cidre) ist. Dreyhundert auserlesene Sinngedichte des Martials und anderer, sowohl alter, als neuer Dichter in Französische Verse gebracht; eine Sammlung neuer Weihnachtslieder im Burgundischen Dialect, die man als Meisterstücke des Witzes angesehen hat; und eine große Anzahl Lateinischer und Griechischer Gedichte, denn der Hr. de la Monnoye besaß alle Schönheiten dieser drei verschiedenen Sprachen in gleich vollkommenem Grade.

Er war übrigens von einem lebhaften und aufgeräumten Naturell, und seine Munterkeit half ihm oft zu artigen Einfällen, die mit dem feinsten Salz gewürzt waren. Als der Poet Lainez, sein Freund, zu Dijon war, nahm er ihn Abends mit sich in ein Weinhaus, wo er, bei Wein und einer lustigen Gesellschaft, bis an den frühen Morgen sich aufhielt. Die Frau des la Monoye, die über das Außenbleiben ihres Mannes in Unruhe gerieth, suchte ihn so lang, bis sie auch in das Weinhaus kam. Lainez, der sie von weitem sahe, rief dem la Monnoye lachend zu: deine Frau kommt! La Monnoye, der sie noch nicht sahe, weil er ein schlecht Gesicht hatte, sagte zu ihm: Ach, mein Freund, das ist der erste gute Dienst, den mir mein Gesicht erweißt. —

Seine Poetische Ader strömte noch voll Feuer, als er schon ziemlich hoch bei Jahren war. Er starb am 15. October 1728 in dem neunzigsten Jahr seines Alters.

Seine vielen erhaltenen Preiße waren ein Glück zur Erhaltung seines Lebens. Denn als er sein Vermögen auf Leibrenten dahin gab, zahlte man ihm Papiergeld von dem berüchtigten Law, und im 80sten Jahr seines Lebens war er in Gefahr, zu darben, hätte er nicht seine Preißmünzen aufgeopfert, und Duc de Villeroi ihm großmuthig eine Pension gegeben! —

Von seinen Schriften bemerke ich:

Thyrsis, eine Ecloge. Ohne Druckort. 1663. in 4. und in 8.

Poësies françoises. à la Haye 1716 und 1724. in 8. Amst. 1726. 8. und

Nouvelles Poësies. Dijon, 1743. 8. Die Menagiana zu Paris 1715. in 8. zum drittenmal von de la Monnoye herausgegeben, bleiben, ob sie gleich nebenher viele Kleinigkeiten enthalten, doch für den Litterator eine sehr nutzbare Sammlung, aus der er sich vorzüglich reiche Bücherkunde sammeln kann. Die dem letzten Bande beigefügten drei Briefe, von dem Buch de tribus impostoribus; von der berüchtigten Schrift: le Moyen de parvenir, und über das verschrieene Lateinische Epigramm vom Hermaphroditen, die dem la Monnoye zugehören, werden ihm besonders behagen.

Remarques sur les Poggiana. à Paris 1722. in 8.

Remarques sur les Iugemens des Sçavans de Baillet. Amst. 1725. Voll. IV. in 4.

Nach seinem Tod wurden noch gedruckt: Observationes in Pauli Colomesi Biblioth. select. (Colomies Bibliotheque choisie) Paris. 1736. 8.

Anmerkungen über des Maittaire Annal. typograph. in der Bibl. britann. T. VII. p. 145.

Man sehe: Chaufepié nouv. Dict. Tom. III. — Papillon Bibliotheque des Auteurs de Bourgogne, Tom. II. p. 61—79.— Lamberts Gel. Gesch. 3. B. S. 270.

Monro, Alexander, ein gelehrter Arzt, geboren 1697 zu London, war Professor der Medicin zu Edinburg, und starb

1767. in einem Alter von 70 Jahren. Er ist in Teutschland besonders durch seine Anatomie bekannt, in welcher er die Knochenlehre vorzüglich genau behandelt hat. — Donald und Alexander Monro sind seine Söhne, beide gute Anatomiker und Schriftsteller. Den erstern kennt man in Teutschland durch seine Abhandlung von der Wassersucht und den Feldkrankheiten, den letztern aber durch die Abhandlung vom Saamen und von den Saamengefäßen, von den lymphatischen Gefäßen, und deren Ursprung aus dem Zellengewebe und aus andern guten Schriften. Mit Hewson führte er eine Fehde über die Entdeckung der lymphatischen Gefäße in den Schildkröten.

Von den Schriften des ältern Monro sind zu bemerken:

Anatomy of the bones and nerves etc. Edinb. 1726. 8. Teutsch von Krause: Knochen- und Nervenlehre. Leipz. 1761. 8.

Die Osteologie allein Französisch übersetzt von Sue. Paris 1759. 2. Bde. in fol. mit 31. Kupfertafeln.

Die Nevrologie allein, Lateinisch mit Coopmanns Commentar. 2te Ausg. Harlingen, 1763. 8.

Essay on comparative Anatomy. Ed. IIda Lond. 1775. 8. ohne Vorwissen des Verfassers gedruckt.

Viele Abhandlungen von ihm stehen in den Actis Edinburg.

Seine Werke Englisch von seinem Sohn, Alex. Monro edirt. Edinb. 1781. 4. Dabei sein Leben, welches auch verstümmelt ins Teutsche übersetzt wurde. Leipz. 1782. 8.

Man sehe: *Duncan* account of the Lite of Al. Monro sen. Edinb. 1780. 8.

Du Mont, Franz, ein Bildhauer von Paris, ward 1712 ein Mitglied der königlichen Akademie, bei welcher Gelegenheit er dieser Gesellschaft die Statue eines verwundeten und zu Boden geworfenen Riesen schenkte. In der Folge wurde er erster Bildhauer des Herzogs von Lothringen. Er verfertigte das Grabmal des Prinzen von Soubise, welches in der Dominicaner-Kirche zu Celle aufgerichtet wurde. Du Mont verlor dabei das Leben, als ihm ein bleierner Vorhang auf den Leib fiel. Dieses geschahe 1726 im 38sten Jahr seines Lebens.

Du Mont, Johann, genannt der Römer, ein Maler, arbeitete um 1750 zu Paris. — Ein Französischer Baumeister

Du Mont, ... Professor der königl. Akademie der Wissenschaften, radirte Pläne, Durchschnitte, Aufrisse, u. s. f. vieler antiken Tempel, so wie sie um 1750 in Italien noch zu sehen waren. Er gab auch 1765. eine Folge von Durchschnitten der St. Peterskirche auf 14 Blättern, und von ihren vornehmsten Theilen in 64 Blättern heraus. Man hat ferner von ihm eine Vergleichung der schönsten Schauspielsäle in Europa. s. Neu. hist. Handler. 2. Th.

Du Mont, Johann, Baron von Carels=Croon, wahrscheinlich ein geborner Franzos, war kaiserlicher königl. Rath und Historiograph, und starb 1727. Er hatte sich durch seine weitläufigen Reisen durch Frankreich, Italien, Teutschland u. s. w. nicht nur viele schätzbare Bekanntschaften, sondern auch einen Schatz von Kenntnissen erworben, die ihm nachher bei der Herausgabe seiner Schriften sehr zu statten kamen. Schon im J. 1694 gab er seine Reise nach dem Orient heraus: Nouveau. Voyage du Levant. à la Haye, 1694. gr. 12. davon eine Holländische Uebersetzung zu Utrecht, 1695. in 4. erschien; und bald darauf seine Reise durch Frankreich, Italien, Teutschland rc. unter dem Titel: Voyage en France, Italie, Allemagne, Malthe et Turquie. à la Haye, 1699. 12. in 4 Bänden. Einen weit dauerhaftern Ruhm erwarb er sich aber durch seinen Politischen Commentar über den Ryswicker Frieden: Mémoires politiques pour servir à la parfaite intelligence de la Paix de Ryswick par Mr. du Mont. à la Haye 1699. Tom. IV. in 12. und durch die Beschreibung der Treffen, welche Prinz Eugen geliefert hat: Batailles gagnées par le Prince Fr. Eugene de Savoye depeintes et gravées par Iean Huchtenburg, avec les Explications historiques par I. du Mont. à la Haye, 1725. gr. Fol.

Vorzüglich berühmt, und besonders im Staatsfach bekannt, wurde er durch sein großes Diplomatisches Werk, das jeder Bibliothek zur Zierde gereicht, durch sein grand corps universel diplomatique du droit des gens. Von einer Beschreibung desselben darf ich mich enthalten, wenn ich den vollständigen Titel dieses Werkes, der zugleich dessen Inhalt näher zu erkennen giebt, hieher setze:

Corps universel diplomatique du droit des Gens, contenant un recueil des traites d'alliance, de paix, de treve, de neutralité, de commerce, d'echange, de protection et de garantie, de toutes les conventions, transactions, pactes, concordats, et autres contracts, qui ont été faits en Europe, depuis le regne de l'Empereur Charlemagne jusques à présent, avec les Capitulations imperiales et royales, les Sentences arbitrales et souveraines dans les causes importantes, les Declarations de guerre, les Contrats de mariage des grands princes, leurs testaments, donations, renonciations et protestations; les investitures des grands fiefs; les Erections des grandes dignités, celles des grandes compagnies de commerce, et en general de tous les titres, sous quelque nom qu'on les designe, qui peuvent servir à fonder, établir ou justifier les droits et les interêts des princes et états de l'Europe; Le tout tiré et partie des archives de la trèsauguste maison d' *Autriche* et en partie de celles de quelques autres princes et états, comme auſſi des protocolles de quelques grands miniſtres, des manuscrits de la bibliotheque royale de Berlin, des meilleurs collections etc. ſur tout les actes de *Rymer* etc. par Mr. I. *du Mont cuier, conſeiller et hiſtoriographe du S. Maj. Imp. et Catholique* à Amſterd. 1726 — 1731. Tom. XIV. in Fol. Der Umfang dieſer Sammlung erſtreckt ſich zwar auf ganz Europa; doch machen die Teutſchen Begebenheiten den größten Theil aus. Einen Vorzug vor Lünigs Werken giebt dieſem die fortlaufende chronologiſche Ordnung. Denn des I. Bandes 1ſter Th. geht vom J. 800 bis 1313; der 2te Th. von 1314 — 1358. — des VIII. B. 1ſter Th. von 1701 — 1718. der 2te Th. von 1719 — 1731.

von Montargues, Peter, Königlich Preußiſcher Generalmajor und Chef des Ingenieurkorps, war zu Uzes in Languedoc 1660 geboren, und ſtudirte eben zu Genf, als ihn die Wiederrufung des Edikts von Nantes 1685 bewog, als Ingenieur in Brandenburgiſche Dienſte zu gehen. Er leiſtete in den Kriegen damaliger Zeit nützliche Dienſte, und überbrachte 1709 die Nachricht von dem Sieg bei Malplaquet nach Berlin, wofür er vom König einen Brillantring von 2000 Thalern an Werth, 2000 Dukaten, die Reiſekoſten und eine Brigadiersſtelle erhielt, welche er bis zum Utrechter Frieden in den Niederlanden begleitete. Im Jahr 1714 ſandte ihn Friedrich Wilhelm an König Carln XII nach Schweden, theils um dieſem Monarchen zu ſeiner Rückkunft aus Bender in ſeine Staaten Glück zu wünſchen, theils um denſelben zur Beſtätigung des Sequeſtrationsvertrags zu bewegen. Carl nahm ihn ſehr gnädig auf, zog ihn an ſeine Tafel, und ließ ihm ſogar die Feſtungswerke von Stralſund zeigen. Im Pommerſchen Feldzuge 1715 begleitete Montargues den König als Generalmajor und Chef des Ingenieurkorps, war bei der Einnahme von Stralſund, und half dem Könige von Dänemark Wismar erobern. Dieſer ließ ihm aus Erkenntlichkeit den Danebrogsorden überreichen, er nahm ihn aber nicht an, und erhielt dafür von ſeinem Monarchen den Orden de la Generoſité. Während des folgenden Friedens bereiſ'te er mehrmals die königlichen Feſtungen, erſtattete davon Bericht, und verfertigte gute Charten von den königlichen Provinzen. Im Jahr 1726. erhielt er den verlangten Abſchied, ging nach Cleve, und ſtarb zu Maſtricht 1733, wo er in der Franzöſiſchen Kirche begraben liegt. Siehe Pauli's Denkmale berühmter Feldherren, Seite 237. u. fg.

Graf von Montazet, königl. Franzöſiſcher General-Lieutenant, ſtarb am 17. Januar 1768 im 57ſten Jahr. Er hatte ſich in den Schlachten bei Hochkirch und Torgau, welchen er als Freiwilliger beigewohnt, ſo hervor gethan, daß ihm der König von Pohlen den weißen Adler-Orden ſchickte, und auf

Empfehlung der Kaiserin Maria Theresia von dem König von Frankreich zum Groscreuz des Ludwigs-Ordens ernennt wurde, welchen Orden ihm nicht allein die Kaiserin selbst einhändigte, sondern ihm auch ihr mit Brillanten besetztes Bildniß schenkte.

von Montbeillard, Philibert Gueneau, geboren zu Semür in Auxois 1720, starb zu Paris am 28. Nov. 1785. in einem Alter von 65 Jahren. Zum Ruhm dieses Mannes ists hinreichend zu sagen, daß er ein Freund Büffons war, und daß er in dessen Naturgeschichte der Vögel manche Artikel der Ornithologie ausarbeitete, die man für Büffons eigene Arbeit hielt, bis dieser selbst der Welt den wahren Verf. nannte. Bereits wandte er sich von den Vögeln zu den Insecten, um ihr Historiograph zu werden. Aber der Tod entriß ihn dieser Beschäftigung, bei der seine Gattin, eine Frau von vielen Kenntnissen, ihn unterstützte. Eine sonderbare Gewohnheit dieses Naturforschers war es, fast jeden Tag mit der Verfertigung eines Madrigals anzufangen; wie man von Kästner in Göttingen sagt: daß er seine Epigrammen während des Ankleidens mache. — In der neuen Ausgabe der Encyclopädie sind verschiedene Artikel von ihm ausgearbeitet, darunter auch der Artikel Etendue gehört. Auch zwei Discours, einer sur la peine de mort, und einer sur l'inoculation, rühren von ihm her.

Carl von Secondat, Baron von la Brede und Montesquieu oder Montesquiou, dieser große Philosoph, Geschichtschreiber und Rechtsgelehrte, trat am 18. Jan. 1698 auf dem Schloß la Brede, 3 Meilen von Bourdeaux, in diese Welt. Er war aus einer alten adelichen Familie in Guienne entsprossen. Sein Grosvater, Joh. von Secondat und Herr von Roques war Haushofmeister Heinrichs I. Königs von Navarra. Die Prinzessin Johanna von Navarra und Gemahlin Ant. von Bourbon, schenkte ihm, vermöge einer Acte vom 2. Oct. 1561 10000 Pfund, sich dafür die Herrschaft Montesquieu zu kaufen. Dieses Johannis Sohn, Jacob von Secondat war ordentlicher Kammerjunker bei Heinrich II. König von Navarra, welcher hernach unter dem Namen Heinrich IV. König von Frankreich wurde. Dieser Fürst erhob die Herrschaft Montesquieu zur Baronie, für die treuen Dienste, welche ihm diese Familie geleistet hatte. Der zweite Sohn dieses Jacobs, Johann Gaston, wurde Präsident à Mortier in dem Parlament von Guienne, und sein Sohn, Johann Baptista, folgte ihm in dieser Würde. Dieser hatte nur einen einzigen Sohn, und weil derselbe vor ihm, dem Vater, starb, so überließ er seine Güter und Bedienung seinem Neffen, unserm Carl von Secondat. Sein Vater Jac. von Secondat stand anfangs in Kriegsdiensten, verließ aber dieselben, um sich ganz der Erziehung seines Sohnes zu widmen.

Sehr früh legte sich unser Montesquieu mit allem Eifer auf die bürgerliche Rechtsgelehrsamkeit; und hatte schon in früher Jugend eine Schrift aufgesetzt, darin er beweisen wollte: daß die Abgötterei der Heiden keine ewige Bestrafung verdiene: allein er war zu vorsichtig, und unterdrückte solche. 1714 ward er Parlamentsrath, und 1716 Präsident à Mortier im Parlament von Guienne. Er eröfnete das Parlament 1725, und nahm sich auch des Flers der Akademie zu Bourdeaux, in die er seit dem J. 1716 getreten war, beständig mit vieler Aufmerksamkeit an. Allein sein obrigkeitliches Amt schränkte ihn zu sehr ein: er verkaufte es daher 1726. Im J. 1728 meldete er sich zu der durch den Tod des Hrn. De Sacy bei der Französischen Akademie erledigten Stelle. Die Lettres Persannes, welche er 1721 mit so großem Beifall herausgegeben hatte, gaben ihm dazu ein Recht. Allein die Vorsichtigkeit, womit diese berühmte Gesellschaft ihre Mitglieder wählte, stieß sich an einige Stellen gedachter Briefe, und der Kardinal Fleury schrieb an die Akademie, daß der König diese Wahl misbillige. Montesquieu erklärte sich darauf dahin, daß er sich niemals für den Verf. der Persischen Briefe ausgegeben habe, ob er es gleich auch niemals läugnen wolle. Diese Ausflucht machte der Marschall D'Etrees gültig; Fleury las die Briefe, fand sie mehr ergötzend als schädlich, und die Wahl hatte endlich ihren Fortgang.

Einige Monate darauf gieng er mit seinem vertrauten Freund, Mylord Waldgrave, englischem Gesandten am Wiener Hof, nach Wien, und besuchte dort den Prinzen Eugen sehr fleißig. Er durchreiste darauf Ungarn, wo er sich ein genaues Tagebuch hielt, um alles Merkwürdige aufzuzeichnen, und kam in der Folge nach Venedig, Turin und nach Rom. Hier unterhielt er eine vertraute Bekanntschaft mit dem Cardinal von Polignac, damaligem Französischen Gesandten, und mit dem Cardinal Corsini, welcher nachher unter dem Namen Clemens XII. den päbstlichen Stuhl bestieg. Nachdem er die Schweiz und Holland gesehen hatte, ward endlich England das Ziel seiner Reisen, wo er sich mit der dasigen Regierungsform bekannt zu machen suchte, und die vortreflichsten Materialien zu den großen Werken, welche er vorhatte, sammeln konnte.

Nach seiner Rückkunft nach Frankreich gieng er nach La Brede, um daselbst die Früchte seiner Reisen und seiner Güter zu genießen. Hier schrieb er die Considerations sur les causes de la Grandeur des Romains et de leur Decadence, welche 1733 ans Licht traten. Das Anhalten seiner Freunde, denen seine weitläufigen Einsichten bekannt waren, bewog ihn, an jenes unsterbliche Werk Hand zu legen, welches endlich im J. 1748 unter der Aufschrift: L'esprit des Loix, erschienen ist. Die beiden ersten Schriften sind gleichsam nur ein Anfang dieses letztern, und so wohl die Ordnung der Sachen, als das Genie des Verf. machten, daß Montesquieu stufenweiß gieng. In den Persischen Briefen mahlte er die Menschen in ihren Häusern, und auf ihren Reisen, ab. In den Betrachtungen über die Größe der Römer, stellte er die Menschen in den großen Ge-

sellschaften vor, woraus die Nationen entstehen, und wählte
darunter die allerberühmteste, die Römische. Es war noch die
allgemeine Beförderung der menschlichen Glückseligkeit durch die
Gesetze übrig, und von Montesquieu erschöpfte endlich den ganzen Umfang dieser weitläufigen und tiefsinnigen Materie, mit
einer Fähigkeit, welche von wenigen Philosophen gerühmt werden kann. Dem ohngeachtet mußte dieses vortrefliche Buch
viele, größtentheils ungerechte und unverschämte Beurtheilungen
über sich ergehen lassen. Ja ein Schriftsteller der damaligen
Zeiten soll sogar so weit gegangen seyn, daß er ein recht dickes
Werk, wider den Geist der Gesetze herausgeben wollte; da ihm
aber seine Freunde riethen, die Schrift seines Gegners erst noch
einmal durchzulesen; so soll er nach Befolgung dieses Raths eine
solche Ehrerbietung gegen dieselbe bekommen haben, daß er, die
für einen Schriftsteller schwere Verläugnung eingieng, seine Arbeit zu unterdrücken. Es haben auch verschiedene geschickte
Schriftsteller den von Montesquieu vertheidiget; er selbst hat
auch gleiches gethan, denn er gestand selbst ein, daß er der
Verf. der Défense de l'Esprit des Loix sey.

Die Akademie der Wissenschaften zu Berlin nahm ihn 1746
zu ihrem Mitglied an; welche Stelle ihm besonders sein Freund
von Maupertuis, welcher eben damals Präsident derselben geworden war, verschafte.

Schon dies ist dem Andenken eines Philosophen ehrwürdig,
unter dessen Bildniß man schreiben durfte: ich war ein Lehrer
der Könige. Noch verehrlicher wird er dadurch, daß er ein
eben so guter Mensch, als großer Schriftsteller war. Erst nach
seinem Tod wurde es bekannt, daß er einst den Vater einer armen Familie zu Marseille, der in die Sclaverei gerathen war,
um eine große Summe losgekauft hatte, ohne daß diese einmal
ihren Wohlthäter erfahren konnte. *) Aus den Lebensumständen und den Schriften des von Montesquieu ersieht man zur
Genüge seinen erhabenen Gemüthscharakter. Er war von
einem bescheidenen und freimüthigen Ansehen, in welchem das
Sanfte und das Erhabene vereiniget war; von guter Gestalt, denn
ob er gleich das eine Auge völlig verloren, und das andere nur
wenig brauchen konnte, so merkte man ihm doch solches nicht
sonderlich an. Man fand ihn immer einerlei, in einer beständigen Freundlichkeit. Er liebte die Einfalt, ohne Prunk, ohne
äußerlichen Stolz; war sparsam ohne Geiz, und sanftmüthig
gegen seine Beleidiger. Er brachte seine übrige Lebenszeit, theils
zu Bourdeaur, theils auf seinen Landgütern zu, und beschloß
sein rühmliches Leben am 10. Febr. 1755 an einem Entzündungs-

---

*) Chrestomathie zur Bildung des Herzens und Geschmacks für Jüng-
linge, (Leipz. 1777.) S. 41. Ohne Zweifel gab diese Erzählung
Gelegenheit zu dem schönen Schauspiel: Montesquieu, oder die
unbekannte Wohlthat; ein Schauspiel in drei Handlungen, für
die Mannheimer Nationalschaubühne (von W. H. Freyherrn von
Dalberg.) Mannh. 1787. gr. 8.

fieber, welches alle Theile gleich stark angriff. Verheurathet war von Montesquieu seit 1715 mit Mademoiselle Johanna von Lartigue, Tochter des Herrn Peter von Lartigue, Obristlieutenants des Regiments von Maulevrier. Er erhielt von ihr 2 Töchter und 1 Sohn; welcher letztere der in der Mathematik und Naturlehre berühmte Herr von Secondat ist, der an seines Vaters Stelle in die Akademie ist aufgenommen worden.

Seine Schriften sind:

Considérations sur les causes de la grandeur des Romains et de leur decadence. à Paris, 1734. 8.; à Amsterd. 1734. 8.; à Lausanne, 1741. 8.; à Amsterd. 1746. 8.; à Paris, 1748. 12. mai. Edition revue, corrigée et augmentée par l'auteur; à laquelle on a joint un Dialogue de Sylla et d'Eucrate. à Lausanne, 1748. 8.; à Paris, 1750. 12. mai.; à Lausanne, 1750. 8.; à Amsterd. et Leipz. 1759. 12. mai.; à Amsterdam 1760. Befindet sich auch in den verschiedenen Ausgaben seiner Werke. — Ins Englische übersetzt. London, 1734. 12. Italienisch. Vened. 1736. 8. Teutsch, von dem Freyherrn von Bielfeld übersetzt. Berlin, 1742. 8. Eine andere Uebersetzung eines Ungenannten erschien zu Altenburg, 1786. gr. 8. — Ein bekannter Litterator fällt folgendes Urtheil von dieser Schrift: Opusculum XXXIII. capitibus distinctum, sistit historiam romanam quasi in tabula, eleganter, ingeniose, docte et potenter picta. Plurimis, qui postea historiam romanam describere adgressi sunt, auctor viam rectam monstravit. Sed non omnibus datum, adire Corinthum!

Temple de Gnide. à la Haye, 1727. 8.

Lettres Persannes. 1721. 8. Nouvelle Edition, en II. Tomes. à Cologne, 1752. 8. Mit 12. Briefen vermehrt. Amst. 1760. 8. Deutsch: Persianische Briefe. Frankf. am Main, 1759. gr. 8. Russisch, von Anton Cantemier. — Sie sind angenehm und unterhaltend geschrieben; aber nicht nach dem gewöhnlichen Lehrsystem der Theologen.

De l'esprit des Loix, ou du rapport, que les Loix doivent avoir avec la Constitution de chaque Gouvernement, les Moeurs, le Climat, la Religion, le Commerce etc. à quoi l'Auteur a ajouté des recherches nouvelles sur les Loix romaines touchant les successions, sur les Loix françoises, et sur les Loix féodales. III. Tomes. Geneve, 1749. 8. und vermehrt und verbessert, II. Tom. Amst. 1749. 4. Nouvelle Edition, corrigée par l'Auteur, et augmentée d'une Table des Matieres, et d'une Carte geographique, pour servir à l'intelligence des articles qui concernent le Commerce. III. Tomes. à Geneve, 1750. 3 Bde. in 8. (s. neuen Bücherfaal der schön. Wissensch. 7. Band S. 479.) Leipz. 1753. 8. Nach Montesquieu Tod erschien 1758 eine neue und aus den Papieren des Verf. verbesserte Ausgabe, nach welcher mehrere andere Ausgaben nachher sind veranstaltet worden, z. B. III. Tom. à Amsterd. et Leipz. 1759. 12.; IV. Tomes, ebend. 1768. 12.; Amsterd. 1770. IV. Tom. in 12.; Nouv.

Edition, revue, corrigée, et considerablement augmentée. Tom. VIII. à Zweybrücken, 1784. 8. Befindet sich auch in allen Ausgaben seiner Werke, die öfters erschienen sind. Eine Englische Uebersetzung erschien 1750. in 2 Octav-Bänden. Eine deutsche, unter der Aufschrift: Des Herrn von Montesquieu Werk von Gesetzen, mit einer Vorrede von Abrah. Gotth. Kästner. 3 Bände. Altenb. 1753. 8. Eine bessere Uebersetzung, nach der neuesten und vermehrten Auflage aus dem Franz. übersetzt, und mit vielen Anmerkungen versehen, erschien zu Altenburg, 1782. in 4 Bänden in gr. 8. Die ungenannten Uebersetzer sind der Professor, K. Gottfr. Schreiter in Leipzig, gemeinschaftlich mit Aug. Wilh. Hauswald, in Dresden.

Eine Holländische, unter dem Titel: De Geest de Wetten door den Heere Baron de Montesquieu. Vit het Fransch vertaald door Mr. *Dirk Hoola van Nooten*, Raad in de Vroedschap, en Oud Scheepen de Stad Schoonhoven, Lid van het Provincial Utrechts Genootschap van Kunsten en Weetenschappen. Met wiisgeerige staatkundige aanmerkingen, zo van eenen Onbekenden, als van den Vertaaler. Te Amsterd. 1783 — 86. 4. Th. in 8. Es giebt zwar schon eine ältere Holländische Uebersetzung von des Montesquieu Werk über den Geist der Gesetze. Allein die gegenwärtige ganz neue soll wesentliche Vorzüge vor jener haben, theils in Ansehung des wichtigen Ausdrucks, der einen nicht bloß der Sprache, sondern auch der Sache kundigen Uebersetzer, der seinen Autor studirt hat, verräth, theils in Rücksicht der eigenen gründlichen Anmerkungen des van Nooten, welche außer denen der ersten Uebersetzung beigefügten Noten eines Ungenannten hier zuerst hinzu gekommen sind. s. Letter-Oefeningen, VI. D. No. 8 S. 331.

Bei der Erscheinung dieses Werks thürmten sich nun von allen Seiten Widersacher auf, welche die Grundsätze des Verf. verdächtig zu machen suchten. Die vorzüglichsten darunter mögen folgende seyn:

1) Die Ersten, welche den Geist der Gesetze sehr heftig angriffen, waren die Verf. des Franz. Journals: Nouvelles ecclesiastiques de France, v. J. 1749, welche Erinnerungen in dem Iourn. des Sçavans v. J. 1750 wiederholt sind. Montesquieu vertheidigte sich selbst dagegen in seiner Defense de l'Esprit des Loix, à la quelle on a joint quelques Eclaircissemens. Geneve, 1750. 8. welche Vertheidigung auch den neuern Ausgaben des Geists der Gesetze ist beigefügt worden. Da aber die Verf. jenes Journals im J. 1750 ihre Critik vertheidigt hatten, so erschien darauf: Suite de la defense de l'Esprit des Loix, ou Examen de la Replique du Gazetier ecclesiastique à la Defense de l'Esprit des Loix. à Berl. 1751. 8.

2) *Dupin* refutation du livre de l'Esprit des Loix en ce qui concernent le commerce et les finances. à Paris, 1749. To.

III. in 12. Soll nach Bougine Urtheil eines der wichtigsten Werke gegen Montesquieu Geist der Gesetze seyn.

3) Examen of the daugerous Principles contained in l'Esprit des Loix, 1750.

4) Enquiry into the Nature of the Roman Law so far as it has Connexion with the Constitution of their civil Governement: wherein is particularly Schewn, the grosf Blunder, the Author de l'Espfit des Loix has fallen into, on that Head. 1750.

5) Observations sur l'Esprit des Loix, par *M. de L. P.* Geneve, 1751. 8. Wieder aufgelegt, mit dem Anhang: l'Examen de toutes les Critiques, qui ont étés faites sur cet Ouvrage. Amst. 1751. II. Tom. in 8. Allein man gab dagegen heraus: Apologie de l'Esprit des Loix, ou Reponses aux Observations de *M. de L. P.* par *M. de R.* Amst. 1751. in 8.

6) *Io. Aug. Ernesti*, Profess. Lips. Progr. continens Animadversiones philologicas in librum Francicum de caussis legum. Lips. 1751. 4. Befindet sich auch in seinen Opusculis philologicis et criticis. Lugd. Batav. 1776. 8. p. 52 — 53.

7) Joh. Aug. Bachs Anmerkungen über das Buch de l'Esprit des Loix, in seiner unparth. Critik über juristische Schriften, 2. B. S. 233. 3. Bd. S. 427.

8) La source, la force et le veritable Esprit des Loix, Essais du Comte *I. de Cataneo*. à Berlin et Potsdam, 1752. 8. und in der Ausgabe seiner Werke, welche zu Berlin 1756. in 5 Octav-Bänden erschienen ist.

9) L'Esprit des Loix quintessentié par une suite de lettres analytiques. à Paris, 1753. 8.

10) *Anselmi Desingii* praeiudicia reprehensa praeiudicio maiore. Pedep. 1752. 4.

11) *Eiusd.* Disquisitio: Spiritus legum bellus an et solidus? ibid. 1753. 4.

12) Joh. Heinr. Gottl. v. Justi in seinem Buch: die Natur und das Wesen der Staaten. Berl. u. Leipz. 1760. gr. 8. In seinem Vorbericht schreibt von Justi: „Ich habe allemal den Esprit des Loix des Herrn von Montesquieu vor dasjenige, was er in der That ist, nämlich vor ein sehr vortresliches Werk gehalten. Allein ich habe auch allemal dabei bedauert, daß dieser berühmte Mann bei Verfertigung seines Werkes das wahre Wesen und die Natur der Staaten nicht dergestalt zum Grund gelegt hat, als es ein Werk von dieser Art nothwendig erforderte. Dadurch ist es geschehen, daß sein Werk von den Gesetzen gleich in den ersten Quellen unrichtig geworden ist, welches ihn dann in der Folge natürlicher Weise zu vielen falschen Sätzen und Schlüssen hat verleiten müssen. Dieses ist auch in der That geschehen, wie ich meines Erachtens in dem gegenwärtigen Werk mit vollkommener Ueberzeugung erwiesen habe. Unterdessen erlangen diese Sätze vermöge des Ansehens ihres Urhebers und ihrer Neuigkeit einen Werth in der Welt: und sie fan-

gen schon an als bekannte und ungezweifelte Wahrheiten ange-
führet zu werden. Ich habe also nicht länger verschieben wollen, mein Werk bekannt zu machen: und ich glaube zum Dienst
der Wahrheit und der Wissenschaften zu arbeiten, wenn ich etwas beitragen kann, den Lauf verschiedener Irrthümer zu hemmen, deren Nachtheil Wahrheitsliebenden und einsehenden Lesern aus dem gegenwärtigen Werk überzeugend in die Augen fallen wird. Unterdessen muß man nicht glauben, daß ich den
Hry. von Montesquieu in diesem Buch allenthalben table und
zu widerlegen suche. Nein! Man würde mich mit Recht ver-
ächtlicher Leidenschaften und Vorurtheile beschuldigen können,
wenn ich die wirklichen Schönheiten und Vorzüge verkennete,
die sein Buch in der That an sich hat. Ich führe daher in dem
gegenwärtigen Werk vielleicht eben so viel von seinen Sätzen zu
Bestärkung der meinigen an, als ich hier widerlege: und man
wird diesen schönen Geist vielleicht eben so oft gelobt finden,
als ich Ursach gehabt habe, ihn zu tadeln. „Ohngeachtet aller
Fehler, werde ich den Esprit des Loix allemal vor eines der
schätzbarsten Bücher halten, die ich kenne."

13) Observations sur le livre de l'Esprit des Loix, par
Crevier. à Paris, 1764. 12.

Als Einleitung beim Lesen und Studieren dieses Montesq.
Werks dienen folgende Schriften:

1) Analyse raisonnée de l'Esprit des Loix de *Montesquieu*
par *Pecquet*. à Paris, 1758. 12.

2) Analyse de l'Esprit des Loix, par M. *d'Alembert*, steht
vor den neuern Ausgaben des M. l'esprit des Loix.

Ferner: (von Strube) einige Betrachtungen über Mon-
tesquieu Esprit des Loix, im Hannöv. Magazin v. J. 1754.
S. 1159 — 1190. Es ist eine Vertheidigung desselben gegen
Holberg, u. a.

Wir haben ein anonymisch geschriebenes Buch, betitelt:
Der wahre Geist der Gesetze. Frankf. am Mayn, 1767. gr.
8. Der Titel dieses Werks hat eine Beziehung auf den berühmten Geist der Gesetze des Montesquieu. Der Verf. hat aber
keineswegs diesen scharfsinnigen Schriftsteller widerlegen wollen,
sondern er hat sich nur bemüht, in der Erforschung des Geistes
der Gesetze zu höhern und allgemeinern Ursachen hinauf zu stei-
gen, als Montesquieu gethan hat. Ich würde also diese Schrift
lieber: Den allgemeinen Geist der Gesetze, genannt haben.
Denn freilich müssen die von dem Verf. angeführten Betrachtungen bei allen Gesetzen zum Grund liegen, sie schließen doch
aber die übrigen, die von besondern natürlichen und moralischen
Ursachen, als Himmels-Gegend, Herkommen, ꝛc. genommen
sind, nicht gänzlich aus. Das Buch selbst ist mit Gründlichkeit und philosophischem Scharfsinn geschrieben. Man weiß nunmehr zuverläßig, daß der Freyherr von Creutz der wirkliche
Verfasser von dem wahren Geist der Gesetze ist; der Abbé Du-
lac in Paris hingegen die Französische Uebersetzung davon

unter dem Titel: Esprit de la legislation, veranstaltet hat.

Die gesammten Werke des von Montesquieu erschienen in mehreren Auflagen. Nämlich: Amst. et Lipf. 1759. VI. Tom. in 12.; ibid. 1761. VI. Tom. in 12.; ibid. 1764. VII. Tom. in 12.; Lond. 1767. III. Tom. in 4. (nach Saxii Onomast. lit. P. VI. pag. 339. die vollständigste Ausgabe); Amst. et Lipf. 1769. VII. Tom. in 12.; Lond. 1771. III. Tom. in gr. 8.; Amst. 1773 VII. Tom. in 12.; Nouv. Edition, revue, corrigée et confiderablement augmentée. Tom. VIII. à Zweybrücken 1784. 8. *); Nouv. Edition, plus correcte et plus complette, que toutes les precedentes. V. Voll. à Paris 1788. 8. f. Journ. de Paris 1788. N. 195. S. 851.; à Paris, (Breslau bei Korn) 1796. gr. 8. — Oeuvres completes de *Montesquieu*, fur Papier velin, ou plufieurs Volumes in 4. avec 14. gravures. Von dieser prächtigen Ausgabe der Werke Montesquieus, zu welcher die Familie desselben mehrere bisher noch ungedruckte Arbeiten des großen Mannes geliefert hat, ist der erste Band zu Basel bei dem Buchhändler J. Decker im J. 1796 erschienen, und kostet 55 Livr. oder 25 fl. 12 Kr.

Oeuvres posthumes. à Londres, 1783. 10 Bog. in gr. Duodez. à Laufanne, 1784. gr. 8. Sie enthalten nur 4 Aufsätze. Davon besitzen wir eine Teutsche Uebersetzung: Nachgelassene Werke des Hrn. von M. Liegnitz und Leipz. 1785. 8. Es sind der Aufsätze drei: 1) Arfazes und Ismenie, eine reizende morgenländische Erzählung voll Verwickelung, die sehr angenehm erzählt, und auch gut übersetzt ist. 2) Betrachtungen über die Ursache des Vergnügens an Litteratur = und Kunstwerken. 3) Entwurf einer historischen Lobschrift auf den Marschall von Berwick. Einzelne Züge, nur hingeworfen! Der vierte Aufsatz im Original ist hier in der Teutschen Uebersetzung leider weggelassen worden. Es ist eine von dem Präsidenten von Montesquieu im Parlament zu Bourdeaux im J. 1725 gehaltene Rede von den vorzüglichsten Eigenschaften der Gerechtigkeit, als der wesentlichsten Tugend einer Magistratsperson, nämlich: Aufklärung, Geschwindigkeit, gemäßigte Strenge, und Allgemeinheit.

Einen schätzbaren Nachlaß von Montesquieu, bestehend in einigen Fragmenten über Gegenstände der schönen Litteratur, hat der Secretair des im März 1796 verstorbenen Hrn. von Secondat, einzigen Sohns Montesquieu's, aus den hinterlassenen Papieren seines Vaters gerettet. Hr. von Secondat, der, wie mehrere seiner Bekannten und Nachbarn, bei der Französischen

---

*) Die Zweibrücker Ausgabe ist ein sauberer und wohlfeiler Nachdruck der sämmtlichen Werke des Montesquieu, wie solche theils in der zu Amsterdam 1769 in 7 Bänden herausgekommenen Sammlung, theils in den zu Paris 1783 erschienenen Oeuvres posthumes enthalten sind, ohne weitere Zusätze, bei dem jedoch die zum l'Esprit des Loix gehörigen beiden Landcharten mangeln.

Revolutions - Comite's zu Bourdeaux verfolgt wurde, ließ damals alle in seinem Haus zu Bourdeaux befindlichen Familien-Papiere verbrennen. Zum Unglück befanden sich unter diesen die sämmtlichen Manuscripte seines Vaters, und fast alle Materialien, die ihm ehemals bei Ausarbeitung des Esprit des Loix gedient hatten, und wie man nicht ohne Grund vermuthet, mehrere Aufsätze über wichtige Gegenstände der Politik, mit deren Bearbeitung sich Montesquieu noch kurze Zeit vor seinem Ende beschäftigt hatte.

Die obigen geretteten geringen Ueberbleibsel wurden sorgfältig gesammelt, und erschienen 1798 zu Paris im Druck. Wer mit Montesquieu's edler und großer Seele, die aus seinen Schriften überall hervorleuchtet, bekannt ist, dem wird auch jeder Nachtrag zu seinen Werken, jeder kleinere, aus seiner Feder geflossene Aufsatz willkommen seyn. Eben diese Achtung erzeugte auch so gleich eine Teutsche Uebersetzung: Hinterlassene Schriften von Montesquieu, nach seinem Tode als ein Nachtrag zu seinen Werken herausgegeben. Uebersetzt von Elieser Gottl. Küster, General = Superintendenten zu Braunschweig. Altenb. 1798. 8. Die wichtigsten Abhandlungen darin sind: Abhandlung über die Staatsklugheit der Römer in Ansehung der Religion S. 3 — 32. Mehrere akademische Vorlesungen S. 33 — 87. — Beobachtungen über die Naturgeschichte S. 93 — 129. — Rede über die Beweggründe, die uns zu den Wissenschaften aufmuntern müssen S. 130 — 42. — Montesquieu's Bild von ihm selbst gezeichnet, S. 157 — 172. — Ueber die alten und neuen Schriftsteller (zwei Aufsätze), S. 173 — 182. — Mehrere Aufsätze vermischten Inhalts, S. 183 — 212. — Jetzt folgen vertrauliche Briefe an verschiedene Freunde S. 213 — 244. — Anekdoten, Kunstregeln, Gedichte, machen S. 245 — 270. den Beschluß der Montesquieu'schen Schriften, denen noch S. 308 — 310 ein Brief an den Abt Bertolini angehängt ist, von welchem S. 377 — 407 eine gründliche Zergliederung des Geistes der Gesetze geliefert wird, die in mehreren Hinsichten gelesen zu werden verdient. Hin und wieder hat der gelehrte Uebersetzer Sachen und Begriffe erklärende Noten anhängt.

The complete Works of M. *de Montesquieu*. Lond. 1777. IV. Voll. in 4. Eine vollständige Sammlung seiner Werke war noch nie in Englischer Sprache erschienen, daher kann diese Uebersetzung auch den Liebhabern einer gut gemeinten und gesunden Philosophie nicht anders als angenehm seyn. s. Month. Rev. Iun. 1778.

Sein erst erwähnter gelehrter Sohn, der auch Mitglied der königl. Akademien zu Berlin, London und Bourdeaux war, Hr. von Secondat, schrieb: Considerations sur le commerce et la navigation de la grande Bretagne, trad. de l'Anglois. 1750. 12. — Observations de physique et d'hist. naturelle. 1750. 12.

Von seinem Leben handeln: Sein Eloge etc. von Solignac, 1755. 4. — Sein Eloge etc. vom Hrn. von Maupertuis in Berlin, in der Histoire de l'Acad. des Sciences de l'an 1754. (à Berlin, 1756. 4.) in der historischen Classe No. 1. Auch besonders abgedruckt, Amsterd. 1756. 2 Bog. in 8. aber durch viele Druckfehler sehr verunstaltet. Dann findet sich auch diese Lebensbeschreibung im 3ten Theil von den Werken des von Maupertuis, und teutsch in dem Hamburg. Magazin, 16. B. 4. St. — J. M. Meiling's Leben und Schriften verstorbener, besonders auswärtiger Gelehrten ꝛc. (Berl. 1756. 8.) S. 119—126. — In dem mit dem sechsten Bande der Biographia Britannica, or the Lives of the most eminent persons, who have flourished in Great - Britain and Ireland (Lond. 1766. fol.) herausgegebenem Supplemente desselben. — Neu. gel. Europa, 11ter Th. S. 535 — 643. — De voornaamste Leevensbyzonderheden van *Charl. de Secondat* Baron *de Montesquieu*, stehen in algem. vaderlandsche Letter Oefeningen, V. Deel No. 1. Mengelwerk S. 22 — 34. (Amsterd. 1783. 8.) Maupertuis Lobrede ist dabei vorzüglich benützt. — Observations sur *Montesquieu* par Mr. *Lenglet*, Avocat en Parlement, de l'Academie d'Arras. à Lille... s. Iourn. encyclopedique, 1788. Septembr. Tom. VI. P. III. p. 393. — Vor allen Ausgaben von den Oeuvres par *Montesquieu*. — Sein Eloge in der Histoire des Membres de l'Academie françoise morts depuis 1700 jusqu'en 1771. par Mr. *d'Alembert*. (Amsterd. et Paris 1787. 8.) Tom. V. no. 15. Es ist ein Nachtrag zu der Eloge vor dem 5ten Bande der Encyclopädie, und dem 2. Bande der Melanges de Litterature par Mr. *d'Alembert.*

von Montfaucon, Bernhard, (Bernardus *Montefalco*, auch *Montefalconius*), eine der größten Zierden der Benedictiner- Congregation von St. Maur in Frankreich, Ehrenmitglied der Akademie der Inschriften und schönen Wissenschaften, und ein mit erstaunlichem Fleiße begabter, gelehrter und eines ewigen dankbaren Andenkens würdiger Historiker, Alterthumsforscher und Critiker, dessen Name schon Ruhm genug ist.

Sein Vater war Timoleon de Montfaucon, Erbherr von Roquetaillade und Couillac im Kirchensprengel von Aleth; und seine Mutter Flore de Maignan, Tochter des Barons D'Albieres. Er wurde am 13. Januar 1655 in dem Schloß Soulage in Languedoc geboren, wo sich seine Eltern gewisser Verrichtungen halber befanden, und in dem Schloß Roquetaillade erzogen. In seinem siebenten Jahr schickte man ihn ins Collegium der christlichen Lehre nach Limoux, wo er aber nicht lang blieb, worauf ihn sein Vater bei sich behielt, und ihn nebst seinen Brüdern unter einem Hauslehrmeister zum Studieren anführen ließ. Der junge Montfaucon war noch nicht 17 Jahre alt, als er schon die Lage von beinahe allen Ländern, und die Gebräuche und Sitten fast aller Nationen umständlich wußte.

Sein außerordentliches Gedächtniß setzte ihn in den Stand, mit eben der Leichtigkeit die Namen, die Zeitangaben und die Begebenheiten der Geschichte zu behalten, als davon zu sprechen.

Aus Begierde in die Fußstapfen seiner Vorfahren zu treten, welche ihrem Fürsten und ihrem Vaterlande mit den Waffen rühmlich gedient hatten, ergrif er sie ebenfalls, und wurde 1672 in dem Regimente Perpignan als Cadet angenommen. Der Tod seines Vaters, den er gegen das Ende eben dieses Jahres verlor, rief ihn nach Roquetaillade zurück; aber im folgenden Jahr nahm ihn der Marquis D'Hautepoul, sein naher Verwandter und Grenadier-Hauptmann beim Regiment von Languedoc, mit nach Teutschland, wo er 2 Jahre als Freiwilliger unter der Armee des Marschalls von Turenne diente. Weil aber die Gesundheit Montfaucons nicht mit seiner Herzhaftigkeit übereinstimmte, so wurde er zu Ende seines zweiten Feldzugs gefährlich krank; und der Marquis D'Hautepoul, der ihn nach Zabern bringen ließ, wurde in einem Handgemenge verwundet. Als Montfaucon von der Gefahr dieses seines Verwandten benachrichtigt wurde, besuchte er ihn sogleich, und dieser rieth ihn, weil er von Natur schwächlich sey, lieber heimzugehen, und eine andere Lebensart zu ergreifen. Er folgte diesem Rath; kaum war er aber zu Roquetaillade angelangt, so hatte er auch das Unglück, seine Mutter zu verlieren.

Die traurigen Betrachtungen, die er über dergleichen Ereignisse anstellte, und einige andere verdrüßliche Zufälle, erweckten in ihm eine Neigung zur Eingezogenheit; und da seine bisherige Lebensart seine Liebe zum Studieren noch nicht geschwächt hatte; so trat er im J. 1675 in die Congregation von St. Maur, und legte am 13. Mai des folgenden Jahres im Closter la Daurade zu Toulouse seine Gelübde ab. Bald darauf wurde er nach Soreze, in dem Kirchensprengel von Lavaur, geschickt, um daselbst den geistlichen Uebungen obzuliegen, welche die Verbesserung von St. Maur für die neuen Professen eingeführt hatte. Die Griechischen Bücher, die er in dieser Abtey antraf, flößten ihm Neigung ein, diese Sprache zu lernen, und er machte sich dieselbe bald bekannt. Aus der Abtey Soreze schickte man ihn in die von la Grasse, um Philosophie und Theologie zu studieren, ohne dabei die Erlernung des Griechischen, und das Lesen der Geschichtschreiber bei Seite zu setzen.

In dieser Abtey brachte Montfaucon 8 Jahre zu, las daselbst nach einander die Kirchenschriftsteller der vier ersten Jahrhunderte durch, sammelte sich den nöthigen Vorrath zur Verfertigung eines Corporis theologiae, historicae, und beschäftigte sich mit Verbesserung der Lateinischen Uebersetzungen einiger Griechischen Schriftsteller, davon er einen Theil seiner Arbeit dem Dom Claudius Martin zuschickte. Dieser Ordensmann, welcher damals Beisteher des Pater Generals war, fällte von diesen ersten Arbeiten Montfaucons ein günstiges Urtheil, und ließ ihm eine Stelle in der Abtey von Sainte Croix zu Bordeaux anweisen, wo ein schöner Büchervorrath war, bis er ihn die zu St. Germain des Pres nutzen lassen könnte. M. blieb aber nicht länger als ein Jahr zu Bordeaux. Man ließ ihn 1687 nach Paris kommen, um an den neuen Ausgaben von den Werken der beiden Kirchenväter, Athanasius und Johann Chrysostomus, zu arbeiten.

Indem man an der Herausgabe der Werke des heil. Athanasius arbeitete, lernte der P. Montfaucon Hebräisch, Chaldäisch, Syrisch und Samaritanisch, Coptisch, und ein wenig Arabisch. Da er seinen Obern die Nothwendigkeit vorstellte, die Bibliotheken Italiens zu benutzen, wo die Handschriften des Joh. Chrysostomus häufiger als anderswo anzutreffen sind; so wurde er auf seine Vorstellungen in den Stand gesetzt, eine Reise nach Rom anzutreten. Er reis'te mit seinem Ordensbruder, Paul Brioys im Mai 1698 ab, und hielt sich beinahe 3 Jahre lang in Italien auf. Sein längter Aufenthalt war in Rom; auch blieb er einige Zeit in Mayland, Modena, Venedig, Ravenna, Bologna, Florenz und Monte Cassino. Die Absicht seiner Italienischen Reise war also, sich mit den seltensten Griechischen Handschriften bekannt zu machen, um diejenigen neuen Ausgaben davon zu vervollkommnen, die er zu liefern gedachte. Dieser Fleiß beschäftigte ihn aber noch nicht ganz, sondern da er in der Kenntniß der Alterthümer eben so stark war, als in den gelehrten Sprachen; so wandte er einen Theil seiner Zeit auch dazu an. Man findet in der Nachricht, die er von seiner Reise gegeben hat, eine genaue Beschreibung sehr vieler alter Denkmale, nebst dem Verzeichniß einer großen Menge von Handschriften, welche der Gegenstand seiner Untersuchungen waren.

Sein Aufenthalt in Rom dauerte 2 Jahre, und so lang versah er auch das Amt eines Generalprocurators seines Ordens. Als Montfaucon nach Venedig kam, traf er den Cardinal D'Estrées an, der ihm eine Reise nach der Levante zu unternehmen rieth, um daselbst alte Handschriften aufzusuchen: allein der P. v. Montfaucon hielt es nicht für dienlich, den Absichten des Cardinals zu gehorchen. Diese schöne Gelegenheit kam aber nachher nicht wieder, und Montfaucon bereuete sie.

Bei seiner Zurückkunft nach Paris (1701) widmete er sich ganz dem Studiren, und hörte bis an seinen Tod nicht auf, die Kirche und die gelehrte Welt mit einer Menge von schönen Werken zu bereichern, darunter immer einige nützlicher sind, als die andern. Im J. 1719 verordnete der König, auf Anrathen des Herzogs von Orleans, Regenten des Königreichs, man solle ihn in die Classe der Ehrenmitglieder der königlichen Akademie der Inschriften und der freien Künste aufnehmen, obgleich keine Stelle damals erledigt war; welche rühmliche Wahl die gelehrten Abhandlungen des Montfaucon, mit welchen er nachher die Schriften dieser Akademie bereichert hat, vollkommen gerechtfertigt haben. Nach Paris kam kein Fremder, der nicht, wenn er auch nur ein wenig gelehrt war, den P. Montfaucon gesehen oder gesprochen hätte. Seine vielen Arbeiten machten ihn gar nicht sauer im Umgang. Denn gegen die vielen Fremden, die ihn besuchten, war er stets freundlich und gefällig, und frei von Gedanken, und in allen Briefen, die er häufig ins Ausland schrieb, freundschaftlich. Holberg rühmt daher in seinen Opusculis p. 161. Celeberrimum Montfauconium adibam, quem semper libris immersum, sed tamen obvium, festivum, et tanquam otiosum reperiebam.

Als der erste Band des Chrysostomus heraus kam, schickte ihn im J. 1718 Pabst Clemens XI. eine goldene Medaille.

Im J. 1722 schrieb Kaiser Carl der Sechste mit eigener Hand an Montfaucon, der ihm die vier ersten Bände des Chrysostomus zugeschickt hatte, und fügte dem Brief noch eine goldene Medaille von 800 Livres an Werth bei. Der Graf von Windischgrätz, Plenipotenciarius des Kaisers auf dem Congreß zu Cambray, hatte den Auftrag, ihm diesen Brief und die goldene Medaille zu überschicken, und er schrieb ihm zugleich in folgenden Ausdrücken: „Sie werden hiebei eine Medaille von meinem allergnädigsten Herrn finden, und eine Antwort von seiner eigenen hohen Hand geschrieben; eine Gnade, welche Se. Kaisrl. Majestät nicht viel großen Herren erweiset, die Sie aber so sehr verdienen, als nur ein Mensch in der Welt."

Im J. 1725 erhielt er vom Pabst Benedict XIII. eine goldene Medaille, nebst einem Breve vom 3. Oct. welches blos von seinen Verdiensten um die Kirche handelt, daß er die Werke ihrer vornehmsten Väter, und zumal des heil. Chrysostomus, so schön erläutert habe.

Es sind wenig gelehrte oder kritische Werke zu seiner Zeit heraus gekommen, über welche man ihn nicht um seine Meinung gebeten, oder sie auszuforschen gesucht hätte. Man fragte ihn von allen Seiten mit desto größerem Vertrauen um Rath, weil er mit einem richtigen Geschmack, und einem erstaunlichen Reichthum von gelehrten Kenntnissen, eine natürliche Bescheidenheit, eine angenehme Freymüthigkeit: und ungekünstelte Sitten besaß, welche die Fremden, zumal an einem Mann von so großem Ansehen, in Bewunderung setzte.

Er hatte nie, wenn es auch noch so kalt war, Feuer in seiner Celle. Vermuthlich hielt er sich durch seine fleißige Arbeit an Werken, welche er heraus gab, warm; wiewohl er auch überdieß ziemlich warm gekleidet war. Den Schnupftoback liebte er sehr, und gebrauchte ihn stark. Abends nach neun Uhr gieng er zu Bette, und um sechs Uhr stand er wieder auf. Als ihn in seinem hohen Alter jemand fragte, ob er sich auch Bewegung mache? war seine Antwort, daß er wöchentlich zweimal in die

Academie des belles lettres gienge, und alle Jahre einmal vier bis sechs Tage auf das Land reisete. In seinem höchsten Alter hatte er noch sehr guten Schlaf, und aß beständig Fastenspeise, wie es die Ordensregel mit sich brachte.

Bei hohem Alter wendete Montfaucon täglich noch acht Stunden aufs Studieren. Seine natürliche Leibesbeschaffenheit war durch die Gewohnheit eines ordentlichen mäßigen Lebens dergestalt befestigt worden, daß er über funfzig Jahre nie krank gewesen war. Den Tag vor seinem Ende theilte er der Akademie noch den Entwurf von einer Reihe Denkmäler der Französischen Monarchie mit, den er in 3 Bänden herauszugeben Willens war; worauf er, wie er sagte, eine neue Ausgabe des Griechischen Wörterbuchs des Aemilius Portus liefern wollte, wozu er beträchtliche Zusätze gemacht hatte. So sprach er am 19. Dec. 1741 und am 21. Dec. starb er beinahe plötzlich in der Abtey St. Germain des Pres, in einem Alter von 86 Jahren. Sein Leichenbegängniß wurde fast von allen Großen und Gelehrten von Paris begleitet.

Der Cardinal Quirini, ein Benedictiner, Bischof zu Brescia, drückte sich in einem zu Rom gedruckten lateinischen Brief über das Absterben des P. von Montfaucon also aus: Heu! Heu! amisit in eo homine Benedictinus Ordo noster decus eximium, Gallia virum toto orbe celeberrimum, litteraria omnis Respublica ingenium praestantissimum, aetas ista Scriptorem omnium Saeculorum memoria dignissimum, etc. Fabricius legt ihm in seiner Bibliotheca graeca Tom. XIII. p. 849 folgendes Lob bei: Nemo vivit hodie, qui majoribus vel praeclarioribus muneribus auxerit rem litterariam, et qui graecas praesertim et ecclesiasticas litteras, omnemque Antiquitatem pulchrius ornaverit, quam nobilis genere, sed virtute, doctrina et meritis illustrior D. Bern. de Montfaucon, Congreg. St. Mauri, Benedictini Ordinis, Gallicae gentis, et aetatis suae decus τηλαυγές.

Kein Gelehrter der damaligen Zeit hat eine so große Anzahl gelehrter Werke herausgegeben, als Montfaucon. Blos die Bände in Folio belaufen sich auf 44 Stücke. Die Griechische Sprache verstand er vollkommen. Er hatte alle Griechische und Lateinische Werke der Alten, alle Schriftsteller aus den ersten Jahrhunderten der Kirche, alle Geschichtschreiber der Französischen Monarchie, und von denen, welche die Geschichte der andern Nationen lateinisch, spanisch oder italienisch beschrieben haben, die vornehmsten, alle Reisebeschreibungen, die besten Werke der Gelehrten über die alte und neue Geschichte, und alles was die schönen Wissenschaften betrift, gelesen, ohne das Geringste von dem zu vergessen, was er sich zu behalten vorgesetzt hatte. Diese beinahe unumschränkte Wissenschaft machte, daß er jedermann an Einsichten, Critik und Geschmack weit überlegen war, und erhob ihn über alle die Vorurtheile, welche eine gemeine, eingeschränkte Gelehrsamkeit hervorbringt, oder doch nicht ausrottet. Er schrieb mit so vieler Ordnung und

Leichtigkeit, daß, wenn er ein großes Werk anfieng, er schon zum voraus die Zeit zu bestimmen wußte, wenn es fertig werden müßte.

Seine Bescheidenheit war außerordentlich groß. Nie erfuhren seine Verwandten oder seine Freunde die Begebenheiten und Umstände seines Lebens, welche ihm am meisten zur Ehre gereichten, durch ihn selbst. Man mußte es anders woher erfahren, daß er Breven und goldene Münzen von dem Pabst Clemens XI. erhielt; daß der Kaiser ihm dergleichen nebst einem eigenhändigen Schreiben überschickte, welche letztere Ehre er selten auch den Fürsten des Reichs erzeigte; daß er mit Churfürsten und Cardinälen Bekanntschaft hatte, u. s. w.

Seine Werke, wodurch er sich einen ausgebreiteten Ruhm erwarb, sind folgende:

Analecta graeca, s. varia opuscula graeca hactenus inedita, etc. Paris. 1688. in 4. Montfaucon gab diesen Band gemeinschaftlich mit den Benedictinern Anton Pouget und Jac. Lopin heraus. Sie hatten unter einander die Griechischen Werke vertheilt, deren Uebersetzung veranstaltet werden sollte, und III. Stücke nehmen über die Hälfte des Bandes ein. Dieß war nun das erste Werk, das Montfaucon herausgab.

La verité de l'Histoire de Iudith. à Paris, 1690. in 12. Zwei Jahre darauf erfolgte eine neue Auflage.

Athanasii, Archiep. Alexandrini, opera omnia quae extant vel circumferuntur, ad MS. codices Gallicanos, Vaticanos etc. nec non ad Commelinianas lectiones castigata, multis aucta: noua interpretatione, praefationibus, notis, variis lectionibus illustrata, Onomastico, et copiosissimis indicibus locupletata. Opera et studio Monachor. Ord. S. Benedicti e Congreg. S. Mauri. Paris. 1698. Voll. III. in Fol. Diese Ausgabe wurde von den drei Benedictinern Lopin, de Montfaucon und Pouget unternommen. Da aber der erstere starb, als er an dem ersten Theil des ersten Bandes gearbeitet hatte, und der zweite Paris verließ; so mußte sich Montfaucon allein mit diesem Werke beschäftigen. Die allgemeine Vorrede ist voll von gelehrten Untersuchungen, in der er von dem Leben dieses Kirchenvaters, von seinen Schriften, seinen Lehren, seinem Eifer in Bestreitung des Jrrthums, von der Kirchenzucht seiner Zeiten, und von der Nothwendigkeit, eine neue Ausgabe zu liefern, handelte. Den Griechischen Text der Werke des Athanasius hat Montfaucon verbessert, eine neue Uebersetzung davon gemacht, und sie nach der Zeitordnung gesetzt.

Als er sich zu Rom aufhielt, rächte er die Ehre seiner Mitbrüder, welche an der Ausgabe des heil. Augustins gearbeitet hatten, wider den vorgeblichen Teutschen Abt in folgendem kleinen Lateinischen Werke: Vindiciae editionis S. Augustini e Benedictinis adornatae, adversus Epistolam Abbatis Germani, Auth. D. B. de Riviere. Romae 1699. Diese Schrift, welche in Frankreich wieder aufgelegt wurde, hatte eine solche gute Wirfung, daß Rom und ganz Italien sich wider die Aufläger erhoben.

Diarium Italicum, s. Monumentorum veterum, Bibliothecarum, Musaeorum etc. Notitiae singulares in Itinerario Italico collectae: Additis schematibus ac figuris. Paris. 1702. in 4. cum tab. aen. **Englisch**, Londini 1703. und 1712. in 8. Aufs neue durch Job. Henly, London 1725. Fol. Es enthält die Erzählung alles dessen, was Montfaucon Merkwürdiges und Sonderbares auf seiner Reise nach Italien bemerket hat. Franz von Sicoreni schrieb dagegen seine Offervationi sopra l'Antichita di Roma, (Romae 1709. gr. 4.) und warf dem P. Montfaucon vor, er habe viele Denkmäler zum Theil ganz unrecht angesehen, zum Theil auch unrichtig und undeutlich beschrieben. Dieser vertheidigte sich dagegen scharf in dem Supplement des Iourn. des Scavans v. J. 1709. M. Nov. p. 320. Allein es hatte schon in Italien ein gelehrter Ordensmann von Monte Cassino, Rom. Ricobaldi, seine Vertheidigung übernommen, und ohne sein Wissen L'Apologia del Diario Italico herausgegeben: Der Cardinal Quirini hat an dem Diario Italico zwei Fehler bemerkt, und im 22. Kap. seiner primordiorum Corcyrae ausgebessert.

Collectio noua Patrum et Scriptorum graecorum Eusebii Caesariensis, Athanasii et Cosmae Aegyptii. Haec nunc primum ex MS. Codicibus graecis, italicis, gallicanisque eruit, latine vertit, notis et praefationibus illustravit D. B. *de Montfaucon* etc. Paris. 1706. Voll. II. in fol. Der erste Band enthält die Auslegungen des Eusebius von Cäsarea über die Psalmen nebst einer Lateinischen Uebersetzung und einer gelehrten Vorrede des Herausgebers, wo man eine Menge merkwürdiger und nützlicher Anmerkungen über die Schreibart, das Alter, die Auslegungsart, und die Lehre des Eusebius antrift. Der zweite Band enthält einige kleine Werke des Athanasius; das bisher noch ungedruckte Stück: Cosmae Indicopleustae Christianorum opinio de mundo, s. Topographia christiana, und endlich die Auslegungen des Eusebius über den Jesaias.

Palaeographia graeca, s. de ortu et progressu Litterarum graecarum, et de variis omnium saeculorum scriptionis graecae generibus: itemque de abbreviationibus et de notis variarum artium ac disciplinarum. Additis figuris et schematibus ad fidem manuscriptorum codicum. Opera et studio B. *de Montfaucon.* Paris. 1708. fol. cum tab. aen. Der starke Gebrauch, den M. von den Griechischen Handschriften in Frankreich und Italien zwanzig Jahre lang gemacht hat, veranlaßte ihn, ein solches wichtiges Werk auszuarbeiten. Es ist in der That sehr schätzbar, sowohl wegen der Wichtigkeit der darin abgehandelten Materie, als der Lehrart, der sich Montfaucon bedient, und wegen der Anzahl und Genauigkeit der Kupferstiche, womit daßelbe angefüllt ist. Was Mabillon in seiner Diplomatik für das Lateinische Fach geleistet hat, das that hier Montfaucon für das griechische; und schon dieses Werk allein ist hinreichend, das Andenken an diesen Gelehrten und fleißigen Benedictiner zu verewigen. Die schönste Beurtheilung desselben giebt uns Reimmann in seiner Bibliotheca Bd. 2. S. 33. Unter andern schreibt er: ita egit, ut ante eum nemo usquam telae eiusmodi pertexendae manum injicere ausus sit, nec post eum facile quisquam eidem absolvendae manum admouere sit ausurus.

Le Livre de Philon de la vie contemplative, traduit sur l'original grec, avec des observations, où l'on fait voir que les Therapeutes, dont il parle, étoient Chretiens. à Paris 1709. in 12. Bern. de Monte - Falconis Monachi Benedictini etc. Epistola ad** An vera narratio Rufini de baptizatis pueris ab Athanasio puero? Item de tempore mortis Alexandri Episc. Alexandrini, ac de anno abitus Athanasii Magni. Paris. 1710. in fol. Es ist dieß eine gelehrte Untersuchung über die Frage: ob der heilige Athanasius Kinder getauft habe, da er noch ein Knabe gewesen?

Reponse de Dom Bernh. de Montfaucon aux objections, que lui a faites M. (Bouhier) contre la Dissertation des Therapeutes. à Paris 1712. in 12. Bouhier de Savigny, Präsident à Mortier im Parlement von Burgund, und nahheriger Beisitzer unter den Vierzigern der Französischen Akademie, behauptete in einem langen Brief an Montfaucon, daß die Therapeuten, von denen Philo redet, Juden, nicht aber Christen gewesen. Dieser Brief änderte aber Montfaucons Meinung nicht: Er antwortete dem gelehrten Präsidenten, und unterstützte alles, was er von dem Christenthum der Therapeuten geschrieben hatte, mit neuen Beweisen. Bouhier setzte eine Gegenantwort auf, welche aber Montfaucon nicht beantwortete. Damit doch aber jedermann sich von der Wahrheit überzeugen könnte; so ließ er die drei Schriften in ein Bändchen zusammen drucken, unter der Aufschrift: Lettres pour et contre sur la fameuse question, si les Solitaires appellées Therapeutes, dont à parlé Philon le Iuif, etoient Chretiens. à Paris 1712. in 12.

Hexaplorum Origenis quae supersunt, multis partibus auctiora, quam a *Flaminio Nobilio* et *Io. Drusio* edita fuerint: ex Manuscriptis et ex libris editis eruit et notis illustravit B. de Montfaucon: Accedunt opuscula quaedam Origenis anecdota, et ad calcem Lexicon hebraicum ex veterum Interpretationibus concinnatum, itemque Lexicon graecum et alia quae praemissus laterculus indicabit. Paris. 1713. Voll. II. in fol. Dieses Werk, in 2 Bänden, enthält die kostbaren Ueberbleibsel des allerwichtigsten unter allen Werken des Origenes. Die Hexapla, die der P. de Montfaucon hier liefert, sind dreimal vollständiger, als diejenige, so Flaminius Nobilius und Job. Drusius von ihm geliefert haben. Montfaucon hat 23 Jahre hindurch daran gearbeitet, ihre Sammlungen zu vermehren, zu verbessern und vollkommener zu machen. Das Griechische Lexicon, welches hier

im 2ten Band S. 549 — 636. angehängt ist, in welchem alle
erhebliche Griechische Worte enthalten sind, ist nachher von
Abrah. Trommius hinter seiner Concordanz der siebenzig Doll-
metscher wieder abgedruckt worden.

Der bekannte zu früh verstorbene Dr. Bahrdt zu Halle,
hat, wie er noch Professor in Gießen war, dieses wichtige Werk
den Gelehrten auf eine wohlfeilere Art geliefert, unter dem Titel: Hexaplorum Origenis quae superſunt auctiora et emenda-
tiora quam a *Flaminio Nobilio, Io. Drusio* et tandem a *Bernar-
do de Montfaucon* concinnata fuerant, edidit notisque illuſtravit
Carolus Frid. Bahrdt. Lubecae 1769. 2 Bände in gr. 8. Die
entbehrliche, hier und da fehlerhafte Lateinische Ueberſetzung hat
Bahrdt weggelaſſen, von Montfaucons Noten einen kurzen,
aber hinreichenden Auszug gemacht, und dafür ſelbſt verſchiedene
Anmerkungen hinzu gethan. Ueberdieß iſt der Anhang der
Montfauconiſchen Ausgabe in den Text gerückt, und dann ſind
Auszüge aus einer Leipziger Handſchrift der Hexaplorum beige-
bracht.

Von Origenis Arbeit handelt die Fabriciſche Biblioth.
graeca ausführlich; und von der Montfauconſchen Ausgabe
die Nachr. von einer Hall. Biblioth. B. 7. S. 491. und neu.
Bücherſaal der gel. Welt, drittes Jahr S. 589 — 600.

Bibliotheca Coisliniana, olim Segueriana, ſive Manuſcrip-
torum omnium graecorum, quae in ea continentur, accurata deſcriptio; ubi operum ſingulorum notitia datur, aetas cuiusque
Manuſcripti indicatur, vetuſtiorum ſpecimina exhibentur, aliaque multa annotantur, quae ad Palaeographiam pertinent. Accedunt Anecdota bene multa ex eadem Bibliotheca deſumpta,
cum interpretatione latina. Pariſ. 1715. fol. mai. 9 Alph. mit 3
Pog. Kupfern. Hr. du Combout, Herzog von Coislin, Biſchof zu Metz, hatte dem Benedictiner von Montfaucon aufgetragen, ein genaues Verzeichniß von 400 Griechiſchen Handſchriften der Bibliothek des Kanzlers Seguier aufzuſetzen, welche auf den Urenkel, Herrn de Coeslin, gekommen war. Montfaucon beſchäftigte ſich damit in den Jahren 1713 bis 1715,
worauf ihm der Benedictiner Joh. le Maitre Beiſtand leiſtete.
Er hat das Verdienſt, nicht bloß ein trockenes Verzeichniß der
Handſchriften geliefert, ſondern daſſelbe auch mit nützlichen und
gelehrten Anmerkungen begleitet zu haben. Das ganze Werk iſt
in 3 Theile, und zwar nach dem Format der Handſchriften, jeder Theil aber wieder in unterſchiedene Capitel nach dem Inhalt
der Bücher abgetheilet, wiewohl die Nummern der Handſchriften
bis zu Ende fortgeſetzt werden. Jede Handſchrift iſt auf das
genaueſte beſchrieben, und auch ihr Alter angegeben. Wo uralte
Codices mit Unzialſchrift vorkommen, z. B. Seite 3. 242. 243.
262. da ſind ſchöne Proben davon in Kupfer geſtochen, eingerückt, und wo Handſchriften alter Auctoren, die ſelten anzutreffen ſind, vorkommen, werden viele abweichende Lesarten
mitgetheilt. Die größte Zierde dieſes vortreflichen Catalogs

sind die noch nicht herausgekommenen Stücke oder Fragmente, welche Montfaucon aus den Codicibus Coislinianis herausgegeben hat. — Daß nach dem Tod des Hrn. von Coislin, Bischofs zu Metz, im J. 1732. die ganze Sammlung seiner Handschriften in seinem Vermächtniß der Abtey St. Germain des Pres ist übergeben worden, setze ich als bekannt voraus. f. Acta Erudit. lat. an. 1715. p. 481. der neue Büchersaal, 50ste Oefn. S. 67 — 82.

Io. Chrysostomi, Archiepisc. Constantinopolitani, opera omnia quae extant, vel quae eius nomine circumferuntur, ad MS. codices Gallicanos, Vaticanos, Anglicanos, Germanicosque; nec non ad Savilianam et Frontonianam editiones castigata, innumeris aucta: noua interpretatione, ubi opus erat, praefationibus, monitis, notis, variis lectionibus illustrata, noua sancti Doctoris vita, Appendicibus, Onomastico ac copiosissimis indicibus locupletata. Opera et studio *Bern. de Montfaucon*, Monachi etc. opem ferentibus aliis ex eodem Sodalitio Monachis. Paris. 1718 — 1738. Voll. XIII. in fol. Nachgedruckt zu Venedig 1739. u. fg. Der Kirchenvater Chrysostomus ist unter den Griechen dasjenige, was der Kirchenvater Augustin unter den Lateinern ist. Montfaucon wendete auf eine vorzüglich gute Ausgabe des erstern besondern Fleiß und Eifer. Er ließ so wohl diejenigen Handschriften, die er aus Italien mitgebracht hatte, als diejenigen, welche er in der königlichen Bibliothek, in der Coislinischen und Colbertischen antraf, und die sich über dreihundert erstrecken sollen, vergleichen durch den Benediktiner Franz Saverolles, den Schatzmeister zu St. Denys, der zu dieser Arbeit eine besondere Gabe hatte, und durch vier andere Ordensleute 13 Jahre lang. Sein Verdienst bei dieser vortreflichen Ausgabe besteht darin: er hat eine Menge von Werken des Chrysostomus, und hauptsächlich 22 Predigten, welche nie gedruckt waren, ans Licht gezogen; eine große Anzahl neuer Uebersetzungen geliefert; die alten verbessert, die Lücken ergänzet; eine deutliche und zierliche Uebersetzung geliefert, die an die Stelle der Umschreibungen der andern Uebersetzer gekommen ist; eine neue Ordnung in der Stellung der Stücke gemacht; Vorreden vor den Bänden, Vorerinnerungen vor jedem Werke, das Leben des Chrysostomus beschrieben, Register beigefügt u. s. w. Fabricius nennt daher in seiner Biblioth. graeca Tom. XIII. die Ausgabe des P. de Montfaucon Noua, luculenta, castigatissima, et locupletissima f. Chrysostomi editio graecolatina. Was jeder Band für Stücke enthält, kann man in Tassin's Gel. Gesch. der Congreg. von St. Maur Bened. Ordens, 2. B. S. 321. nachlesen.

Antiquitas explanatione et schematibus illustrata. L'antiquité expliquée et representée en figures. Par Dom *Bern. de Montfaucon*. à Paris 1719 — 22. Zehen Bände Lateinisch und Französisch in gr. Folio. Der erste Theil hat 224 Kupferblätter, woran die größte Kunst und Sauberkeit zu bewundern ist.

Der zweite hat 194, theils halbe theils ganze Kupferbogen; der dritte 197; der vierte 145, außer der tabula iliaca; und der fünfte 204. Die Kupferstiche stellen oft eine Sache zehenmal nach ihrer verschiedenen Stellung vor. Die Vorrede, welche, wie das ganze Werk, sowohl in Französischer als Lateinischer Sprache zugleich abgefasset ist, ertheilet einige Nachricht, wie Montfaucon zu umständlicher Untersuchung der Alterthümer, bei Gelegenheit der ihm von seinen Obern aufgetragenen Ausgaben einiger Griechischen Kirchenväter, Veranlassung bekam. Nach der Vorrede trift man ein Verzeichniß der Hauptstücke von dem ganzen erklärten und in Kupfern vorgestellten Alterthum an, welches man als einen Entwurf ansehen kann, von dem, was in den 10 Bänden ist geliefert worden. In der That ist diese Sammlung von Aegyptischen, Griechischen, Etruscischen, Römischen, Gallischen und andern Alterthümern fast aller Nationen, mit so vielen schönen Kupfern geziert, für die Mythologie und Geschichte äußerst wichtig, welches man dem gelehrten und unermüdet fleißigen Montfaucon bisher durchgängig zugestanden hat. Daß man aber auch an einem Werke von solchem Umfang, wo damals äußerst wenig vorgearbeitet war, und der Verf. seine Erklärungen meist aus sich selbst schöpfen mußte, gar leicht manchen Flecken wahrnehmen kann, wird billigen Kunstrichtern gar nicht auffallen. Es hat sein Zeitalter noch nicht überlebt, und wird es vielleicht schwerlich je überleben, und wird immer eine Zierde großer Büchersammlungen seyn. Indessen haben einsichtsvolle Personen an diesem sonst vortreflichen Werke folgendes getadelt: 1) Daß es weit vortheilhafter gewesen wäre, wenn die Erläuterung nur in einer Sprache wäre abgefasset, der übrige Raum aber auf umständlichere Beschreibungen und Entscheidungen wäre verwendet worden. Das Latein wäre zuweilen sehr schlecht, und der Verf. habe sich mehr an das Französische gehalten. Für den ungelehrten Ausländer könne er nicht Lateinisch geschrieben haben; und Gelehrte würden sich damit nicht begnügen. 2) Scheine der Verf. gar zu sorgfältig alles zusammen gesucht zu haben, was nur alt ausgesehen. Daher freilich viele schöne Stücke zuerst hier vorkämen, aber auch viele neue Sachen, die man vielleicht gern vermißt hätte. 3) Weil viele Abbildungen nicht richtig und sauber genug gerathen, manche auch überflüßig sind; so hätte mancher Kupferstich können erspart werden, wodurch das Werk nicht so kostbar geworden wäre. 4) Fehle es auch nicht an Uebereilungen. Es fänden sich auch in den Aufschriften hie und da Fehler, welche man dem Kupferstecher zuschreiben müsse.

Uebrigens wurde dieses Werk, davon man achtzehenhundert Abdrücke gemacht hatte, so beliebt, daß es in 2 Monaten ganz verkauft war. Die durch diesen erstaunlichen Abgang ermunterten Verleger veranstalteten davon alsbald eine zweite Auflage, welche 1722 erschien, ohne den Verfasser um Rath zu fragen, davon sie über zweitausend Abdrücke machten. Die erste Ausgabe, behält aber einen vorzüglichen Werth, weil in der zweiten die Kupfer, welche den schätzbarsten Theil desselben ausmachen, wieder sind aufgestochen worden.

In Teutschland hat man einen Auszug aus diesem kostbaren Werk verfertigt, der auch in einigen Stücken besser seyn könnte, unter dem Titel: Montfaucons Griechische und Römische Alterthümer, in die Kürze gebracht von Joh. Jac. Schatz, mit Anmerkungen von Joh. Salomo Semler. Nürnb. 1757. Fol. mit Kupfern. Lateinisch und Teutsch.

Supplement au livre de l'Antiquité expliquée et représentée en figures: Par D. Bern. de Montfaucon etc. à Paris 1724. gr. Fol. Fünf Bände Lateinisch und Französisch. Dieses Supplement wurde alsbald von D. Humphrey ins Englische übersetzt. Nachdem Montfaucon in der Vorrede von dem Umfang und Nutzen der Alterthümer kurz gehandelt hat; so meldet er von diesen Zusätzen, worin an die 520 Kupferplatten vorkommen, daß sie alles das enthalten und nachholen, was ihm vormals entwischet, oder unterdessen neu entdecket wurde. Die Kupfer sind hier weit besser als in dem vorhergehenden Werk gerathen; auch bringt der Verf. hier viel mehrere Sachen vor, als im vorigen, und nicht immer kurze Beschreibungen. — Der Inhalt dieses Buchs oder jedes Bandes ist in den Nachrichten von einer Hallischen Bibliothek Bd. 4. S. 219 — 233 ausführlich angegeben.

Dissertation sur le Phare d'Alexandrie, sur les autres Phares, et particulierement sur célui de Boulogne sur mer, ruiné depuis environ quatre vingt ans, st. in den Mémoires de Litterature de l'Acad. des Inscript. et belles lettres, Tom. IX. p. 278 — 302. des Amsterdammer Nachdrucks.

Dissertation sur la plante appellée Papyrus, sur le Papier d'Egypte, sur le papier de coton, et sur celui, dont on se sert aujourd'hui, st. ebend. Tom. IX. p. 302 — 308.

Nach Vollendung der Antiquité expliquée et représentée en figures arbeitete Montfaucon an einer Sammlung der Denkmäler der Französischen Monarchie. Er machte im J. 1725 den allgemeinen Entwurf davon bekannt, worin er sich vornahm, zuerst nebst einem kurzen Abriß der Geschichte Frankreichs die Bildnisse der Könige, der Fürsten und der Herren, davon einige Denkmäler vorhanden sind, zu liefern; darauf die größten Kirchen und vornehmsten Gebäude des Königreichs; und dann die Gebräuche des bürgerlichen Lebens, als die Kleidungen, die Feier der Feste und der Spiele von den ersten Zeiten an bis zu der Regierung Heinrichs IV. zu beschreiben. Auf die Gebräuche des bürgerlichen Lebens ließ er diejenigen folgen, die sich auf den Soldatenstand unter den drei Stämmen der Französischen Könige beziehen, Fahnen, Standarten, Rüstungen, Kriegsmaschinen, Schlachtordnungen u. dgl. alles in Kupferstichen vorgebildet, die von Original-Denkmälern hergenommen sind; und diese umständliche Beschreibung würde er natürlicher Weise mit den merkwürdigsten Grabmälern von allerlei Art beschlossen haben.

Von diesen fünf Theilen, daraus das ganze Werk bestehen sollte, hat er nicht mehr als den ersten geliefert, unter der Aufschrift: Les Monumens de la Monarchie françoise, qui comprennent l'Histoire de France, avec les figures de chaque regne; que l'injure des tems a épargnées. à Paris 1729 — 1733. Voll. V. in Folio. Dieses Werk ist dem König von Frankreich zugeeignet, und da der Pater von Montfaucon die Ehre hatte, es ihm selbst zu Compiegne zu überreichen; so erzeigte er ihm die Gnade, ihn lange bei sich zu behalten, und ihm sein ausnehmendes Vergnügen über seine Arbeiten zu erkennen zu geben. Den Inhalt jedes Bandes hat Taßin in der angef. Gelehrtengesch. 2. B. S. 333. angegeben.

Ecrit sur un passage d'Herodote, sur lequel s'eleva en 1734 une dispute litteraire entre M. *Gronovius* et D. Bernh. *de Montfaucon*, in den Mém. de Litterature de l'Academie des Inscriptions etc. Tom. XII. Seite 170 liest man, Montfaucon habe den Herodot von seiner Jugend an gelesen, und von der Annehmlichkeit seiner Schreibart und der nützlichen Mannichfaltigkeit seiner Erzählungen eingenommen, habe er kein Jahr vorbei streichen lassen, ohne ihn wieder durchzulesen.

Discours sur les monumens antiques: sur ceux de la ville de Paris, et sur une Inscription trouvées au Bois de Vincennes, qui prouve que du Tems de l'Empereur Marc Aurele, il y avoit à Paris, de même qu' à Rome, un College du Dieu Silvain, st. ebendas. Tom. XX. pag. 126 — 137. Auch diese Abhandlung wurde in der Versammlung der Akademie von ihm 1734 abgelesen.

Les modes et les usages du Siecle de Theodose le Grand et d'Arcadius son fils: avec quelques reflexions sur le moyen et le bas âge, st. ebendaselbst Tom. XX. p. 197 — 221. Diese Abhandlung, welche er der Akademie im J. 1735 vorgelesen hat, ist aus den Werken des Kirchenvaters Chrysostomus zusammen getragen worden, womit sich der Verf. lange Zeit beschäftiget hat.

Observations sur les anciennes divinités de l'Egypte, et sur la dorure de quelques figures Egyptiennes, st. ebend. Tom. XIV. p. 7. Zu diesen Anmerkungen hat eine neue Abbildung der Isis Gelegenheit gegeben, als einer der größten und sonderbarsten, die der P. von Montfaucon je gesehen hat. Sie befindet sich weder in seinem erklärten Alterthum, noch in dem Supplement, weil der Herzog von Bouillon ihm damit ein Geschenk machte, als er schon beide Werke herausgegeben hatte.

Lettre latine de Dom Bern. de Montfaucon, adressée à M. Salmon Biblioth. de Sorbone.

Recherches à faire dans le voyage de Constantinople et du Levant. Dieses Memoire wurde von Montfaucon zu dem End-

Zweck aufgesetzt, um seine große Unternehmung ins Werk zu richten, weil er Willens war, selbst auf den Berg Athos nach Griechenland u. s. w. zu reisen, in Begleitung einiger Gelehrten von St. Germain des Pres, um Handschriften aufzusuchen. Verschiedene Zufälle, hauptsächlich der Tod des Cardinals D' Estrees, verhinderten die Ausführung dieser schönen Unternehmung.

Bibliotheca Bibliothecarum Manuscriptorum noua; ubi quae innumeris paene Manuscriptorum Bibliothecis continentur, ad quoduis Litterarurae genus spectantia et notatu digna, describuntur et indicantur. Paris. 1739. Voll. II. in fol. bei 20 Alph. stark. Es ist dieß das reichste und vollständigste Werk dieser Art, das die gelehrte Welt dem unermüdeten Fleiß des würdigen Benedictiners Montfaucon, und der dabei genossenen Unterstützung und Beihülfe seines Ordensbruders, Johann le Maitre, zu danken hat. *) Der Zweck dieser großen und wichtigen Sammlung war, die Handschriften bekannt zu machen, die man in den Bibliotheken von Europa in allerlei Sprache und von allerlei wissenschaftlichen Gegenständen aufbewahret, und davon hatte er schon zu Ende seines Diarii italici einen Versuch geliefert. Sein Mitbruder, le Maitre, nahm es über sich, fast alle Auszüge der Verzeichnisse, woraus das Werk bestehet, abzuschreiben, er bereicherte solches mit einem sehr weitläufigen Register, und brachte 1720 diese Sammlung zu Stande, die in 2 Foliobände gebunden wurde. Sie war nicht nur für ihn und für seine Mitbrüder von großem Nutzen, sondern auch für alle Gelehrte, zur Verbesserung der alten heiligen und weltlichen Schriftsteller. Montfaucon nahm es 1733 selbst über sich, diese Sammlung durchzugehen, zu verbessern, und zu vermehren, und übergab sie dem Druck. Der erste Band fasset die Handschriften der vornehmsten Bibliotheken von Italien, Teutschland und England in sich; der zweite aber die Handschriften der königlichen Bibliotheken, der von St. Germain des Pres, des Wolf, des Peirescius, und einer großen Anzahl von Abteyen in Frankreich. — Baumgarten hat dieses gelehrte Werk in seinen Nachrichten von merkw. Büchern, 6ten Band S. 227. u. fg. genau und lehrreich für den Litterator beschrieben; so wie man auch die Leipziger gel. Zeit. v. J. 1739. S. 301. die Göttinger gel. Zeit. 1739. S. 415. und die Noua Acta Erudit. v. J. 1742. pag. 433. seq. nachlesen kann. Johann Lami, Professor zu Florenz, schreibt in seinem Buch de eruditione apostolorum, daß man von den florentinischen Handschriften dem Montfaucon unrichtige Verzeichnisse zugeschickt habe; daher er von denselben im 13ten Kap. seines Buchs umständlicher handelt. —

---

*) Le Maitre war von Lavardin im Kirchensprengel von Mans gebürtig, und ein geschickter und fleißiger Ordensmann. In dem 23. Jahr seines Alters 1692 legte er seine Gelübde in der Abtey Vendome ab, und am 27. Dec 1740 starb er zu St. Denys in Frankreich. Er hinterließ ein prächtiges Graduale von seiner Arbeit.

Bei aller Schreibseligkeit unserer Tage vermißt man doch noch ein Werk, das uns mit den Handschriften Teutscher Bibliotheken näher bekannt machte, so wie es die Montfauconsche mit den ausländischen unternahm.

Dem bekannten Critiker, Richard Bentlei, theilte er zur Herausgabe des M. Manilius aus der königlichen Bibliothek viele Lesearten mit.

Die Dissertation sur la plante, appellée Papyrus des Montfaucon ist in das Italienische übersetzt, und, ohne Benennung des Uebersetzers, zu Venedig auf 12 Seiten in Quart unter der Aufschrift abgedruckt: Dissertazione del R. P. Bern. de Montfaucon sopra la pianta dinominata papiro. s. Götting. gel. Zeit. v. J. 1746. No. 43.

Montfaucon bleibt immer ein großer Mann, den seine Tugenden eben so berühmt gemacht haben, als seine seltenen Talente und seine große Gelehrsamkeit, und bei so vielen gesunden Jahren, die ihm die Vorsehung ertheilte, war es auch wohl möglich, viel Gutes und Gesundes schreiben zu können. Man sehe: Eloge etc. par Mr. *de Boze* (dem Secretair der Akademie) in den Mem. de l'Academie roy. des Inscript. Tom. XVI. p. 320 — 334. — Elogio del Padre B. de Montfaucon, in dem Giornale de Litterati da Mehus 1742. Tom. I. p. 158. — Tassin's Gelehrtengesch. der Congreg. von St. Maur Benedictiner-Ordens, 2r Th. S. 292 — 343. — Fabricii Biblioth. graeca, Vol. XIII. — Lambert's Gel. Gesch. der Reg. Ludw. XIV. Band 1. S. 237. — Biblioth. hist. et crit. des Auteurs de la Congregat. de St. Maur par D. *Fil. le Cerf* (à la Haye 1726. gr. 8.) p. 363.

De Montigny, Etienne Mignot, Schatzmeister von Frankreich, Commissaire du Conseil aux departemens des Tailles, des Ponts et Chaussées et du Pavé de Paris, geboren den 15. Dec. 1714. starb daselbst den 6. May 1782. Schon als Kind zeigte er viel Neigung zur Geometrie und Mechanik, zerlegte im zehnten Jahr seine Uhr, weil er die Seele sehen wollte. Die Jesuiten suchten ihn unter sich zu ziehen, mit der Vorstellung: bei ihnen könne er seiner Neigung folgen, da seine Familie ihn zu einem gewissen Stande bestimmen würde; sein Vater brachte ihn mit Mühe davon ab. Er hatte nur eine Abhandlung aus der höhern Mechanik bekannt gemacht, aber in seinen Aemtern durch mathematische Einsichten sehr viel genutzt. Ein junger Engländer Volker ward in der Schlacht bei Culloden gefangen, als Anhänger des Prätendenten zum Tode verurtheilt, rettete sich nach Frankreich, wo er die Sprache nicht verstand, aber Vorschläge that, Manufacturen zu errichten, die da noch unbekannt waren. Herrn Montigny ward aufgetragen, sie zu prüfen, und beider vereinigtem Fleiße dankt Frankreich Tuch und Sammte von Baumwolle, den Gebrauch der Cylinder-Zeuge zu glätten (Calendrer), eine bessere Art ihnen Glanz zu geben u. d. m. Im Jahr 1760 mußte er die Soolen von Montmorot untersuchen, denen man in Franche Comte Schuld gab, sie führten Arsenik und Auripigment, und ihr Salz verderbe die Käse. Der Fehler bestand darin, daß man das Bittersalz, irdische und fauligte Materien nicht zulänglich abgesondert hatte. Voltaires Schwester war an Herrn v. M. Oncle von väterlicher Seite verheurathet.

Montgomery, Richard, ein vortreflicher Feldherr der vereinten Nordamerikanischen Staaten, stammte aus einer angesehenen Familie in Irland, wo er im J. 1737 geboren war. Eine gute Erziehung half seinen vortreflichen Verstand ausbilden. Im siebenjährigen Kriege diente er als Capitain unter dem Englischen Heere, gieng aber, nachdem derselbe geendigt war,*) nach New-York in America, wo er sich ankaufte und verheurathete. Er verließ aus Grundsätzen und reiner Liebe zur Freiheit die größten Freuden des häuslichen Glücks, und eines philosophischen Landlebens, um seinem neuen Vaterlande Freiheit erfechten zu helfen, wurde im Jahr 1775 vom Congreß zum General-Major ernannt, und erhielt, da General Schuyler durch Krankheit gehindert wurde, das amerikanische Heer nach Canada zu führen, den Befehl über dasselbe. Am 12. November nahm er Montreal ein. Er ward aber schon am 31. December desselben Jahrs erschossen, als er bei einem unternommenen Sturm an der Spitze der New-Yorker in die untere Stadt Quebek drang, und zwar nicht weit von der Gegend, wo er ehemals den tapfern General Wolf fallen sah.

Monti, Philipp Maria von, Kardinal, geboren zu Bologna am 23. März 1675. Er studirte zu Bologna und Rom und ward 1730 bei der Congregation des Consistoriums und bei dem Kardinalskollegium Secretär. Die Kardinalswürde erhielt er 1743. Als Benedict XIV. einige Akademien stiftete; so machte er dem Kardinal Monti bei der de' Concil et Canoni zum Präsidenten. Er starb 1754 zu Rom. Er hinterließ ein ansehnliches Vermögen und setzte eine ansehnliche Summe zur Ausstattung 12 armer Mädchen von Bologna aus, deren jede 300 Scudi bekommen sollte. Seine Bibliothek bekam die Universität zu Bologna, doch mußte sie dieselbe auf Maulthieren und nicht zu Wasser abholen lassen, weil sie sonst den Mönchen von St. Philipp zufallen sollte. Man hat von ihm: Elogia S. R. C. Cardinalium, pietate, legationibus, doctrina ac rebus pro ecclesia gestis illustrium, a Pontificatu Alexandri III. ad Benedictum XIII. Rom. 1752. Fol. Den 2ten Theil dieses Werkes hinterließ er im Mscpt., wo es mit seiner Bibliothek an die Universität zu Bologna kam. S. Leben aller Kardinäle. B. 3. S. 347.

*) Nach einigen habe er eine gesuchte Obristwachtmeisterstelle nicht erhalten können, sei daher des Dienstes überdrüssig geworden, und nach America gegangen.

Montmartin, Friedrich Samuel Graf, ein berühmter Minister, geboren zu Zeitz, im Markgrafthum Meißen, 1712. Sein Vater, Samuel du Mas, Baron von Montmartin, verließ mit seiner Familie der Religion wegen Frankreich, und kam in das Brandenburgische. Die Prinzeßin Amalia nahm ihn als Edelknaben mit sich an den Sachsen-Zeitz-Naumburgischen Hof, an dem er endlich Hofmarschall wurde. Nach des Herzogs Tod trat er in Bayreuthische Dienste. Seinen Sohn bestimmte er zum Soldatenstand; Markgraf Georg Friedrich Carl ließ ihn aber zu den Studien bilden, und anfangs in Leipzig, hernach in Leiden die Rechte studieren, und sein Nachfolger, Markgraf Friedrich, eine weitere Reise thun. In Wezlar hielt er sich, um mit dem Reichsproceß bekannt zu werden, ein halbes Jahr auf. Im J. 1736 kam er nach Bayreuth zurück, und wurde sogleich zu den Geschäften gezogen. 1740 wurde er wirklicher geheimer Regierungsrath, und Hofgerichts-Assessor zu Bayreuth, wie auch Amtshauptmann und Präsident des Justiz-Collegii zu Erlangen, und bald darauf Kreisminister. Seine Thätigkeit machte ihn bald berühmt, so daß ihn Kaiser Carl VII. am 29. März 1742 zum Reichshofrath auf der adelichen Bank ernannte. Markgraf Friedrich willigte aber nicht in seine Entlassung, sondern bewog den Kaiser, ihn noch ferner in markgräflichen Diensten zu lassen. Er machte ihn darauf zum wirklichen geheimen Rath, und ersten Directorialgesandten beim Fränkischen Kreis.

Im Jahr 1743 betrieb er am kaiserlichen Hof die Majorennitäts-Erklärung des Herzogs Carl Eugen von Würtemberg *); und als er dieses Geschäfte glücklich zu Stande gebracht hatte, so erhielt er den Titel eines würtembergischen geheimen Raths, und eine lebenslängliche Pension von 1200 Gulden. Er war noch bis zum Monat Mai 1745 am Bayreuthischen Hof, und gewöhnte sich während dieser Zeit so sehr an den Hofstaat, daß er auch, nachdem er den Hof verlassen hatte, mit gleicher Pracht fortlebte. Viele Personen am markgräflichen Hof waren mit ihm unzufrieden; er bat daher den Markgrafen um seine Entlassung, und erhielt sie auch. Hierauf privatisirte er einige Jahre in Erlangen, und schien weiter keine Lust mehr zu einer Hofbedienung zu haben; 1748 nahm er aber doch die Stelle eines Sachsengothaischen Reichstagsministers in Regensburg an. 1756 sollte er kaiserlicher Minister bei dem Obersächsischen Kreise werden; er nahm aber diese Stelle nicht an, und legte auch seinen Sächsischen Gesandtschafts-Posten nieder. Doch erhob ihn der Kaiser am 29. Januar 1758 in den Reichsgrafenstand; und in eben diesem Jahr rief ihn Herzog Carl Eugen von Würtem-

---

*) Herzog Carl Eugen heurathete nämlich die einzige vielgeliebte Tochter des Markgrafen Friedrichs, Elisabetha Friederica Sophia, mit welcher der Herzog am 21. Febr. 1744 verlobt, aber erst am 26. Sept. 1748 mit großen Solennitäten mit ihr vermählt wurde.

berg in seine Dienste als Minister am kaiserlichen Hof, bald darauf aber machte er ihn zu seinem Staats- und Cabinets-Minister.

Der Graf von Montmartin hatte schon lang die herzogliche Gnade, setzte sich aber nun noch so sehr fest darin, daß er nicht lange darauf erster Minister und geheimer Raths-Präsident wurde, auch jederzeit in des Herzogs Abwesenheit das Directorium bei der Regierungs-Deputation führte. In dieser Zeit hatte der Herzog nicht nur ein ungewöhnlich stark besetztes Militair, sondern führte auch viele kostbare Gebäude auf, und unterhielt einen sehr glänzenden Hofstaat, zu welchen Dingen weit größere Summen Geldes erfordert wurden, als die Einkünfte des Landes ausmachten. Der Minister fand nun wohl Mittel, sie aufzubringen; aber dadurch entstand Mißvergnügen wider ihn, so daß er auch hier um seine Entlassung bat. Er erhielt sie auch im Mai 1766, und zwar mit Beibehaltung der schon seit 1744 genossenen, und mit Hinzuthuung einer neuen Pension von 2800 Gulden. Noch war er eine Zeitlang am Würtembergischen Hof; entschlug sich aber nicht lang hernach aller Geschäfte, und starb endlich zu Dünkelsbühl.

Mit seiner Gemahlin, einer gebornen von Wangenheim, erzeugte er eine einzige Tochter, welche mit dem Grafen von Türkheim, wirklichem Gesandten in Wien und Regensburg, vermählt war, und die 1770 gestorben ist. — Von seinen 2 Brüdern lebte noch 1770 ein Baron, als Generalfeldmarschall in kaiserlichen Diensten. s. Neu. hist. Handlex. 2. Th.

von Montmorancy, Christian Ludwig, Marschall von Frankreich, Ritter der königlichen Orden und Gouverneur von Valenciennes. Er war der jüngste Sohn des bekannten Herzogs und Marschalls von Luxemburg, aus dem Hause Montmorancy, der am 4. Jan. 1695 gestorben ist. Seine Mutter, Magdalena Charlotta de Clermont, Erbin des Herzogthums Piney, die im J. 1701 starb, brachte ihn am 9. Febr. 1675 zur Welt. Weil er in den Malteser-Orden getreten, hieß er sonst der Ritter von Luxemburg, unter welchem Namen er sich in den vorigen Kriegen sehr hervor gethan hat. 1689 wurde er Obrister über das Regiment von Provence, und 1699 über das von Piemont. 1702 wurde er zum Brigadier der Infanterie, und 1704 zum Marechal De Camp ernennet, in welcher Qualität er in Italien diente, und 1705 dem Treffen bei Cassano beiwohnte. Er wurde nachgehends zu der Armee in den Niederlanden geschickt. 1708 den 17. April legte er den Eid als Generallieutenant der Provinz Flandern ab. Als bald darauf die Hauptstadt Ryssel oder Lille von den Alliirten belagert wurde, war er so eifrig, sie zu retten, daß er sich in dieser Absicht am 28. Sept. mit 800 Reutern, deren jeder einen Sack mit Pulver hinter sich hatte, durch die alliirte Armee mit großer Kühnheit, und zugleich mit ziemlichem Verlust in die belagerte Stadt warf, welche aber gleichwohl bald darauf verloren gieng. Dieses Unternehmen gefiel dem König von Frankreich so wohl, daß er ihn gleich darauf zum Generallieutenant seiner Armeen ernannte, in welcher Qualität er hernach bis zu Ende des Kriegs in den Niederlanden gestanden, auch 1709 dem blutigen Treffen bei Malplaquet beigewohnt hat.

Im J. 1712 wurde er Gouverneur von Valenciennes, von welcher Stadt er 1712 ein feindliches Corps abtrieb, auch die Festung Bouchain berennte und belagerte. Er führte damals den Titel eines Fürstens von Tingry, welchen er nach verlassenem Malthefer-Orden 1711. angenommen hatte. J. J. 1731 am 1. Jan. ward er zum Ritter der Königl. Orden ernennet. 1733 und 1734 wohnte er den Feldzügen am Rheinstrom bei, und half so wohl Kehl als Philippsburg erobern, nachdem er den Winter über das Commando in Lothringen und an der Mosel geführet, auch bei solchem ein wachsames Auge auf die Niederländischen Festungen gehabt hatte. 1735 den 17. Jan. ward er nebst dem Herzog von Biron und Marquis von Puyssegur von dem Könige über der Tafel zum Marschall von Frankreich erkläret, wobei derselbe zugleich versicherte, daß er sie alle drei bereits den 14. Jun. 1734 darzu erhoben hätte, daher sie mit den damals ernannten Marschallen den Rang, den sie vorher als Generallieutenants unter einander gehabt, behalten sollten. Der Prinz von Tingry nahm darauf den Namen eines Marschalls von Montmorency an, nachdem sein Vetter der Herzog von Luxembourg wider den erst angenommenen Namen eines Marschalls von Luxembourg protestirt hatte. 1743 wurde ihm das Commando in den Niederlanden aufgetragen, es kam aber damals zu keinem Feldzug.

Er starb am 23. November 1746 zu Paris, im 71sten Jahr seines Alters. Sein Sohn, Joseph Moriz Hannibal, wurde 1717 geboren, und starb als Französischer Generallieutenant der königl. Armeen, zu Pau, im J. 1762. — s. Geneal. Histor. Nachrichten ɔc. 103. Th. S. 619.

De Moor, Carl, ein vortreflicher Maler von Leiden, wo er 1656 geboren ist. Er wetteiferte mit Rembrand und van Dyk, und kam ihnen in manchen Stücken gleich. Prinz Eugen, Herzog von Marlborough und Graf von Sinzendorf wurden von ihm für den kaiserlichen Hof gemalt, und der Reichsritterstand war seine Belohnung. Er malte meist große historische Stücke; seine kleinen Gemälde sind sehr selten, und werden stark gesucht. Man hat auch von ihm einige Blätter in der Schwarzkunst, worunter sein eigenes Bildniß ist. Er starb 1738 in einem Alter von 82 Jahren.

Moore, ein Englischer Admiral, starb in der Mitte des Jahrs 1787 unfern Blackrock. Er war ein wohlhabender Mann und dem Seewesen so ergeben, daß auf seinem Gartenthurme ie Englischen Seeflaggen immer wehten, und er noch eine besondre Sonntagsflagge hatte. In seinem Testamente befahl er, einen Leichnam bei niedrigerem Wasser zu begraben.

Moore, François, durch mehrere sehr nützliche mechanische Erfindungen für Manufacturen, Fabriken u. s. w. berühmt, starb zu London den 2. Dec. 1787. Er hatte sich seine Geschicklichkeit blos durch eigenen Fleiß erworben.

Morand, Johann Franz Clemens, Doctor regens, Professor der Anatomie und des Accouchements bei den Hebammenschulen zu Paris, Pensionair der königl. Akademie der Wissenschaften, Adjunct bei dem Invalidenhospital, Mitglied der Akademien zu Florenz, Madrit, London, Rouen, Lyon, Assessor honoraire des Collegii medici zu Lüttich, und Ehrenmitglied des Collegii medici zu Nancy. Er war der älteste Sohn des berühmten Wundarztes Salvator Morand zu Paris, geboren daselbst am 8. April 1726. 1743 wurde er Doctor der Medicin, und in der Mitte des Augusts 1784 starb er daselbst in einem Alter von 58 Jahren.

Morand besaß einen guten Beobachtungsgeist, dem auch der kleinste Umstand nicht entgieng, und einen Hang zum Sonderbaren, die geringfügigsten Erscheinungen zu sammeln und bekannt zu machen, in der Hofnung, sich dadurch Ruhm zu erwerben. Daher die große Menge kleiner Abhandlungen, die sich in den Journalen befinden, und ihre vielfache Verschiedenheit; daher die Aufnahme in die meisten gelehrten Gesellschaften seines Vaterlandes. Anfänglich legte er sich auf die Kräuterkunde, so daß er alle um Paris wachsende seltene Pflanzen angeben konnte, dann trieb er die Anatomie, und die Ehre, als Zergliederer bei der Akademie der Wissenschaften eingeführt zu werden, ist der beste Beweis, wie weit er es in dieser Wissenschaft gebracht hatte. Der Einrichtung der Akademie gemäß, übernahm er die Geschichte der Steinkohlen, und entwarf dazu den weitfassendsten Plan. Im Lüttichischen suchte er denselben auszuführen, die verschiedenen Handgriffe und Meinungen der Arbeiter, die Maschinen, womit die Kohlen erlangt und gefördert werden, und die übrige Geräthschaft, näher kennen zu lernen. Als Physiker, beobachtete er die verschiedenen Arten der Dünste, die sich schnell entzünden, die unvermuthet durchbrechenden Wasser, die Mittel, wie denselben abzuhelfen ist ꝛc. untersuchte den Ursprung der Steinkohlen, den Boden, wo sie streichen, die abergläubischen und andern Mittel, die der Bergmann zu deren Auffindung anwendet, ihre mancherlei Arten, je nachdem sie mehr oder weniger rein sind ꝛc. Er war ein guter Bürger und eben so glücklicher Praktiker. Er hatte viele Verdrießlichkeiten, die er muthig ertrug, und mancherlei Händel, die er nicht achtete.

Seine vornehmsten Schriften sind:

Sur le charbon de terre et de ses mines, (Paris, 1769. fol.) und Mémoires sur le charbon de terre apprete sur les usages domestiques, (ib. 1770. 12.); d' un ramolissement général des os; sur la maladie prestigieuse d'un file qui rejettoit des pierres par la bouche et la vessie; sur plusieurs eaux minerales de la Lorraine et la Franche Comté; sur les Hermaphrodites etc. s. Gruner's medic. Almanach 1786. S. 63 — 66.

Morand, Sauveur Francois, von Paris gebürtig, ein sehr erfahrner, und außer der Chirurgie auch um die Anatomie und Physiologie sehr verdienter Französischer Wundarzt, ein Mitglied verschiedener Akademien, und besonders der Akademie der Wissenschaften in Paris und der königlichen Gesellschaft in London, starb in der Mitte des Jahrs 1773 zu Paris, in einem Alter von 77 Jahren: und hatte das seltene Glück, einen eben so berühmten Sohn, den vorher angezeigten Morand, bei seinem Abschied nach sich zu lassen.

Er war zu seiner Zeit einer der berühmtesten Wundärzte in Frankreich, ohnerachtet er größer in der Theorie als in der Ausübung seiner Kunst war. Allein er lebte für sein Ansehen etwas zu lang. Er hatte einen Zeitpunkt, wo er eine Art eines Abgottes für die Franzosen war. Die letzten Jahre seines Lebens hingegen sind mit vieler Unannehmlichkeit untermenget gewesen. Er war sonst der Mann nach der Mode, und in allen Gesellschaften, ohne Absicht auf seine Geschicklichkeit in der Wundarzneikunst, hervorgezogen. Er war schön von Person, besaß allerlei Arten von Kenntnissen, und hatte einen ungemein feinen Verstand. Das Alter schwächte einen großen Theil dieser Vorzüge, und man glaubte endlich wahrzunehmen, daß das beständige Bestreben, die Feinigkeit seines Verstandes sehen zu lassen, einen allzugroßen Einfluß auf sein Herz hätte. Mit einem Wort, die Zeit, da er in den Himmel erhoben wurde, lief endlich zu Ende. Die Häuser, worin man ihm ehedessen so schön gethan hatte, wurden für ihn verschlossen, und glücklichere Köpfe nahmen seinen Platz ein, und drängten ihn zuletzt zu der Classe der ganz gewöhnlichen Menschen herunter. Indessen bleiben seine Verdienste als Wundarzt und Schriftsteller anerkannt.

Von seinen Schriften sind zu bemerken:

Discours dans lequel on prouve qu'il est necessaire au Chirurgien d'être lettré. Paris. 1743. 4.

Recueil d'experiences et d'observations sur la pierre. ib. 1743. Voll. II. in 12.

Opuscules de Chirurgie. Paris. 1768 — 72. Voll. II. in 4. Teutsch durch Ernst Platner: Vermischte chirurgische Schriften. Leipz. 1776. gr. 8. mit dem Bildniß des Verfassers. Viele gelehrte Abhandlungen in den Pariser Memoiren, wo auch sein Leben steht.

Man sehe: Lettre sur feu M. *Morand* (von seinem Sohn erfaßt) Paris. 1774. 4.

Morant, Philipp, ein gelehrter und unermüdeter Alterthumsforscher, und Biograph, geboren 1700 zu St. Saviour auf der Insel Jersey, studirte zu Oxford, verwaltete mehrere geistliche Aemter in der Grafschaft Essex, wurde 1751 in die Gesellschaft der Alterthumsforscher aufgenommen, und starb 1770. In den zwei letzten Jahren seines Lebens wurde er vom Oberhaus ernannt, die Documente des Parlements zum Druck zuzubereiten, auf welches Geschäfte er bis an seinen Tod vielen Fleiß verwendete.

Morant hat mehrere Schriften aus dem Französischen ins Englische übersetzt; und gab noch heraus:

Anmerkungen über das 19te Cap. des zweiten Buchs von Seldens mare clausum; gedruckt am Ende von Falles Beschreibung von Jersey. 1734.

Er verglich Rapins Gesch. von England, mit den 20 Bänden von Rymers Foedera und Acta publica, und allen den alten und neuern Schriftstellern, und setzte die Anmerkungen hinzu, die in der Folio Ausgabe waren. 1728. 1734.

Die Geschichte Englands, in Fragen und Antworten, von Thom. Astley, verbessert. 1737. in 12.

Eine verbesserte und stark vermehrte Ausgabe von Hearnes Ductor historicus.

Die Geschichte und Alterthümer von Colchester. 1748. Fol. Zweite Ausg. 1768.

Alle die Lebensbeschreibungen in der Biographia britannica, die mit C. bezeichnet, und in 7 Foliobänden 1739 — 1760. herausgekommen sind.

Die Geschichte von Essex. 2 Bände. 1760 — 1768. Fol.

Einige andere Werke in Handschriften. s. Bamberger's biogr. und litter. Anekdot. 1. B. S. 400.

Morasch, Johann Adam, Doctor der Medizin, Churfürstl. Rath und Professor auf der Akademie zu Ingolstadt, wurde zu Böttmeß, einem Städtchen in Oberbaiern, den 27. April 1682 geboren. Sein Vater, ein Welscher, Bürger und Handelsmann daselbst, ließ seinem Sohn frühzeitig Unterricht in der Lateinischen Sprache sowohl, als in der Musik geben. Die untern Schulen durchwanderte er zum Theil in Ingolstadt, und Neuburg, zum Theil in Freising. Er begab sich darauf nach Wien in Oestreich, wo ihm seine fertige Lateinische Zunge, und seine guten musikalischen Kenntniß, bald hinlängliche Freunde, unter denen P. Udalrich Megerle (Abraham a Scta. Clara) der vorzüglichste war, verschaften, welche für seinen Unterhalt sorgten.

Bald kehrte er aber wieder in sein Vaterland zurück; studierte 2 Jahre in Dillingen die Philosophie, und auch noch das dritte Jahr in Ingolstadt, woselbst er auch öffentlich im Jahr 1704 unter dem Vorsitz des Professors Kleinbrod, jenes bekannten Vertheidigers der atomistischen Philosophie, disputirte. Morasch wollte sich nun auf die Rechtswissenschaft legen; allein gute Freunde, und selbst sein schwächlicher Körperbau, brachten ihn auf andere Gesinnungen; er bequemte sich zur Medizin. In derselben brachte er es auch in kurzer Zeit durch seinen unermüdeten Fleiß soweit, daß, ob er gleich noch nicht graduirt war, man ihn nach Herrieden, einem Eichstädtischen Städtchen bei Ansbach, als Stadtphysikus einlud, welchen Ruf er auch annahm. Aber nur eine kurze Zeit hatte er daselbst sein Verbleiben. Der würdige Fürstbischof Johann Anton von Knoebel lud ihn als Leibmedicus zu sich nach Eichstädt, und Morasch gieng dahin, nachdem er im Jahr 1707 das Doctorat in Ingolstadt angenommen hatte.

Es wollte ihm aber auch dieser Platz nicht behagen; er gab zu wiederholten Malen bei der kaiserlichen Stadthalterschaft zu Ingolstadt, welche diese Vestung noch inne hatte, Bittschriften ein, und bewarb sich um einen vierten Lehrstuhl in der medizinischen Fakultät. Er drang auch durch mit einem jährlichen Gehalt von 150 fl. und lud sich damit tausend Verdrüßlichkeiten sowohl von den Lehrern seiner, als der philosophischen Fakultät, welche die atomistische Lehrart verabscheuten, über den Hals. Nichts destoweniger trat er mit vieler Entschlossenheit sein neues Amt an, und vertheidigte unerschrocken Kleinbrods Sätze, welche ihm so nützlich, und unentbehrlich zur theoretischen Medizin zu seyn schienen. Er trug sehr viel bei, daß der Botanische Garten, und das Anatomische Theater im Jahr 1723 sehr verbessert wurden; und reisete einigemal nach Italien, um Gewächse und Pflanzen zum Nutzen, und zur Zierde des Gartens abzuholen.

Nichts konnte seinen Eifer schwächen; es mochte wegen seiner Philosophie, die man damals ketzerisch nannte, geschrieben werden, was nur immer wollte, alles machte ihm keine Mühe; Morasch blieb standhaft, und seinen Gesetzen getreu; er lehrte, wie ihn sein Gewissen überzeugte, und triumphirte ritterlich über alle seine Widersacher, die ihm am Ende selbst noch beipflichteten, und ihn einen Märtyrer für die Wahrheit nannten. Selbst mit dem Wärter des Botanischen Gartens bekam er zuletzt noch Streit, weil Morasch der Urheber wurde, daß man auf der Anatomie statt der Schweine, deren Ueberbleibsel dem Gärtner heimfielen, Menschenkörper zu seziren anfieng, und also dessen Gehalt geschmälert wurde. Lucas Schreck nahm ihn in die kaiserl. Akademie der Naturforscher auf, worin er mit Ehren seine Stelle behauptete.

Er zeugte mit 3 Gattinnen 17 Kinder, ob er gleich immer ine schwächliche Gesundheit hatte, die er aber auch, wie Trey

ing anmerkte, nicht anders haben wollte, weil er sich in Nichts, was ihm immer schädlich war, einen Abbruch zu thun vermochte. Er wurde zweimal zum Rektor Magnificus der Universität gewählt, und starb im 53. Lebensjahr 1734 den 19. December.

Seine Schriften rühmen Mederer in den Annal. der Ingolstädt. Universität Th. 3. S. 192 folg. und die Annal. der baierisch. Litterat. B. 2. S. 117. an.

Morell, Andreas, ein in der Münzwissenschaft bekannter Gelehrter, war anfangs Antiquarius K. Ludwigs XIV. von Frankreich, und nachher Hofrath und Antiquarius des Grafen von Schwarzburg. Dieser Gelehrte wurde zu Bern am 9. Junii 1646 geboren, wo sein Vater, Joh. Jacob, obrigkeitlicher Salzverwalter war. Nachdem er den Grund zu seinem Studieren gelegt hatte, kam er nach Zürich, und in seinem 16ten Jahre nach Genf. Sein vortrefliches Gedächtniß veranlaßte ihn, sich ganz auf die Geschichte und die Erlernung ihrer Hülfswissenschaften zu legen; weil er aber, besonders in jenem Zeitalter, wo die Geschichte noch so wenig kritisch bearbeitet war, überall viele Ungewißheit fand; so nahm er dabei die alten Münzen zu Hülfe, und wendete vielen Fleiß und Kosten auf eine genauere Kenntniß derselben. Er sammelte überall Münzen, und zeichnete sie ab. Carl Patin, mit welchem er Bekanntschaft machte, unterstützte ihn. Zu Paris hatte er einen freien Zutritt in das königliche und andere Cabinette; auch wurde er in die gelehrte Gesellschaft aufgenommen, die in dem Hause des Herzogs von Aumont sich versammelte, die Geschichte der römischen Kaiser aus den Münzen zu erläutern.

Als sich Morell 1680 wegen eines Rechtshandels lange in Paris aufhalten mußte, wurde er daselbst mit den gelehrtesten Leuten bekannt, die ihm die Stelle eines Antiquars im Königl. Kabinet zu wege brachten, dabei er sich bald selbst bei dem König in große Gunst setzte; mit dessen Erlaubniß er auch 1683 ein Specimen rei nummariae, als einen Vorläufer seines großen Münzwerks, herausgab, und sich dadurch so bekannt machte, daß man ihn bald an den Dänischen, wie auch an den Berlinischen Hof verlangte. Allein er blieb in Frankreich, wurde aber wegen geforderter Bezahlung hernach von dem Marquis de Louvois so verfolgt, daß er dreimal in die Bastille gesetzt wurde, und endlich am 6. Nov. 1691 sich heimlich nach Lyon, als man ihn aber auch dort nachsetzte, in sein Vaterland begab, wo er am 12. August 1692 wieder anlangte.

Daß Louvois die Verdienste Morells sehr schlecht belohnte, ist bekannt. Hr. von Haller bemerkt aber hiebei in seiner Bibliothek der Schweizer-Geschichte, 2 Th. S. 298. daß er in den Archiven zu Bern nicht die geringste Spur finde, daß er jemals in der Bastille gewesen sey, wie solches die gemeine Sage sey.

In der Schweitz blieb er ohngefähr anderthalb Jahre; denn 1693 wurde er von dem Grafen zu Schwarzburg-Arnstadt als Hofrath und Antiquar nach Arnstadt berufen, wohin er sich auch zu Anfang des folgendes Jahrs begab. 1695 that er eine Reise nach Holland, machte sich daselbst mit den gelehrtesten Männern bekannt, und ließ hernach sein Specimen rei nummariae zu Leipzig vermehrt wieder auflegen. Seine vornehmste Bemühung war dahin gerichtet, sein großes Münzwerk zu Stande zu bringen. Allein im J. 1699 wurde er aus einer Kutsche geworfen, wo ihm die rechte Achsel sehr verletzt wurde, und das Jahr darauf rührte ihn der Schlag an der rechten Seite, so daß er zu allen Verrichtungen unfähig gemacht wurde. Er starb zu Arnstadt am Schlag am 16. April 1703. Sein Sohn war Dechant zu Bern, und dessen Sohn bedient wirklich eine sehr einträgliche Stelle in seinem Vaterlande.

Morell war wegen seiner großen Geschicklichkeit in der Kenntniß der Münzen sehr berühmt, und brachte seine Geschicklichkeit, besonders als Antiquarius im königlichen Cabinet zu Paris so hoch, daß er einen jeden alten Kaiser oder König sogleich aus dem Gedächtniß zeichnen konnte. Sein Hauptwerk, wodurch er seinen Ruhm auf die Nachwelt brachte, ist der von Haverkamp herausgegebene Thesaurus Morellianus. Viel schrieb er nicht; dagegen zeichnete er eine große Anzahl von Münzen. Zu bemerken sind:

Specimen rei numariae antiquae. Parif. 1683. 8. Vermehrt, Lipf. 1695. in 8.

Lettre touchant les Medailles confulaires, Lateinisch und Französisch. Amstelod. 1702. 12. welchen nachher Christ. Woltereck seinen Electis rei nummariae, Hamb. 1709. 4 p. 42. seq. einverleibt hat.

Thefaurus Morellianus, f. familiarum romanarum Numifmata omnia diligentissime undique conquisita; ad ipforum nummorum fidem accuratissime delineata et iuxta ordinem *Fulvii Urfini* et *Carol. Patini* disposita a cel. Antiquario *Andr. Morello*. Accedunt nummi mifcellanei urbis Romae, Hifpanici, et *Goltziani* dubiae fidei omnes. Nunc primum edidit et Commentario perpetuo illustravit *Sigeb. Havercampus*. Amstelod. 1734. in gr. Folio; 7 Alph. 6 Bogen Text, 15 Bogen Vorrede, Dedic. und Reg. mit 184 besondern Blättern Kupferstiche von Münzen und hier und da eingedruckten einzelnen Kupferstichen. — Die vollständigste Sammlung alter Münzen gab ehemals Hubert Goltz heraus, der Latium, und andere die vor und nach ihm in dieser Wissenschaft gearbeitet haben, weit übertroffen hat. Dieser reisete auf Kösten des Königs von Frankreich, und kaufte alle seltene Münzen, die er bekommen konnte, auf, um die Münz-Cabinete in Frankreich damit zu bereichern. In seine Fußstapfen traten Vaillant und Morell. Dieser vollbrachte seine Reise aus eigenem Trieb und auf eigene Kosten, und da er es jenem mit Aufkaufung der Seltenheiten nicht gleich thun onnte; so half er sich dagegen durch seine Kunst im Zeichnen, und malte alle alte Münzen, die er durch ganz Europa antreffen konnte, aufs genaueste ab. Durch dieses Mittel kam er in Rücksicht seiner gesammelten Stücke dem Goltz bald gleich, übertraf aber denselben an Accuratesse und Sorgfalt im Abschildern. Hierauf nahm er sich nach Goltzens Beispiel vor, die ganze Wissenschaft der alten Münzen in einigen Bänden zu beschreiben, die schon bekannten Münzen gegen die Stücke, die er selbst gesehen und abgezeichnet hatte, zu vergleichen, und, wo sie davon abgiengen, zu verbessern; ihnen aber noch viele unbekannte Stücke, die er hie und da entdecket hatte, beizufügen. Dieses Unternehmen hat er in seiner ersten Schrift: Specimen universae rei nummariae antiquae, die er in Frankreich herausgab, weitläufig angegeben, wo er eben mit Abzeichnung der seltensten Münzen im königlichen Cabinet beschäftigt war. Bei seiner Rückkunft nach Teutschland ließ er diese Schrift in Leipzig vermehrt wieder auflegen; allein da ihn kurz darauf ein Schlagfluß die rechte Seite lähmte, so wurden seinem Vorhaben unvermuthet Grenzen gesetzt, weil er die Hand nicht mehr zum Zeichnen brauchen konnte. Als er unterdessen die nummos Consulares und die nummos Imperatorum von J. G. Menzeln in Leipzig bereits hatte in Kupfer stechen lassen, und sich Hoffnung machte, daß der Buchhändler Thomas Fritsche daselbst den Verlag auf sich nehmen werde; so wollte er nur diese beiden ans Licht stellen, wozu ihm M. Christian Schlegel behülflich seyn sollte, als welcher sich auf Befehl des Grafens von Schwarzburg, der sich die Beförderung eines solchen nützlichen Werkes angelegen seyn ließ, Morells Gedanken in die Feder dictiren lassen sollte. Er wollte da den Kupferstichen der Münzen Fulvii Ursini und Caroli Patini Erklärungen beifügen, und seine Erinnerungen und Verbesserungen darüber mittheilen. Allein er ward durch Krankheiten und endlich gar durch den Tod verhindert, diesen Vorschlag auszuführen. Nach seinem Ableben hat man ein Buch von weißem Papier bei ihm gefunden, an dessen Blätter zwei Exemplare der Ursinischen und Patinianischen Ausgabe angeklebet waren, so daß hin und wieder ein leerer Raum übrig war, worauf er seine Gedanken beisetzen wollte. Allein er hatte noch weiter nichts dazu geschrieben, als daß er bei den Münzen selbst am Rand hinwies, wo man sie bei numismatischen Schriftstellern finden konnte.

Haverkamp hatte selbst eine Sammlung alter, besonders Griechischer Münzen unter den Händen, worin sehr viele unbekannte nummi Regum und Imperatorum beschrieben wurden, und er hatte dem Werke den Namen eines Thesauri regii vorsetzen wollen, auch waren die dazu gehörigen Kupfertafeln, an der Zahl 200, meistens bereits gegraben, als er in Amsterdam bei den Verlegern die Kupferplatten zum gegenwärtigen Werk antraf, die sie nach des Buchhändlers Fritsch Tod an sich gehandelt hatten. Wie hoch er dieses Werk achtete, sieht man daraus, daß er das Seinige liegen ließ, und an diesem seit 5 Jahren arbeitete. Die Ordnung Ursini in seinem Numismatis Familiarum Romanarum in alphabetischer Ordnung nach den Familiis und Gentibus ist beibehalten worden, nur daß noch an gehörigen Orten einige Münzen aus Gorlaeo und viele zuvor ganz unbekannte Stücke eingerückt wurden. Des zweiten Tomi erster Theil enthält Haverkamps Erklärungen der nummorum familiarum Romanarum, die Morell und andere Kenner ungezweifelt für ächt halten, der zweite aber die Erklärungen der nummorum Consularium incertae fidei ab *Huberto Goltzio* aliisque Antiquariis prolatorum. Vier bequeme Register beschließen dieses Werk, das in den Römischen Alterthümern und der Geschichte schätzbare Erläuterungen giebt. Nach 18 Jahren erschien der zweite Thesaurus Morellianus, zu Amsterdam auf Wettsteinische Kosten.

Thesaurus Morellianus, sive *Chrift. Schlegelii, Sigeb. Haverkampi*, et *Anton. Franc. Gorii*, Commentaria in XII. priorum Imperatorum Romanorum numismata aurea, argentea, et aerea, cuiuscunque moduli, diligentissime conquisita, et ad ipsos nummos accuratissime delineata, a celeberrimo Antiquario, *Andr. Morellio*. Accedunt Cl. *Gorii* descriptio Columnae Trajanae, a *Morellio* itidem elegantissime in aes incisae; nec non *Triftani*, *Rubenii*, ac *Harduini*, interpretationes pretiosissimor. aliquot antiquitatis monumentorum, cum Praef. *Petri Wesselingii*. Amstelod. 1752. Drei Theile in Folio. Der erste ist 8 Alph. 4 Bog., und der andere 6 Alphabet 6 Bog. stark; der dritte aber bestehet aus 225 Kupfertafeln, auf welchen die Münzen, die geschnittenen Steine, und die Trajanssäule, welche man hier erklärt hat, abgebildet sind. Vor 28 Jahren erschien eben dieses Morells thesaurus familiarum Romanarum, welchen Haverkamp erläutert hat, da Morell nur blos, wie bei diesem, die Münzen dazu gesammelt, und bei Menzel in Leipzig hatte in Kupfer stechen lassen. Diesem muß man gegenwärtigen von den Münzen der zwölf ersten Kaiser beigesellen. Morell konnte solchen wegen verschiedener Widerwärtigkeiten nicht zu Stande bringen. Chrifti. Schlegel bot ihm also die Hand dazu, und sie wollten ihn gemeinschaftlich ausarbeiten. Hierüber starb Morell vor 50 Jahren, und Schlegel fand bei dem Gothaischen Münzkabinet so viel zu thun, daß er dieses Werk nicht völlig ausarbeiten konnte und darüber im J. 1722 starb. Die Platten und was er davon ausgearbeitet hatte, blieben lange Zeit in Leipzig bei Thomas Fritsch, von dessen Erben es Wettstein kaufte. Haverkamp sollte solches vollends zu Stande bringen, und die Ausgabe besorgen; er wurde aber durch viele andere Arbeiten daran verhindert und starb. Nun wußte man nicht, an wen man sich wegen der völligen Ausarbeitung dieses Werks wenden sollte. Jac. Phil. D'Orville schlug den berühmten Anton Franz Gori in Florenz dazu vor, und dieser übernahm auch solche, und brachte dieses schöne Werk völlig zu Stande.

Schlegels Erläuterungen sind über Jul. Cäsars Münzen und über einige von August, Tiberius, Cajus Caligula, Galba, Otto und Vitellius. Haverkamp hat die übrigen von diesen Kaisern vollends erläutert, doch ist er darin von Schlegeln unterschieden, daß er sich mehr mit Anführung anderer Meinungen und Zeugnisse beschäftiget, als jener. Die übrigen sind von Gori vollends erklärt worden, dessen Gelehrsamkeit und Einsicht in dergleichen Alterthümer sich auch hier nicht verläugnet. Weil aber Morell die Trajanssäule nach den gipsenen Abdrücken, welche K. Ludwig XIV. mit großer Mühe und vielem Fleiß davon machen lassen, sorgfältig abgezeichnet, und genau in Kupfer gestochen hatte, um sie diesem Werke mit beizufügen; so hat Gori die Beschreibung und Erklärung derselben ebenfalls übernommen, und darinnen des Alphonsi Ciacconii Beschreibung der in beiden Dacischen Kriegen verrichteten merkwürdigen Thaten, nach Anleitung dieser Säule, weit übertroffen. Er hat alle darauf vorkommende Bilder, Statuen, Zeichen, und was sonst merkwürdiges davon zu sehen seyn möchte, mit besonderer Gelehrsamkeit und großem Fleiß untersucht und erklärt. Dabei hat er des Titus Vespasians Triumph über die Juden, und die aus dem Tempel zu Jerusalem entführte Beute, beschrieben, und dasjenige mitgenommen, was Hadrian Reland davon angemerkt hat.

Dissertationes et epistolae numismaticae etc.

In Carl Frank Lub. Haas vermischten Beitr. zur Gesch. und Litteratur, Marb. 1784. 8. stehen S. 288 — 293. Briefe von ihm an den Grosvater, Hen. Haasen, einem Berner.

Joh. Ge. Altmann beschrieb sein Leben im Alten und Neuen aus der gelehrten Welt, 1718. P. V. p. 319 — 336. Auch findet man eine sehr artige Lebensbeschreibung von ihm, nebst seinem Bildniß, in der Geschichte der Künstler in der Schweiz, B. 2. S. 169 — 195. S. auch Bibl. raison. V. XII. p. 91 — 109. — Niceron Mém. T. XXXIV. p. 337 — 351. und in der Teutschen Uebersetzung, Th. 21. S. 43 — 53. — Moreri Dict. 1759. T. VII. p. 775. — Iournal helvet. 1770. Nov. p. 229 — 231. — Banduri Bibl. nummar. p. 123 — 126. — Vita Andr. Morellii ab Andr. Petro Iulianellio, Florentinae uniuers. Theologorum Cancellario conscripta, curante Ant. Franc. Gorio, steht zu Anfang der Beschreibung der Columnae Traianae.

Morell, Johann Georg, des innern Raths, Baumeister und Scholarch in der Reichsstadt Augsburg, zeichnete sich um seine Vaterstadt, so wie um die Gelehrsamkeit, durch vielfache Verdienste aus. Er war geboren am 3. Sept. 1690, besuchte anfangs das Augsburger, nachher das Regensburger Gymnasium, bis er 1711 die Universität Jena bezog, und sich dort vorzüglich der Rechtswissenschaft widmete. Nach seiner Zurückkunft ins Vaterland erwarb er sich durch seine Praxin bald eine allgemeine Hochachtung; wurde auch 1718 in einem wichtigen Proceß nach Wien geschickt, wo er ihn vor dem Reichshofrath glücklich endigte.

Im J. 1721 wurde er vom geheimen Rath zu Augsburg zu dem damals neu errichteten Gewerb- und Handwerksgericht als Referendarius angenommen, und nicht lange hernach Assessor des Stadtgerichts. Im J. 1730 wurde er Burgermeister und Deputirter zum geschwornen Amt, (welches die erste Instanz in bürgerlichen Bausachen ist) zugleich auch evangelischen Theils Ober-Kirchenpfleg-Adjunktus; bald darauf 1732 Deputatus bei erst genanntem Gewerb- und Handwerksgericht und Administrator der Wolfgang. Capell-Stiftungen; auch 1739 Deputirter zum Umgeld Amt. Nachdem er 24 Jahre das Burgermeisteramt mit ungemeiner Vorsicht, Eifer und Unerschrockenheit, bei oft sehr gefährlichen Zeitläuften geführt hatte; so wurde er 1754 zum Baumeister (aedilis) erwählt, ihm auch das Scholarchat, und die Deputation zum untern Gottesacker übertragen, welche Aemter er bis an sein Ende rühmlichst verwaltet hat. Er starb am 6. Aug. 1763 in einem ruhmvollen Alter von 73. Jahren.

Obgleich die Morellische Familie viele und große Gelehrte aufweisen kann, (unter welchen Andreas Morell besonders bekannt ist); so hat sie dennoch dieser, der Baumeister Morell, an Geschicklichkeit und Fleiß alle übertroffen. Er war ein Mann von vielem Genie, besonders zu den mathematischen Wissenschaften, ein wirklicher Bauverständiger, und von unermüdetem Fleiße. Zwar ist wenig von ihm im Druck erschienen; aber seine hinterlassenen Manuscripte und Zeichnungen zeugen von seinem ganz außerordentlichen Fleiß. Diese Manuscripte bestehen aus vielen Folianten, und enthalten lauter wichtige Stücke zur Geschichte, und richtigen Erkenntniß der Gerechtsame und Grenzen der Reichsstadt Augsburg, nebst den schönsten Rissen, die er alle eigenhändig verfertigt hat. In seiner mühsamen Beschreibung der Augsburgischen Landvogtey sind seine geometrischen Risse vortreflich, so wie die architectischen von den Epitaphien in der St. Anna-Kirche, die aber nicht zu Ende gebracht worden sind. Er machte auch zu seinem Vergnügen alle Arten von Thermometern, Barometern, u. s. f. und war ein vortreflicher Lateiner und Dichter. Seine letzten ergötzenden Arbeiten waren die elementa historiae urbis Augustae Vindelicorum, welche er zum Gebrauch der studierenden Jugend verfertigte.

Als ein würdiger Anverwandter des großen Münz-Kenners, Andreas Morell, sammelte er sich ein schönes Cabinet, doch schränkte er sich hauptsächlich auf die Münzen und Schaustücke seiner Vaterstadt ein, und bekam von solchen eine ziemlich vollständige Sammlung. Er war es, welcher auch einzelne Stücke von gegossenen oder getriebenen Medaillen, auch wohl poussirten Stücken, welche hie und da in Häusern und Familien ver-

eckt lagen, an das Licht brachte und vervielfältigte, indem er
em gewerbsamen Joh. Georg Hertel in Augsburg Gelegenheit
nachte, sie abzuformen, und durch Abgüsse in Blei bekannter
u machen. Die Morellische Sammlung hat nach seinem Tod
er angesehene Kaufmann, Eman. Borenhart, gekauft.

Neben andern Künsten besaß auch Morell eine besondere
Beschicklichkeit in sehr kleiner Schrift, davon er in jugendlichen
nüßigen Stunden manche Proben gezeigt hat, die ihm auch im
ohen Alter nicht verlassen haben. Allein er war nicht nur dar-
n, sondern in allen Arten Schriften, der zierlichste Schreiber,
og auch, wiewohl er nichts weniger als den Schreibmeister ab-
ab, sondern ein Rechtsgelehrter, und mit ansehnlichen obrig-
eitlichen Würden und Geschäften beladener Mann war, sehr
ute Schüler, die von ihm nicht gerade lernten, sich aber doch
i der Calligraphie durch ihn übten. Dergleichen waren der
astige Stadtcaßier Schleißner, der Einnehmer-Amts-Actua-
ius Ruprecht, der Modelschneider Volkert, so wie auch seine
Herren Söhne, davon der älteste dem Vater mit gleichem Ver-
ienste in der Würde eines Bauherrn nachgefogt ist.

Die im J. 1740 publicirte schöne Bauordnung für die
Reichsstadt Augsburg, so wie auch die 1731 erneuerte muster-
afte Feuerordnung haben Morell zum Verfasser. s. Erlang.
el. Anmerk. 1764. S. 311. und v. Stetten Kunst-Gew. u.
Handw. Gesch. von Augsburg, 1. u. 2. Th.

Mores, Eduard Rowe, ein englischer Gelehrter, unermüdeter Sammler und großer Alterthumsforscher, geboren 1729
u Taunstall in der Grafschaft Kent. Er studierte zu Oxford,
und zeichnete sich hier schon frühzeitig, ehe er noch 20 Jahre
lt wurde, als ein Gelehrter und Alterthumskenner aus, denn
r gab heraus: Nomina et insignia gentilitia nobilium Equi-
umque sub Eduardo I. rege militantium. Er half auch dem
Jac. Ilive bei einer verbesserten Ausgabe von der Hebräischen
Concordanz des Calasius, und ließ eine neue Ausgabe von des
Dionysii Halic. de claris Rhetoribus in 8. drucken. 1752. erwählte ihn die Gesellschaft der Alterthumsforscher zu ihrem Mit-
lied; und 1754 ätzte er 15 von den Zeichnungen aus der
Handschrift in der Bodlejischen Bibliothek. Der Titel von die-
en Kupferstichen ist: Figurae quaedam antiquae ex Caedmonis
monachi paraphraseos in Genesin exemplari peruetusto in Bi-
liotheca Bodlejana adseruato delineatae; ad Anglo-Saxonum
nores, ritus, atque aedificia, seculi praecipue decimi, illustran-
a, in lucem editae. MDCCLIV.

Da ihn sein Vater zum geistlichen Stand bestimmt hatte;
o wurde er 1754 Magister, von welcher Zeit er schon starke
Sammlungen gemacht hatte, welche die Alterthümer ꝛc. von
Oxford, besonders aber von dem Königinkollegium, in welchem
r studirte, betrafen, dessen Archive er in Ordnung brachte, und
daraus zu einer Geschichte desselben starke Auszüge machte.

Nachdem er die Universität verlassen hatte, wendete er einige Zeit zum Reisen an. Nach seiner Rückkehr zu London suchte er bei dem Heroldsamt anzukommen, wozu er auch wegen seiner großen Kenntnisse in der Wappenkunde sehr geschickt war. Er änderte aber nachher seinen Entschluß, und begab sich auf ein erkauftes kleines Gut zu Low-Leyton.

Im J. 1762 suchte er ein Vorhaben auszuführen, davon schon 6 Jahre vorher Dodson, Lehrer der Mathematik am Christshospital, gearbeitet hatte, nämlich eine Tontinen-Gesellschaft zu errichten, von welcher 1765 eine kurze Nachricht heraus kam. Er selbst sollte beständiger Direktor derselben mit einem Jahrgeld von 100 Pf. werden, zog sich aber in der Folge davon zurück. Die Gesellschaft ist noch unter dem Namen der billigen Gesellschaft vorhanden.

In den letztern Jahren seines Lebens beschäftigte sich Mores, der sich schon lange auf die älteste Geschichte der Buchdruckerkunst gelegt hatte, mit einer verbesserten Ausgabe der typographischen Alterthümer, die Ames 1749 herausgegeben hatte. — Mores war ein unermüdeter Sammler, und in den frühern Jahren seines Lebens sehr fleißig, allein gegen das Ende seines Lebens nachläßig, und zerstreut, welches seinen Tod beschleunigte. Er starb 1778 alt 49 Jahre, und hinterließ viele merkwürdige Handschriften, welche die Geschichte und Alterthümer seines Vaterlandes betreffen. s. Bamberger's biogr. Anekd. 1. B. S. 204.

Moretti, Joseph Maria, von Bologna, 1659 geboren. Er trieb bis in sein 30stes Jahr die Buchdruckerkunst, worauf er sich im Zeichnen, und besonders im Formschneiden, übte. In diesem letztern erlangte Moretti ohne einige Unterweisung eine solche Geschicklichkeit, daß seine Blätter der Grabstichelarbeit gleichen. Er ward ein Mitglied der Clementinischen Akademie, und starb 1746.

Morgagni, Johann Baptista, (Giovan Battista) ein großer Anatomiker und erster Professor der Medicin zu Padua, ward zu Forli im Römischen Gebiete am 25. Febr. 1682 geboren, und des Valsalva Schüler, von dem er auch in seinem hohen Alter stets mit der größten Hochachtung sprach. Noch vor dem sechszehenten Jahr seines Alters erhielt er in Bologna, wo er studirte, den Doctorhut. Hier erhielt er seinen Geschmack für Mathematik und Zergliederungskunst. Valsalva nahm sich seiner sehr an, und in einem Alter von 20 Jahren fieng er daselbst anatomische Vorlesungen an. Sein Ruf ward beneidet, und seine Streitschriften raubten der Anatomie viele Zeit. Er erhielt eine anatomische Lehrstelle, und gab seine adversaria anatomica von 1706 an heraus. Den Manget und Bianchi verbesserte und widerlegte er mit Bescheidenheit. Man rief ihn 1715 zum zweiten Lehrer der Medicin nach Padua, wo er sich sehr verdient machte. Er ward bald erster Lehrer, und eines der ersten Mitglieder des Instituts zu Bologna, woran Graf Marsigli schon lange gearbeitet hatte. An Ruysh Stelle ward er Mitglied der Pariser Akademie.

Seine Epistolae anatomicae, die Bôrhave 1728 herausgab, sind im Geschmack der Adversaria anat. verfaßt. Die beiden ersten sind gegen Bianchi, und gleichsam eine Geschichte der Leber, die 18 folgenden sind eigentlich ein Commentar über Valsalva. 1761 gab er in einem Alter von 79 Jahren sein unsterbliches Werk: de sedibus et caussis morborum per anatomen indagatis, heraus. Durch die Erscheinung dieses klassischen Werks ist Boneti und Mangeti bekanntes Sepulchretum mit einem mal verdunkelt worden.

Morgagni starb am 5. Dec. 1771 in einem hohen Alter von beinahe 90 Jahren. Kaiser Joseph II. wünschte bei seinem Aufenthalt in Padua dem verdienten Greise zu seinem hohen Alter persönlich Glück. Die Grabschrift, die sich der wackere Mann ein Jahr vor seinem Ende selbst entwarf: Sepulcrum Morgagni Anatomici et Suorum. Item Gymnasii Patauini Professorum, si quem unquam hic condi juverit, MDCCLXX. zog ihm den Vorwurf der Ruhmsucht zu. Sein Gedächtniß war außerordentlich stark, und seine Gelehrsamkeit sehr ausgebreitet. Er schätzte die Alten, weil er ihren Werth kannte. Der Adel von Forli gab ihm den Adelsbrief. Morgagni war schön, liebte Studieren und Einsamkeit, nahm Fremde artig auf. Sein einziger Sohn erbte von ihm ein großes Vermögen. — Er arbeitete noch als ein ehrwürdiger Greis täglich 8 bis 10 Stunden, und besuchte die Patienten selbst, ob er gleich schon über 80 Jahre alt war

Morgagni's Name ist in der Osteologie durch die nach ihm benannte oberste Muschel im Siebbein (concha superior s. Morgagniana) verewigt.

Die Knorpelscheiben im Kinnbacken- und Kniegelenk hat er mit der ihm eigenen Genauigkeit untersucht und beschrieben.

In der Myologie hat er sich von seinen Vorgängern durch die sorgfältige Aufzeichnung der vorkommenden Varietäten hervorgethan. Besonders die so genannte kleine Myologie ist von Morgagni sehr fleißig bearbeitet worden. Die Muskeln des Larynx, zum Beispiel, sind den Anatomikern durch ihn besser bekannt worden, als vorhin. Ueberhaupt hat er den ganzen Larynx genauer beschrieben, als seine Vorgänger.

In der Splanchnologie hat man die feine Feuchtigkeit zwischen der Cristall-Linse und ihrer Capsel nach seinem Namen benennt. Die kleinen runden Körperchen am Rand der halbmondförmigen Klappen im Herzen und die darin zusammen laufenden Muskelfasern, könnten wohl ebenfalls seinen Namen führen, da sie von ihm zuerst genau beschrieben und abgebildet sind.

In der männlichen Harnröhre entdeckte Morgagni verschiedene Schleimhöhlen, aus welchen wahrscheinlich beim Tripper der vermehrte Schleim herrührt. So auch die an der Krone der Eichel häufig sitzenden Talgdrüsen.

Die so oft zwar beobachtete, aber immer falsch beschriebene Grimmdarmklappe zeigt er zuerst in ihrer wahren Gestalt.

Die weibliche Brust und ihre Milchgänge findet man bei ihm vorzüglich gut beschrieben und abgebildet.

In der Gefäßelehre hat Morgagni weniger geleistet. Inzwischen haben wir eine Schrift de vena sine pari. von ihm, nebst einer Abbildung, welche zwar nicht uneben gerathen, aber durch eine von Albinus herausgegebene weit übertroffen ist.

In der Nervenlehre hat er beinahe über sämmtliche einzelne Nervenpaare seine eigenen Bemerkungen hin und wieder eingestreut; besonders aber die innere Struktur der Nervenknoten untersucht, und hierin seinem jüngern Landsmann Scarpa vorgearbeitet.

Dieß sind nur einige wenige aus den Adversariis Anatomicis des Verf. ausgezeichnete Beispiele von den Bereicherungen, welche die Anatomie Morgagni zu verdanken hat. Es ist schade, daß er keine so gute Künstler bei seinen Kupfern gehabt hat, wie die neuern Italiener. Ich übergehe, um nicht allzu weitläufig zu werden, seine übrigen anatomischen Schriften, so wie auch das unvergleichliche Werk de sedibus et caussis morborum, in welchem der Reichthum des Guten zu groß ist, und dem Auszeichner die Wahl zu schwer macht.

Man muß indessen auch zugeben, daß Morgagni's Schreibart den beinah allen Italienern eigenen Fehler der Weitschweifigkeit und einer gewissen Dunkelheit hat, wovon die Ursache in dem schwerfälligen Latein liegt.

Morgagni kann auch unter die gerichtlich medicinischen Schriftsteller gerechnet werden. In J. D. Metzgers Annalen der Staats-Arznei-Kunde, im 1. und 2ten Stück sind drei Gutachten von ihm übersetzt geliefert, wovon das erste, über die Virginität, das merkwürdigste ist.

Der unermüdete Fleiß des Morgagni, seine Wahrheitsliebe, seine große Gelehrsamkeit und seine nützlichen Entdeckungen verdienen vorzügliche Hochachtung. Seine Berichtigungen erstrecken sich über alle Theile der Anatomie, und über alles Lob erhaben sind seine unschätzbaren Beiträge zur pathologischen Zergliederungskunde.

Seine Schriften sind alle vortreflich. Ich bemerke hier:
Adversaria anatomica. Bonon. 1706 — 19. Voll. VI. in 4. Patavii 1723. Voll. VI. in 4. Lugd. Bat. 1741. Voll. VI. in 4. Venet. 1762. fol. Sie sind, nach dem Ausspruch des Herrn von Hallers, ein Schatz anatomischer Entdeckungen und Berichtigungen, aus eigner und fremder Erfahrung, und mit vie-

Fleiß und Scharfſinn verfaßt. Eigentlich ſind ſie Joh. Jac.
angets Theatro anatom. entgegen geſetzt.
 Epiſtolae duae, altera in Celſum, altera in Q. Ser. Sam-
nicum. Patau. 1721. 8. Hagae Comit. 1722. 4. et ibid. 1724.
Cum Celſi Editione Patau. 1750. Voll. II. in 8. prodierunt
iſtolae ſex. Recuſ. Venet. 1763. Voll. II. in. 12.
 Epiſtolae anatomicae II. edente *Boerhave.* Lugd. Bat. 1728.
it. cum XVIII. Epiſtolis, quae *Valſalvae* Tract. de aure hu-
na a Morgagnio annexae ſunt. Venet. 1762. fol. Patav.
54. fol.
 Ant. Mar. *Valſalva* Tract. de aure humana, cum differt.
tom. (poſthumis). Recenſuit et XVIII. epiſtolis illuſtravit
Bapt. Morgagni. Venet. 1740. 4.
 De ſedibus et cauſis morborum per anatomen indagatis.
net. 1761. Voll. II. in fol. Die neueſte und ſchönſte Ausgabe
ch Tiſſot. Yverdon, 1779. Voll. III. in 4. Teutſch, durch
 Heinr. Königsdörfer, treu aber ſchleppend. Altenburg,
71 — 76. 5 Bände in gr. 8. mit Zuſätzen. Ein ſo wohl für
 Arzt, als Chirurgus, unentbehrliches klaſſiſches Werk!
 Opuſcula miſcellanea, quorum non pauca nunc primum
deunt, tres in partes diviſa. Venet. 1763. P. III. in fol. ſ.
lang. gel. Anmerk. v. J. 1764. in den Beiträgen S. 84.
 Opera omnia. Venet. 1762. Voll. VI. in fol. it. Baſſant
55. Voll. V. in fol.
 Man ſehe: Vita di Morgagni ſcritta da *Giuſ. Moſca.*
lit. II. Neap. 1768. 8. — *Fabroni* Vitae Italor. doctrina
cellentium, Piſa, 1785. gr. 8. Vol. XII. p. 7 — 58. Enthält
s aus Fabroni Dekaden *) aufgenommene Leben mit erhebli-
n Veränderungen. — *Halleri* Bibl. chirurg. Tom. I. p. 572 —
4. Ejusd. Bibl. Anatom. Tom. II. p. 34 — 37. — Maga-
 für die Naturgeſch. des Menſchen, herausgegeben von C.
oſte, 2ten Bandes 2s Stück, (Zittau und Leipz. 1789. 8.)
. 1. — J. D. Metzers Zuſätze und Verbeſſ. zu ſeiner Skizze
er pragm. Litterargeſch. der Medicin, S. 157. u. 166.

 Morgan, Thomas, ein Engliſcher Religionsſpötter, an-
gs Theolog und Prediger unter den Presbyterianern zu
arlborough, hernach Doctor der Arzneikunſt. Er hielt ſich
Jahre in der Afrikaniſchen Barbarei auf, und ſtarb am 14.
n. 1743 zu London.
 Seine Hauptſchrift: The moral philoſopher. Lond. 1738 —
40. Tomi III. in gr. 8. wurde widerlegt von Akinſon, Bur-
 , Chapman, Chandler, Leland, Lowman, Potter,
mith, Warburton, Webber, u. andern.
 Eine Sammlung verſchiedener kleiner Schriften zur Ver-
idigung der Arianer, unter der Aufſchrift: Collection of
acts relating to the Right of private judgement, the ſuffi-

Fabroni vitae Italor. doctrina excellentium, qui Saec. XVIII. florue-
unt. Decas II. (Romae 1769. 8.) p. 287 — 334.

ciency of Scripture and the Terms of Churchcommunion, upon chriſtian principles, occaſion'd by the late trinitarian Controverſy.

Morgenſtern, Johann Lucas, ein Schlachtenmaler zu Frankfurt am Main, wandte ſo wohl in der Zeichnung, als im Colorit, ungemeinen Fleiß an ſeine Arbeit. Weil er aber in der Erfindung etwas ſchwach war, ſo riethen ihm ſeine Freunde, die Architekturmalerei zu ergreifen, worin er nachher mehr Glück hatte. Seine Arbeiten hatten einen ſo guten Erfolg, daß er von Kennern in dieſer Kunſt dem Steenwyk an die Seite geſetzt wurde, denn man kann ſich nichts Sanfteres und Weicheres denken, als ſeine Pinſelzüge. Seine Delfarbengemälde ſind ſo reinlich, als Schmelzarbeit, und die Linien mit dem Pinſel ſo ſcharf gezogen, daß man ſie ſchwerlich auf Papier ſo fein heraus bringen kann. ſ. Neu. hiſt. Handlex. 2. Th.

Moriggia, Jacob Anton, ein berühmter Kardinal, geboren zu Mayland am 23. Febr. 1638. Er ſtammte aus einem alten Geſchlecht her, und einer ſeiner Vorfahren, Jacob Anton Moriggia, iſt einer von den drei Stiftern des Barnabiter-Ordens geweſen, welchem zu Ehren unſer Moriggia, als ein Nachkömmling deſſelben, im J. 1651. nicht nur dieſen Orden, ſondern auch des erſt gedachten Stifters Namen annahm, da er eigentlich Johann Hippolytus hieß. Er brachte es in dieſem Orden durch ſeinen Fleiß, Gelehrſamkeit und gute Aufführung ſo weit, daß er nicht nur Lector der Philoſophie und Theologie in Padua und an andern Orten wurde, ſondern auch einen guten Redner abgab, und fleißig predigte. Er würde auch bei ſeinem Orden zu den höchſten Aemtern gelangt ſeyn, wenn er ſich dieſelben nicht aus Beſcheidenheit verbeten hätte.

Der Grosherzog von Toscana ernannte ihn zu ſeinem Theologen, und Lehrer ſeines Erbprinzens, worauf er ihn wider ſeinen eigenen Willen zum Biſchof zu Miniato, und im folgenden Jahr 1681 zum Erzbiſchof von Florenz beförderte. Dieſem Amt ſtand er 17 Jahre mit großem Ruhm vor, bis ihn endlich Pabſt Innocenz XII. zum Kardinal kreirte, und nach Rom berief. Obgleich Moriggia erſt in der vierten Promotion, die dieſer Pabſt vorgenommen hatte, zu der Würde gelangte; ſo erhielt er doch den Rang über alle andere Kardinäle; ja der heilige Vater wollte auch, daß er ſein Nachfolger in der päbſtlichen Würde ſeyn ſollte. Als er ihn daher zur Kardinals-Würde erhoben hatte, ſagte er: „Habbiano Fatto il Papa," wir haben den künftigen Pabſt gemacht. Allein durch eben dieſe Vorſorge des Pabſts wurde er am meiſten an ſeiner Erhebung gehindert.

Am 2. April 1699 empfieng er den Hut mit dem Prieſtertitel St. Cäcilia, wobei der Pabſt bezeugte, daß er dieſes für die beſte Handlung ſeines ganzen Pontificats halte; er ſehe den neuen Kardinal für eine beſondere Zierde des heil. Collegii an, und wünſche nichts mehr, als daß derſelbe ihm an ſeinem Ende die Augen zudrücken möchte. Bald nach seiner Erhebung gab ihm der Pabst die zwei einträglichen Abteyen im Herzogthum Mayland, Crescenzago und St. Piedro del Olmo. Und weil er ihn nicht gerne von sich lassen wollte; so machte er ihn zum Erzpriester von St. Maria Magaiore, und nöthigte ihn, sein Erzbisthum zu Florenz niederzulegen, welches Moriggia sehr ungern that, auch dem Großherzog, der ihn wohl leiden konnte, nahe gieng. Er nahm darauf seinen beständigen Aufenthalt zu Rom.

Der Kardinal Moriggia hatte verschiedene gute Eigenschaften, die ihn des päbstlichen Stuhls würdig machten. Er verband mit seiner Gelehrsamkeit, die er so wohl in der Theologie und in den Rechten, als in den Sprachen und von deren Wissenschaften besaß, eine ungewöhnliche Bescheidenheit, Rechtschaffenheit und Gottesfurcht. Die Congregationen waren jederzeit mit seinen Meinungen zufrieden, weil man niemals Ursache hatte, ihm zu widersprechen. Auch lebte er mit niemand in Feindschaft. Ohngeachtet aller dieser schätzbaren Eigenschaften konnte er doch nicht zur päbstlichen Würde gelangen, so wie es der Pabst und seine Freunde im Sinn hatten. Man sagte von ihm, er könnte wohl ein guter Bischof, aber kein guter Pabst seyn, weil er niemals eine Nunciatur oder Civil-Bedienung bekleidet, und daher weder den Römischen Hof, noch die Beschaffenheit der Europäischen Staaten kenne; er würde das Meiste den Ministern anvertrauen, die ihn in Ansehung seiner natürlichen Gutherzigkeit gar sehr betrügen würden.

Moriggia wurde also im Conclave 1700 übergangen. Im J. 1701 erhielt er das Bisthum zu Pavia, worauf er Rom verließ, und sich dorthin begab, wo er auch am 8. October 1708 im 75sten Jahr seines Alters, und 10ten seiner Kardinalswürde starb. — s. Merkw. Lebensgesch. aller Kardinäle rc. . Th. S. 104.

Moritz, Fürst zu Anhalt rc. Königl. Preußischer Generalfeldmarschall, Ritter des schwarzen Adlerordens, Obrister eines Regiments zu Fuß und Domprobst zu Brandenburg, einer der größten Feldherren des XVIII. Jahrhunderts, war des berühmten Kriegshelden, Leopold I. Fürsten von Anhalt, jüngster Sohn, und erblickte das Licht der Welt auf dem Schlosse zu Dessau den 1. October 1712. Moritz wurde unter den Augen seines Vaters erzogen. Man suchte dabei seine Neigungen nicht zu verändern, sondern nur zu verbessern. Man wollte der Natur keinen Zwang anthun, sondern nur die Hindernisse wegräumen, die sich derselben in den Weg legen könnten, ihre Entwürfe zu vereiteln: und so entdeckte man bald, daß sie aus dem Prinzen einen Helden zu bilden vorhätte. Um Moritzen alsbald in diese Laufbahn großer Seelen einzuführen, errichtete ihm der Fürst 1718 eine eigene Compagnie, die aus drei alten Unteroffiziers, zwei Trommelschlägern, einem Pfeifer und 60 Jünglingen bestand. In dieser Schule sollte der Prinz die Waffenübungen lernen, und die ersten Gründe eines Kriegsbefehlshaber fassen. Zugleich aber diente diese Compagnie zu einer Pflanzschule des schönen Regiments-Infanterie, welches seinem Vater gehörte. Weil Moritz den Preußischen Kriegsdiensten sich zu widmen entschlossen, so übernahm König Friedrich Wilhelm 1720 diese Compagnie und gab ihr den Sold und die Kleidung des Alt-Anhältischen Regiments; ungeachtet sie noch immer ihr Standlager entweder zu Dessau oder zu Oranienbaum hatte. Seit dieser Zeit muß man den Prinzen als einen Preußischen Offizier ansehen. 1721 führte er diese Compagnie das erstemal zu Dessau dem König vor, und 1722 geschah solches zu Magdeburg. 1723 fieng er an allen Jagden zu Pferd mit beizuwohnen, welches seinen Körper abhärtete, und zum Soldaten immer tüchtiger machte. Seit 1725 war der Prinz fast bei allen Preußischen Musterungen gegenwärtig, und erhielt 1727 vom König eine Compagnie unter dem Arnimschen Regiment zu Magdeburg, wodurch die bisher gehabte Compagnie der Jünglinge aus dem Preußischen wieder in Anhältischen Sold kam; der Prinz aber mußte in Magdeburg alle Dienste eines Hauptmanns versehen, woselbst zugleich der Obriste und Anführer des Arnimschen Regiments, Graf Alexander zu Dohna die weitere Unterweisung des Prinzen in Kriegsdiensten übernahm. Noch in eben diesem Jahr aber vertauschte der Prinz diese Compagnie gegen eine andere unter dem Alt-Anhältischen Regiment, um seine Dienste unter den Augen des Herrn Vaters zu thun. Im 17ten Jahr seines Alters wurde der Prinz in der großen Dessauischen Stadtkirche öffentlich der evangelisch-reformirten Kirche einverleibt. Als um diese Zeit zwischen dem Preußischen und Hanöverschen Hofe einige Irrungen entstunden, und hierüber alle Preußische Regimenter Befehl erhielten, sich bereit zu halten ins Feld rücken zu können, ernennte Friedrich Wilhelm den Prinzen zum Generaladjutanten bei seinem Herrn Vater. Doch diese Streitigkeiten wurden durch Vermittlung der Braunschweig-Wolfenbüttelschen und Sachsen-Gothaischen Höfe gütlich beigelegt. Als Moritz 1731 der Musterung einiger Regimenter bei Berlin beiwohnte, ernannte ihn der König vom Hauptmann gleich zum Obristlieutenant und vertraute ihm die Anführung des dritten Bataillons des Alt-Anhältischen Regiments an. Das folgende Jahr mußte der Prinz das erste Bataillon anführen, und er that es zu solcher Zufriedenheit des Monarchen, daß ihm solcher die Anwartschaft auf die einträgliche Dompropstey zu Brandenburg ertheilte. Als nach Königs August in Pohlen 1733 erfolgtem Tod wegen der neuen Königswahl ein Krieg mit Frankreich ausbrach, und 10000 Preußen unter dem Generallieutenant von Röder zur Reichsmacht stießen, wurde der Prinz, unter Eugens Anführung an der Ehre dieses Feldzugs Theil zu haben, 1734 als Obristlieutenant an das Golzische angestellt, weil das Alt-Anhältische nicht mit zu Felde gieng. Das foljende) Jahr 1735 wohnte er dem Feldzuge mit des Königs Bewilligung als Freiwilliger an der Seite seines Herrn Bruders Leopold Maximilian bei, welcher die Preußischen Völker, so lange der König und beider Prinzen Herr Vater nicht selbst zugegen waren, als Generallieutenant befehligte. Nach dem 1736 geschlossenen Frieden fiel dem Prinzen durch den Tod des Feldmarschalls von Grumkow die Domprobstey Brandenburg wirklich zu. Bei der im Jun. gehaltenen Musterung ernannte ihn der König zum Obristen des Fußvolks, und ließ in den Bestallungsbrief das Jahr 1732 setzen; ehe das Jahr 1736 vollends zu Ende gieng, ward der Prinz Commandeur des Alt-Anhältischen, aus drei Bataillons bestehenden, Regiments. In dem nach Kaiser Carls VI. Tod 1740 ausgebrochenen ersten Schlesischen Krieg kam zwar der Prinz nicht gleich Anfangs nach Schlesien, weil das Alt-Anhältische Regiment, die zwei Grenadiercompagnien ausgenommen, die nach Schlesien gezogen wurden, in das gegen Hannover bei der Stadt Brandenburg 1741 zusammengezogene Lager rücken mußte. Als er aber im Jul. nach Absterben des Feldmarschalls von Borck, dessen in Schlesien stehendes Regiment erhielt, gieng er nach dem königl. Heere ab, so damals nach der Molwitzer Schlacht und Belagerung von Brieg bei Friedewalde gelagert war. Von dieser Zeit an wohnte Moritz allen dortigen Kriegsunternehmungen bei, deren verschiedene seiner eigenen Anführung anvertraut wurden, und diente als ältester Oberster bei der Belagerung und Eroberung von Neuß. Noch in dem Winter 1741 mußte er mit seinem Regiment, nachdem er solches in vier Wochen vollzählich gemacht, zu dem Prinzen Dieterich, seinem Bruder stoßen, der 10 bis 12000 Preußen, Sachsen, Franzosen und pohlnische Ulanen befehligte. Man gieng auf den feindlichen Feldmarschall von Lobkowitz, der zu Iglau stand, los. Er erwartete aber den Angriff nicht, und Dieterichs Völker giengen aus einander. Moritz kam mit seinem Regiment in Laab, sechs Meilen von Wien, zu stehen. 1742 wohnte er anfangs bei Einbruch in Ungarn bei, den Prinz Dieterich verrichtete. Hierauf stand der Prinz mit seinem Regiment unter dem Obeeefehl seines Herrn Vaters in Schlesien, als der König den 7ten Mai 1742 bei Czaslau siegte. Nachdem gleich den Monat darauf der Breslauer Friede geschlossen wurde, führte der Prinz sein Regiment in dessen Standlager nach Stargard in Pommern ab. Der König ernannte ihn hierauf, zur Bezeugung seiner Zufriedenheit über dessen sämmtliche bisherige Dienste, den 31. Jul. 1742 zum Generalmajor des Fußvolks. Als 1744 der zweite Krieg gegen Oesterreich ausbrach, führte Prinz Moritz den Vorderzug der unter seinem Bruder Leopold stehenden Preußischen Völker durch Sachsen nach Böhmen, wohnte der Belagerung und Eroberung von Prag bei, und führte nachgehends auf dem Rückzug nach Schlesien den Nachzug. In den Winterlägern zu Frankenstein mußte er ein heftiges hitziges Fieber, wobei sich die Flecken zeigten,

J

oder die sogenannten Ungarischen Petetschen ausstehen. Es war dieß die einzige Krankheit, die den Prinzen bis in sein 45stes Jahr betroffen hatte. In dem Treffen bei Hohenfriedberg den 4 Jun. 1745 führte er auf dem rechten Flügel das erste Treffen des Fußvolks, und that mit seiner Brigade den ersten Angriff auf den feindlichen linken Flügel. Die Sachsen, auf die er stieß, wurden bald zum Weichen gebracht, und der Prinz trug hiedurch vieles zum erhaltenen Sieg bei. Das Preußische Heer rückte hierauf in Böhmen, und bezog das Lager bei Chlum. Hier erklärte der König den Prinzen den 20. Jul. 1745 zum Generallieutenant, und um seine Verdienste desto deutlicher zu beweisen, ward ihm der Rang vom 15. Jul. 1745 unter den Generallieutenant angewiesen. Zwei Tage nach dieser Erhöhung mußte Moritz mit einigen Völkern zu dem Heere abgehen, das der König unter dem Oberbefehl des alten Fürsten Leopold im Magdeburgischen zusammen zog. Als zu Ende des Novembers der Einbruch in Sachsen geschah, so wurden unter Moritzens Anführung den 29. besagten Monats die Sächsischen Verschanzungen Eutritsch bei Leipzig ohne Blutvergießen bloß durch die Husaren eingenommen. In dem Treffen bei Kesselsdorf den 15. Dec. führte Moritz das Fußvolk des linken Flügels an, drang durch Gräben und Moräste, und hatte großen Antheil an dem Siege. Das Pferd, das er ritt, ward dreimal verwundet, und eine Kanonenkugel war ihm durch den rechten Rockschooß gegangen; doch kam er selber ohne Verletzung davon. Er erhielt hievor den 7. Dec. an welchem Tage der König bei dem Heer anlangte, den schwarzen Adlerorden, und begleitete in diesem Schmuck den Monarchen über das Schlachtfeld. Acht Tage darauf ward der Dresdner Friede geschlossen, worauf der Prinz sein Regiment wieder nach Stargard abführte. Da derselbe von seinem Herrn Vater, der den 7. Apr. 1747 verstarb, von Jugend auf auch zur Landwirthschaft mit großer Sorgfalt angehalten worden war, so wußte ihn der König nun auch im Frieden wohl zu gebrauchen. Der Monarch beschloß, alte noch wüste Gegenden in Pommern und den Marken urbar zu machen, und mit Fremden und Ausländern anzubauen. Moritz mußte deswegen überall in Person herumreisen. Es wurden bis 200 neue Dörfer in Vorschlag gebracht, worunter einige von 60 bis 70 Familien angebauet werden sollten. Der Fürst überreichte dem König seine Vorschläge; der Monarch genehmigte sie, und ertheilte ihm den Auftrag, sich die folgenden 5 Jahre mit dieser Einrichtung zu beschäftigen. Als es 1756 zum neuen Bruch zwischen Preußen und Oesterreich kommen sollte, würdigte der König den Fürsten eines vorzüglichen Vertrauns. Den 1. Sept. 1756 kam er mit seinem Haufen vor Wittenberg, fand aber die Stadt bereits verlassen. Eben so gieng es mit den andern Sächsischen Städten, die Residenz Dresden nicht ausgenommen. Da der König nach Böhmen rückte, um bei Lowositz zu schlagen, blieb Moritz in Sachsen bei den Völkern zurücke, welche unter dem Markgrafen Carl

die Sachsen bei Pirna eingeschlossen hielten. Den 13. Oct.
suchten die Sachsen abzuziehen; Moritz aber, so zuerst davon
benachrichtigt ward, gieng ihnen alsbald so zu Leibe, daß sie
von ihrem Vornehmen abstehen mußten. Er trug also vieles
dazu bei, daß der König das ganze Sächsische Heer gefangen
bekam. Währender Winterquartiere trug ihm der König auf, die
übernommenen Sächsischen Regimenter in den Preußischen Kriegsübungen zu unterrichten. Moritz that den Absichten des Königs
vollkommene Genüge; nur daß er die Herzen dieser Leute nicht
umschaffen konnte. Zu Anfang des Frühlings 1757 mußte der
Fürst mit 20000 Mann durch das Voigtland gegen die Oberpfalz und Eger vorrücken, um die Aufmerksamkeit des Feindes
dahin zu ziehen, und hielt daselbst wirklich mit den Völkern
des Herzogs von Aremberg ein leichtes Treffen, bis er endlich
in zwei Haufen selber in Böhmen einbrach, welche bei Commo-
tau wieder zusammen stießen. Als die große Schlacht bei Prag
den 6. Mai vorfiel, hatte Moritz einen eigenen Theil von dem
Heere unter sich, das unter des Feldmarschalls von Keith Anführung disseits der Moldau verblieben war. Den 21. Mai
erklärte ihn der König zum General des Fußvolks. In dem unglücklichen Treffen bei Collin führte er den linken Flügel an;
er that alles, was von dem erfahrensten Feldherrn erwartet werden konnte, büßte ein Pferd unter dem Leib ein, und führte
endlich auf erhaltenen Befehl sein Fußvolk mit bewunderungs-
würdiger Ordnung vom Schlachtfeld über Planian nach Nien-
burg ab. Nachdem der König in die Lausitz gezogen, blieb
Moritz mit einem Haufen Völker bei Cotta in Sachsen an der
Böhmischen Gränze stehen. Den Ueberfall, womit der feindliche
General Haddik Berlin heimsuchte, konnte er zwar nicht hindern, doch richtete er durch seinen eben so klugen als geschwin-
den Zug so viel aus, daß der Feind sich kaum vom 16. Octobr.
bis den 17. Morgens in den Vorstädten von Berlin aufhalten
durfte. Den folgenden Tag langte der Fürst daselbst an. Im
Treffen bei Roßbach den 5. Nov. that er mit dem linken Flügel
des Preußischen Fußvolks den ersten Angrif, und wohnte der
Schlacht, wobei zwar nur sieben Preußische Bataillons ins
Feuer gekommen, bis zu Ende auf eine so thätige Art bei, daß
der König eine große Zufriedenheit über sein Wohlverhalten bezeugte. Moritz begleitete hierauf den König nach Schlesien, und
führte in dem entscheidenden Treffen bei Lissa den 5. December
den rechten Preußischen Flügel an, der den Angrif thun sollte.
Zwei kleine Kugeln schlugen auf seinem Leibe auf, ohne jedoch
durchzudringen; der Fürst kam aufs dritte Pferd, und that sich
durchaus also hervor, daß ihn der König auf dem Schlachtfelde
zum Generalfeldmarschall ernannte. Nach der Eroberung von
Breslau nahm der Fürst, ehe er die Winterlager bezog, noch Liegnitz
auf Bedingungen ein. Die nach dem Treffen bei Collin von dem
Reichshofrath wider den König unternommenen Avocatorien hatten auch in Ansehung des Prinzen, als eines Reichsfürsten, die

Wirkung, daß derselbe aus den Preußischen Diensten abgerufen wurde. Es geschahe solches unter harten Bedrohungen. So ungern auch Moritz das Preußische Heer verlassen haben würde, so that er dennoch zu vier verschiedenen malen dieserwegen Ansuchung bei dem König. Der Monarch, der des Fürsten Herz kannte, ertheilte ihm statt der Antwort einen Auftrag, der seiner hohen Kriegsstelle gemäß war, nach dessen Ausführung er eine Antwort auf seine Schreiben erhalten sollte. Im Feldzug 1758 wohnte er der Belagerung von Olmütz bei, und führte nach Aufhebung derselben den Vorderzug des Heers durch Böhmen bis Königsgräz. An dem Sieg, den der König den 24. August bei Zorndorf über die Russen erfocht, hatte er vorzüglichen Antheil. Wenige Tage hernach folgte der Fürst dem König mit dem Fußvolk nach Sachsen, dahin der Monarch mit der Reuterei bereits vorausgegangen war. Die Preußen lagerten sich unweit Pilnitz oberwärts Dresden. Sie standen so vortheilhaft, daß der kaiserliche Feldmarschall Graf Daun sich gezwungen sah, sein Lager bei Stolpe zu verlassen, und sich in die Gegend von Görlitz zu ziehen. Der König folgte den Oestreichern über Bautzen bis Hochkirch. Hier standen beide Heere vier Tage einander im Gesicht. Endlich erfolgte in der Nacht vom 13ten bis 14ten October ein Ueberfall der Oesterreicher auf den rechten Flügel des Preußischen Heers, welcher dem Feind auch so weit gelungen war, daß derselbe den Posten bei Hochkirchen besetzte. Der Fürst hatte eigentlich den linken Flügel zu befehligen. Er hatte aber von dem König den Auftrag bekommen, alles mit anzuwenden, daß der Posten von Hochkirchen auf dem rechten Flügel behauptet würde. Aus dieser Ursache fand er sich auf dem rechten Flügel, den der Generalfeldmarschall Keith anführte, ein. Er setzte sich vor die Spitze von 6 Bataillons des rechten Flügels. Mit diesen drang er in das Dorf Hochkirchen ein, fand aber das Unterdorf schon von den Oesterreichern besetzt. Moritz begab sich daher vor das erste Treffen, und gieng damit auf das Unterdorf los. In dem Dorfe fanden sich einige einzelne Grenadierposten. Als der Fürst weiter um das Dorf herum ritte, rückte eine geschlossene Oesterreichische Grenadiercompagnie in das Dorf ein. Er war nur mit seinem Adjutanten allein. Dieß bewog ihn zurückzureiten. Er wollte die beiden Regimenter von Fercade und von Wedel hohlen, und mit denselben unterwärts von dem Dorfe Besitz nehmen. Indessen aber ward seinem Pferde das Gebiß aus dem Maul geschossen. Gleich darauf traf ihn selbst eine matte Kugel auf die linke Schulter, ohne ihn jedoch zu verwunden. Ehe er aber bei den vorgemeldeten zwei Regimentern sich einfinden konnte, ward er mit einer Flintenkugel getroffen. Sie gieng durch den Leib zwischen den Ribben durch, ohne jedoch einen Knochen zu beschädigen. Es erfolgte hierauf ein starkes Verbluten. Der Fürst ließ sich hinter das Heer in das Dorf Baruth bringen. Hier ward er verbunden, da er sich wegen des vielen vergossenen Bluts schon ganz kraftes befand. Man wollte ihn hierauf nach Bautzen bringen. Allein hier wartete noch ein härteres Schicksal auf ihn. Ein abgeschickter Oesterreichischer Husaren- und Pandurenhaufe hatte das Glück ihn zum Gefangenen zu machen. Doch erhielt er auf ein gegebenes Ehrenwort die Erlaubniß seine Reise nach Bautzen fortzusetzen. So bald der Fürst das Fahren aushalten konnte, ließ er sich nach Dessau bringen. Obgleich die Kugel zweimal zwischen den Ribben durch, längst der Lunge, am Rückrab vorbeigegangen, so fand er sich doch, weil kein Knochen berührt war, bei Ausgang des Decembers wieder hergestellt. Allein ein weit fürchterlicheres Uebel verkürzte nach und nach des Fürsten Leben. Er hatte den ganzen Feldzug von 1758 einen Schaden an der Lippe gehabt. Zu Anfang des Jahrs 1759 zeigten sich alle Merkmale eines fürchterlichen Krebsschadens. Man gebrauchte zwar alle ersinnliche Mittel darwider, allein das Uebel nahm immer mehr überhand, doch ließ er sich solches nicht hindern, verschiedene nützliche Einrichtungen zu machen, besonders den neuen Bau bei seinem Pallast zu Dessau zu vollenden. Mit dem Anfang des 1760sten Jahrs wurde die Krankheit gefährlicher; der Fürst blieb von dieser Zeit an immer in den Zimmern, erlaubte seinen Geschwistern und nächsten Anverwandten nur seltene Besuche, und beschäftigte sich theils allein theils in Gesellschaft reformirter Geistlicher nur mit der Ewigkeit, in die er endlich den 11. April 1760 übergieng. Er war ein Prinz von ansehnlicher Größe, wohlgebildet, und konnte sich einer vortreflichen Gesundheit rühmen. Er konnte die stärkste Hitze und die strengste Kälte leicht ertragen, und was andere gänzlich entkräftete, war bei ihm nur Mühwaltung. Seiner eigenen Verordnung gemäß ward der entseelte Leichnam in die völlige Heldentracht eines Königlich-Preußischen Offiziers von dem Regiment, das er gehabt, eingekleidet, und den 15. April in aller Stille in der Fürstl. Gruft beigesetzt. Man sehe von ihm: Ladvocat Theil 3. S. 260. und Joh. Christoph Krausens Fortsetzung der Bertramischen Geschichte des Hauses Anhalt. Halle 1782. Theil 2. S. 557.

Moritz, Markus Joseph, öffentlicher Lehrer der Entbindungskunst zu Trier, ein Mann, der geschickt und glücklich in der Ausübung seiner Kunst war, und im April 1789 starb. Sein Vater, als welchem er als geschworner Accoucheur und Lehrer der Hebammen adjungirt war, starb nicht lange vorher. Er hieß Anton Moritz, und hinterließ ein Werkchen über die Entbindungskunst zum Gebrauch bei seinem Unterricht der Hebammen.

Moritz, Graf von Sachsen, General-Marschall der Französischen Kriegsheere, einer der berühmtesten und größten Feldherren des achtzehnten Jahrhunderts geboren am 15. Octobr. 1696 in einem Dorfe bei Magdeburg. Er war ein natürlicher

Sohn von Friedrich August I. Churfürsten in Sachsen und König in Pohlen und der Gräfin Aurora von Königsmark, aus einem der ansehnlichsten Schwedischen Häuser. Er wurde mit vieler Sorgfalt standesmäßig anfänglich zu Berlin und hernach zu Warschau erzogen, und zum Grafen von der Raute erklärt. Schon in seiner Kindheit gab er ganz unzweifelhafte Merkmale von seiner Neigung zu den Waffen von sich. Er war kaum aus der Wiege, als er nach nichts als nach Trommeln und Pauken verlangte, deren Getöne ihm sehr wohl gefiel. Je mehr er an Alter zunahm, desto begieriger lief er dem Platze zu, wo die Soldaten ihre Kriegsübungen machten, und so bald er wieder in sein Zimmer zurückgekommen war, so nahm er Kinder von seinem Alter zu sich und ahmte im Kleinen nach, was er im Großen gesehen hatte. Vom Studiren und vom Latein wollte er nicht reden hören. Reiten und Fechten waren seine einzige Beschäftigung. Man hatte alle Mühe von der Welt, um ihn Lesen und Schreiben zu lehren, und bloß das Versprechen, daß er Nachmittags ausreiten dürfe, konnte ihn vermögen, daß er des Morgens etliche Stunden studirte. Er hatte gerne Franzosen um sich; daher auch die Französische die einzige fremde Sprache war, die er nach Grundsätzen zu lernen verlangte. Der Graf von Sachsen begleitete den König von Pohlen in allen seinen Kriegsunternehmungen und lernte zuerst in den Gefechten gegen Frankreich die Kunst, Frankreich zu beschützen. Die mächtigsten und glücklichsten Feinde dieses Staats wurden die Lehrmeister desjenigen, der eben diesen Staat gegen jene Nation siegreich machen sollte. Im Jahr 1708 befand er sich in seinem 12 Jahr als General-Aide-Major des Generals von Schulenburg, der den Oberbefehl über die Sächsischen Völker führte, bei der Belagerung von Lille, und begab sich unter den Augen des Königs, der seine Unerschrockenheit bewunderte, öfters in die Laufgräben, so wohl vor der Stadt, als vor der Citadelle. Eben dergleichen that er das folgende Jahr in der Belagerung von Tournai, wo er zweimal in Lebensgefahr war. Den 11. Sept. eben dieses Jahrs that er im blutigen Treffen bei Malplaquet Wunder der Tapferkeit, und verlor durch das ungeheure Blutbad so gar seine Standhaftigkeit nicht, daß er des Abends sagte: er sey mit diesem Tag vor seinen Theil wohl zufrieden. Der Feldzug von 1710 war nicht weniger rühmlich für ihn, und der Herzog von Marlborough und der Prinz Eugen legten ihm öffentlich Lobsprüche bei. Er begleitete 1711 den König von Pohlen zur Belagerung von Stralsund, und schwamm vor den Augen des Feindes mit der Pistole in der Hand durch den Fluß. Drei Offiziers und über 20 Soldaten, die während dieses Uebergangs an seinen Seiten niedergeschossen wurden, rührten ihn nicht. Unter diesem Bestreben nach Verdiensten, erhielt er den Titel und Rang eines Grafen von Sachsen, von seinem Vater, welcher, nach dem Tode des Kaisers Joseph, das Reichsvicariat führte. Nach seiner Rückkunft nach Dresden ließ ihn der König, der ein Zeuge von seiner Fähigkeit und Er-

.... gewesen war, ein Regiment Reuterei errichten. Der Graf
von Sachsen brachte den Winter damit zu, sein Regiment die
neuen Wendungen machen zu lassen, die er ausgesonnen hatte,
und führte solches das folgende Jahr gegen die Schweden. Er
wohnte den 20. December 1712 der blutigen Schlacht bei Gade-
busch bei, wo sein Regiment, das er dreimal ins Treffen geführt, sehr gelitten. Ein zweiter bleibender Zug in dem Charakter des jungen Grafen ward schon in Dresden gebildet, die Liebe
zum sinnlichen Vergnügen und zum schönen Geschlecht. Er
zieng nach diesem Feldzug wieder nach Dresden zurück, wo ihn
seine Mutter, die Gräfin von Königsmark, mit der jungen
Gräfin von Löben, einer reichen und sehr liebenswürdigen Dame, so den Namen Victoria führte, vermählte. Der Graf von
Sachsen hat nachmals gesagt, daß dieser Name eben so viel zu
seiner Wahl vor die Gräfin von Löben beigetragen, als ihre
Schönheit und ihre großen Einkünfte. Er zeugte einen Sohn
mit ihr, der aber in der Kindheit starb. Nach der Zeit ent-
zweyete er sich mit ihr, und ließ sich 1721 von ihr scheiden.
Er versprach der Gräfin, sich niemals wieder zu vermählen,
und hielt sein Wort. Die Gräfin heyrathete bald hernach einen
Sächsischen Offizier, dem sie drei Kinder gebahr, und mit dem
sie wohl lebte. Die Gräfin willigte sehr ungern in diese Ehescheidung, und der Graf hat es nachmals oft bereut, daß er
solchen Schritt gemacht. In dem Krieg gegen die Schweden
fuhr er fort sich hervor zu thun. Im Decemb. 1715 war er
auch vor Stralsund, als Carl XII. darin eingeschlossen war.
Das Verlangen, diesen Helden zu sehen, bewog ihn, daß er
sich bei allen Ausfällen der Belagerten unter die ersten stellte,
und bei Eroberung eines Hornwerks hatte er das Vergnügen,
ihn mitten unter seinen Grenadiers wahrzunehmen. Die gesammte Aufführung dieses berühmten Helden prägte dem Grafen
eine große Ehrfurcht gegen ihn ein, die er sein Lebtag für seinen Namen behalten hat. Bald hernach erhielt er die Erlaubniß, in Ungarn gegen die Türken zu dienen, und kam den 2 Jul.
1717 im Lager bei Belgrad an, wo ihn der Prinz Eugen auf
eine sehr gnädige Weise empfieng. Als er 1718 nach Pohlen zurück kam, beehrte ihn der König mit dem weißen Adlerorden.
Im Jahr 1720 kam er nach Frankreich, wo ihn der Herzog Regent zum Marechal de Camp erklärte. Der König in Pohlen
erlaubte ihm hierauf in Französische Dienste zu treten. Er kaufte in denselben 1722 ein Teutsches Regiment, so nachher seinen
Namen führte. Er veränderte bei diesem Regimente seine alten
Uebungen, und ließ dasselbe neue lernen, die er selber erfunden
hatte. Der Ritter Follard, der solche ansah, prophezeihte schon
damals in seinem Comment. sur Polybe Tom. II. chap. 14, daß
der Graf von Sachsen ein großer Feldherr werden würde.
Während seines Aufenthalts in Frankreich lernte er mit einer
erstaunlichen Fertigkeit die Kriegsbaukunst und die Mathematik
bis auf das Jahr 1725. Als der Herzog von Curland und

Semigallien, Ferdinand, im December dieses Jahrs gefährlich krank wurde, trachtete der Graf von Sachsen Herr von diesem Herzogthum zu werden. Er that in dieser Absicht eine Reise nach Mietau, wo er den 18. Mai 1726 anlangte. Er wurde von den Ständen mit offenen Armen aufgenommen, und hielt verschiedene Unterredungen mit der verwittibten Herzogin, welche seit ihres Gemahls Tod ihr Hoflager in dieser Stadt hatte. Diese Prinzessin hatte ihn lieb gewonnen, und that, in der Hofnung, ihn, wann er Herzog würde, zu heyrathen, alles mögliche, um sein Vorhaben zu unterstützen. Es war solche die Prinzessin Anna Iwanowna, zweite Tochter des Russischen Czaars Iwan Alexowitz, des Bruders von Peter dem Großen. Sie ließ sich die Sache so eifrig angelegen seyn, und brachte es so weit, daß der Graf von Sachsen den 5. Jul. 1726 einmüthiglich zum Herzog von Curland und Semigallien und Nachfolger des Herzogs Ferdinand gewählt wurde. Die Russen und Pohlen widersetzten sich dieser Wahl; die Herzogin von Curland aber unterstützte solche mit allem ihrem Ansehen. Sie reisete selbst nach Riga und Petersburg, und verdoppelte ihre Bemühungen zum Vortheil der geschehenen Wahl; und es scheint richtig zu seyn, daß, wann der Graf die Herzogin hätte lieben wollen, er nicht nur sich in Curland behauptet, sondern auch den Russischen Thron, den diese Prinzessin nachmals bestiegen, mit ihr getheilt haben würde. Allein ein Liebeshandel, den er während seines Aufenthalts zu Mietau mit einer Hoffräulein der Herzogin gehabt, zerriß die Heyrath, und vermochte die Herzogin sich des Grafen nicht weiter anzunehmen, weil sie keine Hofnung hatte, daß sich seine Unbeständigkeit jemals fest setzen werde. Von diesem Augenblick an wurden seine Sachen rückgängig, und er sahe sich genöthigt 1729 wieder nach Paris zu gehen. Ein besonders merkwürdiger Umstand bei dieser Unternehmung des Grafen war, daß, als er aus Curland um Volk und Geld nach Frankreich schrieb, Mademoiselle le Couvrer, eine berühmte Comödiantin, die ihm damals ergeben war, ihre Juwelen und Silbergeschirre versetzte, und ihm eine Summe von 40000 Livres übermachte. Nach seiner Rückkunft nach Paris suchte der Graf von Sachsen in der Mathematik vollkommener zu werden, und fand auch Geschmack an der Mechanik. Er schlug 1733 den Oberbefehl über die Polnische Armee aus, die ihm der König antrug, und that sich vielmehr am Rhein unter der Anführung des Marschalls von Berwick, besonders bei den Linien bei Ettlingen und in der Belagerung von Philippsburg hervor. Den 1. August 1734 wurde er Generallieutenant. Als nach Kaiser Carls des Sechsten Tod sich ein neuer Krieg entzündete, nahm der Graf von Sachsen den 26. November 1741 die Stadt Prag mit Sturm, und hierauf Eger und Ellnbogen ein. Er richtete ein Regiment Uhlanen auf, und führte die Armee des Marschalls von Broglio an den Rhein zurück, wo er verschiedene Postirungen ausstellte, und die Linien bei Lauterburg eroberte. Den

26. März 1744 ward er zum Marschall von Frankreich ernennt, und erhielt den Oberbefehl über eine besondere Armee in Flandern. Er beobachtete die Feinde, die ihm doch überlegen waren, so genau, und zeigte solche Kriegserfahrenheit, daß er sie in der Unthätigkeit erhielt, daß sie nichts unternehmen konnten. Dieser Feldzug in Flandern brachte dem Marschall von Sachsen viel Ehre, und wurde in Frankreich für ein Meisterstück der Kriegswissenschaft angesehen. Er gewann, unter den Befehlen des Königs, den 11. Mai 1745 die berühmte Schlacht bei Fontenay, wo er, obgleich krank und kraftlos, dann noch seine Befehle mit einer solchen Gegenwart des Geistes, Wachsamkeit, Unerschrockenheit und Geschicklichkeit ertheilte, daß die ganze Armee ihn bewundern mußte. Auf diesen Sieg folgte die Eroberung von Tournai, das die Franzosen eben belagerten, von Gent, Brügge, Audenarde, Ostende, Ath 2c. und als man den Feldzug für geendigt hielt, nahm er den 28. Februar 1746 Brüssel weg. Der folgende Feldzug war eben so rühmlich für ihn. Er gewann den 11. October 1746 das Treffen bei Raucour. Zur Belohnung für eine solche ununterbrochene Reihe von rühmlichen Diensten erklärte ihn der König den 12. Januar 1747 zum General-Marschall seiner Läger und Armeen. So viele glückliche Erfolge setzte die Holländer in Schrecken, sie glaubten, den fernern Fortgang durch Erwählung eines Stadthalters zu hemmen, und wählten den 4. Mai darauf den Prinzen von Nassau, Wilhelm Carl Heinrich Friso. Allein die Französischen Waffen behielten dessen ungeachtet die Oberhand. Der Marschall von Sachsen ließ Völker in Seeland einrücken, gewann den 2. Jul. darauf die Schlacht bei Lawfeldt, genehmigte die Belagerung von Bergen op Zoom, deren sich der Herr von Löwendahl bemächtigte, und eroberte den 7. Mai 1748 Mastricht. Auf diese glückliche Verrichtungen folgte der Aachener Friede, so den 18. Oct. 1748 geschlossen wurde. Der Marschall von Sachsen begab sich hierauf nach Chambord, das ihm der König geschenkt hatte. Er zog sein Regiment Uhlanen dahin, und legte eine Stutterei von wilden Pferden an, die er für besser für die leichten Völker hielt, als die andern, deren man sich in Frankreich bedient. Einige Zeit hernach that er eine Reise nach Berlin, wo ihn der König in Preußen sehr prächtig empfieng, und viele Nächte durch sich mit ihm unterhielt. Nach seiner Rückkunft nach Paris machte er den Entwurf von Errichtung einer Colonie auf der Insel Tabaco; weil aber England und Holland sich derselben widersetzten, so dachte der Marschall von Sachsen weiter nicht daran. Endlich starb er mit Gütern und Ehren überhäuft und in dem größten Ansehen zu Chambord, nach einer Krankheit von Tagen, den 30. November 1750. Sein Leichnam wurde nach Straßburg geführt, und daselbst in der neuen St. Thomaskirche beigesetzt.

Moritz hatte ein Buch von der Kriegskunst unter dem Titel: des Reveries verfertiget, das er seinem Neffen, dem Grafen von

Friese vermachte. Es erschien bald nach seinem Tode in Holland gedruckt. Die beste Ausgabe soll diejenige seyn, die nach dem M. S. S. der Abt Pereau 1757 zu Paris herausgab. Der Titel ist: *Mes Reveries.* Ouvrage posthume de *Maurice, Comte de Saxe,* Duc de Curlande et de Semigalle, Marechal Général des Armées de sa Majestè très chrétiene. Augmenté d'une histoire abregée de sa vie et de differentes pieces, qui y ont rapport. Par Monf. l'Abbé *Pérau.* 2 Part. in 4. — Auch ist noch vorhanden: Mémoires sur l'Infanterie ou Traité des Legions, composé suivant l'Exemple des anciens Romains par M. S. le Maréchal Comte de Saxe. Ouvrage posthume.

Es ist außer allem Zweifel, daß der Marschall von Sachsen ein großer Kriegsmann und Feldherr gewesen ist. Die Ueberlegenheit seines Geistes; weitläuftige Kenntniß in der Kriegswissenschaft; der Muth und die Unerschrockenheit, die er in allen Gelegenheiten bewiesen; der vorzügliche Sieg, den er bei Fontenay erfochten; die Eroberung der vornehmsten Städte in dem Oesterreichischen Flandern und einem Theil von Brabant; die Hinwegnahme von Brüssel und Mastricht; seine Klugheit, seine Fähigkeit und seine Erfahrenheit, die er in allen Theilen der Kriegskunst, und durch mehr als 16 Belagerungen, vollkommen gemacht, welche er mitten im Winter und unter Gewässern mit Nachdruck geführet hat; sein schöner Feldzug in Flandern, wo er die Feinde, die doch an der Anzahl ihm weit überlegen waren, aufgehalten, und in eine Unthätigkeit versetzt; kurz, so viele große Thaten und eine ununterbrochene Kette der rühmlichsten Verrichtungen, die er als Französischer Feldherr ausgeführt, werden sein Angedenken bis zur spätesten Nachwelt fortpflanzen, und ihm allezeit eine Stelle unter großen Feldherren einräumen. Er führte den Krieg nach sichern Regeln, und überließ dem Glücke nur immer wenig. Er hatte weder die Kühnheit eines Condé, noch die wilde Verwegenheit des Eugens, von der er selbst in der Schlacht bei Belgrad ein Zeuge gewesen war. Seine Heere waren, außer in dem Jahre 1744, gemeiniglich dem Feinde überlegen. Gleichwohl hielt ihn die Klugheit ab, aufs Ungefähr viel zu wagen. Er ließ sich entweder selbst angreifen, wie bei Fontenay, oder wenn er angrif, war er seines Sieges schon halb gewiß, wie bei Raucoux. Die Fehler des Feindes sah er sogleich ein, und wußte sie zu nutzen. Ihm selbst aber konnte man keine Fehler vorwerfen. Ohne Nothwendigkeit wegen großer Folgen schlug er nie; aber von seinen Siegen zog er allemal die größten Vortheile. Man sagte zu Versailles: er führte den Krieg mit der Gewißheit eines Geometers.

Die Soldaten setzten auf ihn ein blindes Vertrauen, und man weiß aus der Geschichte, wie wichtig dieser Vortheil sei. Wo der Marschall von Sachsen war, da war, nach der gemeinen Meinung, der Sieg gewiß, und der Marschall erhielt diese Meinung immer fort durch sein daurendes Glück. Daher waren die Truppen unter ihm auch zu allem bereit, und so beschwerlich auch die Jahrszeit, mutten im Winter die Belagerung von Brüssel machte, so wenig verlor der weichliche Französische Soldat den Muth dabei. Man vergl. Histoire de Maurice Comte de Saxe (par M. Neel) à Mitau (Paris) 1752. 8. — Histoire de Maurice Comte de Saxe par M. le Baron D'ESPAGNAC. à Paris. 1773. 2. Voll. 8. Teutsch Leipzig 1774. 8. — Leben des Grafen Moritz von Sachsen; in Schirachs Biographie der Teutschen. B. VI. S. 126. u. f.

Moser, Johann Jacob, einer der gekanntesten publicistischen Schriftsteller Teutschlands. Er wurde zu Stuttgard 1701 im 18. Januar gebohren, wo sein Vater mit ihm gleiches Vornamens, Rechnungsrath beim Schwäbischen Kreise und Würembergischer Expeditionsrath war und auch als solcher 1717 erstarb. — Unser Moser besuchte das Gymnasium zu Stuttgard, und gieng 1717 nach seines Vaters Tode, auf die Universität Tübingen. Er hätte es, wie er selbst sagt, seiner Neigung und Anlagen nach, in der Philologie, Philosophie, Mathematik, Poesie, und andern Wissenschaften, viel weiter bringen können, wenn er, während seinen Studien, von einem verständigen Manne besser geleitet worden wäre. Er hat zwar zu Tübingen viele Collegia besuchet; weil aber der damaligen Lehrer Vortrag nicht nach seinem Geschmacke war, so war er auch in den Lehrstunden wenig aufmerksam; er erlernte daher alles, was er wußte, durch eigenes Nachdenken und Fleiß. Besonders rühmte er aber, daß ihm des damaligen Professors, Helferichs, Vorlesungen und dessen zahlreiche Bibliothek am meisten zu statten kamen, weil er fast gar keine Bücher hatte. 1720 nahm er die Würde eines Licentiatens der Rechte an, und erlangte auch noch in demselben Jahr eine Stelle als außerordentlicher Professor der Rechte. Im Civilrechte erwählte er, in einem Lehrvortrag, die demonstrative Methode des Heineccius, legte sich jedoch hauptsächlich auf das Teutsche Staatsrecht. Weil aber seine Geschicklichkeit noch nicht groß war, auch die meisten Studenten länger als er selbst auf der Universität gewesen waren, und außerdem daselbst der Nepotismus herrschte; so hatte er keine Zuhörer. Er entschloß sich daher 1721 nach Wien zu gehen und suchte zu dem Ende um den Charakter eines Herzogl. Würtembergischen Regierungsraths an, den er auch erhielt. Von dieser Zeit an, nannte er sich, Moser von Filseck und Weilerberg, unter welchem Namen die Moserische Familie 1573 vom Kaiser Maximilian II. in den Reichsadelstand erhoben wurde, unterließ dieses aber auch wieder 1733, als er, wie er selbst sagt, die Ehre und Güter dieser Welt, mit einem andern Auge zu sehen angefangen habe. — Nach Wien gieng er im Herbste 1721, mit wenigem Gelde ab. Er addressirte sich an den damaligen Reichsvicekanzler, Grafen von Schönborn, und überreichte ihm, wegen der damals in Bewegung gewesenen toscanischen Successionssache ein Specimen prodromum Vindiciarum juris Imperialis in magnum Hetruriae Ducatum, und hatte das Glück von ihm wohl aufgenommen zu werden. Er machte auch bei verschiedenen Reichshofräthen, und auch bei dem berühmten Freiherrn von Lynker seine Aufwartung. — Auf der öffentlichen Windhagischen Bibliothek wurde er mit dem nachmaligen Weih-Bischof zu Bamberg, Herrn von Zahn, bekannt, welcher ihn dem gelehrten Abt, Gottfried von Göttweich (dem er an seinem Chronico Gottwicensi und Münzkabinet half) empfahl, daß er unsern Moser (wie auch aus desselben Schreiben an Seyschlag zu ersehen ist) sehr lieb gewann, und ihm eine ansehnliche Kaiserliche Bedienung anzubieten Erlaubniß erhielte, wenn er, wie des Abts Ausdruck war, die lutherische Erbsünde fahren lassen wollte; allein hierzu konnte er sich so wenig, als zu einer angetragenen vortheilhaften Heirath entschließen. Unterdessen wurde er durch gedachten Abt, in des Reichsvicekanzlers Gunst noch fester gesetzt. Hierauf erhielt er etliche mal bei Kaiser Carl VI. Audienz, deren eine eben in die Zeit fiel, da er den völligen Paroxismum eines viertägigen Fiebers hatte, wo er den Kaiser Lateinisch anredete, und dieser ihm auch in der Lateinischen Sprache wieder antwortete. Endlich wurde ihm erlaubt sich eine Kaiserliche Gnade auszubitten. Er erwählte sich eine goldene Medaille und Gnadenkette, die er auch erhielt, und reiste darauf, nachdem er sich den ganzen Winter mit dem Fieber geschleppt, und überhaupt zu Wien sich kümmerlich beholfen hatte, im Frühjahr 1722 nach Hause, wo aber, zu seiner Bestürzung, die Gnade des Kaiserlichen Hofes für einen so jungen Menschen für allzugroß angesehen wurde, und er in den Verdacht gerieth, als ob er einige, dem Fürstlichen Hause, oder der damaligen Hofparthie, nachtheilige Dinge entdeckt hätte, und nach seiner Rückkehr noch eine verdächtige Correspondenz nach Wien unterhielte, daher es von dieser Zeit an, mit ihm nicht mehr recht fort wollte. — Da nun in seinem Vaterlande nichts für ihn zu thun war, so gieng er 1724 nach Wetzlar, that Vorschläge zu einem beständigen Fond zu Unterhaltung des Kaiserl. Cammergerichts ohne Cammerzieler, und begab sich sodann mit einem Empfehlungsschreiben des damaligen Cammerrichters, Grafens von Hohenlohe-Partenstein an den Reichsvicekanzler, zum zweiten mal im Herbst 1724 nach Wien, und brachte daselbst seine Vorschläge an. Ob nun wohl diese Vorschläge nicht beliebt wurden, so gebrauchte ihn doch der Reichsvicekanzler nunmehr dazu, daß er ihm in verschiedenen wichtigen Angelegenheiten Aufsätze zu machen, Gutachten zu erstatten, auch seine Bibliotheken in Wien und in Göllersdorf in Ordnung zu bringen den Auftrag ertheilte; bei welcher Gelegenheit er vielfältig einen sehr nützlichen Privatumgang mit ihm hatte, erhielt auch ohne sein Gesuch und Denken, eben da er es am allernothwendigsten brauchte, vom Kaiser, nach gehabter Privataudienz durch den Reichsvicekanzler ein ansehnliches Geschenk an baarem Gelde, dergleichen er auch von ihm selbst zu mehreren Malen empfieng.

überdieß bewirkte mehrmals genannter Reichsvicekanzler, daß er bei dessen Schwager, dem Reichshofrath, Grafen von Nostitz, das Haus, an die Tafel, und in eine gute Pension kam; wobei er nach andern Reichsständen, und andern Privatpersonen in ihren Angelegenheiten am Kaiserlichen Hofe und Reichshofrath bedient war. — Moser sollte auch zu dem nachmaligen Minister, Grafen Philipp von Kinsky, mit 2000 Gulden Besoldung kommen; da er sich aber verbindlich machen sollte, nach Prag zu gehen, und daselbst wenigstens 5 Jahre lang zu verharren, so blieb er lieber in Wien, weil er und seine Familie daselbst an der öffentlichen Ausübung der Evangelischen Religion keinen Mangel hatten. Hingegen entschloß er sich, wenn er in seinem Vaterlande, welches er allein vorzog, keine Versorgung erhalten könnte, sich völlig in Wien nieder zu lassen. Bei diesen Umständen reiste er im Sommer 1725 wieder nach Hause, und bat um eine würkliche Regierungsraths-Stelle, allenfalls ohne Besoldung, nur mit der Versicherung, daß er in die erste sich erledigende Besoldung eintreten sollte. Allein er konnte nichts erhalten, als nur ein sehr eingeschränktes Dekret, wieder nach Wien reisen zu dürfen. Er zog daher mit Frau und Kind wieder nach Wien, und legte nach seiner Ankunft die Würtembergischen Dienste und Charakter nieder. — Der damalige Reichshofraths-Präsident Graf von Windischgrätz, (der sonst mit dem Reichsvicekanzler nicht wohl stund) würdigte Mosern seines Vertrauens, so daß derselbe ihm Anfangs die nächst aufgehende Evangelische Reichshofraths-Agentie versprach, und endlich gar eine dergleichen wirkliche Stelle über die gewöhnliche Anzahl geben wollte. Auch der Reichsvicekanzler versicherte ihn so lange mit Geld zu unterstützen, bis er von den Partheien leben könnte. Nicht weniger ließ der damalige Reichshofraths-Vicepräsident, Graf von Wurmbrand, ihn vielfältig zu sich rufen und unterhielt sich mit ihm viele Stunden. Ja, es wurde ihm auch Hofnung zu künftigen höhern Stufen gemacht. Aber die unordentliche Lebensart, der er bei seinen Umständen ausgesetzt war, schwächte seine Gesundheit sehr, und die dabei überhandnehmende Hypochondrie machte ihm alle bereits habende und zu hoffende Vortheile viel geringer, als eine ordentlichere und geruhigere Lebensart, nach welcher er sich daher äußerst sehnte. — Es fügte sich aber zu gleicher Zeit, daß das damalige Herzoglich-Würtembergische Ministerium ihn nicht gern länger in Wien sah. Als er nun sondirt wurde: Ob er als wirklicher Regierungsrath mit völliger Besoldung wieder zurück gehen wollte? nahm er es mit Freuden an, obgleich seine Gönner zu Wien es ihm äußerst mißriethen. Der Reichsvicekanzler bezeugte ihm noch bei dem Abschied, wie sehr er seine Religionsveränderung gewünscht hätte, mit dem Zusatz: Sed Spiritus flat, ubi vult, verehrte ihm noch 100 Ducaten auf den Weg, und correspondirte auch noch als Fürst zu Bamberg und Würzburg mit ihm. — Er wurde also 1726 wirklicher Regierungsrath zu

Stuttgard, wo ihm besonders viele der Differentien mit den Benachbarten zugetheilt wurden. Noch in demselben 1726. Jahre trug ihm der mehrmals genannte Reichsvicekanzler, als er nach dem Tode des Reichshofraths-Präsidenten diese Stelle mit versah, nochmals von freien Stücken eine Reichshofraths-Agentie an; allein er lehnte es geziemend ab. — 1727 wurde die fürstliche Canzlei von Stuttgard nach Ludwigsburg verlegt. Weil nun diese letztere Stadt damals erst neu gebaut wurde, und Moser, wegen seiner schwächlichen Gesundheit, sich nicht dahin begeben, sondern vielmehr wieder nach Wien zurück gehen wollte; so wurde er mit Beibehaltung seiner völligen Regierungsraths-Besoldung, zum ordentlichen Professor der Rechte bei dem fürstlichem Collegium in Tübingen bestellt, dabei ihm aber erlaubt, in Stuttgard zu bleiben. Jedoch brachte es der Regierungspräsident von Pöllnitz, als Urheber des Kanzleizugs nach Ludwigsburg, dahin, daß er 1729 nach Tübingen ziehen mußte. — Hätte Moser zu Tübingen nicht gelesen, und nichts geschrieben, sondern seine Besoldung in Ruhe verzehrt, so wäre er der liebste Mann von der Welt gewesen. Weil er aber fleißig las und schrieb, so verfolgte ihn einer seiner Specialkollegen, Professor Helferich, sehr heftig, und zwar bloß aus Brodneid. Allein diesem bekam es nicht wohl: denn dessen bisher genossene Besoldung wurde, zur Hälfte, der Moserischen Regierungsraths-Besoldung zugelegt. — 1731 wurde er ganz unvermuthet von dem Dompropst zu Hildesheim, Freiherrn von Twikel, ersuchte, ihm in der Neustadt-Hildesheimischen Tumultsache bedient zu seyn, brachte ihm auch von dem Churfürsten von Kölln, als Bischof zu Hildesheim, eine Präsentation auf eine Niedersächsische Kreis-Assessoratstelle bei dem Kaiserl. und Reichs-Cammergericht zuwege. Weil aber die Könige von Preußen und Grosbrittanien, als Kurfürsten von Brandenburg und Braunschweig-Lüneburg diese Niedersächsische Kreis-Präsentation nicht erkennen wollten, so gieng über diese Sache das Cammergericht in Partes, und erwuchs an den Reichsconvent, wo sie aber niemals in Bewegung gekommen. Dagegen ward er von dem Kurköllnischen Hofe 1732 mit dem Geheimdenrath-Charakter begnadigt. Zu gleicher Zeit kam er auch nach Absterben des ältern Reichshofraths von Berger in Vorschlag zu dieser Stelle, die aber des Verstorbenen ältester Sohn erhielt. Und weil die Widerwärtigkeiten zu Tübingen noch immer sehr arg fortdauerten, so legte er seine Dienste 1732 nochmals nieder, privatisirte, und schlug auch die ihm von Hildesheim aus angetragene Stelle aus. Bald darauf bekam er aber von dem Würtembergischen Prinzen Carl Alexander, auf dessen Successionsfall schriftlich gute Versicherungen. — Moser arbeitete inzwischen immer in der Stille fort, bis Carl Alexander 1733 zur Regierung kam, welcher ihn wieder in seine vorige Regierungsraths-Stelle einsetzte, wo er denn in dieser neuen Bedienung viele wichtige Angelegenheiten zu besorgen hatte. 1735 ward er von dem damaligen Bischof Friedrich Carl, zu Bamberg und Würzburg, vormaligem Reichsvicekanzler, nach Bamberg zu einigen Verrichtungen verlangt, wo er sich auch einige Zeit aufhielt. 1736, da er eben im Namen des Herzogs die Huldigung in verschiedenen Städten und Aemtern des Landes einnahm, bekam er den Ruf als Königl. Preußischer Geheimderath, Direktor der Universität und Ordinarius der Juristenfacultät auf der Universität zu Frankfurt an der Oder. Er bekam von dem Herzog von Würtemberg seine Entlassung, nahm zu Tübingen den Doctortitel an, und reiste nach Frankfurt ab. Er verrichtete zwar daselbst sein Amt fleißig, hatte aber verschiedene Verdrüßlichkeiten, die ihn endlich dahin bewogen, daß er 1739 seine Aemter niederlegte. — Nach erhaltener Entlassung entschloß er sich, in das Gräflich-Reußische Residenz-Dorf Ebersdorf im Voigtlande zu ziehen, um allda in der Stille zu leben. Daselbst brachte er acht Jahre zu, die er unter die vergnügteste und seligste Zeit in seinem ganzen Leben rechnete. 1741 und 1742 brauchte ihn der Kurfürst zu Trier, Franz Georg, aus dem Gräflichen Hause Schönborn, 6 Monate lang, auf dem wichtigen Wahlkonvent Kaiser Carls VII, welches eine wahre hohe Schule für ihn war, und wobei ihm auch von verschiedenen Collegien und Höfen viele andere äußerst wichtige und geheime Geschäfte und Nachrichten unter die Hände kamen. Auch der damalige Kaiserliche Minister und bekannte Gelehrte, Graf von Bünau, wäre ihm gern zu Kaiserlichen Diensten behülflich gewesen, wenn er Lust dazu gehabt hätte. — 1743 wurde er in einer geheimen wichtigen Staatsangelegenheit an den Kaiserlichen, sodann an den Königl. Preußischen Hof gesendet, bei welcher Gelegenheit ihm wiederum eine wirkliche Reichshofrathsstelle (eigentlich aber nur für das Kaiserliche Kabinet, mit Beibehaltung seiner Religion, zu arbeiten) angetragen wurde; allein er gieng, nach glücklich vollbrachtem Geschäfte, wieder nach seinem lieben Ebersdorf. Auch der Minister von Münchhausen würdigte ihn häufig seiner Korrespondenz, hätte ihn auch von neuem gern entweder in ein Amt, oder auch nur nach Göttingen, um allda zu privatisiren, gezogen, wozu er sich aber nicht entschließen konnte. 1746 bediente sich abermals die Kur-Braunschweigische Gesandtschaft, nebst verschiedenen andern Reichsständen unsers Mosers, auf dem Wahltage Kaisers Franz, und nach der Wahl wollte man ihm, von mehr als einer Seite her, zu einer Reichshofraths-Stelle verhelfen, wenn ihm damit gedient gewesen wäre. Auch legte er, bei Gelegenheit des damals zwischen Preußen und Kursachsen ausgebrochenen, und bis in die Gegend von Ebersdorf sich erstreckenden Krieges, den bisher noch geführten Königl. Preußischen Geheimdenraths Charakter aus verschiedenen Ursachen nieder. Allein um eben diese Zeit änderten sich die kirchlichen Umstände in Ebersdorf, und er bekannte Graf Zinzendorf und seine Anhänger bekamen in Ebersdorf eine solche Gewalt, daß sie Mosern, da er an ihren kirchlichen Veränderungen keinen Antheil nehmen wollte, von dem heiligen Abendmahl ausschlossen, worauf er sich, besonders seiner 8 Kinder wegen, entschloß, von Ebersdorf wegzuziehen. — 1747 wurde Moser von dem Landgrafen zu Hessen-Homburg als Geheimderrath und Chef der Kanzlei berufen. Er gieng behutsam, entdeckte zuförderst seine Grundsätze in Religions- Justiz- und Cameralsachen, wie auch in dem Umgange mit großen Herren, und wie dieses alles gebilliget wurde, nahm er diesen Dienst nur auf eine Probe an. Kurz zuvor war das Haus Hessen-Darmstadt mit Hessen-Homburg auf das äußerste zerfallen, welches ihm sein Amt sehr sauer machte, noch mehr aber, daß seine Cameral-Grundsätze je länger, je weniger, befolgt wurden. Als nun noch überdieß ein fremder böser Cameralist, nämlich der Herr von Kalm, so auch sein Amts-Nachfolger geworden, aber es nicht lange getrieben hat, großen Eingang gewonnen, auch der sonst gewiß liebenswürdige damalige Landgraf ihm endlich schriftlich erklärte: daß er sich nicht entschließen könnte, seinen Grundsätzen zu folgen; erwählte er von neuem sein glückliches Privatleben, und begab sich 1749 nach Hanau. — Daselbst legte er zum Dienste junger Herren, die von Universitäten und Reisen kommen, auch anderer Personen, eine Staats- und Kanzley-Akademie an, wobei er seinen ältesten Sohn, Carl Friedrich nachher Freiherr von Moser, zum Gehülfen hatte, und als es sich gut mit dieser Akademie anließ, berief der Landgraf von Hessen-Cassel auf seinen Vorschlag den damaligen Professor Kahlen von Göttingen, gleichfalls zu einem Gehülfen, unter Hofraths-Charakter und Besoldung, der jedoch, mit Mosers guter Zufriedenheit, 1751 und als noch nicht an die Aufhebung dieser Akademie gedacht wurde, als ordentlicher Professor der Rechte nach Marburg kam. Hierauf hatte er seinen ältesten Sohn ganz allein zum Beystand. Moser sagt, daß er zu Hanau sehr vergnügt gelebt habe; er sei allda wohl gelitten gewesen, und wenn er eine Reitbahn und Gelegenheit zu andern Exercitien hätte machen können: so würde seine Akademie noch viel stärker zugenommen haben. Der Landgraf von Hessen-Cassel bezeugte ihm sein Wohlgefallen über den guten Fortgang der Sache, und verlangte, er sollte, gegen Zulegung einer Pension von 1000 Gulden, die Akademie nach Marburg verlegen. Eben dergleichen Vorschläge geschahen ihm auch wegen Erfurt und Dietz; Moser blieb aber lieber, wo er war. — 1751 erhielt er ganz unvermuthet den Ruf als Landschaftskonsulent in sein Vaterland. Er gieng ungern daran, sein liebes Hanau zu verlassen, zumal, da dieser neue Ruf, mit denen von ihm vorher ausgeschlagenen, in gar keine Vergleichung kam. Endlich nahm er diese Stelle doch an, und zwar aus Liebe gegen sein Vaterland, und in der Hofnung, mit seinen, in den vorigen Diensten erlangten Einsichten und Erfahrungen seinem Vaterlande nützliche und ersprießliche Dienste leisten zu können. Alle seine Verrichtungen hatten patriotische Absichten zu Grunde; allein weil zwi-

weiße Wand kratzen konnte; nun wurde die Wand überschrieben, so weit er zu reichen vermochte. Jetzt stand es zwar an der Wand; aber wie sollte er es machen, daß er es bey seiner Erledigung mitnehmen konnte? Auch hier fand er einen Ausweg; das Steinhoferische Predigtbuch war auf Schreibpapier gedruckt; wenn er unter die Blätter etwas legte, so ließ sich mit der Spitze der Lichtschneutze hineinkratzen, daß, wer ein gutes Gesicht hat, es in der Nähe lesen kann. Eine Entdeckung, die ihm viele Freude machte, und die er auch auf seine (Hallische) Bibel anwandte. Auf eine gleiche Weise benutzte er die Briefe, die er von seiner Frau und seinen Kindern erhielt.— Im fünften Jahre seines Arrests erhielt er einige Milderung; doch wurde er während seiner Gefangenschaft nicht ein einziges Mal befragt, über das, was ihm von dem damaligen Premierminister beygemessen wurde. Nur alsdann erst wurde ein Herzoglicher Commissarius zu ihm nach Hohentwiel geschickt, ihn über verschiedene Fragstücke zu vernehmen, als bereits den 6. September 1764 ein Reichshofrathsschluß erfolgt war, ihn der fünfjährigen gefänglichen Haft zu entlassen. — Die Befreyung aus diesem Arreste würde sich noch lange verzogen haben, obgleich die Würtembergische Landschaft, von Zeit zu Zeit bei dem Herzog die triftigsten Vorstellungen that, und sogar der König von Preussen sich wegen seiner Befreyung verwendete, wenn nicht die Würtembergische Landschaft bei dem Kaiserlichen Reichshofrath gerichtliche Klage angestellt hätte, und schon gedachter Reichshofrathsschluß ergangen wäre. Die Erlassung aus diesem Arrest erfolgte endlich den 25. September 1764, nachdem Moser vorher einen Cautionsschein de judicio sisti ausgestellt hatte. Nach seiner Befreiung wendete er sich wieder nach Stuttgard, wo er die Genugthuung erhielt, von dem Herzog nicht nur Verbrechenlos, sondern auch als Landschaftskonsulent wieder angesehen zu werden, wiewohl er als solcher nachher wenig, und seit 1770 gar keinen Antheil mehr an den Geschäften nahm, sondern unter Beybehaltung einer lebenslänglichen jährlichen Pension von 1500 Gülden den Rest seiner Tage, als Privatmann, größtentheils unter schriftstellerischen Arbeiten verlebte. Er starb am 30. September 1785. Moser hatte sich am 16. Jun. 1722 mit des Würtembergischen Oberraths und Tutelarraths-Präsidenten Joh. Jakob Vischers hinterlassener jüngster Tochter, Friederika Rosina, verheyrathet, die aber schon 1762, während seines Arrestes, vor Gram und Kümmerniß starb. Aus dieser Ehe sind ihm neun Kinder, vier Söhne, wovon aber einer jung verstarb, und fünf Töchter, geboren worden, an denen allen er viele Freude erlebte. Sein ältester Sohn war der schon oben genannte und als Patriot und Publicist gleich berühmte Friedrich Carl Freyherr v. Moser, und der zweyte, der durch seine Grundsätze der Forst = Oekonomie bekannte, Wilhelm Gottfried v. Moser, letzterer starb 1793 und ersterer, wie wir schon bemerkt haben, 1798. Beyde werden in den folgenden Supplementbänden eine Stelle erhalten.

Aus den Lebensumständen Mosers, die vielleicht einzig in
[ihr]er Art sind, ergiebt sich die große Erfahrung, die er von
[sa]chen, welche in das Teutsche Staatsrecht einschlagen, fast in
[all]en möglichen Situationen gehabt hat, und durch die er sich
[vo]n allen vorherigen Lehrern und Schriftstellern dieser Wissen-
[sch]aft ungemein auszeichnet.

Anstatt daß also diejenigen, die bisher den größten Ruhm
[in] diesem Theile der Gelehrsamkeit erlanget hatten, meist nur
[au]f Universitäten gewesen waren, und also nur aus Büchern
[un]d aus denen etwa zu akademischen Rechtsbelehrungen einge-
[sch]ickten Akten das, was sie vom Staatsrechte wußten, haben
[sch]öpfen können; so war fast keine Art von Erfahrung, die Mo-
[ser] nicht an der Quelle sowohl durch persönliche Kenntniß, als
[du]rch Einsicht solcher Akten, wovon nicht leicht etwas auf Aka-
[dem]ien kömmt, zu machen Gelegenheit gehabt hätte.

Ueberdieß hat er, insonderheit in den mehrmaligen beträcht-
[lich]en Perioden seines Lebens, da er von allen Amtsgeschäften
[fre]i gewesen, sich die Mühe nicht verdrießen lassen, mit unbe-
[sch]reiblicher Geduld und Arbeitsamkeit fast alle Lünigische Werke
[un]d andere Sammlungen von Staatsschriften, oder auch einzelne
[De]duktionen und ins Staatsrecht einschlagende Bedenken, wie
[au]ch Journale und andere Schriftsteller in unglaublicher Menge
[zu]m Behuf seiner Staatsrechtsschriften zu excerpiren, und diese
[Ex]cerpten alsdann an Ort und Stelle, wohin sie, nach seiner
[Le]hrart, gehörten, überall stückweise einzurücken.

Durch das alles haben sich nun die Moserischen Schriften
[vo]n allen anderen so unterschieden, daß sie meist nichts als brauch-
[ba]re und zuverläßige Sachen enthalten, und mit Zurücklassung
[d]er weit hergeholten Schulfragen voriger Zeiten immer nur auf
[da]s Heutige und Praktische führen; hingegen nicht leicht einen
[mö]glichen Fall, der nur jemals in Frage gekommen ist, unbe-
[rü]hrt lassen; eben deswegen aber in Vollständigkeit und Brauch-
[ba]rkeit fast alle bisherige Schriften von der Art übertreffen.
[Da]bey schreibt Moser mit solcher Aufrichtigkeit und Freymüthig-
[kei]t, daß überall seine gerade durchgehende Gesinnung, nur das,
[wa]s nach seiner Ueberzeugung gerecht ist, zu schreiben, hervor-
[leu]chtet.

Seine Werke vom Staatsrecht sind im Ganzen meist nach
[ein]erley Ordnung eingerichtet, indem er zuerst vom Kaiser, Rö-
[mi]schen Könige, und von den Reichsvicarien, hernach von den
[Rei]chsständen, deren Eintheilung und Rechten handelt.

In jedem Hauptstücke pflegt er die Schriftsteller von eben
[der] Materie in alphabetischer Ordnung namhaft zu machen; so-
[da]nn die Quellen, woraus hier zu schöpfen, es seyen nun Ge-
[setz]e, oder andere Staatsschriften oder Geschichtsumstände, meist
[chr]onologisch, oder wo es auf einzelne Häuser ankömmt, nach
[de]n Range der Churfürsten, oder nach alphabetischer Ordnung
[der] übrigen Stände; wie auch das Wichtigste, was bisher schon
[and]ere Schriftsteller davon gesagt haben, nach deren alphabeti-

scher Ordnung in wörtlich abgedruckten Auszügen zu liefern; und dann seine eignen Gedanken, Sätze und Meinungen vorzutragen.

Nach dem Reichthume von Materialien, so Mosers Schriften enthalten, war es kaum möglich zu erwarten, daß auch alles in Grundsätzen so gut durchgedacht und in eben so systematischen Zusammenhang gebracht seyn sollte, wie vielleicht mit etwas mehr philosophischer, historischer und juristischer Kenntniß möglich gewesen wäre.

Aber seine Schriften sammt und sonders ergänzen erst just das, was allen seinen Vorgängern noch fehlte, und was nun erst andere in Stand setzte, auf diesen Schultern bauen zu können. Das macht seine Verdienste um dieses Studium unsterblich. In der Geschichte dieser Litteratur wird er allemal Epoche machen.

Viererley verschiedene Werke sind es eigentlich, die Moser dem Teutschen Staatsrechte im Ganzen gewidmet hat:

I. Grundriß der heutigen Staatsverfassung von Teutschland, Tübingen, 1731, 8. und in wiederholten Auflagen 1735, 1738, 1742, 1745, 1748, 1754, ein Oktavband von 798 Seiten, der zum eigentlichen akademischen Lehrbuche bestimmt war, auch vielfältig dazu gebraucht worden ist. Dazu gehören auch noch „Praecognita juris publici Germanici generalissima; oder von der Lehre der heutigen Staatsverfassung von Teutschland überhaupt. (Nürnberg) 1732, 8." und Nachlese zu seinem Compendio juris publici. Züllichau, 1737, 8. und vermehrt, Jena, 1740, 8. auf 754 Seiten, so eigentlich aus lauter Anmerkungen und Zusätzen zu obigem Grundrisse besteht.

II. Teutsches Staatsrecht I-III. Th. Nürnberg, 1737, 1738, 1740; IV-L. Th. Leipzig und Ebersdorf 1741 = 1753, nebst zwey Theilen Zusätze, 1744, und ein Theil Hauptregister, 1754, 4. Dieses Werk macht also 53 Theile aus, wovon jedoch immer zwei Theile füglich in einen Band gebunden werden können. Unstreitig ist es das Ausführlichste, was wir noch von unserem Staatsrechte haben, und für einen jeden, der in Geschäften arbeiten soll, die ins Staatsrecht einschlagen, fast unentbehrlich, aber auch so, daß es beynahe allein die Stelle einer Bibliothek vertreten kann. Und doch mußte es wegen Beschwerlichkeit des Verlages noch vor seiner Vollendung abgebrochen werden: so daß nach dem Plane des Verfassers noch einige wichtige Materien zurückblieben, als 1) von den Reichstags=Angelegenheiten des Teutschen Reichs; 2) von der Reichsritterschaft, und den übrigen unmittelbaren Gliedern des Teutschen Reichs, so keine Stände desselben sind; 3) von den Landen und der Landeshoheit der Teutschen Reichsstände; und 4) von dem Teutschen Reiche überhaupt, wie auch dessen Gerichten und Lehen.

III. Kürzere Einleitung in das Teutsche Staatsrecht zum Gebrauche für Anfänger in dieser Wissenschaft. Frankfurt und Leipzig, 1758, 8. 266 Seiten. — Sehr bequem, um die Ver-

'affung des Teutschen Reichs nach dem Moserischen Systeme ganz in der Kürze zu übersehen.

IV. Ohne einen allgemeinen neuen Titel hat Moser seit 1766 ein ganz neues ausführliches und nunmehr vollständiges Werk vom ganzen Teutschen Staatsrechte in lauter einzelnen Büchern geliefert, davon jedes seinen eigenen Titel hat, die aber doch insgesammt nunmehr ein Ganzes ausmachen, das zusammen aus 20 Quartbänden, wiewohl von ungleicher Stärke, bestehet. Diese folgen so auf einander: 1) von Teutschland und dessen Staatsverfassung überhaupt. Stuttgard, 1766. 2) Vom Römischen Kaiser, Römischen Könige und den Reichsvikarien, 1767; 3) von den Kaiserlichen Regierungsrechten und Pflichten, I. II. Th. 1772, 1773; 4) von den Teutschen Reichsständen, der Reichsritterschaft, auch den übrigen unmittelbaren Reichsgliedern, 1767; 5) von Teutschen Reichstägen I. II. Th. 1774; 6) von den Teutschen Reichstagsgeschäften 1768; 7) von der Teutschen Religionsverfassung, 1774; 8) von der Teutschen Justizverfassung, I. II. Th. 1774; 9) von der Teutschen Lehnsverfassung, 1774; 10) von der Teutschen Kreisverfassung 1773; 11) persönliches Staatsrecht der Teutschen Reichsstände, I. II. Th. 1775; 12) Familien-Staatsrecht der Reichsstände, I. II. Th. 1775; 13) vom Reichsständischen Schuldenwesen, I. II. Th. 1774, 1775; 14) von der Reichsstände Landen, Landständen, Unterthanen, Landesfreiheiten, Beschwerden, Schulden und Zusammenkünften, 1769; 15) von der Landeshoheit überhaupt, 1773; 16) von der Landeshoheit im Geistlichen, 1773; 17) von der Landeshoheit im Weltlichen, I. IX. Th. 1772, 1773; 18) von der Unterthanen Rechten und Pflichten, 1774; 19) von der Reichsstädtischen Regimentsverfassung, 1772; 20) nachbarliches Staatsrecht, 1773; 21) auswärtiges Staatsrecht, 1772; 22) allgemeines Register, 1775; 23) Zusätze zu dem neuen Teutschen Staatsrecht, darin nebst vielen umgedruckten, zum Theil sehr wichtigen Urkunden und Nachrichten, von allen neuesten bekannten Teutschen, (allgemeinen und besondern,) Staatsangelegenheiten hinlänglicher Bericht ertheilt wird. Frankft. u. Leipz. 1781-1782, 3 Bde. 4. — Dieses neue Werk beträgt, wenn auch ein und andere Theile zusammen gebunden werden, doch wenigstens auf 25 starke Quartbände. Darin sind nun diejenigen Materien, die schon in obigen 50 Theilen des größern Staatsrechts abgehandelt waren, nur mehr in die Kürze gezogen, und zugleich bis auf die neuesten Zeiten fortgesetzt und ergänzt worden. Alles übrige ist hier ganz von neuem abgehandelt, so daß man jetzt erst in mehr als 72 Theilen, die bei 52 starke Quartanten ausmachen, ein vollständiges Moserisches Werk vom Staatsrechte beysammen hat, worin man aber auch nicht leicht eine dahin gehörige Materie vergeblich nachschlagen wird. —

24) Auszug seines neuern Teutschen Staatsrechts: zum bequemern Gebrauch seines größern Werks, als ein Handbuch, oder systematisches Realregister. Frankf. und Lpz. (Stuttg.) 1776, 8.

Von Mosers übrigen Schriften gehören zunächst noch hieher:
I. Seine Anmerkungen über die Wahlkapitulation Kaiser Carls des VII., III Theile, Frft. 1742=1744; und — Franz des I., III Theile. Frft. 1746=1747, 4.; beide in ihrer Art die ersten und einzigen, da man fast von jedem Worte der Wahlkapitulation ersehen kann, zu welcher Zeit und auf wessen Veranlassung, ja nach welchen Berathschlagungen und Stimmen, es zuerst in dieses Reichsgrundgesetz gekommen ist. Von den meisten Stellen sind hier ganz ausführliche Auszüge aus den Churfürstlichen Protokollen sowohl neuerer als älterer Wahlconvente eingerückt. — Betrachtungen über die Wahlkapitulation Kaiser Josephs II., 2 Theile. Frft. 1777 u. 1778, 4.

II. Die von ihm ausgearbeiteten Staatsrechte einzelner besonderen Teutschen Staaten, als A) in Fol. erstlich eine allgemeine Einleitung in die Lehre des besondern Staatsrechts aller einzelnen Stände des heil. Röm. Reichs, (Ebersd.) 1739; sodann 1) „Staatsrecht der Reichsstadt Aachen; 2) — des Hochstifts Augsburg; 3) — der Abtey Baind; 4) — des Hochstifts Costanz, wie auch der Abtey Reichenau; 5) — des Erzstifts Trier, wie auch der Abteyen Prüm und St. Maximin, (nebst Zusätzen von 1745.) 6) — der Reichsstadt Zell am Hamersbach,"— alle Ebersdorf 1740; 7) — des Fürstlichen Hauses Anhalt, wie auch der Abtey Gernrode, Graffschaft Holzapfel und Herrschaft Jever, 1741. (Wobey sich auch der Haupttitel findet: „Die heutige Staatsverfassung der Stände des Teutschen Reichs, 1. Band"); 8) — der gräflichen Häuser von der Layen, von Plettenberg und von Virmond, 1744; 9) — der Reichsgrafschaft Sayn, 1749. Hernach B) in einzelnen Oktavbänden: 1) Grundriß des Staatsrechts der Reichsstadt Nürnberg. Ebersd. 1741, 8; 2) Einleitung in das Churfürstlich Bayrische Staatsrecht, (Stuttg.) 1754; 3) — in das Churfürstlich Mainzische Staatsrecht. Frankf. 1755; 4) — in das Churf. und Herzogl. Braunschweig=Lüneburgische, Stuttgard 1755; 5) — in das Churfürstl. Pfälzische Staatsrecht, Frankf. 1763, 8. — So großen Schwierigkeiten die Ausarbeitung solcher besonderen Staatsrechte unterworfen ist, wenn man nicht selbst in jedem Lande an der Quelle sitzt; so sehr wäre doch zu wünschen, daß wo nicht alle, doch noch mehrere Teutsche Staaten mit Mosekischer Feder beschrieben wären, da wenigstens alles, was aus gedruckten Schriften zu nehmen ist, darin von jedem Staate beisammen zu erwarten wäre. Eben das aber thut schon vortreffliche Dienste, um Beyspiele und Induktionsschlüsse für das Teutsche Staatsrecht im Ganzen daraus zu benutzen.

III. Verschiedene Werke, worin die jedesmaligen neuesten Angelegenheiten des Teutschen Reichs und dessen einzelner Glieder beschrieben sind, 1) Probe einer sowohl chronologischen als systematischen Staatshistorie Teutschlandes unter der Regierung Kaiser Josephs, Züllichau, 1738, 8.; 2) Staatshistorie Teutschlandes unter der Regierung Kaiser Carls des VII.; in zwei Ok-

wbánden, Jena 1743, 1744; 3) Einleituug zu den neuesten
eutschen Staatsangelegenheiten, Hanau 1750 8.; 4) Einlei-
ing in die Staatshistorie Teutschlandes unter der Regierung
ayser Franzens, Frankf. 1755 8.; 5) Staatsgeschichte des
riegs zwischen Oesterreich und Preußen in den Jahren 1778, und
779 bis auf die Russisch-Französische Vermittelung. Frankfurt
779. 4. 6) Der Teschnische Friedensschluß vom Jahr 1779.
it Anmerkungen, als eine Fortsetzung der Staatsgeschichte ꝛc.
rankf. 1779. 4; 7) neuestes Reichsstaatshandbuch, oder hin-
ingliche Nachricht von den seit dem Hubertsburger Frieden
ffentlich bekannt gewordenen Staatshandlungen, Stuttgardt
776 2 Bde. 8. und hernach noch öfters. Wie hingegen alle
iese Werke aus einem andern Gesichtspunkte auch zur Teutschen
eichsgeschichte, soviel deren neueste Zeiten betrifft, gerechnet
verden können; so gehöret auch von der ganzen Reichshistorie
och ein ganz neues Werk hieher, das nach eben der Lehrart alle
orige Zeiten durchgehet; nämlich 8) erste Grundlehren der
eutschen Staatsgeschichte. (Stuttg.) 1776. 8.

Nächstdem hat sich Moser auch durch vielerley Sammlun-
en Teutscher Staatsschriften oder Urkunden und anderer Quel-
:n des Staatsrechts ungemein verdient gemacht, und zwar.
. durch allgemeine Sammlungen von Reichshofrathserkennt-
issen oder anderen Urkunden und Staatsschriften überhaupt,
ls 1) merkwürdige Reichshofraths-Conclusa, in acht Oktavbän-
en, Frankfurt 1726 — 1732; wie auch auserlesene R. H. R.
onclusa in acht Theilen, die aber nur einen Oktavband ausma-
hen, Bayreuth 1740; und alte und neue R. H. R. Concl. in
ier Oktavbänden, Frankf. und Ebersd. 1743 —, 1745; 2)
eichsfama, oder das Merkwürdigste vom Reichsconvente, kai-
erlichen Hofe, und Ständen des Reichs mit historischen Erläu-
erungen in 23 Oktavbänden, Frankf. und Nürnb. 1727 —
736; 3) auserlesene neueste Staatsakta von Teutschland mit
rläuterungen und Anmerkungen, in 2 Theilen, Berlin 1736.
.; 4) diplomatisches Archiv des XVIII. Jahrhunderts in einem
heile, Frankf. 1743. 8.; 5) Nachlese ungedruckter oder doch
arer Staatsbedenken, Urkunden, Nachrichten und Schriften
n drey Theilen, 1743 — 1745. 8.; 6) Beytrag zu dem neue-
ten Staatsrechte und Staatshistorie Teutschlandes mit gelehr-
en Neuigkeiten von Teutschen Staatssachen nur in einem Theile,
bersd. 1746. 8.; 7) Teutsches Staatsarchiv in dreyzehn Quart-
änden, Hanau und Frankf. 1751 — 1757. — Lauter schätz-
are Sammlungen, wovon insonderheit die letztere alle bishe-
ige ähnliche Werke von der Art so ungemein weit zurück läßt,
aß es nur zu bedauern ist, daß sie nicht fortgesetzt worden, da
ie alleine alle übrigen hätten entbehrlich machen können. II. Dann
at Moser auch noch einige nur besonderen Gegenständen
ewidmete eigne Sammlungen drucken lassen, als 1) Salzbur-
ische Emigrations-Akta in zwey Oktavbänden, Ulm 1732 —
1733; 2) Acta publica, die Oesterreichische Succession und San-

ctionem pragmaticam betreffend, in einem Theile, Frankf. 1732. 8.; 3) Reichsstädtisches Handbuch in zwey starken Quartbänden, Tub. 1732 — 1733.; 4) Corpus juris evangelicorum ecclesiastici, zwey Quartbände, Züllichau 1737 — 1738.; 5) Religionsfreyheiten und Beschwerden der Evangelischen, zwey Stücke, Ebersd. 1741. 8.; 6) Hanauische Berichte von Religionssachen, 16 Theile in zwei Oktavbänden 1750 — 1751.; 7) neue Berichte von Religionssachen, vier Theile, Frankf. 1751. 8.; 8) vermischte Berichte von Religionssachen, vier Theile, Stuttg. 1752—1754. 8.; 9) Reichsstädtisches Magazin, oder Sammlung ungedruckter und rarer die Reichsstädte betreffender Aufsätze, Urkunden, Reichsgerichtlicher Erkenntnisse, I. II. Th. in einem Oktavbande von 837 Seiten, Frf. und Leipz. oder Ulm 1774 — 1775.; 10) Erläuterung des Westphälischen Friedens aus Reichshofräthlichen Handlungen, I. Th. (von 629 Quartseiten, der bis auf den 5. Art. §. 29. des Westph. Fr. gehet,) Erlangen 1775. II. Th. bis zu Ende des Westph. Fr.) 1776.; 11) Beyträge zu Reichsritterschaftlichen Sachen, vier Stücke in einem Oktavband, Ulm 1775. 8. Hier findet sich die Geschichte der Reichs-Ritterschaft unter den Kaisern Ferdinand dem ersten, Maximilian II. und Rudolph II.; 12) neueste Geschichte der unmittelbaren Reichsritterschaft unter den Kaisern Mathias, Ferdinand II. Ferdinand III. Leopold, Joseph I. Carl VII. Franz und Joseph II. mit Betrachtungen darüber. 2 Theile. Frf. und Leipz. (Stuttg.) 1775. und 1776. 8.

Ferner hat Moser viele einzelne Abhandlungen von seiner eigenen Arbeit in besonderen Sammlungen zusammen drucken lassen; als 1) Miscellanea juridico historica, 2 Bde. 8. Frankf. und Leipz. 1729, 1730; 2) vermischte Schriften über mancherley das Teutsche Staatsrecht betreffende Materien in zwey Oktavbänden (Nürnb) 1733 — 1736; 3) Syntagma dissertationum selectiorum jus publicum Germaniae universale illustrantium, Tubing. 1735. 4; 4) Moseriana in 2 Stücken, 1739. 8.; 5) Opuscula academica, Ien. et Lips. 1744. 4., und unter dem Titel: Selecta juris cum publici tum privati, Francof. 1746. 4.; 6) vermischte Abhandlungen aus dem Europ. Völkerrechte. 2 Stücke. Hanau 1750. 8.; 7) Nebenstunden von Teutschen Staatssachen, 6 Theile. Frft. und 1757 und 1758. 8.; 8) Sammlung einiger neuen Abhandlungen von Teutschen Staatssachen, 2 Stücke, Stuttg. 1766. 4.; 9) neueste kleine Staatsschriften. 1768. Neue Aufl. 1772. 8.; 10) Abhandlungen aus dem Teutschen Kirchenrechte. Frft. und Leipz. 1772. 8.; 11) Abhandlung verschiedener besonderen Rechtsmaterien. Frft. und Leipz. (Ulm) 12 Stücke, oder 3 Bde. 1772 — 1776. 8.

Auch eine Menge einzelner Materien des Staatsrecht hat Moser ausgearbeitet;

I. In Traktaten, als 1) Von der Clausula art. IV. Pacis Ryswicensis, Francof. 1732. 4; 2) vom Recurse von den höchsten Reichsgerichten auf dem Reichsconvent (Cassel) 1737, und

Leipz. 1738. und Frff. und Leipz. 1750. 8. 4) von der Reichs-verfassungsmäßigen Freyheit von Teutschen Staatssachen zu schreiben. Göttingen 1772. 8.

II. In Disputationen oder andern akademischen Schriften, als, 1) Diss. de jure exsequenti in imperio in specie de exsecutione ab uno der kreisausschreibenden Fürsten, altero impedito vel nolente, suscepta, 1720. 4; 2) Diss. de potestate imperatoris circa concessionem privilegiorum, 1720. 4; 3) Orat. de nexu studii critici cum prudentia juris publici, 1720. 4) Progr. Vindiciae authenticae §. hanc autem legem 6. aur. bull. Cap. II. 1720; 5) Progr. de exercitio religionis domestico, ejusdemque jure inter eos, qui diversa sacra colunt, 1736; 6) Diss. de dubiis regni Germanici finibus modernis 1737; 7) Diss. de gravaminibus religionis provisorie ad statum pacis Badensis reducendis, 1737; 8) Diss. de officio principis circa religionem et salutem aeternam subditorum, 1738; 9) Diss. de pactis et privilegiis circa religionem et alia ecclesiastica, 1738; 10) Diss. de legitima S. R. I. statuum liberorum utriusque sexus, tam legitimorum, sive ex aequali, sive ex inaequali, matrimonio procreatorum, quam naturalium 1738; 11) Diss. de jure statuum imperii circa suos consiliarios, 1738.

III. In kleinen Aufsätzen, die meist wieder in andern Sammlungen eingerückt sind; wovon mit Uebergehung derer, die in Mosers eignen Sammlungen stehen, nur diejenigen angeführt werden, die in andern Werken zu finden sind, als A) in den Berliner Intelligenzblättern 1737 Num. 1. von dem Völkerrechte überhaupt, und dem Europäischen insbesondere; Num. 8. Beweis, daß die Reichs-Sturmfahne wirklich als eine Reichs-Hauptfahne gebraucht worden sey; Num. 17. von Reichsgeneral-Feldmarschallen; Num. 19. Reflexionen über die Ceremoniel-Streitigkeiten auf dem Reichsconvent zu Regensburg; Num. 22. von Besatz-Versorg-Erhalt- und Reparirung der Reichsvestungen Philippsburg und Kehl; Num. 27. Reflexionen über die großen Inconvenientien der Gnadenzeit bey erledigten Prediger-stellen, und wie solchen abzuhelfen seyn möchte; Num. 31. deutliche Vorstellung der sonst sehr schweren Materie, wie die Königreiche Arelat, Austrasien, Burgund, Frankreich, Lothringen, Neustrien, Provence und Teutschland resp. aufgekommen, zusammen geflossen, wieder vertheilet worden, neben einander gestanden, und endlich meistens erloschen seyn; Num. 37. 38. Untersuchung, wo Graf Rudolph von Habsburg von dem Churfürsten zu Pfalz, kraft eines Compromisses, zum Kaiser erwählet worden seye? und 1738. Num. 6. von dem Russischen Titel: Autocrator; — B) In den wöchentlichen Frankfurtischen Abhandlungen von 1755. Num. 1. S. 1, 33. Gedanken über den damaligen Zustand des Münzwesens in Teutschland, dessen vorhabende Verbesserung, und die damit verbundenen Schwierigkeiten; Num. 5. S. 75. 86. Fragen vom Münzwesen, welche bey füglicher Erwählung eines neuen dauerhaften Münzfußes, und darnach vorzunehmender Valvation der in- und ausländischen Münzen zu erwegen und zu entscheiden seyn möchten; Num. 16. S. 251. Gedanken wegen eines zu errichtenden Römischkaiserlichen Ritterordens: Num. 17. S. 257. kurzer Begrif der älteren und neueren Staatsangelegenheiten zwischen Rußland und Dännemark; Num. 17. S. 266. Gedanken über einige das Münzwesen betreffende wichtige Punkte; Num. 18. S. 273. 332. kurze Nachr. von den älteren und neueren Staatsangelegenheiten zwischen Dänemark und Frankreich; Num. 19. S. 305. Entwurf einer patriotischen Gesellschaft im Herzogthum M. N.; Num. 22. S. 336. 395. Guter Rath für junge Rechtsgelehrte, so von Universitäten kommen; Num. 25. S. 385. von den Geldsorten in Bezahlung der Cammerzieler, und deren Werth; Num. 26. S. 401. von der verschiedenen Denkensart der Teutschen Höfe in Ansehung der Lehre des Teutschen Staatsrechts; Num. 28. S. 433. kurze Betrachtung derer seit einigen hundert Jahren sich in Teutschland zugetragenen Staatsveränderungen, und der daraus erwachsenen dermaligen Staatsverfassung desselben; Num. 32. S. 488. 516. einige Sätze von der Teutschen Staatsklugheit und deren Lehre; Num. 34. S. 521. 559. kurze Nachricht von den wichtigsten älteren und neueren Staatsangelegenheiten zwischen den Kronen Frankreich und Oesterreich; Num. 48. S. 799. kurze Nachricht von den älteren und neueren Staatsangelegenheiten zwischen den Kronen Frankreich und Großbritannien; — C) In den Hannöverischen gelehrten Anzeigen 1753. S. 806. Abhandlung von einem Orginalstempel eines kaiserlichen Landfriedens-Insiegels von Kaiser Wenceslai Zeiten.

Auch eine beträchtliche Anzahl Deduktionen, oder ähnliche Ausführungen, ohne daß Mosers Name dabey genannt ist, sind aus Mosers Feder geflossen, als: 1) die auf das allerbeste gegründete jurisdictio ecclesiastica katholischer Landesherren über ihre protestirende Unterthanen, unter dem Namen Sinceri 1726; 2) Widerlegung der Beantwortung der Frage; ob ein katholischer Landesherr in Teutschland die jurisdictionem ecclesiasticam über die in seinem Lande befindliche der Augsb. Conf. Verwandte Unterthanen zu exerziren befugt sey? unter dem Namen Sinceri 1726; 3) Abfertigung der assertionis libertatis et innocentiae juribus cathedralis Hildesiensis praepositurae oppositae, 1730, wiewohl diese beyde Schriften, wie Moser sich beklagt, von einer andern Hand interpolirt sind; 5) die von dem advocato caussae der Neustadt-Hildesheimischen Tumultuanten aufgedeckte eigene Schande, 1730; Replicae ulteriores etc. in eben dieser Sache, 1730; 7) Beleuchtung des vertheidigten Rechts der freyen und independenten Rathswahl, 1731; wie auch in der Reichsfama, Th. 8. S. 351; 8) Beweis, daß die aktenmäßige Nachricht von den Domprobsteilichen Proceduren aktenwidrig sey 1731; 9) Recepisse an Hofrath von Meiern, 1731; 10) Vindiciae eines diplomatis des Röm. Königs Henrici VII. de anno 1226 cet. 1731; auch in der Reichsfama Th. 9 S. 87;

1) Nachricht von der Neustadt-Hildesheimischen Tumultsache, und den beiderseits edirten Schriften, nebst sämmtlichen Reichshofraths-Conclusis und einigen Anmerkungen über des Hrn. von Meiern unpartheyische reflexiones cet. 1731; 12) Deduktion des Hochstift Hildesheimischen juris praesentandi assessorem camerae imperialis Aug. conf. addictum, 1731; vermehrt unter dem Titel: Wiederholte Deduktion ꝛc. auch in den vermischten Schriften über das Teutsche Staatsrecht, Th. 1. S. 42; 13) Status caussae und extractus actorum in Sachen von Steinberg contra den Grafen von Plettenberg die Steinberg-Wispensteinische Lehengüter betreffend, 1740; 14) Recapitulatio actorum, und fernere Ausführung in Sachen Chur-Trier contra den Grafen von Neuwied, eine bey Neuwied neuerlich angerichtete fliegende Rheinbrücke betreffend, 1740; auch in den selectis jur. publ. noviss. tom. 9. pag. 340; 15) Beweis, daß die Krone Böhmen auf die Landeshoheit des Lehengerichts Asch weder in possessorio noch petitorio Ansprache zu machen berechtiget, hingegen derer von Zedtwitz persönliche und reale Reichsunmittelbarkeit in possessorio et petitorio gegründet sey, 1746, 1747, auch, ohne die meisten Beylagen, in dem Beytrag zur neuesten Staatshistorie Teutschl. 1. Th. S. 635; 16) Responsum juris die Reichsvogtey und das Reichsschultheißen-Amt zu Nordhausen betreffend, 1746 und in dem Teutschen Staatsrechte 42. Th. S. 83; 17) Pro memoria in Sachen von Boyneburg, contra die Grafen von Stollberg, vindicationis Wollfsbergs; in specie das forum competens in hac caussa betreffend, 1746; auch in der Staatshistor. Teutschlands unter K. Franz Tom. I. p. 842; 18) Pro memoria cet. in specie die merita caussae betreffend 1746; 19) Factum in Sachen Hessen-Homburg contra Hessen-Darmstadt in eilf kleinen Schriften, 1748; auch zum Theil in dem Teutschen Staatsarchiv 1751 und alle in F. E. Mosers Samml. der neuesten Deduct. 3 Th. S. 74 ꝛc. 20) Anmerkung über die wegen der Wahl eines Herzogs zu Curland entstehenden Bewegungen, nebst einem Vorschlage ꝛc. 1749 auch Französisch; 21) Beweis, daß das bischöflich Wormsische Hofgericht niemalen ein Reichslehen gewesen, 1748, auch in den Nebenst. 1. Th. S. 57; 22) rechtliches Gutachten, ob der in einer evangelischen Reichsstadt befindliche Röm. katholische Clerus ein illimitirtes öffentliches Religionsexercitium prätendiren könne? 1749 in dem Teutsch. Staatsr. 42. Th. S. 34 und in den selectis jur. publ. Tom. 46. p. 358. Tom. 47. p. 343; 23) Vorstellung, was es mit dem Processe zwischen dem Hochstifte Worms und der Reichsstadt Worms, wegen der öffentlichen und solennen Krankenversehung für eine Bewandtniß habe, 1749; 24) Bedenken über die zwiespaltige Burggrafenwahl zu Fridberg 1749 auch nebst anderen Schriften von dieser Materie, Göttingen, 1750; 25) Vorstellung, wie es mit den zwischen dem Hochstifte Worms und der Reichsstadt Worms wegen des bischöflichen Hofgerichts an beyden höchsten Reichsgerichten rechtshängigen Streitigkeiten dermalen bewandt sey,

1750; 26) Pro memoria in Sachen des Hochstifts Worms contra die Reichsstadt Worms, das bischöfliche Hofgericht betreffend, 1750; 27) Beweis in possessorio et petitorio, daß die Herrschaft Homburg an der Mark keine Zugehör der Graffschaft Mark, mithin auch kein Churpfälzisches Lehen seye, 1751, auch in dem Teutschen Staatsarchiv 1752. 1. Th. S. 223. 475. 28) Gegen-Pro memoria in Sachen: von Stein contra von Weitershausen, Schernau betreffend; 29) an das corpus evangelicorum Beschwerung der von Zedtwitz gegen die Krone Böhmen, 1755, und in den Staatsakten unter K. Joseph, S. 213, ingleichen in den neuest. Staatsangelegenh. 1. Th. S. 14; 30) Rettung der Reichsunmittelbarkeit derer von Zedtwitz und ihres Gerichtes Asch gegen die Einwürfe des Böhmischen Fiskals 1756 und in besagten Staatsakten am a. O. S. 176; 31) an das corpus evangelicorum wiederholte Anzeige deren von Zedtwitz, die ihnen von Böhmen zufügende Beschwerden betreffend, 1767.

Später verwendete auch Moser noch seine Muse auf das Völkerrecht, das er auch schon frühe zu bearbeiten angefangen hatte. Hieher gehören: 1) Grundsätze des jetztüblichen Europäischen Völkerrechts in Friedenszeiten, auch anderer unter den Europäischen Souverainen und Nationen zu solcher Zeit vorkommender willkührlicher Handlungen. Zum Gebrauch seiner Staats- und Kanzley-Akademie entworfen. Hanau 1756, 8; neue Aufl. Frankf. 1763, (3te Aufl. Nürnb. 1777 ohne sein Vorwissen.) 2) Vermischte Abhandlungen aus dem Europ. Völkerrechte, 3 Stücke, Hanau 1750. 8. 3) Grundsätze des jetzt üblichen Völkerrechts in Kriegszeiten, Tübingen 1752. 8. 4) Versuch des neuesten Europäischen Völkerrechts im Friedens- und Kriegszeiten, vornämlich aus den Staatshandlungen der Europ. Mächte, auch andern Begebenheiten, so sich seit dem Tode Carls VI. im Jahr 1740 zugetragen haben. 10 Theile, Frft. 1777 — 1780. 8.; jeder Theil hat auch ein besonderes Titelblatt nach seinem Inhalte. 5) Erste Grundlehren des jetzigen Europ. Völkerrechts in Friedens- und Kriegszeiten. Nürnberg, 1778. 8. (wurde auf Herzogl. Würtemberg. Befehl zum Gebrauch der Würtemberg. Militär-Akademie geschrieben, und hat einige Vorzüge vor des Verf. Grundsätzen des E. V.) 6) Beyträge zu dem neuesten Europäischen Völkerrechte in Friedenszeiten, 5 Theile. Fft. 1778 — 80. 8. 7) Beyträge zu dem Europ. Völkerrechte in Kriegszeiten, 3 Theile. Ebend. 1778 — 81. 8. Beyde Werke stehen mit dem Versuch des neuesten E. V. in der genauesten Verbindung. 8) Beyträge zu dem neuesten Gesandschaftsrechte, Fft. 1781. 8.

Seine auf Theologie und Religion Bezug habenden Schriften, als die minderwichtigen, übergehen wir. — Zur Litterargeschichte hat man von ihm folgende Sammlungen: 1. Lexicon der jetzt lebenden Rechtsgelehrten in und um Teutschland, welche die Rechte öffentlich lehren, oder sich sonst durch Schriften bekannt gemacht haben. Züllichau, 1738. 8. Und, zweite

rtgesetzte, und sowohl aus den Jenichischen Anmerkungen, als
uch sonsten stark vermehrte und verbesserte Ausgabe. Ebend.
739, 8. 2) Beitrag zu einem Lexico der jetztlebenden lutherischen
nd reformirten Theologen in und um Teutschland. Züllichau,
740, 4.

Die Zahl aller Moserischen Schriften beträgt, nach Weid-
ch's Angabe und Aufzählung, die Zahl 404. — Von seinem
eben sehe man: Lebensgeschichte Johann Jacob Mosers, Kö-
iglich Dänischen Etatsraths, von ihm selbst beschrieben. Dritte
art vermehrte und fortgesetzte Auflage. Frkf. u. Leipz. 1777, 8.
Die erste Auflage erschien zu Offenbach 1768, 8. Ein vierter
Theil zu Mosers Leben, nebst einem Register über alle 4 Theile,
m noch unter dem Druckort Frkf. u. Leipz. 1783, 8. heraus.
Sonst findet man noch viele Nachrichten von Mosers Leben. Ich
enne hier noch Weidlichs Biographische Nachrichten von jetzt-
ebenden Rechtsgelehrten, B. 2. S. 43 — 117, und Nachträge
zu, S. 200.

Moser, Georg Michael, ein sehr geschickter Künstler,
eboren zu Schafhausen 1707. Er war anfangs ein Kupfer-
hmidt, übte sich aber dabei in verschiedenen Künsten, im Mo-
lliren, Gießen und Eiseliren. Als er hierauf einige Zeit in
Genf arbeitete, kam er mit einigen Goldarbeitern in Bekannt-
haft, und versuchte ihre Werke mit besserer Zeichnung nachzu-
hmen, welches ihm so wohl gelang, daß er beschloß, sein
andwerk an diese Kunst zu vertauschen.

Hierauf gieng er 1726 nach London. Er arbeitete hier 7
ahre bei dem berühmten Gold- und Silberarbeiter Hayd, und
eranstaltete in dessen Wohnung eine kleine Akademie, nach dem
eben zu zeichnen, die hernach Anlaß gab, daß die jetzige Kö-
igliche Akademie der Maler daraus entstand.

Moser erwarb sich einen großen Ruhm mit Uhrengehäusen,
Tabacksdosen u. s. w. von getriebener Arbeit; verfertigte auch
nige Stempel und die Königlichen Siegel. Er wußte das Antike
hr geschickt nachzuahmen; blieb in London und starb auch da.

Seine Tochter Maria, die 1744 in London geboren wurde,
ar im Blumenmalen sehr geschickt. Sie malte auch unter ihres
aters Anleitung ziemlich gute historische Stücke im antiken
til. Siehe neue hist. Handl. 2. Th.

Moses Mendelssohn, ein gelehrter Jude, berühmter
Schriftsteller und Direktor einer Seidenfabrik zu Berlin.

Er wurde im September 1729, (den 12. Ellul 489, nach
idischer Zeitrechnung,) zu Dessau geboren, wo sein Vater,
Mendel Sopher, Zehengebotschreiber und Schulmeister war.
ein Vater erzog ihn so gut, als es seine Dürftigkeit zuließ,
as heißt, er ließ ihn im Talmud unterrichten. Bei einem von
atur schwächlichen Körper hatte er schon frühzeitig einen uner-
ttlichen Durst nach Kenntnissen, und studirte neben dem Tal-

mus die Schriften des alten Testaments. Schon in seinem zehenten Jahre verfertigte er einige Gedichte, die er aber in der Folge verbrannte. Damals schon bekam er das berühmte Werk des Maimonides: More Nebuchim, (Führer der Irrenden,) in die Hände; dieses war, nach seiner eigenen Aussage, die Quelle seiner Philosophie, und wahrscheinlich auch seiner steten Kränklichkeit. Denn seine ausschweifende und übereilte Anstrengung im Studiren, zog ihm eine Nervenkrankheit zu, welche von seinem zehnten Jahr an ihn belästigte.

Unter diesen Beschäftigungen hatte er sein 14tes Jahr erreicht, und da sein Vater selbst nichts zum Unterhalt für ihn hatte; so begab sich Mendelssohn 1742 nach Berlin; daselbst lebte er verschiedene Jahre unbekannt, in der größten Dürftigkeit, oft des Nothwendigen beraubt, aber er vergaß so großer und so lang anhaltender Bedürfnisse, sobald er Gelegenheit bekam, sich zu unterrichten. Ein wohlthätiger Jude, der Rabbi Fränkel, der vorher Priester in Dessau gewesen war, nahm ihn endlich auf, und zog ihn mit an seinen Tisch; er verwandte zugleich einige Sorge auf ihn, ließ ihn Manuscripte abschreiben, und gab ihm Gelegenheit, neben dem Talmud, die Werke der jüdischen Theologen, Rechtsgelehrten und ihrer scholastischen Philosophie zu studiren.

Der Zufall hatte ihm die Bekanntschaft eines Menschen zugeführt, welcher sich mit Mendelssohn in einer ganz ähnlichen Lage befand: gleicher Widerspruch zwischen Natur und Schicksal, eine Armuth, die nahe ans Elend gränzte, einerlei Hindernisse, einerlei Geschmack, und man kann sagen, selbst einerlei Lieblingsleidenschaft, weil ihr einziger Trost gegen die Widerwärtigkeiten des Lebens in der Untersuchung und Prüfung der Wahrheit bestand. Dieser Gefährte seines Unglücks und seiner Studien war ein anderer Jude, Namens Israel Moses, aus der kleinen Stadt Zari James im vormaligen Polen gebürtig, welche zwischen Krakau und Lemberg liegt. Dieser Israel Moses, Schulhalter in Berlin, und einer der merkwürdigsten Männer seines Volks, hatte das ehrenvolle Unglück, von den Rabbinen wegen seiner freien, eigenen und vorurtheillosen Denkungsart verfolgt zu werden. Verschiedene male aus seiner Gegend verjagt, gezwungen in Polen umher zu irren, ohne Beistand, aller Hülfsquellen beraubt, der Gegenstand des bittersten Hasses und der immerwährenden Verfolgung orthodoxer Talmudisten, verfiel er in eine tiefe Melancholie, die seinem Leben ein frühes Ende zuzog.

Dieser Israel sprach keine andere als die hebräische Sprache, welche er außerordentlich in seiner Macht hatte. Stark genug in der Mathematik, um, wie sein Freund sagt, die wichtigsten Demonstrationen von selbst erfunden zu haben; hervorstechend in der Physik, gefühlvoll für die schönen Künste, und sogar mit einigen Talenten zur Dichtkunst begabt, übernahm er Mendelssohns wissenschaftliche Erziehung, machte ihn mit seiner hebräichen Uebersetzung des Euclides bekannt, lehrte ihn die Anfangsgründe in der Algebra, welche dem Geiste so viel Genauigkeit giebt; mit einem Worte, er fieng mit ihm einen wahren philosophischen Cursus an, und wahrscheinlich war dieß der elektrische Funke für Moses Geist.

Ein junger jüdischer Arzt aus Prag, Namens Kisch, erstaunt über seine ersten Fortschritte, räth ihm an, das Lateinische zu lernen. Mendelssohn, so dürftig, daß er lange an seinen Bedürfnissen sparen mußte, um sich eine Sprachlehre und ein Wörterbuch anzuschaffen, unternahm die Lectüre der Alten, und das Studieren der Litteratur des sechzehnten und siebenzehnten Jahrhunderts. Sein einziges Hülfsmittel hierin, war die Freundschaft des Arztes Kisch. Dieser gab ihm sechs Monate hinter einander, täglich eine Viertelstunde Unterricht im Latein. Mendelssohn brachte es, obgleich mit vieler Mühe, so weit, daß er Locke's Werk vom menschlichen Verstand im Lateinischen lesen konnte. Er suchte jedes Wort im Wörterbuch; sammelte so die Materialien einer Periode, strengte dann die Kräfte seines Geistes an, um den metaphysischen Sinn, und die grammatische Verbindung zugleich zu entdecken; und so errieth er mehr durch gespanntes Nachdenken, als daß er übersetzte.

Moses lernte 1748 den Doctor Aaron Gumperz kennen. Dieser junge Judenarzt, welcher außer der Medizin die mathematischen Wissenschaften aus dem Grund studirt hatte, mit der speculativen Philosophie nicht unbekannt war, und verschiedene neue Sprachen, unter andern die Englische und Französische, verstand, führte Mendelssohn bei den fleißigsten jungen Leuten des Joachimsthalschen Gymnasiums ein, unter deren Zahl sich auch Herr von Beausobre befand, welcher sich nachher in der gelehrten Welt berühmt gemacht hat. Hier nun lernte Mendelssohn die neueren Sprachen, deren Nutzen er so sehr erfuhr, daß ihre Erlernung nachher mit in dem Erziehungsplan angesetzt ist, den er für seine Landsleute entwarf, und den er das Glück gehabt hat, größtentheils befolgt zu sehen.

Eine Verbesserung seiner Umstände hatte er einem reichen Seidenfabrikanten seiner Nation, Bernard, zu danken, der ihn als Erzieher seiner Kinder in sein Haus aufnahm, und da Mendelssohn auch schön schrieb, gut rechnete, und das Buchhalten verstund; so nahm ihn dieser in der Folge zum Inspektor, dann zum Direktor, und endlich zum Mitglied seiner Fabrik an.

Zur Beförderung der Aufklärung seiner Nation gab er im J. 1750 mit einem Freunde eine Hebräische periodische Schrift, unter dem Titel: der moralische Prediger heraus, die aber bald wieder aufhörte, weil die Rabbiner tobten. Nun entstand eine fünfjährige Pause in Mendelssohns Schriftstellerei. Man schreibt vorzüglich dem berühmten Lessing, den Mendelssohn 1754 kennen lernte, die fernere Entwickelung des Geistes und die Richtung der Talente dieses jüdischen Philosophen zu. Lessing, zugleich Gelehrter, Dichter, Philosoph, und in allen diesen Verhältnissen merkwürdig, scheint sehr auf Mendelssohn, dessen vertrauter Freund er war, gewirkt zu haben.

Die Briefe über die Empfindungen waren die erste Frucht seiner Verbindung mit Lessing in einer Epoche (1755.), wo die Teutsche Sprache sich noch in ihrer Kindheit befand. Die Genauigkeit, die Deutlichkeit, die Zierlichkeit, welche Mendelssohn in seinem Stil verbreitete, erregten ein großes Erstaunen, eröfneten dem Fleiß der Teutschen Schriftsteller eine neue Laufbahn, und verursachten große Fortschritte in der Teutschen Sprache.

Die Critik war in Teutschland äußerst schlecht, ehe die bekannten periodischen Werke heraus kamen: Briefe über die neue Litteratur, — Bibliothek der schönen Wissenschaften, — allgemeine Teutsche Bibliothek. Auf jeder Universität schrieb man zwar eine gelehrte Zeitung, und es war der allgemeine Ton, alles mit süßen und faden Lobeserhebungen anzukündigen, ohne die geringste unterrichtende Zergliederung der Materien in den Schriften, deren Inhalt man angab. Lessing, Nicolai, Abbt, und einige andere Gelehrte, verbanden sich im Anfang des siebenjährigen Kriegs zur Herausgabe eines Journals in Briefform über neue Schriften, und Mendelssohn war ihr sehr nützlicher Mitarbeiter. Die Litteratur=Briefe sind mit Geist, Eleganz, Genauigkeit und Feinheit geschrieben. Es herrscht darin eine feste und tiefe Critik. Dieses Werk machte Epoche in der Teutschen Litteratur, und Mendelssohn theilt das Verdienstliche davon, mit den so vorzüglichen Männern, die es unternahmen. Er hatte auch Antheil an den 4 ersten Bänden der Bibliothek der schönen Wissenschaften (Leipz. 1757 — 1760. gr. 8.), und an der allgemeinen Teutschen Bibliothek seit 1765, welche Nicolai zu Berlin herausgab.

Durch diese Freunde, einen Lessing, Abbt, Nicolai u. s. w. wurde Mendelssohn zur Herausgabe einiger Schriften aufgemuntert, wovon ihn anfangs seine natürliche Schüchternheit zurück hielt. Er übersetzte, aber ohne sich zu nennen, Rousseau's Abhandlung von dem Ursprung der Ungleichheit unter den Menschen, und gab in Gesellschaft mit Lessing im J. 1755 Pope ein Metaphysiker, heraus. Den Preiß über die akademische Preißfrage: über die Evidenz in metaphysischen Wissenschaften, (Berlin 1764) trug er vorzüglich durch seine Popularität, seinen schönen glänzenden Vortrag, und sein praktisches Anschließen der speculativen Untersuchungen an nützliche Wahrheiten des gemeinen Lebens davon.

Moses war schon in litterarische und vertrauliche Verbindung mit berühmten, seiner würdigen Männern getreten, (die bis an sein Ende fortdauerte) hatte ihre Liebe und Freundschaft erworben, und arbeitete mit ihnen gemeinschaftlich an Verbreitung nützlicher Wahrheiten, und eines edlern und gereinigten Geschmacks. Nun erschien im J. 1767 sein Phädon, oder über die Unsterblichkeit der Seele. Dieses Werk erregte von Seiten des Inhalts Aufmerksamkeit, von Seiten des Verfassers Erstaunen. Das aus Griechenland herübergepflanzte Produkt wurde in der Teutschen Welt mit so vielen Lobsprüchen belegt, daß der bescheidene Verfasser mit seiner feinfühlenden Seele, sie öffentlich für übertrieben erklärte. Aber noch jetzt gilt es, sowohl in Absicht des Reitzes in der Einkleidung, als in Absicht der Gründlichkeit, für eines der schönsten Meisterwerke teutscher Darstellung. Nun strömte alles zu, seine persönliche Bekanntschaft zu machen. Staatsmänn und Gelehrter, Geistlicher und Krieger, Männer und Weiber, alles wollte ihn sehen und sprechen, Personen von allen Ständen und Religionen suchten ihn auf. Mehrere, in den ersten Jahren wenigstens, kamen wohl auch nur, dieses Wunder von Juden von Angesicht zu Angesicht zu sehen; vielleicht auch um sich zu überzeugen, daß der Ruf seinen Werth vergrößert habe. Aber hatte der Schriftsteller Bewunderung erregt, so erweckte der Mensch Ehrfurcht und Liebe. Alle fanden mehr an ihm als sie erwarteten. Sein lehrreiches Gespräch, seine Herablassung, seine anspruchslose Gelehrsamkeit, seine bescheidene Art zu unterrichten und zurecht zu weisen, gewannen ihm alle Herzen, versöhnten ihm die Stolzen und die Neidischen. So zwang er durch Attische Sitten, und durch ein durchaus tadelfreies Leben jedermann, auch dem stumpfsinnigsten Schwärmer die Ueberzeugung ab, daß er ein wahrer Weiser sey. Und so vernichtete er durch sein lebendiges Beyspiel zuerst mächtig und unwiderstehlich das ungeheure Mistrauen, das den Charakter seiner Mitbrüder brandmarkte, und vollendete durch eine lange Reihe von schön durchlebten Jahren, wenigstens bei dem bessern und erleuchteten Theile der preußischen Mitbürger den Sieg.

Der Phädon, davon ich vorhin sprach, ist eine Nachahmung des Dialogs vom Plato, und in drei Gespräche abgetheilt, in welchen Socrates, der die Hauptperson ist, in den letzten Stunden seines Lebens seinen Schülern die Gründe für die Unsterblichkeit der menschlichen Seele vorträgt. In dem ersten Gespräch hält sich Mendelssohn etwas genauer an sein Griechisches Muster. Er hat die platonischen Beweise anders, aber sehr geschickt, zugeschnitten, und die Gründe, zu mehrerer Ueberzeugung in ihre ersten Bestandtheile aufgelöset. Wenn der Verf. auf die Immaterialität der Seele kommt, so verläßt er sein Muster ganz, weil die Beweise Platons davon zu seichte sind. In dem zweiten Gespräche aber ist ein Beweiß für die Immaterialität der Seele gewählet worden, den die Schüler des Plato gegeben, und einige neuere Weltweisen von ihnen angenommen haben. In dem dritten Gespräch wird Socrates ein Philosoph aus dem 18ten Jahrhundert; und dieser Anachronismus, den hier Mendelssohn begangen, wird einem jeden gefallen. Was jenen Theil seines Werks anbetrifft, welcher die Beweise für die Unsterblichkeit der Seele enthält, welche aus der

Harmonie der moralischen Wahrheiten und insbesondere aus der Lehre von unsern Rechten und von unsern Pflichten, genommen sind; so zeigt hier der jüdische Philosoph alle Hülfsmittel des Talents der Schriftstellerei und der Beredsamkeit, welche in dieser Art der Untersuchung zusammen verträglich sind, in einem sehr hohen Grade. — Beim Eingang des Buchs findet man den Charakter des Socrates, den M. voraus zu schicken für dienlich erachtet hat, um seinen Lesern das Andenken des Weltweisen aufzufrischen, der in den Gesprächen die Hauptperson ausmacht. Wer wird hier nicht mit Vergnügen lesen, wie ein Genie das andere schildert? —

Die nach Jahresfrist wiederholte Auflage dieses vortreflichen Werks zeuget von dem Beifall, den es überall gefunden hat; und war zugleich ein Beweis von der wirklich philosophischen Denkungsart des Verfassers, vermöge deren er Widerspruch zu vertragen, und seine Schrift durch die Anmerkungen anderer zu verbessern groß genug war. Allein nicht bloß Teutschland schätzte dieses Werk, und machte sich genauer mit seinem Inhalt bekannt, sondern man übersetzte es bald in die bekanntesten Europäischen Sprachen. Es erschienen davon zwei Französische Uebersetzungen, eine von Junker, und eine von Burja. Die Holländische Uebersetzung war 1769 meines Wissens die erste; dann kamen eine Italienische, eine Russische, Ungarische, Dänische, und endlich auch 1789 eine Englische.

Die litterarischen Arbeiten waren bei Mendelssohn nur ein Gegenstand der zweiten Ordnung, weil er in einem Handlungshause seine Geschäfte hatte, dessen Pflicht ihm heilig war. Nach der Erscheinung seines Phädons widmete er verschiedene Jahre seine Muse den Werken für den Unterricht seiner Nation, den Commentarien und Uebersetzungen einiger ihrer heiligen Bücher. Dieses sind eben so viele schätzbare Denkmale des erleuchteten Verstandes, der sanften Moral, des kraftvollen Styls dieses ehrwürdigen Mannes, und vielleicht noch mehr seiner immerwährenden Begierde, recht viel Gutes zu stiften.

Im J. 1771 schenkte Mendelssohn seinem Bruder einen Commentar über den Prediger Salomonis, den dieser in Rabbinischer Sprache drucken ließ. Als König Friedrich II. von Preußen den Befehl ertheilte, einen Auszug aus dem Buch: Coschem Hamischpach in Teutscher Sprache zu verfertigen, und nach dieser Norm in Rechtssachen zwischen Juden und Juden zu entscheiden; so übernahm Mendelssohn diese Arbeit, und sein Auszug kam im J. 1778 unter dem Titel: Ritual=Gesetze der Juden, heraus. Im folgenden Jahr verfertigte er seine Teutsche Uebersetzung des Pentateuchs, und 1783 ließ er seine metrische Uebersetzung der Psalmen drucken, an der er zehen Jahre gearbeitet hatte. Das Hohelied ließ er im Manuscript zurück, und die Gesellschaft zur Beförderung des Guten und Edlen unter der jüdischen Nation ließ es nach seinem Tod drucken. Durch diese Uebersetzungen suchte der Weise die Cultur unter seinen Glaubensgenossen zu befördern, und sein Bestreben war gewiß nicht ohne guten Erfolg. — Die berühmte Dohmsche Schrift: über die bürgerliche Verfassung der Juden, veranlaßte Mendelssohn im Jahr 1781 zu der Uebersetzung des Manasse Ben Israels Rettung der Juden, wovon die Vorrede allgemein als ein Muster der Beredsamkeit bewundert wird. Ein ungenannter Forscher antwortete dagegen in der Schrift: Forschen nach Licht und Recht, Berlin, 1782; und dieß bewog Mendelssohn noch einmal seine völlige Meinung über Religion und Toleranz bekannt zu machen, in dem Werke: Jerusalem, oder über religiöse Macht und Judentum. Berl. 1783. 8.

Hier ist in den Gränzen einer sehr kurzen Schrift, ein Gegenstand von einem so allgemeinen, so großen, so delicaten, so schwürigen Interesse, so deutlich aus einander gesetzt und so gründlich abgehandelt, daß Mendelssohn schon allein deswegen die Erkenntlichkeit aller denkenden Menschen verdiente. Diese sehr merkwürdige Schrift zielt darauf ab, alle kirchliche Gewalt und alle davon hergeleitete Kirchenrechte als zweckwidrig, die sich mit der Natur der Religion nicht vertragen, umzuwerfen. Er geht dabei von dem Hauptsatz aus: „Es gebe nach dem Gesetze der Vernunft keine Rechte auf Personen und Dinge, die mit Lehrmeinungen zusammenhängen, und durch das Einstimmen in dieselben erworben werden." Als Einleitung ist eine lesenswürdige Abhandlung: „über den Ursprung der Zwangsrechte und die Gültigkeit der Verträge unter den Menschen," vorausgesetzt. Dieß alles zusammen macht den Inhalt des ersten Abschnitts aus. Der zweite beschäftiget sich hauptsächlich mit der Anwendung dieses Systems auf das Judenthum, und mit Vertheidigung und weiterer Ausführung der diesfalls von Mendelssohn in der Vorrede Manasseh Ben Israels Rettung der Juden, geäußerten Grundsätze. Ein Recensent in der Gothaischen Zeitung 1784. St. 38. S. 317 — 322. hat zu einigen Sätzen wichtige Anmerkungen gemacht.

Der berühmte Graf von Mirabeau, der sich bekanntlich einige Zeit in Berlin aufgehalten hat, gewann Mendelssohns Jerusalem so lieb, daß er behauptete, es verdiene in alle europäische Sprachen übersetzt zu werden. Indessen hatte dieses schätzbare Werk das Schicksal, welches mehrere vortrefliche Schriften gehabt haben. Es zog seinem Verfasser Verfolgungen zu; denn es scheint, als dürften die Priester einiger Gemeinen dem Apostel der Toleranz dieß nicht verzeihen, und die Rabbinen sahen nicht ohne Unwillen, daß Menschheit und Wahrheit an Mendelssohn lieber zu seyn schienen, als die finstern Räume der Talmudisten. Ein unerwarteter Umstand vermehrte ihre Bitterkeit, seinen Gram, seinen Kummer, und seine schwache Gesundheit wurde bei dieser Gelegenheit sehr erschüttert.

Nach seinem Jerusalem gab Mendelssohn seine Morgenstunden heraus. Diese Aufschrift entstand daher, weil M. drei Jünglingen in den Morgenstunden über das Daseyn Gottes, und über die Grundsätze der Moral und Tugend, Unterricht ertheilte. Er streitet wider Egoisten, Idealisten, Materialisten, Zweifler, Spinozisten und Pantheisten. Daß es auch dieser Schrift des scharfsinnigen Philosophen nicht an Beyfall gebrach, kann man sich leicht vorstellen. Sie führt ihren Namen mit Recht, weil Mendelssohn in seinen letzten Lebensjahren nur in den Morgenstunden zum ernsthaften Nachdenken noch aufgelegt war, da er sich dagegen in der übrigen Tageszeit, vorzüglich in den Abendstunden, sorgfältig davor hüten mußte.

Dieses Buch war fast bis auf den letzten Bogen abgedruckt, als der geh. Rath Friedr. Heinr. Jacobi, zu Düsseldorf, eine Schrift heraus gab, über die Lehre des Spinoza, in Briefen an den Herrn Moses Mendelssohn. Breslau, 1785. 8. in welcher Lessing für einen Anhänger des berüchtigten Systems dieses Philosophen erklärt wird. Jacobi hatte nämlich einige Tage bei Lessing vor dessen Tod zugebracht. Er schrieb also an Mendelssohn, daß Lessing ihm damals gesagt: er habe völlig die Grundsätze des Spinoza angenommen. Jacobi schloß daraus, daß das Studium der Philosophie unfehlbar zum Spinocismus führe, und daß es aus diesem gefährlichen Labyrinth keinen andern Ausweg gebe, als wenn man sich in die Arme des Glaubens würfe. Mendelssohn fühlte sich selbst in der Person seines ruhmvollen Freundes — der mit ihm so schön auf die Zeitgenossen gewirkt und mit ihm den Weg zur Unsterblichkeit gewandelt ist, — beleidigt, und hielt es für Pflicht, denselben zu vertheidigen. Er schonte nicht seine durch die Ausarbeitung der Morgenstunden erschöpften Kräfte, sondern widmete den Rest derselben der Ausarbeitung der Schrift: Moses Mendelssohn an die Freunde Lessings. Ein Anhang zu Herrn Jacobi Briefwechsel über die Lehre des Spinoza. Berl. 1786. 8. Der jüdische Philosoph beklagte sich, daß er von seinem Gegner unrecht verstanden sey, welcher ohne sein Wissen die Briefe und die Antworten drucken ließ. Er scheuete neue Zänkereien; er befürchtete das Ansehn Lessings befleckt zu sehen; er befürchtete hauptsächlich, daß ein so großes Beyspiel, eine Lehre, welche er verabscheuete, unter dieser großen Zahl von Menschen ausbreiten möchte, welche, ohne zu untersuchen, von Autoritäten sich hinreißen lassen. Mendelssohn eilte also, Jacobi zu widerlegen.

Indessen hatte dieser Streit auf seinen körperlichen Zustand sehr nachtheilig gewirkt, und seine letzten Lebenstage sehr verbittert. Zugleich war ihm nun der Plan zu dem 2ten Theil der Morgenstunden, den er dem Briefwechsel zwischen ihm und Jacobi, über welchen eigentlich der Streit entstanden war, einverleiben wollte, zerrissen. Er konnte die Ausarbeitung nicht mehr so ruhig wie vorher verschieben. Die Anstrengung, und die auhaltende Beschäftigung zur Erfindung eines ganz neuen Entwurfes für dieses Werk, rieben seine Kräfte immer mehr auf, und eine dazu getretene heftige Erkältung beschleunigte seinen Tod, welcher am 4. Januar 1786 erfolgte, und zwar im 57sten Jahr seines thätig vollbrachten Lebens. An seinem Sterbetag waren um die Zeit, da der Leichnam dem Gesetz gemäß, nach seiner Ruhestätte gebracht wurde, alle jüdische Kaufläden in Berlin geschlossen, welches sonst nur bey Beerdigung eines Oberrabbiners zu geschehen pflegt.

Mendelssohn war überhaupt durch eine brauchbare Moral, durch einen sehr richtigen Verstand, durch eine unbeugsame Frömmigkeit, durch eine sanfte und wohlthätige Toleranz, durch ein sehr thätiges Gefühl, und durch eine sehr abgemessene Vernunft noch weit ehrwürdiger, als durch seine litterarischen Talente, welche jedoch Erstaunen erregen, wenn man bedenkt, von welchem Punkt er ausgieng, wie wenig Mittel Natur und Schicksal ihm gegeben, oder vielmehr, was sie ihm alles versagt hatten. Kann man nicht, ohne den Ruhm dieses sonderbaren Mannes zu verkleinern, welcher sich durch eine außerordentlich geduldige Industrie, durch kraftvollen Willen, durch natürliches Genie und durch unermüdeten sorgfältigen Fleiß, aus dem Schooße dieser Classe, welche man so oft zur letzten zu machen sich bestrebte, bis zum ersten Rang der Philosophen und Schriftsteller, wodurch Teutschland berühmt geworden, empor geschwungen hat, kann man nicht sagen, daß sein Beispiel und vorzüglich die Wirkungen seiner Sorgfalt für die Erziehung der Juden, alle diejenigen hätte zum Stillschweigen bringen müssen, welche mit einer sehr unedeln Erbitterung hartnäckig darauf beharren, die Juden wären keiner Verbesserung fähig? Man verehrte ihn bei seinen Glaubensgenossen sehr tief, und indem er diesen schmeichelnden Tribut verdiente; so durfte er mit Recht nicht mehr zweifeln, daß eine bessere Erziehung, eine billigere Behandlung, die Zulassung zu unschuldigen Handthierungen, hinreichend seyn würden, an die Stelle der Vorurtheile der Juden, Kenntnisse und Tugenden zu bringen, und sie mit den erhabensten Völkern gleich zu setzen.

Mendelssohn hatte die Akademie der Wissenschaften in Berlin der Liste ihrer zu erwählenden Glieder einverleibt; allein König Friedrich II., als Protektor der Akademie, strich seinen Namen schlechtweg aus. Dieß erfuhr Mendelssohn. — „O (sagte er) ich gräme mich nicht darüber. Nur alsdann würde es mich schmerzen, mit rechtschaffenen Männern in einiger Verbrüderung nicht stehen zu dürfen, wenn mich die Akademie, und nicht der König davon ausgeschlossen hätte."

Gequält von den Rabbinen, als das Schicksal aufgehört hatte, ihn zu verfolgen; durch die Unbedachtsamkeit einiger seiner Bekanntschaften, in Verdrüßlichkeiten verwickelt; durch die hartnäckigen vorgefaßten Meinungen Friedrichs des Zweiten, den seine Lieblings-Philosophen zu überreden gewußt hatten, daß die Juden, für welche er überhaupt wenig Achtung bezeigte, nicht zum menschlichen Geschlecht gehörten, der litterärischen Ehren beraubt, welche ihm der allgemeine Ruhm, in welchem er stand, erworben hatte, erduldete Mendelssohn alle diese Querstriche mit Ergebung, mit Ruhe. Das Gute, welches er unermüdet würkte, die Annehmlichkeiten der Freundschaft, die häusliche Eintracht, die Sorgfalt für die Seinigen, der Unterricht seiner Nation, welcher er Philosophie und Moral anhaltend lehrte, trösteten ihn über die Vorzüge und über das Wohl, welches beides er mehr gewünscht haben würde, in so fern es Mittel, seine jüdischen Mitbrüder zur Nacheiferung zu reizen, als in so fern es persönliche Belohnungen gewesen seyn würden, von deren Werth seine erhabene, durch eine unerschütterliche Mäßigung gemilderte Seele, keinen zu hohen Begriff haben konnte. Seine reine, rührende und eindringende Moral, die er in seinem ganzen Leben unermüdet ausübte, verbreitete er in dem vertrauten freundschaftlichen und häuslichen Umgang, auf eine so einnehmende und angenehme Art, daß er dadurch allen denen, welche er seiner Vertraulichkeit würdigte, unendlich theuer wurde. Die Toleranz, welche er vertheidigt hatte, herrschte in seinem Herzen, wie in seinen Werken. Seine Grundsätze waren überdieß zu ausgebreitet, als daß er ausschlüßender Lehrsätze bedurft hätte.

Mendelssohn war zu seiner Zeit der Stolz seiner Nation, und eine der größten Zierden von Berlin. Jedem aufgeklärten und edlen Fremden ward sein Name genannt, und seine Bekanntschaft zu suchen anempfohlen. — Es war überraschend, wie richtig und zweckmäßig er über jeden ihm vorgetragenen Gegenstand redete. Er sprach (wie einer seiner Freunde sich ausdrückte) so leicht und so deutlich über das Daseyn Gottes, wie über ein neues Muster zum Seidenstoff; und so genau und richtig über den Seidenstoff wie über das Daseyn Gottes. Nichts war einseitig, nichts einzeln in seinem großen Verstande, dem die Grundsätze und das Resultat jeder Wahrheit wichtig waren, und der seinen Untersuchungstrieb frei und uneingeschränkt überall verbreitete.

Bei seiner Gelehrsamkeit war Mendelssohn zugleich ein vortreflicher Theoretiker in der Musik. Dieß bezeugte sein Versuch, eine vollkommen gleichschwebende Temperatur durch die Construction zu finden, welchen man im 2ten Stück des 5ten Bandes der Marpurgischen Beyträge nachlesen kann. Auch hat dieß Werk der verstorbene Kirnberger besonders herausgegeben.

In dem litterarischen Briefwechsel von Joh. Dav. Michaelis, welchen der Prof. Buhle in Göttingen geordnet und herausgegeben hat, befinden sich im 1sten Theil einige Briefe von Lessing und Mendelssohn mitgetheilt. Lessing, dieses große Genie, dieser trefliche Beobachter, charakterisirte im J. 1754 Mendelssohn durch folgende Züge: „Er — der Verf.

eines Aufsatzes über Lessings Juden im 1. Stück von Lessings Theatralischer Bibliothek — er ist wirklich ein Jude, ein Mensch von etlich und zwanzig Jahren, welcher ohne alle Anweisung in den Sprachen, in der Mathematik, in der Weltweisheit, in der Poesie, eine große Stärke erlangt hat. Ich sehe ihn im Voraus als eine Ehre seiner Nation an, wenn ihn anders seine eigenen Glaubensgenossen zur Reife kommen lassen, die allezeit ein unglücklicher Verfolgungsgeist wider Leute seiner Art getrieben hat. Seine Redlichkeit und sein philosophischer Geist läßt mich ihn im Voraus als einen zweiten Spinoza betrachten, dem zur völligen Gleichheit mit jenem nichts, als dessen Irrthümer, fehlen werden." — Er selbst schrieb. Die Welt kennt seine Werke, und wird sie, so lange gründliches und feines Denken geachtet wird, verehren. Wenn man die drückenden Umstände, unter denen er anfangs war, hernach seine Geschäfte und seine Kränklichkeit bedenkt; so muß man erstaunen, daß er so viel und mit solcher Vollendung schrieb. Aber, wo Mendelssohn glaubte nützen zu können, arbeitete er gern. Seine Schriften sind Werke der Vernunft und Einbildungskraft, der tiefsinnigsten Speculation, einer lebhaften Empfindung und des feinsten Geschmacks. Er ist einer der geistreichsten Selbstdenker und Aesthetiker aus der Schule Wolfs und Baumgartens: er hat den Weg der strengen systematischen Methode mit edler Kühnheit verlassen, die wichtigsten Wahrheiten der Metaphysik mit eigenem Feuer bearbeitet, und einen Reichthum Griechischer Ideen, Griechischer Bilder und Wendungen, hineinzulegen gewußt. Den wichtigen Lehren vom Daseyn Gottes, von der Unsterblichkeit der Seele, von der Evidenz tiefsinniger menschlicher Kenntnisse, von der Beschaffenheit unserer Empfindungen, von der Rettung der Vernunft gegen Aberglauben, des Menschenrechtes gegen Kirchengewalt, u. s. w. diesen Lehren hat er eigene Schriften gewidmet, und dadurch der Teutschen Denkkraft neuen Schwung gegeben. Nie hat er durch ein unvorsichtiges Wort, durch zu freien Ausdruck des Zweifels, diesen Wahrheiten Abbruch gethan; so kräftig er doch auch immer eigenes Nachdenken, wahrheitsuchendes Zweifeln, und das Recht einer völlig freien Untersuchung, vertheidigte. Aber jene Wahrheiten waren ihm nicht bloß zu heilig, sondern auch zu innig mit seinem Denken verwebt, als daß ihm auch nur ein Zug entwischen konnte, der sie in nachtheiliges Licht gestellt hätte.

Aber nun drängt sich auch noch die Frage auf: was verdankt denn Teutschland vorzüglich unserm *Moses Mendelssohn*?

Erstlich. Durch seine Bekanntschaft mit den schönen Wissenschaften und Künsten, durch seinen langen vertrauten Umgang mit den besten Schriftstellern des Alterthums und der neuern Zeit, hat seine Sprache die hohen Schönheiten des Styls, den ganzen einnehmenden Reitz erhalten, den wir an allen seinen Werken bewundern, und dem die besten Köpfe nachahmten.

Dadurch wurde der Anfang zu einer musterhaften Schreibart in philosophischen Sachen bewerkstelligt. Wolf lehrte die ernstere Weisheit wieder in Teutscher Sprache, und gab dieser Sprache eine Menge der bestimmtesten Ausdrücke für die Philosophie; Allein er lehrte sie gar zu ernsthaft; und die Klagen über Trockenheit und Mangel an Anmuth wurden allgemein.

Mendelssohn war es aufbehalten, ein Muster zu geben, wie man die abstraktesten Begriffe mit dem schönsten Ausdruck bekleiden, die tiefsinnigsten Lehren mit einer Lebhaftigkeit und einer Anmuth vortragen könne, die ihnen unendlich mehr Eingang ins Herz verschaft, ohne ihrer Würde und Wichtigkeit das Geringste zu benehmen. Die abstraktesten Wahrheiten treten unter seinen Händen in netten Schmuck einer einfältig erhabenen Beredsamkeit hervor. Zugleich aber zeigen alle seine Schriften, daß, so sehr es ihm auch um Reiz der Einkleidung zu thun war, doch nie bei ihm die Deutlichkeit und Richtigkeit der Begriffe durch Wortgepränge litt.

Zweitens. Nur ihm, in Verbindung mit Lessing und Nicolai, verdankt Teutschland den Anfang einer freimüthigen unpartheiischen Critik, die, ohne Rücksicht auf die Person, nur die Sachen; ohne Rücksicht auf Namen und Anhang, nur den Schriftsteller beurtheilte. Wie kühn dieser Schritt damals war, bewies zur Genüge das freilich jetzt vergessene Geschrei so vieler Menschen von allen Ständen dagegen. Als Critiker und Mann von Geschmack ist Mendelssohn eine Hauptperson in der Geschichte der Teutschen Litteratur.

Drittens. Ihm dankt Teutschland auch die theoretische Critik, ihm vortrefliche Entwickelungen in der Lehre von den Empfindungen und der schönen Wissenschaften; da sonst die moralisch-psychologischen Beobachtungen, vorzüglich in Anwendung auf Aesthetik, nur das Eigenthum der Britten zu seyn schienen.

Mendelssohn trug über Evidenz, Wahrheit und Gewißheit, und die Grade derselben in verschiedenen Wissenschaften in seinem klassischen Geschmack Grundsätze vor, die nur wenige ganz befriedigten, und es schärferen Denkern ganz deutlich bewiesen, daß die alte Philosophie nicht mehr hinreiche, und daß festere, allgemeinere Prinzipien und neue Untersuchungen erfordert werden, wenn sich Philosophie, als Wissenschaft, unter so vielen neuen Zweifeln und unter so manchen neuen Ideen und Einsichten, die sich verbreitet hatten, erhalten sollte. Man sehe: Mendelsohns Preisschrift über die Evidenz in den metaphysischen Wissenschaften. —

Viertens. Unter Mendelssohns großen Verdiensten nehmen die Bemühungen um die Aufklärung seiner Nation eine der ersten Stellen ein. Die Erziehung der jüdischen Jugend war seit langer Zeit in den größten Verfall gerathen; die Teutschen Juden verachteten die Gelehrten unter ihren Landsleuten, und wählten meistens Polen zu ihren Rabbinen. Menschen aus einem

rnen, uncivilisirten Lande, Leute in den gröbsten Vorurtheilen
ersunken, vom Aberglauben angesteckt, vom Dunst der Mystik
umnebelt, in Sitten und Gebräuchen von den Teutschen gänz=
erschieden, deren Sprache sogar ein ihnen ganz unverständlicher
Jargon ist, nahmen sich vor, die Teutschen zu Polen zu machen.
Alle Disciplinen, außer dem Talmud und was dazu gehört,
stellten sie dem gemeinen Haufen als unnöthig und unnütz vor;
einige Wissenschaften verschrien sie als nachtheilig zur Ortho=
doxie, andere als schädlich zur Religiosität. Eines der gröss=
ten Uebel, das die Teutschen dabei erlitten, war, daß sie ihre
reine Teutsche Sprache dadurch verloren; Teutsch vermischte
sich mit polnischem Jargon, und daraus entstand ihre korrupte
Sprache. — Mendelssohn war der erste, der in seinem Zirkel
Aufklärung unter der Nation zu verbreiten suchte, und in dieser
Bemühung gewiß nicht unglücklich war. Die Erziehung seiner
eigenen Kinder war musterhaft, und diente den übrigen zum Vor=
bild: auf solche Art wurde mit der Zeit der größte Theil der
Juden Berlins erzogen, und endlich die vortrefliche jüdische
Freischule daselbst errichtet.

Endlich gereicht ihm auch zum großen Verdienst, daß er
durch seinen untadelhaften Wandel, durch seine hohe Recht=
schaffenheit, und durch sein eifriges Lehren wichtiger Wahrhei=
ten, es dahin brachte, daß man erkannte: auch ein Jude, auch
ein Unchrist, könne ein guter Mensch seyn, könne Religion ha=
ben, könne unter uns Christen Religion und Tugend befördern.
Wie lange ist es, daß auch die angesehensten Männer dieses für
unmöglich hielten? Lebten nicht noch zu seiner Zeit manche der
Gelehrten und Geistlichen, die Anfangs, als Mendelssohn auf=
stand, diese Unmöglichkeit in öffentlichen Schriften behaupteten,
und so gar bewiesen? Aber er zwang durch sein unbescholtenes
Leben bald allen die Ueberzeugung ab, daß jene Behauptungen
unwahr, jene Beweise lächerlich seyen. Und so ist der moralische
Werth der Juden in der Meinung der Nicht-Juden, vorzüglich
in den Preußischen Staaten, zu einer gewissen Höhe gestiegen.
Mehrere Mitglieder der jüdischen Nation, da ihnen das alte
Vorurtheil nicht mehr im Weg stand, haben Gelegenheit gehabt,
ihre Brauchbarkeit von Seiten des Kopfes und des Herzens gel=
tend zu machen, und durch ihren nähern Umgang mit der herr=
schenden Partei das Mistrauen gegen ihre Nation immer mehr
und mehr zu schwächen. — Aber ein solches mächtiges Werk=
zeug war auch erforderlich, um das graue Vorurtheil, das so
fest gewurzelt hatte, nur zum Schwanken zu bringen. —

Mendelssohn machte die Verschwisterung der sch. K. und
Wissensch. in der Abhandlung von den Hauptgrundsätzen der=
selben (in der Bibl. der sch. Wiss. und in den philosoph. Schrif=
ten) zuerst recht anschauend, und kommentirte vortreflich über
Baumgartens Grundsatz von der sinnlich-vollkommenen Er=
kenntniß.

Er hat auch (in der Bibl. der sch. W. und in den philosophischen Schriften) zuerst das Wesen des Erhabenen klar gemacht, und gezeigt, daß es in der sinnlich vollkommenen Vorstellung des Unermeßlichen bestehe. Seine Abhandlung ist von dem Hrn. von Goens ins Holländische 1769 übersetzt, und mit einem großen Vorrath eigener schönen Anmerkungen begleitet worden.

Der berühmte Medailleur, J. Abraham zu Berlin, hat eine M*daille auf Mendelssohn verfertigt, worauf sich sein Brustbild befindet. Sie ist in Spießens Brandenb. Münzbelust. 5. Th. S. 101. abgebildet und beschrieben. Man sehe auch Gothaische gel. Zeit. 1775. St. 17. S. 143.

Ich komme nun auf die Schriften dieses jüdischen Weltweisen, die ich hier alle anführen muß, weil sie zu seiner Charakteristik ungemein viel beitragen, und zugleich von dem ungetheilten Beyfall zeugen, den sie im Ausland durch so viele und mancherlei Uebersetzungen erhalten haben, welches Glück nur wenigen Gelehrten seines Zeitalters zu Theil wurde.

* Der moralische Prediger, ein Ebräisches Wochenblatt. Berlin 1750. 4. *)

* Ueber die Empfindungen. Berlin 1755. 8. Französisch von Th. Abbt. 1763. 8. Aus den Briefen über die Empfindungen: Onderzoek der zedelyken Gevoelens — door I. Perſch. 1769. gr. 8.

* Philosophische Gespräche. Berlin ... in 8.

* J. J. Rousseau Abh. von dem Ursprung der Ungleichheit unter den Menschen, übersetzt, nebst Betrachtungen über desselben Meinung von dem Ursprung der Sprache. Berlin, 1756. 8.

* Pope, ein Metaphysiker. Danz. 1755. gr. 8. (in Gesellschaft mit Lessing.)

Philosophische Schriften. 2 Th. eb. 1761. in 8. 2te Ausg. ebend. 1771. 8. 3. Aufl. eb. 1777. 2 Th. in 8. Holländisch, von G. Brander à Brandis in 2 Theilen mit Anmerkungen. Amsterd. 1786. und 1789. gr. 8. Lateinisch, von J. ... Grossinger. 2 Theile. Wien 1784. in 8.

Aus den philosoph. Schriften wurden besonders übersetzt: Abhandlung über das Erhabene und Naive; Holländisch von Ryklof F. Mth. van Goens. Utrecht, 1769. 8. Neue Aufl. ebend. 1774. gr. 8. und diese Abhandlung nebst den Grundsätzen der schönen Wissenschaften und Künste, Italienisch von K. Ferdinandi. 1779. in 8.

Abhandlung über die Evidenz in metaphysischen Wissenschaften, eine Preisschrift. Berlin 1764. 4. 2te Auflage. Ebend. 1786. 8.

Phädon, oder über die Unsterblichkeit der Seele, in drei Gesprächen. Ebend. 1767. 8. auf 14½ Bogen sehr nett

*) Die mit einem * am Anfang bezeichneten Schriften kamen ohne seinen Namen heraus.

)ruckt; 2te vermehrte und verbesserte Ausg. eb. 1768. 8.; 3te
mehrte Aufl. eb. 1769. 8. 4te Aufl. eb. 1776. 8. Hollän=
d), Haag 1769. 8. Italien. Colva 1773. 8. Französ. zwei=
l, von G. Ad. Junker. Paris 1774. 8. und von Ab.
arja. Berl. 1772. 8.; Ruff. in der Monatsschrift:
renn' iij. swet. I. Th. — Ungar.... Dänisch. Copenha=
1, 1779. 8. Engl. von Cullen. London, 1789. 8.
   * Schreiben an den Hrn. Diaconus Lavater zu Zürich.
rl. 1770. 8. Franz. Lettres juives du celebre *Moses Mendels-
hn*, avec les remarques et réponses de Mr. *Kölbele*. Frcft. 1771.
Holländisch, Utrecht, 1770. in gr. 8.
   * Commentarius über Maimonides Erklärung logika=
dyer Worte. Frkf. an der Oder 1760. 2te Aufl. Berl. 1764.
   Commentarius über den Prediger Salomons. 1770. 8.
   Anmerkungen über einen schriftlichen Aufsatz, die Wun=
rthaten des berüchtigten Schröpfers betreffend, im 26sten
. der allg. Teutsch. Biblioth. St. 1. S. 177. u. fg. und in J. S.
emlers Sammlungen von Briefen und Aufsätzen über die
asnerischen und Schröpferischen Geisterbeschwörungen (Halle
76. 8.) und in den neuen Miscellaneen von S. 218. an.
   Ritualgesetze der Juden, betreffend Erbschaften, Vor=
undschaftssachen, Testamente und Ehesachen, in so weit sie
as Mein und Dein angehen. Entworfen von *Moses Men=
lssohn*, auf Veranlassung und unter Aufsicht R, Hirschel Le=
in, Oberrabbiners zu Berlin. Berl. 1778. 8. 19 Bog. stark.
e Aufl. 1793. 8. Viert. Aufl. ebend. 1799. 8. Der Oberrabbi=
r zu Berlin sollte die Ritualgesetze der Juden, über die auf
m Titel genannten Materien, so weit sie heut zu Tag bei ihnen
noch gültig sind, aus den Schriften der Rabbiner in einen
eutschen Auszug bringen, damit sie, nach vorhergehender Prü=
ung, gebilliget, und darnach als nach einem wirklich in Brandenb.
anden geltendem Gesetz die Streitigkeiten der Juden unter einander
tschieden werden möchten. Diese Arbeit konnte wohl in keine
essere Hände kommen, als in die eines *Moses Mendelssohns*,
er auch in diesem Fach, von welchem er doch gestehet, daß es
ie sein Studium gewesen, mehr leistet, als irgend ein anderer
ürde geleistet haben. Diese Schrift hat hauptsächlich den Nu=
en, daß ein der Hebräischen Sprache und der jüdischen Rechts=
elahrheit unkundiger Leser dadurch in den Stand gesetzt wird,
ie aus dem jüdischen Recht gefällten Urtheile und deren Gründe
öllig zu verstehen und zu beurtheilen. Man sehe: Oberd. allg.
itteratur=Zeitung, 1799. St. 111. S. 1 u. 20. u. fg.
   Probe einer Jüdisch=Teutschen Uebersetzung der 5 Bü=
ber Mosis. Göttingen, 1778. 8.
   Die fünf Bücher Mose, zum Gebrauch der Jüdisch=Teut=
chen Nation. 5 Bücher. Berl. 1780 — 1783. 8. Die Ueber=
etzung wurde mit Hebräischen Buchstaben gedruckt, nebst dem
Hebräischen Grundtext.

Menasseh Ben Israel Rettung der Juden; aus dem Engl. nebst einer Vorrede, als ein Anhang zu des Hrn. Kriegsr. Dohm Abh. über die bürgerliche Verf. der Juden. ebend. 1782. 8. Holländisch, Haag, 1782. gr. 8.

Anmerkungen zu Abbts freundschaftl. Correspondenz. Berlin, 1782. 8.

Uebersetzung der Psalmen Davids. Ebend. 1783. 8. Eine neue, nach dem hinterlassenen Manuscript des Verf. berichtigte und verbesserte Aufl. erschien zu Berlin, 1788. 8.

Noch immer übertrifft die Mendelsohn'sche Verdeutschung der Psalmen alle ihre ältern und jüngern Schwestern an Würde, Geschmeidigkeit und Rundung des Ausdrucks, an Eleganz und wahrem Dichtergeiste, und wenn gleich diese mehr als zehnjährige Arbeit des auch für Wohllaut und Harmonie besorgten Mendelsohn den gelehrten Orientalisten in einzelnen Stellen nicht befriedigen, und hier und da in Absicht auf Richtigkeit und Treue mancher neuern Uebersetzung sollte nachstehen müssen; so wird sie doch, was poetisches Verdienst und einen glücklichen Totaleindruck anlangt, noch nicht so bald von einer spätern Uebersetzung übertroffen werden. Bisweilen vergessen es auch die Critiker Mendelsohn's, den eigenthümlichen Gründen nachzuspüren, die er hatte, so und nicht anders zu übersetzen, und den gebahnten Pfad zu verlassen. Eine Psalmenübersetzung, welche statt des Originals genommen werden könnte, ist noch nicht erschienen, und dürfte auch wohl schwerlich das Werk eines Mannes seyn. Der Hr. geh. Regierungsrath und Prof. Hezel in Giessen entschloß sich einstweilen in seiner neuen Uebersetzung der Psalmen, (Altenb. 1797. 8) sein Scherflein an Critiken über die Mendelsohnsche Arbeit heraus zu geben, und darin zu zeigen, was seiner Empfindung und seiner Einsicht nach in derselben noch fehlerhaft sey, und von dem künftigen Uebersetzer auf der einen Seite vermieden, und auf der andern noch gethan werden müsse. Allein er scheint des Critisirens bald müde geworden zu seyn, denn er kam mit seinen Critiken kaum bis zum achten Psalm.

Jerusalem, oder über religiöse Macht und Judenthum. eb. 1783. 8. Italienisch, Venedig, 1790. 8. Dagegen schrieb der Consistorialrath Joh. Fr. Zöllner in Berlin, eine Widerlegung: Ueber M. Mendelsohns Jerusalem. Ebend. 1784. 8.

Morgenstunden, oder Vorlesungen über das Daseyn Gottes. 1. Th. Berlin, 1785. 8. Dabei ist zu merken: Ludw. Heinr. Jacobs Prüfung der Mendelsohnschen Morgenstunden, oder aller speculativen Beweise für das Daseyn Gottes. Leipz. 1786. in 8.

Moses Mendelsohn an die Freunde Lessings. Ebend. 1786. 8.

Abhandlung über das Commerz zwischen Seele und Körper von M. Mendelsohn, a. d. Hebr. übersetzt von Sal. Anschel. 1788. 8.

Einzelne Stücke von ihm in *Bellamy's* Proven, voor her Verden Smaak en het Hart. Utrecht 1784 — 85. Neue
Dordrecht 1790. gr. 8.
Mehrere von ihm für die jüdische Colonie zu Berlin verfer-
Gedichte und Gebete bei Gelegenheit von Vermählungs-
andern Feierlichkeiten bei Hofe, hebr. von Jos. Haltern,
nchels hebr. Sammler.
Gedichte aus dem Hebräischen, in Reichs Beschäftig. des
ens mit Gott, und in Schmids Anthologie.
Der Lector der Franz. Sprache zu Erlangen, Joh. Jac.
ynier hat einige Schriften von Mendelssohn Franz. ins Iourn.
;ois de Francfourt übersetzt.
Die Ode an Gott nach einem Ungewitter steht Holländisch
;ten Th. von Tael — en Dichtlievende Oefeningen van het
ootschap ter sprenke vaerende: Kunst word door Arbeit
:reegen, en Pryswaarren (Leyden 1787. gr. 8.)
Kurze Abhandlung über die Unsterblichkeit der Seele,
dem Hebräischen übersetzt, von D. Friedländer. Berlin
7. 41 Seit. in 8. Diese Abhandlung enthält die Lehrsätze von
Unsterblichkeit der Seele, welche im Phädon erwiesen wer-
Der Verstorbene bestimmte sie für seine denkenden Volks-
)andten.
Abhandlung von der Unkörperlichkeit der menschlichen
le. Wien 1785. 79 Seit. in kl. 8. M. hat diese Schrift
inisch ausgearbeitet, und sie ist von einem Ungenannten
ie Vorwissen des Verf.) in dieser Sprache zuerst herausgege-
worden; nachher hat dieser Ungenannte die Schrift übersetzt,
im Teutschen herausgegeben. Dem Rec. in der Jen. allg.
Zeit. vom J. 1785. 5. B. S. 209. kommt es vor, als
n diese kleine Schrift ein Versuch der Jugend des verehrungs-
digen Mannes seyn müßte. Er selbst muß sie seiner nicht
dig geachtet haben, weil er keine Ausgabe davon veranstal-
)at. Eine Dänische Uebersetzung erschien zu Copenhagen.
2. 8.
Antheil an den Briefen über die neueste Litteratur, und
den 4 ersten Bänden der alten Bibliothek der schönen Wis-
chaften.
Ueber Freiheit und Nothwendigkeit; in der Berliner Mo-
schrift, v. J. 1783. St. 7. S. 1.
Ueber die 39 Artikel der Englischen Kirche und deren Be-
odrung, zur Vertheidigung gegen Hrn. Ritter Michaelis (in
tingen). ebend. 1784. St. 1. S. 24.
Ueber die Frage: was heißt aufklären? ebend. 9. Stück.
Ueber das sittlich- und physisch-Gute: ein Briefwechsel
chen ihm und Prof. Schwab. ebend. 10. Stück.
Soll man der einreißenden Schwärmerei durch Satyre oder
h äußerliche Verbindung entgegen arbeiten? ebend. 1785.
2.

Giebt es natürliche Anlagen zum Laster? ebend. 1786. Stück 3.

Schreiben, die philanthropinische Erziehung jüdischer Kinder betreffend; in der Litt. und Völkerk. 1783. St. 4.

Psychologische Bemerkungen über Spaldings Zufall, in Moritzens Magazin zur Erfahrungsseelenkunde, B. 1. St. 2. 1783.

Recehsionen in der allgemeinen Teutschen Bibliothek. Sein Antheil daran war zwar nicht groß; aber bei diesem Werke ist ein solcher Mitarbeiter erheblich.

Briefe an Th. Abbt, in dessen Werken.

Im 28sten Theil von Lessing's sämmtl. Schriften findet man den Lessingischen Briefwechsel mit Mendelssohn und den mit dem sel. D. Reiske wieder, die beide im J. 1789. als der erste Band des gelehrten Briefwechsels abgedruckt waren. Am Schluß des 27sten Bandes hat Nicolai einige erhebliche Anmerkungen zu Moses Mendelssohns im J. 1789 gedruckten Briefwechsel mit Lessing hinzugefügt, der eigentlich mit dem seinigen hätte gedruckt werden sollen.

M. Mendelssohns kleine philosophische Schriften. Mit einer Scizze seines Lebens und Charakters von Dan. Jenisch, Pred. an der Marienkirche. Berl. 1789. 8. Der Herausgeber dieser kleinen Sammlung ist Hr. Müchler in Berlin, der die Aufsätze vom Verf. vor dreyßig und mehrern Jahren als Beyträge zu periodischen Schriften erhalten hat. Man findet hier 9 Aufsätze.

Moses Mendelssohns und Ge. Dav. Kypke Aufsätze über jüdische Gebete und Festferien, aus archivalischen Acten herausgegeben, von Ludw. Ernst Borowsky. Königsb. 1791. 8.

Mendelssohns Bildniß befindet sich 1) vor dem 8ten B. der allgem. Teut. Bibl. 2) von Bause nach Graf 1772 in fol. 2) in Lavaters physiognomischen Fragmenten. 4) vor dem 1. Stück der Berliner Monatsschrift v. J. 1787. 5) Auf einer Medaille von J. Abraham.

M. Uebersetzung des 110. Pf. sammt Hrn. Friedländers Commentar darüber beleuchtet von Chph. Gottlieb Perschke. Berl. 1788. 8.

Salomo's hohes Lied für die Jüdisch-Teutsche Nation übersetzt und mit einigen erklärenden Anmerkungen versehen von M. Mendelssohn, und die Hebr. Lettern ins Teutsche übergetragen von Isr. Abr. Brakel. Braunschw. 1789. 8.

Die vielen Schriften, welche Mendelssohns Morgenstunden und sein Streit mit Jacobi veranlasset haben, sind in dem allgem. Repert. der Litteratur für die J. 1785 — 1790. I. Band (Jena 1793. 4.) Sechstes Fach, no. 336 — 366. verzeichnet.

Ueber sein Leben kann man folgende Schriften zu Rath ziehen:

Eine zwar kurze, aber interessante Nachricht von seinem
 hat einer seiner ältesten Freunde, Hr. Nicolai, in der
zem. Teut. Bibl. 65. B. 2. St. S. 624. u. fg. bekannt ge-
cht. — Ueber Mendelsſohns Tod. Von Sim. Hochheimer.
en u. Leipz. 1786. 8. Der Verf. dieſer kleinen Schrift iſt gleich-
s ein Jude, und in dieſer Rückſicht macht ſie ſeinen Kennt-
en und Einſichten wirklich Ehre. Noch unbekannte, den ver-
zten Mendelsſohn betreffende Nachrichten, findet man indeß
 nicht. Den oft ziemlich ſchwülſtigen und zu bilderreichen
ol entſchuldiget der Verf. damit, daß ſie urſprünglich in
räiſcher Sprache aufgeſetzt worden, und das Teutſche nur
 wörtliche Ueberſetzung davon ſey. Angehängt iſt ein He-
ſches Gedicht: Empfindungen über Mendelsſohns Tod. —
hricht von M. Leben, ſ. Moritzens Denkwürdigk. 1786. St.
eite 17 — 24. 49 — 53. 97 — 101. und 129 — 133.
Zum Andenken Moſes Mendelsſohns, ſ. Berliner Monats-
ift, 1786. St. 3. S. 204 — 216. — Ueber eine Stelle in
es Mendelsſohns Schreiben an die Freunde Leſſings (von
ner.), ebendaſelbſt St. 3. S. 271 — 275. — Etwas zu
r Vertheidigung von den Herausgebern der Berliner Mo-
ſchr. ebend. St. 3. S. 279 — 287. — Schreiben des
eral Scholten über ihn, an den jüdiſchen Kaufmann D. H.
o. St. 5. S. 398 — 406. — Ländliches Denkmal zu Ba-
, (Nachricht von ſelbigem, durch C. W. Hennert) ebend.
. St. 12. Seite 552 — 556. — Sur Moſes Mendelsſohn
a reforme politique des Iuifs et ſur la revolution tentée en
 faveur en Angleterre par le Comte *de Mirabeau*. Londres
. 8. Teutſch, mit Anmerkungen, Berlin 1787. 8. Gut
ſetzt und ſchön gedruckt. Die Schrift macht dem Grafen
 Ehre; — ſie iſt mit Wärme und Patriotismus geſchrieben,
ſucht die Verdienſte M. beſonders um die Verbeſſerung der
n auch im Ausland bekannt zu machen. — Leben und
ungen Moſes Mendelsſohns, nebſt dem Geiſt ſeiner
iften. Hamb. 1787. 8. — Moſes Mendelsſohn der Weiſe
 der Menſch. Ein lyriſch-didactiſches Gedicht in 4. Geſän-
von M. C. P. Conz. Stuttg. 1787. 8. — Ueber M.
delsſohns Bart. Berl. 1788. 8. — Mendelsſohns kleine
ſophiſche Schriften (herausgegeben von Muchler) mit ei-
kitze ſeines Lebens und Charakters von Dan. Jeniſch. Berl.
 8. — In dem Jahrg. von 1788. der jüdiſchen Mo-
chrift: Der Sammler, kommt eine ausführliche von dem
sgeber derſelben Iſak Euchel, verfaßte Lebensbeſchrei-
von M. Mendelsſohn vor. (ſ. Götting. gel. Anz. v. J.
 S. 863.) Dieſe Lebensbeſchreibung iſt auch zu Berlin in
rientaliſchen Buchdruckerei im J. 1788 in Oktav beſonders
ruckt. Hr. Euchel hat hier ſeinen Glaubensgenoſſen mit
ſehr gut gerathenen Biographie des verewigten M. be-
t. Stil und Sprache ſind ganz im Geiſte der alten He-
 edel, plan und rein. Der Zweck dieſer Schrift iſt wohl

wenigen, das Andenken Mendelssohns überhaupt zu erhalten, als es gerade unter solchen Juden zu erhalten, die aus Vorurtheil oder Mangel an Kenntniß keine Schrift in einer andern Sprache lesen, und Aufklärung, Duldung und Entwickelung höherer Geisteskräfte unter ihnen befördern zu helfen. In dieser Rücksicht ist es ihm auch sehr gelungen, den Geist der M. Schriften für sein Publikum faßlich darzustellen.

h. Vorlesung bei der erneuerten Todesfeier Mendelssohns, gehalten in der Gesellsch. zur Beförderung des Edlen und Schönen, den 9. Jan. 1791. von Dav. Friedländer in Berlin, s. Teutsche Monatsschr. 1791. März. Seite 217 — 229.

Sein Leben beschrieben in Feddersen's Nachrichten von dem Leben und Ende gutgesinnter Menschen u. s. w. herausgegeben von Wolfrath, 6te Sammlung S. 128 — 161.

Der entlarvte M. Mendelssohn, oder richtige Aufklärung des räthselhaften Todverdrusses des M. Mendelssohn über die Bekanntmachung des Lessingschen Atheismus von Jacobi. Amsterd. 1786. 8. Der Verf. ist J. H. Schulz. In der Jenaer Lit. Zeit. 1787. 5. B. Seite 120 wird sie eine eben so armselige, als feindselige Brochüre genannt, deren Geist man errathen wird, wenn man hört, daß alle Züge, die der edle Marcus Herz von der außerordentlichen Bescheidenheit des Mendelssohns anführt, für eben so viele Beweise des Stolzes und der Eitelkeit ausgegeben werden.

Mosheim, Johann Lorenz von, Doktor der Theologie, Königl. grosbrittanischer und churfürstlich Braunschweigischer Kirchenrath, Kanzler der Universität Göttingen, Professor Honorarius auf derselben und Präsident der Teutschen Gesellschaft in Leipzig, einer der größten und berühmtesten Gelehrten im achtzehnten Jahrhundert. Er wurde zu Lübeck am 9. Octobr. 1694 geboren. Sein Vater war Ferdinand Siegmund, Freyherr von Mosheim, der in der Jugend Edelknabe am Salzburgischen, hierauf Jagdpage am kaiserlichen Hofe gewesen war, bei männlicherem Alter aber in kaiserlichen, hernach in Churbrandenburgischen und endlich in Königlich Englischen Diensten gestanden hat. Seine Mutter stammte aus einem alten nunmehr erloschenen adelichen Meklenburgischen Geschlechte her, und war aus Preußen gebürtig.

Doch diesen scheinbaren Glanz der Geburt, worin so viele Menschen die größte Ehre setzen, suchte Mosheim, so wie alle seine weit größern und ächtern Vorzüge, sorgfältig vor der Welt zu verbergen. Man weiß, daß er selbst sich sehr selten, und allemal gezwungen des adelichen Bezeichnungswortes, niemals aber des freiherrlichen Titels, bedient hat. Die Natur hatte ihm auch in der That weit schönere und schätzbarere Gaben, als jene Kleinigkeiten des Zufalls sind, verliehen; sie hatte ihm einen Geist geschenkt, dem nur wenig gleich zu schätzen sind, und ein

herz, welches das edelste und rechtschaffenste war, das je in einer
menschlichen Brust klopfte.

Sein Vater war zwar der katholischen Religion zugethan,
er ließ es aber geschehen, daß sein Sohn in der evangelischen
Religion erzogen wurde. Nachdem er anfangs durch besondere
Lehrmeister unterrichtet worden war, und hierauf das Gymnasium zu Lübek 3 Jahre lang besucht hatte; so begab er sich auf
die Universität Kiel.

Der lebhafteste Enthusiasmus für die Gelehrsamkeit, der
durch eine jugendliche Begierde, sich berühmt zu machen, erhitzt wurde; die seltensten Gaben des Verstandes; das feurigste
Genie; der eifrigste Fleiß, von diesem einen glücklichen Gebrauch
zu machen; diese Eigenschaften besiegten nicht allein alle Schwierigkeiten, die sich ihm in den Weg legten, sondern verschaften
ihm auch, zu einer Zeit, da sich bey andern das Genie erst zu
entwickeln pflegt, so feine und gründliche Einsichten, daß er
auf den Namen eines Gelehrten schon damals Anspruch machen konnte.

In Kiel fand er an den beyden berühmten Lehrern der Theologie, Heinrich Muhlius und Albrecht zum Felde, nicht nur schätzbare Lehrer, sondern auch Gönner und Beförderer seiner Neigung zu einer gründlichen Gelehrsamkeit. An dem Letztern und
an Sebastian Kortholten hatte er eben so geschickte als angenehme Führer zum Studio der Kirchengeschichte, zu welchem er
gleichsam geboren zu seyn schien, gleichwie ihm Fabricius die
alte Litteratur reizend machte.

Die damalige Art, die Gelehrtengeschichte vorzutragen,
führte ihn zeitig zu einer genauen und kritischen Kenntniß der
Bücher, und der Glanz großer Schriftsteller, gegen den ein so
feuriger Kopf nicht gleichgültig blieb, erfüllte ihn mit Muth,
ihnen auf der Ehrenbahn nachzueifern. Im Felde der Kirchengeschichte wagten es damals verschiedene große Männer, viele
alte und verjährte Vorurtheile zu entdecken, und eine Menge
gemeiner Sagen als Irrthümer anzugreifen. Da nun Mosheim
Muth genug hatte, ja da ihn sein jugendlicher Ehrgeiz
dazu anfeuerte, der gelehrten Welt unter die Augen zu treten,
und da er dieses unter keiner schlechten und gemeinen Gestalt
thun wollte; so wurde er anfänglich nicht selten von einer Liebe
zum Neuen und Paradoxen hingerissen, die er nachher oft bereuet, und seine Freunde vor dem eitlen Triebe zu unnützen Grübeleyen gewarnt hat, wozu die Begierde, sich berühmt zu machen,
ihn selbst bisweilen in jungen Jahren verleitet hätte. Da inzwischen nach der Zeit ein ausgebildeter Witz, und ein männlicher gesetzter Geschmack diese seine Neigung, auch solche Meinungen, die lange im Besitze des Beyfalls gewesen waren, scharf
und strenge zu prüfen, gehörig verfeinerte und bestimmte; so
ward er einer der größten Verbesserer der Kirchengeschichte, der
er durch die scharfsinnigsten Untersuchungen und durch die glücklichsten so wohl als interessantesten Entdeckungen die portreflich-

ste Gestalt gegeben hat. Zu allererst machte sich Mosheims Genie der Welt durch poetische Arbeiten, und durch eine schöne Lateinische Schreibart bekannt. Zwo Gaben, die bey vielen großen Männern die ersten Ausbrüche oder vielmehr Ankündigungen ihres Genies und ihrer künftigen Größe gewesen sind, und bey Mosheimen Vorbereitungen des Ruhms waren, den er sich nachher als Redner auf immer erworben hat. Der verstorbene Geßner macht in der Gedächtnißschrift auf ihn die richtige Anmerkung, daß viele andere berühmte Männer, eben so wie Mosheim, den Anfang von diesen Spielwerken der Musen gemacht haben, und daß dieser nie der größte Kanzelredner seiner Nation würde geworden seyn, wo er sich nicht durch die Vorübungen der Dichtkunst jenen bewundernswürdigen Reichthum des Ausdrucks, und jene ausnehmende Fertigkeit verschaft hätte, nach der jedesmaligen Erforderniß seines Gegenstandes, stark und lebhaft zu schildern, deutlich und überzeugend zu unterrichten, und bald erhabene bald sanfte Empfindungen rege zu machen. —

Da er sich aus eigener Wahl dem Studio der Theologie gewidmet hatte; ob ihm gleich seine Herkunft und seine Gaben für Erlangung der glänzendsten weltlichen Stellen hätten Bürge seyn können; so suchte er sich in allen den Fertigkeiten, die man von einem Geistlichen verlangen kann, vollkommen zu machen. Daher hielt er im Jahre 1718 für den Herrn zum Felde, der zugleich Oberprediger zu Kiel, und immer kränklich war, alle diejenigen Predigten, welche dieser des Mittwochs abzulegen hatte. Diese Unterstützung, die er seinem Lehrer schuldig zu seyn glaubte, war zugleich für ihn selbst eine so vortheilhafte und glückliche Uebung, daß er von diesem Jahre 1718 an, auf inständiges Bitten der Gemeinde, alle Predigten und Verrichtungen des Hauptpastorats für seinen Gönner über sich nahm, und 3 Jahre nach einander abwartete.

In eben demselben Jahre 1718 ward er Magister und Beysitzer der philosophischen Fakultät zu Kiel.

Mosheim befand sich nun in einem Zeitpunkte, da man gemeiniglich wegen der Lebensart, die man ergreifen will, mit sich selbst zu Rathe zu gehen pflegt, und da man oft von sich einen Begriff hat, der keinen Wunsch nach einem mittelmäßigen Amte statt finden läßt. Allein seine Wünsche schränkten sich auf ein sehr mäßiges Glück ein; so sehr ihn auch seine Geburt, sein Genie und seine Wissenschaft zu berechtigen schienen, ein sehr glänzendes zu suchen. Doch auch jenes mäßige Glück versagte ihm seine Vaterstadt, der er sich aufzuopfern beschlossen hatte; indem er um eine sehr unbeträchtliche Stelle in derselben anhielt, und sie nicht erlangen konnte.

Desto mehr war das übrige gelehrtere Publikum von dem überzeugt, was es von Mosheimen hoffen durfte. Denn im Jahre 1718 schlugen ihn die beyden berühmten Rechtsgelehrten, Gerhard von Mastricht, und Eberhard Otto, zum öffentlijen Lehramte der Beredsamkeit und Geschichte auf der Universität Duisburg vor, welches Heinrich Maskamp vorher bekleidet hatte. Und im folgenden Jahre wurde er der Königin Ulrika Eleonora von Schweden durch den Grafen Welling so nachdrücklich empfohlen, daß ihn selbige zum Lehrer der Griechischen Sprache und Geschichte nach Upsal berief. Allein er verbat beide Rufe; jenen wegen der evangelischen Religion, diesen wegen der nahen Hofnung, die er zu einer Profession in Kiel hatte.

Der Hollsteinische Hof ernannte ihn wirklich im Jahre 1721 zum öffentlichen Lehrer der Logik und Metaphysik. Da aber die Sache wegen Abwesenheit des Hofes, welcher sich dazumal in Petersburg befand, nicht zur völligen Richtigkeit kam; obgleich Mosheim den Sommer über die öffentlichen metaphysischen Vorlesungen wirklich hielt; so bemüheten sich seine Gönner, ihn auf eine andere Art zu befördern. Da sie seine geistliche Beredsamkeit als dasjenige Mittel ansahen, wodurch er sein Glück am sichersten machen, und zugleich der Welt am nützlichsten werden könnte, so veranstalteten sie es, daß er im Jahre 1722 nach Kopenhagen gefordert wurde, um vor dem Könige von Dänemark, Friedrich dem IV. zu predigen. Mosheim that dieses wirklich zu Friedrichsburg, und brachte dem König eine solche Meinung von seinen Gaben bey, daß er ihn im November darauf wider sein Vermuthen zum Königlichen Legationsprediger in Wien berief.

Er stund im Begriffe abzureisen, und seinen Posten anzutreten, als ihn eine so heftige Unpäßlichkeit überfiel, daß er sich genöthigt sahe, seine Reise aufzuschieben. Fast zu gleicher Zeit trug ihm der Hollsteinische Hof eine ansehnliche Kirchenbedienung an, die ihn aber von dem Vorsatze, nach Wien zu gehen, nicht abwendig machen konnte. Er war nunmehro völlig wieder hergestellet, und es schien nun nichts gewisser und näher zu seyn als seine Abreise. Allein den Abend vor derselben erhielt er von Wolfenbüttel den Ruf zum Lehramte der Theologie in Helmstädt. Dieser Umstand war ihm auffallend; er schien ihm ein deutlicher Wink der Vorsicht zu seyn, die ihn gleichsam zum drittenmale erinnerte, nicht nach Wien zu gehen, und die ihn zu einem akademischen Lehrer bestimmt zu haben schien. Ja er wurde, da ihn seine Neigung außerdem zu dieser Lebensart leitete, so fest von dem Willen der Vorsicht überzeugt, daß er sich sogleich entschloß, den Beruf nach Helmstädt anzunehmen. Der König von Dänemark gieng schwer daran, einen Mann von solchen Gaben wieder aus seinem Dienste zu entlassen. Endlich aber bewilligte er um Ostern 1723, unter gewissen Bedingungen und mit Zeugnissen außerordentlicher Gnade sein Begehren.

Mosheim begab sich also bald darauf nach Helmstädt, und nahm noch in eben dem Jahre die Doctorwürde der heiligen Schrift daselbst an, nachdem er sein Lehramt mit einer Rede de Christo unice theologo imitando antrat, in welcher er das große

Muster, wornach er sich selbst immer mehr zu bilden suchte, auch seinen Zuhörern anpries.

Helmstädt wurde nun ein Schauplatz der seltnen Gaben und vortreflichen Eigenschaften, die in ihm vereinigt waren. Er lehrte mit einem unermüdeten und bewundernswürdigen Fleiße, in dem er bis an die letzten Tage seines Lebens beständig angehalten hat; er fuhr fort, durch die interessantesten, gelehrtesten und oft sinnreichsten Schriften der Welt nützlich zu werden; er arbeitete in allen Theilen der Gottesgelahrheit mit einem seltenen, gleich glücklichen Fortgange; in seinen Schriften war allezeit philosophische Gründlichkeit der Gedanken mit der reizendsten Grazie des Ausdrucks vereinigt, und zu beyden gesellten sich jene vortreflichen Tugenden des Herzens, die einem Schriftsteller so viel Ehre bringen, und die so wenig Schriftsteller kennen.

Sein Ruhm, der sich immer weiter ausbreitete, immer schneller der Größe entgegen wuchs, in der wir ihn noch bewundern, machte nicht nur die ganze protestantische Kirche, und selbst viele Katholiken, aufmerksam auf ihn, sondern verschafte ihm auch immer mehr Gnadenbezeugungen des Braunschweigischen Hauses; die er besonders bey Gelegenheit verschiedener an ihn gelangenden Rufe zu auswärtigen Ehrenstellen erfuhr.

Schon im Jahre 1724 wurde er zu einer wichtigen geistlichen Bedienung nach Schleswig zurückberufen, und im Jahre 1726 verlangte ihn der Churfürstlich Sächsische Hof zu einer nicht weniger glänzenden Stelle. Der Herzog August Wilhelm erklärte ihn daher, um ihn dem Braunschweigischen Hause immer mehr eigen zu machen, noch in eben demselben Jahre zu seinem Kirchen= und Konsistorialrathe. Zu gleicher Zeit wurde er nach dem Tode Johann Andreas Schmidts zum Abte von Marienthal, und im folgenden Jahr 1727 an die Stelle des verstorbenen Abts Fine, auch zum Abte von Michaelstein ernennt, ob er gleich diese letztere Würde das Jahr vorher verbeten hatte. Nach dem Tode des Abts Fabricius ward er auch im Jahre 1729 zum Oberaufseher aller Schulen im Herzogthume Wolfenbüttel bestellt, wozu nachmals auch die Generalinspection im Fürstenthume Blankenburg kam.

Seine reizende Beredsamkeit verschafte ihm die Ehre, daß er seit dem Jahr 1725 bey den meisten vorkommenden besondern und öffentlichen Fällen vor dem Hofe in Wolfenbüttel und Blankenburg predigen mußte. Der König von Preußen, welcher sich im Jahre 1733 nebst seiner Gemahlin in Braunschweig befand, gab Mosheimen Proben einer ganz vorzüglichen Gnade. Er unterredete sich sehr lange mit ihm, über die wichtigsten Gegenstände, mit der größesten Leutseligkeit, und er mußte vor ihm und dem damaligen Kronprinzen zweymal predigen.

Da Mosheim unserer Sprache überhaupt mehr Reinigkeit, mehr Wohlklang und Harmonie in seinen Schriften gab, als sie bisher gehabt hatte; so wählte ihn die Teutsche Gesellschaft in Leipzig nach Johann Burchard Menkens Tode im Jahre

1732, wegen so großer Verdienste um die Teutsche Wohlredenheit, zu ihrem Präsidenten.

So fruchtlos die Bemühungen auswärtiger Provinzen bisher gewesen waren, ihn in ihre Gränzen zu ziehen; so wagte es doch die Stadt Danzig im Jahre 1736, ihm die Stelle eines Seniors ihres Ministerii mit einem außerordentlich starken Gehalte und sehr glänzenden Vortheilen anzutragen. Ja der Herzog Anton Ulrich hatte es sogar über sich genommen, von seinem Bruder, dem Herzoge von Braunschweig, die Erlaubniß für Mosheimen zu erhalten, diesen Ruf annehmen zu dürfen. Allein, da mit diesem Seniorate, nach den Gesetzen der Stadt, die Seelsorge des Raths und der vornehmsten Häuser in Danzig, nothwendig verbunden war, so schlug er es, so wie kurz darauf einen Ruf nach Leipzig, aus.

Jedoch w 3 so vielen Städten, so vielen Prinzen mislungen war, das glückte endlich der Universität Göttingen. Die Stiftung dieser neuen Akademie, im Jahre 1737 mußte nothwendig den übrigen Sächsischen Universitäten eine kleine Furcht für ihren eigenen blühenden Zustand einflößen; ja viele konnten nicht umhin, diese neue Erscheinung in der gelehrten Welt mit einigem Neide zu betrachten. Mosheim zeigte auch hier seine edle Denkungsart. Er war zu patriotisch für die Universität Helmstädt gesinnt, als daß er nicht einigen Nachtheil für sie von Göttingen her hätte besorgen sollen. Allein keine Spur des Neides bemeisterte sich seiner Seele. Dafür mag die Vorsicht sorgen, schreibt er, wir wollen nur immer das Unsrige thun. So drückt er sich in einem Briefe vom Jahre 1733 aus, als man die ersten Berathschlagungen wegen Stiftung der neuen Universität anstellte. Ja, er nahm an der im Jahre 1737 geschehenen Einweihung derselben den aufrichtigsten Antheil, und schrieb an seinen Freund, der damals schon die Stelle eines Lehrers der Beredsamkeit und Dichtkunst in Göttingen bekleidete, bey dieser Gelegenheit, in einem Tone, der das edelste und redlichste Herz verkündigt. Ich wünsche Ihrer Akademie, und der ganzen gelehrten Welt, zu der feierlichen Einweihung derselben, von Herzen Glück. Denn Gott ist mein Zeuge, daß ich nicht zu denjenigen gehöre, die Ihre Glückseligkeit beneiden, und daß ich in meiner Dunkelheit, und in meinem cisterciensischen Schmuze (Sie wissen es doch, daß ich von diesem Orden bin?) vollkommen zufrieden lebe. — Ich werde nie aufhören, für Sie, das ist, für das Reich der Gelehrsamkeit, zu dessen Vortheil Sie mit so vielem Ruhme arbeiten, den Segen des Himmels zu erflehen.

Gleich bey der ersten Gründung dieser Akademie breitete sich das Gerücht aus, daß Mosheim unter der Anzahl der Lehrer seyn würde, die man auf dieselbe zu berufen entschlossen wäre. Da die Stifter derselben ihren Plan so entworfen hatten, daß sie die neuen Lehrstühle mit den größten Männern schmücken, und Göttingen zu einem Sammelplatze der berühmtesten Gelehrten machen wollten, so war es natürlich, daß so wohl ihnen, als dem Publiko vorzüglich Mosheim mit einfallen mußte; indem die Welt, wie sich Geßner ganz vortreflich ausdrückt, wußte, daß da eine Akademie wäre, wo sich Mosheim befände. Ob nun zwar dieses Gerücht zu voreilig seyn mochte; denn es breitete sich schon damals aus, als noch gar kein Gelehrter den Ruf nach Göttingen erhalten hatte; so ist doch so viel richtig, daß man gar bald alle mögliche Mittel versucht habe, diesen großen Mann auf die neue Akademie zu ziehen.

Allein diese Versuche schienen ganz vergeblich zu seyn. Mosheims Denkungsart schien alle Bemühungen auf immer zu vereiteln. Er war durch ein fünffaches Interesse an Helmstädt gefesselt. Die Akademie, die Landsstände, seine Abteien, das oberste geistliche Gericht, und welches das stärkste Band war, der gütigste Herzog machten die dringendsten und zugleich gerechtesten Ansprüche auf den beständigsten Besitz seiner Person, und er glaubte dieses Vertrauen, diese Achtung, diese Liebe, erwiedern zu müssen. Die Gnade seines Herzogs war eine der mächtigsten Fesseln, die ihn zurück hielten: Sie wissen, sagt er, wie viel und wie groß die Wohlthaten sind, durch die ich meinem besten Landesherrn verpflichtet bin. Würde ich wohl, wenn ich, ohne wichtige Gründe zu haben, ohne im geringsten beleidigt zu seyn, diesen alten und schon schwachen Fürsten verlassen wollte, dem Vorwurfe der Undankbarkeit und Lieblosigkeit entgehen können? Lieber will ich sterben, als zugeben, daß die Nachkommen — doch was sage ich Nachkommen? — daß alle redlich Gesinnten von mir sagen könnten, ich hätte meiner Pflichten vergessen. Hierzu kam die Schwächlichkeit seines frühzeitigen alternden Körpers, die sich theils von einer natürlichen Anlage, theils von Arbeiten und Unglücksfällen, denen er unterworfen gewesen war, herschrieb; und die ihm den Wunsch einflößte, sich vielmehr von der menschlichen Gesellschaft zu entfernen, und Stunden einsamer Ruhe der Selbsterkenntniß zu weihen, als sich auf eine noch glänzendere Scene zu begeben; ja die endlich ihm, als einem Manne, der allemal den ganzen Umfang seiner Pflichten auf das gewissenhafteste erfüllen wollte, diese Erfüllung sehr unvollkommen, ja beynahe unmöglich zu machen schien. Diese Gründe waren es, welche die Hofnung, Mosheimen nach Göttingen zu ziehen, auf beständig zu vernichten schienen; so viel Anzügliches die Akademie auch sonst für sein freundliches Herz hatte, indem einer seiner zärtlichsten Wünsche dieser war, mit seinen Freunden in Göttingen, mit einem Geßner, Heumann, Treuer und Gebauer leben, und in ihren Armen sterben zu können. Wie Viele giebt es wohl, die bey dergleichen Veränderungen des Lebens durch edlere Gründe geleitet und bestimmt werden, als durch Gehalt und Titel!

Doch endlich konnte Mosheim dem mächtigen Willen der Vorsicht nicht länger widerstehen. Deutliche Proben von diesem

Willen, und neue Einsichten in seine Bestimmung bewogen ihn
im Jahre 1747, den Ruf als Kanzler und Professor Honorarius
der Gottesgelahrheit auf der Akademie Göttingen anzunehmen.

Hier fieng er seine akademischen Arbeiten mit eben dem Eifer und mit eben dem glücklichen Fortgange an, womit er sie in Helmstädt beschlossen hatte, und ward eine unsterbliche Zierde der Akademie, deren Kanzler er war.

Mosheim setzte seine akademischen Arbeiten in Göttingen bis ins achte Jahr unermüdet und auf eine solche Art fort, daß sich nicht leicht ein Lehrer rühmen kann, so viel Beyfall, so viel Verehrung und wahre zärtliche Liebe von seinen Zuhörern genossen zu haben, als er. So sehr ihn sein herannahendes Alter, nach einem so geschäftigen Leben, hätte berechtigen können, seine Arbeitsamkeit einzuschränken; so bediente er sich doch dieses Rechts nicht, sondern widmete noch in seinen letzten Jahren täglich drey Stunden seinen Vorlesungen, und opferte sich, mit der größten Anstrengung seiner Kräfte einer unbeschreiblichen Menge von Zuhörern auf, die sich von allen Seiten in seinem Hörsaale versammelten, und von denen viele nicht die Absicht hatten, die Gottesgelahrheit zu erlernen, sondern bloß das Vergnügen ihn zu hören, genießen wollten.

Er hörte auch hier nicht auf, der Welt durch die gelehrtesten und angenehmsten Schriften nützlich zu werden, und fieng, außer andern Arbeiten, damals eines seiner größten und wichtigsten Werke an, dessen erster Theil, den er ans Licht gestellt hat, uns allemal eine Sehnsucht nach einer Fortsetzung desselben empfinden ließ.

Doch durch diese überhäuften Arbeiten und Beschwerlichkeiten wurde endlich sein schwächlicher Körper besiegt. Man kann sagen, daß Mosheim beynahe von Jugend auf mit einer ihm fast beständig anhängenden Kränklichkeit habe kämpfen müssen. Diese Kränklichkeit hatte ihren Grund, theils in der natürlichen Disposition seines Körpers, theils in den verschiedenen Drangsalen seiner Jugend, theils endlich in den gehäuften Arbeiten, die er mit dem unermüdetsten Fleiße unausgesetzt über sich nahm und abwartete; wenn sie auch die Kräfte des Körpers zuweilen zu übersteigen, und diese dem Triebe seines feurigen Geistes nicht entsprechen zu können schienen.

Mosheim bestritt seine Kränklichkeit, wie er sich selbst öfters ausdrückte, durch hippokratische Waffen, das ist, durch eine beständige Ruhe und Heiterkeit der Seele, die sich auf den Frieden mit Gott und allen Menschen gründete, und durch die strengste Mäßigkeit; gleichwie er dem Geiste, durch angenehme Lekture der alten Schriftsteller und Französischer Reisebeschreibungen, die nöthige Erholung von ernsthaften und angreifenden Arbeiten zu verschaffen suchte.

Bis zum Ende des 1753sten Jahres erhielt sich sein Körper fast noch immer in dem vorigen Zustande, ohne daß seine

Schwächlichkeit merklich zugenommen hätte; welches er theils seiner gerühmten Mäßigkeit, theils den günstigen Bemühungen seiner Natur, das Uebel zu zerstreuen, zu verdanken hatte. Allein vom Anfange des 1754sten Jahres an, wurden die Umstände seiner Gesundheit immer bedenklicher; so sehr sich auch die beyden Aerzte Richter und Brendel, mit vereinigten Kräften, bemüheten, das Leben dieses wichtigen Gottesgelehrten zu fristen. Im Winter eben dieses Jahres vermehrten sich bey ihm die eben so gefährlichen als quälenden Folgen der hypochondrischen Krankheit, die in ihrer fürchterlichen Gestalt erschien, und dennoch seine Arbeitsamkeit auch itzt noch nicht im geringsten einschränken konnte, nach und nach dergestalt, daß er in die schmerzhafteste und langwierigste Krankheit verfiel, die auch den dauerhaftesten und festesten Körper, mit ihrem Heere von Uebeln, würde darnieder geschlagen haben.

Wenn man die letzten Leiden dieses großen Mannes aufmerksam betrachtet; so kann man sich eben so wenig des lebhaftesten Erstaunens, als der empfindlichsten Regungen des Mitleids erwehren. Man erblickt einen Mann, der den sanftesten Tod verdient zu haben schien, unter den grausamsten Martern, deren beynahe ein menschlicher Körper fähig ist, nach und nach langsam sterben; aber die Vorsicht wollte, er sollte ein noch bewundernswürdigeres Muster durch Standhaftigkeit und Größe des Geistes im Tode seyn, als er es am Leben durch Gelehrsamkeit und Verdienste gewesen war. Denn er hörte nicht eher, als an der äussersten Gränze seines Lebens, auf, von Zeit zu Zeit Privatvorlesungen zu halten, obgleich Schmerz und Geschwüre beynahe seinen ganzen Körper starr und unbeweglich gemacht hatten. Er erwartete seinen Tod mit der erhabensten Ruhe, ja mit einer wahren Freudigkeit der Seele; und dankte der Vorsicht, die ihm bey den Martern seines Körpers eine so sorgfältige und zärtliche Gattin, so viele an seinem Elende Theil nehmende Freunde, und, was das grösseste war, ein so ruhiges und durch ihre Gnade starkes Herz verliehen hatte. Er starb mit der Fassung eines Christen am 9. September 1755, im 61sten Jahre seines Lebens.

Mosheim besaß nicht nur alle diejenigen Vorzüge und Kräfte des feurigsten und zugleich tiefsten Verstandes, des fruchtbarsten Witzes, der lebhaftesten Einbildungskraft, des getreuesten Gedächtnisses und des erhabensten Geschmacks, die man zu einem glücklichen Genie, zu einem Genie der höhern Ordnung rechnet, und die bey ihm stets zugleich arbeiteten, sondern sein Genie hatte auch jene sanfte und welche Biegsamkeit, jene reizende Naivetät, welche die Natur den meisten Gelehrten versagt hat, nämlich die angeborne Anlage der Seele, nicht nur gelehrt und gründlich zu denken, sondern auch über jeden Gegenstand eine gewisse ungezwungene Anmuth zu verbreiten, wodurch demselben eine Art von Gefälligkeit und lachender Einfalt verschaft wird. Und diese Gabe besaß Mosheim in einem ganz vorzüglichen

Grabe, in seiner Schreibart, in seinem Vortrage, ja auch in seinen Gesprächen, wenn er nur von gemeinen Dingen redete, schienen jederzeit alle Grazien des Ausdrucks; alles bekam unter seinen Händen, einen Glanz von Neuigkeit und Annehmlichkeit. Wie oft wird die weitläuftigste und gründlichste Gelehrsamkeit von einer verzehrenden Trockenheit begleitet! Und wie oft verbirgt sich auf der andern Seite eine seichte Kenntniß unter einer schimmernden Schreibart! Mosheim besaß die Vortheile von beyden Seiten, aber keinen von diesen Mängeln.

Die alte Litteratur, mit der er sehr frühzeitig bekannt geworden war, und in welcher er eine vorzügliche Stärke besaß, hatte ihn zu allem, was das Alterthum Vortreffliches hat, geleitet. Denn er war einer von denenjenigen Gelehrten, welche, indem sie eine feinere Kenntniß der Philologie und Kritik mit ihrem Hauptstudio verbinden, in diesem jene ausgezeichnete Größe erreichen, wozu in einer jeden höhern Wissenschaft die Litteratur der einzige Weg ist. Mosheim hatte ihr ungemein viel zu danken. Sie leitete ihn zu den reinen und unerschöpflichen Quellen der feinen Denkungsart, die auf jede neuere Wissenschaft einen so großen Einfluß haben. Sie öfnete ihm den Tempel des guten Geschmacks, und gab seiner Beredsamkeit die erste Erziehung. Sie führte ihn zu einer wahren, von dem lächerlichen Sektengeiste gänzlich entfernten Weltweisheit. Sie leitete ihn zu den ältesten Einsichten in die Kirchen- und Gelehrten-Geschichte. Sie schenkte endlich den Produkten seines Genies, er mochte denken, reden oder schreiben, alle die Reize, die so unnachahmlich beleben; alle Delikatesse des Griechen, allen Fleiß und Reichthum des Römers. Seine Lateinische Schreibart, daß ich dieses einige anführe, floß mit einer reizenden und ganz bewundernswürdigen Leichtigkeit, und mit allen Schönheiten, deren diese Sprache fähig ist; sie war so sanft, wie sein Herz, und so biegsam, wie seine Denkungsart.

Derjenige Theil der schönen Redekünste, welcher sich mit den Rednern, Geschichtschreibern und Dichtern des Alterthums, mit den Schriftstellern Griechenlands und Roms beschäftigt, hatte für ihn ungemein viel Reizungen. Er hatte auch diesem Theile der Litteratur in seiner Jugend vielen Fleiß gewidmet, und sich darin eine Stärke erworben, wovon wir unter seinen Schriften Proben antreffen. Es ist wahr, er konnte in der nachfolgenden Zeit der Lesung der alten Autoren und denen Kenntnissen, welche damit verbunden sind, wegen seiner Aemter und Beschäftigungen von anderer Art, nicht so obliegen, wie er wohl gewünscht hätte; und er pflegte sich oft darüber zu beklagen, daß ihn die Menge seiner übrigen Geschäfte immer mehr von seinem Lieblingsstudio, das ihn in jüngern Jahren so sehr entzückt hatte, entfernte, und daß er, anstatt goldner alter Schriftsteller, die schmuzigen Schriften der mittlern Jahrhunderte zu studieren genöthigt wäre: ja er rechnete sich daher immer nur unter die Mittelmäßigen und Ungeübtern in diesem Theile der Litteratur. Inzwischen ob er gleich einem Geßner, einem Schwarz, einem Drakenborch, deren ganze und tägliche Beschäftigung diese Kenntnisse waren, nicht gleich seyn konnte; so ließ ihn doch seine Bescheidenheit fast zu gering von sich urtheilen; denn er hat durch Proben bewiesen, daß er mit den Schriftstellern des Alterthums sehr bekannt, und mit einer nicht gemeinen philologischen und kritischen Kenntniß derselben und ihrer Ausgaben versehen war. Er wünschte immer, daß die Ausleger derselben mehr Beurtheilungskraft und philosophische Kenntniß der Alterthümer mit Litteratur und Kritik verbinden möchten, und beklagte es, daß ihre Kommentarien gemeiniglich mehr Varianten und Worterklärungen, als Erläuterung der Sachen und Entwickelung der Schönheiten enthielten. Er bewies jederzeit seine vorzügliche Liebe zu dem Studio der Alten durch den aufrichtigen Antheil, den er an jeder neuen und vortheilhaften Erweiterung desselben durch die Bemühungen großer Humanisten nahm; und gehörte also nicht in die Klasse dererjenigen Gelehrten, die für das Feld, worin sie selbst arbeiten, zu sehr eingenommen sind, als daß sie die Arbeiten anderer Männer in einem andern Felde einer großen Aufmerksamkeit würdigen sollten. So sehr ihn inzwischen seine Arbeiten abhielten, die Lektüre der alten Autoren zu seiner beständigen Beschäftigung zu machen; so blieb sie doch immer in den Zwischenzeiten seiner anstrengendern und schwerern Geschäfte seine angenehmste Erholung, und war bis ins Alter sein süssester Zeitvertreib. Auf seinen Reisen und in der Einsamkeit seiner Klöster waren ausgesuchte Schriftsteller des Alterthums seine reizendsten Gesellschafter. Die schönen Wissenschaften reiseten mit ihm, sie giengen mit ihm aufs Land, sie waren der Schmuck seiner Jugend und die Erquickung seines Alters.

Da Mosheim der alten Litteratur so viel Vortheile und so viel Vergnügen zu danken hatte; so empfahl er sie auch allen jungen Gelehrten, als das vortreflichste Mittel, eine wahre mit Geschmack verbundene, von allem Stolz und aller Pedanterey entfernte Gelehrsamkeit zu erlangen. Er klagte daher gegen seine Freunde oft über die traurige Erfahrung, daß das Studium der Alten in unsern Tagen von so wenigen geachtet, und wohl gar von vielen als eine dem Weltweisen unanständige Sache angesehen würde; und er glaubte, daß Halle der Geburtsort dieses Uebels sey. In eben dieser Absicht bedauerte er zuweilen, daß die Französischen und Teutschen Musen die Griechischen und Lateinischen gar zu sehr verdrängt zu haben schienen. Sie kennen, schreibt er, den Geist unsers Jahrhunderts. Wenige suchen eine wahre Weisheit: die mehresten verachten die freyen Künste und Litteratur; sie studieren nur ums Brod. Unsre jungen Gelehrten schöpfen alle ihre Weisheit aus Teutschen Büchelchen.

So groß inzwischen Mosheims Achtung gegen die alte Litteratur war; so war es doch keine partheiische Liebe zu derselben.

die andern Hülfsmitteln der Gelehrsamkeit nachtheilig gewesen
wäre; es war keine abergläubische Verehrung, die mit einem
unzeitigen und prahlerischen Gebrauche der erlangten Kenntnisse
verbunden zu seyn pflegt. Er hat selbst der pedantischen Gewissenhaftigkeit in der Schreibart, und der ausschweifenden Verehrung der Philologie und Kritik, eine eigene Schrift entgegengesetzt, und daß er von diesen Fehlern frey war, durch alle seine
Schriften bewiesen.

Die Auslegungskunst der Bibel hat ihm in mehr, als einer
Absicht, die vortreflichsten Dienste zu verdanken. Er brachte zu
den wichtigsten Stellen der Offenbahrung, die er erklären
wollte, einen unpartheiischen, über alle Vorurtheile erhabnen, nur
die Wahrheit suchenden Geist, einen scharfsinnigen, mit allen
Schätzen der Litteratur bereicherten Verstand, eine männliche
ausgebildete Beurtheilungskraft und eine Belesenheit mit, in der
er wenig seines Gleichen hatte. Daher verbreiten auch seine
Auslegungen so viel Licht über die dunkelsten Stellen; daher entwickeln sie dem Geiste in jeder Stelle so viel Schönheit, so viel
Reichthum; daher ofnen sie manchem Herzen so viel Quellen der
Andacht und des Trostes; ja daher gefielen sie in ihrem gelehrten und reizenden Kleide selbst dann, wenn man ihnen nicht ganz
beipflichten konnte.

Die christliche Kirchengeschichte war das erste Feld, worauf seine großen Gaben arbeiteten, und es ist noch immer eines
der rühmlichsten für ihn und voll von Denkmälern seiner Verdienste. Er übertraf aber seinen Vorgänger nicht nur unendlich
weit an Gelehrsamkeit, Belesenheit und Beurtheilungskraft, sondern auch an wahrer Unpartheilichkeit, die mancher so unglücklich verfehlt hatte. Er war derjenige, der die Kirchengeschichte
nach allen ihren Theilen reinigte und wiederherstellte; der jede
Begebenheit bis auf ihren ersten Ursprung verfolgte; der Mährchen entdeckte, wo man bisher Zuverläßigkeit gesehen hatte; der
über unzählige Gegenden dieser Wissenschaft Licht und Gewißheit verbreitete. Ein scharfer und weit sehender Verstand, ein
unermüdeter Fleiß von vielen Jahren, ein überlegter und beständiger Gebrauch der wahren Quellen, und eine genaue Bekanntschaft mit den andern Gattungen der Geschichte der Philosophie; alles dieses half ihm jene Verdienste erwerben, die ihn
zu dem Ruhme eines der größten Verbesserer der Kirchengeschichte
erhoben haben.

Eben so rechtmäßig aber verdient er diesen Namen auch darum, weil er einer der ersten in unserer Kirche gewesen ist, der
dieser Wissenschaft eine Vollkommenheit, die in unsern Tagen so
viele Geschichtschreiber nicht weiter als auf den Titel ihrer Arbeiten bringen, nämlich die pragmatische Gestalt gegeben, und
sie mit aller Stärke und Nutzbarkeit dieser Methode bekleidet
hat. Er war der erste unter unsern Gottesgelehrten, dem diese
Unternehmung vorzüglich gelungen ist. Nicht zufrieden, die
Kirchengeschichte in Absicht ihres wesentlichen Inhalts zu reini-

gen, und alles in der natürlichsten Ordnung und mit der vortreflichsten Deutlichkeit vorzutragen; nicht zufrieden, die Folge der Begebenheiten richtig und zuverläßig zu erzählen; legte er auch das ganze Uhrwerk und alle Triebräder derselben aus einander, suchte ihre Ursachen, ihren Zusammenhang auf, zeigte ihre Folgen und ihren Einfluß auf den Staat, auf die Sitten und auf die Wissenschaften; zeichnete die Charaktere der in jeder Epoche erscheinenden Lehrer mit der genausten und getreuesten Sorgfalt; öffnete die wahren Quellen der Lehrsätze, entwickelte die Ursachen und Verbindungen der Lehrgebäude, und machte, mit einem Worte, die Kirchengeschichte zu einer Dienerin der Religion, zu einer Mutter des Kirchenrechts, zu einer Lehrmeisterin des Lebens und zu einem Lichte, den ganzen Umfang der Gottesgelahrheit aufzuklären.

Betrachten wir nun ferner Mosheim als Redner, so erscheint die Wohlredenheit, die alle seine Arbeiten athmen, in seinen Predigten in ihrer ganzen Stärke. Seine Gegenstände sind jederzeit auserlesen; sein Hauptsatz ungekünstelt; seine Abhandlung ordentlich, ohne Affektation und durch und durch praktisch. Er erklärt gründlich, ohne exegetische Pedanterey, er sagt bloß dasjenige, was eben jetzt gesagt werden muß, um deutliche Begriffe hervorzubringen; aller Ueberfluß, aller Prunk, alle unnöthige Erweiterungen sind aus seinem Vortrage verbannt. Sein Ausdruck ist nachdrücklich und stark, ohne schwülstig zu seyn; artig und angehm, ohne mit Worten zu spielen; überall aber rein, leicht, simpel und mit weiter keinem Schmucke geziert, als den ihm die Natur selbst dargeboten hat. Niemand versteht die Kunst besser, aufmerksam zu machen, zu gewinnen, zu überzeugen, zu rühren, die Herzen zu überraschen, und sie in jedem Falle auf der empfindlichsten Seite anzugreifen. Wer hat wohl jemals Majestät der Sachen, und Simplicität der Worte besser zu verbinden gewußt, als Mosheim, dessen Gedanken niemals sinken, und dessen Ausdruck doch niemals aufschwillt? Und wer hat je mehr Geschicklichkeit besessen, seinen Vortrag jedem Gegenstande, jeder Person, jedem Orte und jeder Zeit auf das weiseste anzupassen; als worin eigentlich das Wesen der wahren Beredsamkeit besteht?

Als Lehrer auf dem Katheder, sagt Schröckh, einer seiner berühmtesten Schüler, war es unmöglich, daß man durch denselben hätte sollen ermüdet werden. Seine laute und ungemein durchdringende Stimme, seine deutliche Aussprache, seine Lebhaftigkeit, und die anständigen Bewegungen, womit er das, was er sagte, begleitete, fesselten schon zum voraus die ganze Aufmerksamkeit eines jeden Zuhörers. Sein Vortrag selbst aber hatte noch weit reizendere Vorzüge. Er floß, gleich einem sanften Strome, ohne den geringsten Anstoß, mit Hülfe weniger aufgeschriebenen Zeilen, unaufhörlich fort. Die einleuchtende Deutlichkeit der Sachen; die Stärke der Beweise; der genaue Zusammenhang; die gewählten und bestimmten Ausdrücke; die ungesuchte Anmuth der Worte; die glückliche Vermeidung matter Wiederholungen und leerer Wörter, welche so oft die Lücken des Vortrags ausfüllen müssen; die allemal am rechten Orte angebrachten Betrachtungen; die fruchtbare, gerade das Nöthigste ufammenfassende, Kürze; kurz alle Eigenschaften, die der Römische Dichter unter dem schönen Ausdrucke und der deutlichen Ordnung begreift, und die in Mosheims Vortrage so harmonisch vereinigt waren, machten, daß man in jeder seiner Vorlesungen eine mit Fleiß ausgearbeitete Rede zu hören glaubte. Seine Hauptabsicht war, seinen Zuhörern Wahrheit und Wissenschaft nicht nur deutlich, gewiß und nutzbar, sondern auch angenehm und liebenswürdig zu machen; und er erreichte diese Absicht so glücklich, daß nicht leicht ein akademischer Lehrer mit so starkem Beyfalle und zugleich mit so vielem Nutzen geehrt hat.

Wir übergehen hier, was Mosheim noch seinen Freunden im Umgange, was er seiner Familie war und geben hier noch eine vorzüglichsten Schriften an.

Vindiciae antiquae Christianorum disciplinae adversus C. V. Iob. Tolandi, Hiberni, Nazarenum. Kilon. 1720. 4. Vor der zweyten stark vermehrten Auflage (Hamburg 1722. 8.) befindet sich eine Commentatio de vita, fatis et scriptis Io. Tolandi und eine Vorrede von Buddeus, qua atheismi calumnia a scriptura sacra depellitur. Die neue Meinung, welche er in dieser Schrift vortrug, daß die Nazarener nicht ins erste, sondern ins vierte Jahrhundert zu setzen wären, fand Widersprüche. Sowohl Beausobre, als Samuel Crell wollten dagegen schreiben. Mosheim verbesserte diese Meinung selbst, in den Institutionibus H. E.

Heilige Reden über wichtige Wahrheiten der Lehre Jesu Christi. Erster Theil. Hamburg 1725, 8. Zweiter Theil. Ebendaselbst 1727. Dritter Theil. 1731. Vierter Theil 1736. Fünfter und Sechster Theil 1739. 8. Sie wurden mehrmals aufgelegt, unter andern alle sechs Theile zu Frankfurt und Leipzig 1748. 8. und zu Hamburg 1757. 8. u. s. w.

Rudolphi Cudworthi, S. Theol. D. Linguae hebr. in acad. Cantabrig. Profess. regii, praefectique collegii Christi, Systema intellectuale universitatis, Seu de veris rerum rationibus et originibus commentarii, quibus omnis eorum, qui Deum esse negant, Philosophia et ratio funditus evertitur. Omnia ex Anglico sermone latine vertit, recensuit, variisque observationibus et dissertationibus illustravit et auxit, prolegomenis et indice intruxit I. L. M. Ienae 1733. Fol. Edit. II. ex autographo Mosemiano emendatior et auctior. Lugd. Bat. 1773. 2. Voll. 4. Mosheims Verdienst bey diesem Werke ist bedeutender, als das Verdienst Cudworths. Die Lateinische Uebersetzung wurde sogleich zu Oxford und Franecker nachgedruckt und Mosheims Anmerkungen ins Englische übersetzt. Da die alte Ausgabe Mosheims nicht mehr in den Buchläden zu haben war, so brachten die beyden Luchtmanns in Leyden das Verlagsrecht von Jena aus an sich, und veranstalteten die genannte zweite Ausgabe in Quartformat. Zur Bequemlichkeit des Nachschlagens sind in dieser die Seitenzahlen der vorhergehenden Ausgabe am Rande bemerkt. Der Hauptvorzug aber ist, daß aus dem Handexemplare Mosheims seine geschriebenen Zusätze und Verbesserungen hier beygefügt worden sind. Besagtes Handexemplar kam aus der Mosheimischen Bibliothek in die Windheimische nach Erlangen und aus derselben in die Altdorfische Universitäts-Bibliothek. Dort hatte auch der Prof. Will, in seinem litterarischen Wochenblatte, die von Mosheims Hand beygeschriebenen Anmerkungen abdrucken zu lassen angefangen und wollte damit fortfahren, als ihn die Verleger ersuchten, ihnen solche zur neuen Ausgabe, die indessen schon bis Seite 351. Tom. I. abgedruckt war, ganz zu liefern. Dieses geschah auch. Nun stehen diese Addenda et Emendanda Moshemii theils vor dem Anfang des ersten Tomi, die nämlich bis 351 laufen, und die andern sind am gehörigen Ort und zwar in Klammern eingeschaltet, damit sie von den alten Anmerkungen unterschieden werden können.

Dissertationum ad historiam ecclesiasticam pertinentium Vol. I. Altonae 1731. 8. Die zweite Ausgabe hiervon erschien zugleich mit Vol. II. ibid. 1743. 8.

Institutiones historiae ecclesiasticae antiquae et recentioris, libri. IV. comprehensae. Helmst. 1755. 4. ibid. 1764. 4. Diese letztere Ausgabe hat der D. Müller besorgt und ein Verzeichniß der Mosheimischen Schriften und eine chronologische Tabelle beygefügt. — Teutsch J. Lr. Mosheim vollständige Kirchengeschichte des Neuen Testaments, aus dessen gesammten Lateinischen Werken übersetzt, und mit Maklaine's Anmerkungen und Zusätzen vermehrt — von Joh. August von Einem. Leipz. 1769 — 78. 9 Theile 8. Die drey letzten Theile auch unter dem Titel: J. A. von Einem Versuch einer vollständigen Kirchengeschichte des achzehnten Jahrhunderts. Leipzig. 1777 — 1778. 3 Bände 8. Zweite verbesserte und vermehrte Auflage. Ebend. 1782 — 83. 2 Bände. 8. — Auch giebt es noch eine andere Uebersetzung, die der vorhergehende vorgezogen wird. J. L. von Mosheim vollständige Kirchengeschichte des neuen Testaments aus dessen gesammten größern Werken und andern bewährten Schriften, mit Zusätzen vermehrt und bis auf die neuern Zeiten fortgesetzt. Heilbron 1770 — 1796. 6 Bände, und des 7ten erste Hälfte, 8. Die drey letzten haben auch folgenden besondern Titel: Joh. Rudolph Schlegels, Rectors des Gymnas. zu Heilbron, Kirchengeschichte des achtzehnten Jahrhunderts. Heilbron 1788 — 1796. 3 Bde. 8. Des dritten Bandes erste Abtheilung enthält Zusätze zu den beyden vorhergehenden Bänden von Schlegels Kirchengeschichte, die nach Schlegels Tod, Johann Jacob Fraas, Pfarrer zu Frankenbach bey Heilbron, herausgab.

Von Mosheims Leben und Schriften sind viele Nachrichten vorhanden; wir nennen hier nur Schmersals Geschichte jetzt lebender Gottesgelehrten. Bd. 1. u. f. — Göttens gelehrtes Europa. Theil 1. S. 717 — Gesneri biographia academica Göttingensis, edente Eyringio p. 1. seqq. und Mosheims Leben, von Christian David Jani; in Nicerons Nachrichten, Bd. 23. S. 406 — 496. von welchen man auch hier nichts merkwürdiges vermissen wird.

Moß, Robert, ein beliebter Englischer Prediger, ward zu Gillingham in Norfolk 1666 geboren, 1682 als Famulus in das Corpus Christi Collegium zu Cambridge aufgenommen, und 1685 Baccalaureus der freien Künste und Mitglied. Er erwarb sich einen großen Ruhm im Disputiren und Predigen; ward daher 1698 Prediger der Rechtsgelehrten von Grays-Inn; 1699 Hofprediger des Königs Wilhelm, und 1705 Doctor der Theologie. Nach dem Tod der Dr. Roderik ernannte ihn die Königin Anna zum Dechant von Ely, und 1714 ward ihm die Oberpfarre von Gliston oder Gobbleston in der Grafschaft Hertfort ertheilt. Er starb 1729 durch Podagra und andere Schwachheiten ganz entkräftet, im 63sten Jahr seines Alters. Seinen Charakter findet man bei den 8 Bänden von seinen Predigten in der Vorrede des Herausgebers, Dr. Snape.

Moszozensky, Stanislav Nalecz, Magister der Philosophie, und Lektor der Polnischen Sprache zu Leipzig, starb im November 1790. Er war gebürtig aus der Woywodschaft Cracau, und ward Magister zu Leipzig im Jahr 1771. Im Jahr 1775 hat er sich durch eine Lateinische Disputation: De re nummaria Poloniae ante Wenceslaum et Casimirum Magnum Reges, die bey Breitkopf auf 16 Seiten in 4. gedruckt erschienen ist, bekannt gemacht. Auch hat er sich durch die Verbesserungen und Zusätze bey der neuen im Jahr 1779 bey Gleditsch erschienenen Ausgabe des Polnischen Wörterbuchs von Trotz verdient gemacht.

La Motte, Ernst August de la Chevallerie Baron von, wurde gegen Ende des vorigen Jahrhunderts zu Hannover geboren, nahm 1711 Preußische Kriegsdienste, wurde zuletzt Generalmajor, und bewies in Friedrichs Kriegen viele Bravour. Im Jahr 1745 mußte er mit einem besondern Corps die Insurgenten aus Oberschlesien vertreiben, und befand sich darauf in der Schlacht bey Hohenfriedberg und bey dem Einfall des Königes in Sachsen. Im November 1748 bekam er das Gouvernement von Geldern, 1757 den schwarzen Adlerorden, war zuletzt Kommendant von Magdeburg, und starb daselbst den 7. December 1758 in seinem 71sten Lebensjahr.

De la Motte Fouque, Heinrich August Freyherr, starb am 3. Mai 1774 zu Brandenburg in 72sten Jahr seines Alters und 59sten seiner Dienstzeit. Er war im Haag von Französischen Eltern geboren, und hatte alle große Eigenschaften des berühmten Römers Sartorius. Wie hoch Friedrich II. König von Preußen die von ihm erlangte Kriegserfahrung geschätzet, beweisen die häufigen mit demselben gewechselten und im Druck erschienenen Briefe.

Moucheron, Friedrich, ein niederländischer Landschaftenmaler, zu Emden 1633 geboren. Er gieng nach Paris, wo er mit vielem Fleiß nach Gebäuden, Aussichten, Pflanzen, Thieren, u. s. w. studirte. In der Folge kam er in seine Vaterstadt zurück, ließ sich in Amsterdam häuslich nieder, und starb daselbst im J. 1686 angesehen und reich. Sein Sohn,

Isaac Moucheron, gemeiniglich Ordonanz, war 1670 (nach Elwert 1677) zu Amsterdam geboren, und ahmte seines Vaters Manier nach, den er aber weit übertraf. In seinen schön gemalten Landschaften bewundert man besonders den leichten Baumschlag, die natürliche Färbung, seine Figuren, seine Lebhaftigkeit, Stärke und Harmonie. Er verstund die Baukunst und Perspektiv gründlich. Auch radirte er 30 schöne Aussichten, samt einem großen Plan von der Herrschaft Heemstede in der Provinz Utrecht, nach seinen eigenen Zeichnungen. Moucheron starb 1744.

Du Moulin, Peter Ludwig, Königlich Preußischer General von der Infanterie, Sohn eines reformirten Französischen Edelmanns, welcher der Religion wegen sein Vaterland verließ, und den Holländern als Oberster diente, geboren zu Wesel 1681, nahm schon in seinem 14. Jahre Brandenburgische Dienste, und war in den Kriegen Friedrichs des Einzigen sehr nützlich, besonders in der Schlacht bey Molwitz, beym Rückzuge von Konopitsch und aus Böhmen, und bey der Behauptung des Postens von Pardubitz. Im zweyten Schlesischen Kriege war er bey der Belagerung von Prag, und in der Schlacht bey Hohenfriedberg trug er dadurch sehr viel zum Siege bey, daß er eine vortheilhafte Anhöhe besetzte, wofür er den schwarzen Adlerorden erhielt. Im Jahr 1755 legte er seine Aemter nieder, genoß eine Pension von 5450 Thalern, und starb in seinem 76. Jahr zu Stendal den 10. August 1756. s. Neu. hist. Handlex. 4 Th.

Moyle, Walter, ein geschickter Engländer, geb. 1672 zu Bake in Cornwallis, aus einem alten adelichen Geschlecht. Ohngeachtet er als Parlamentsglied viele gelehrte und Staats-Einsichten zeigte; so war ihm doch der Hof an weiterer Beförderung hinderlich, weil er 1697 nach dem Ryswikischen Frieden in einer Schrift beweisen wollte, daß eine beständige Armee in England der Freyheit und Staats-Verfassung schade. Er lebte von dieser Zeit an ruhig auf seinen Gütern, und starb zu Bake am 9. Jun. 1721.

Man hat von ihm einige Uebersetzungen aus dem Lucian, Xenophon ic. Auch mehrere gelehrte Abhandlungen, besonders von der Legione fulminatrice, welche zusammen gedruckt sind. Lond. 1762. Tom. II. in 8.

Moyreau, Johann, ein Kupferstecher, geboren zu Orleans 1691. starb zu Paris 1762. Seine 69 Blätter, die er mit einer sanften Nadel nach Wouwermanns radirte, fallen sehr ins Auge, und werden wegen des guten Baumschlags, ihrer Vorgründe und der fleißigen Ausführung bewundert. Er hat auch viele Blätter nach Rubens, Cl. Lorrain, Boulogne, Watteau, u. a. in Kupfer gestochen.

von der Mülbe, Christoph Ludewig, Königlich Preußischer Generalmajor, Chef eines Infanterieregiments, und Ritter des Ordens pour le merite, geboren 1709, diente 55 Jahre und 4 Monate, wohnte 8 Schlachten, 3 Belagerungen, den Feldzügen am Rhein und den 3 Schlesischen Kriegen mit vielem Ruhme bei, und starb zu Patschkau den 13. May 1780 in seinem 72. Jahr am Schlagflusse.

Müller, Christian Heinrich, Domorganist zu Halberstadt, soll ein sehr guter Orgelspieler gewesen seyn. Bekannt ist er durch 3 Sonaten mit 4 Händen auf einem Clavier, und sein Tod erfolgte am 29. August 1782.

Müller, Joh. Samuel, geb. 1701 am 24. Febr. zu Braunschweig, studirte 1719 zu Helmstädt, und wurde 1725 Rektor zu Uelzen. Er brachte diese niederliegende Schule in kurzer Zeit sehr in Aufnahme, daß er selbst die Achtung der Nachbarn auf sich zog, und 1730 Conrektor der altstädter Schule in Hanover wurde. Auch dieses Amt zierte er so ungewöhnlich durch seine Behandlung der Jugend, daß er 1732 zum Rektor des Johanneums zu Hamburg erwählt wurde, welchem Amt er mit dem größten Lob und Ansehen, bis zu seinem Tod, am 7. Mai 1773 vorstund. Seine ausgebreitete Kenntniß der Geschichte, besonders der mittlern und neueren Zeiten, seine ungemeine Stärke in der Latein. Sprache, seine große Belesenheit in den besten Franz. Schriftstellern, und seine praktischen Einsichten in die Pädagogik werden allen, die wahre Verdienste zu schätzen wissen, unvergeßlich bleiben, da sie sich so uneigennützig fortgepflanzt haben. Er hat viele seiner Arbeiten andern Werken, insbesondere den Hamburg. Berichten, einverleibt. Ich bemerke noch: die Gespräche der alten Weltweisen. Hamb. 1735. 8. — des C. Tacitus sämmtliche Werke, aus dem Latein. übersetzt. Hamb. 1765. 66. 3. B. gr. 8. — s. Io. G. *Buschii* memoria Mülleri. Hamb. fol.

Müller, Johann Sebastian, (in England nannte er sich John Miller,) Maler, Kupferstecher, Botaniker, und Mitglied der Königl. Gesellschaft der Künste in London. Er wurde zu Nürnberg 1715 geboren, wo sein Vater als Kunstgärtner in dem v. Strohmerischen Garten stand. Die Kupferstecherkunst erlernte er bey dem ältern Weigel und bey Tyroff. 1744 gieng er mit seinem Bruder, Tobias Müller, der sich durch Architekturstücke, als Kupferstecher auszeichnet, nach England, wo er, wahrscheinlich zu London, nach 1783 verstorben ist. Er hat sich zweymal verheyrathet und 29 Kinder gezeugt, unter welchen sich auch zwey Söhne als Zeichner bekannt machten, und der älteste Johann Friedrich Miller den Ritter Banks und den Doctor Solander auf ihre Reise begleitete.

Man hat von Miller Landschaften nach van der Neer, und Claude Lorrain gestochen; ferner, wie Nero die Asche des Britanikus beysetzte, nach le Sueur; — eine heilige Familie nach Federiko Baroccio, 1767; — die Enthaltsamkeit des Scipio, nach van Dyck; — das Seetreffen zwischen Elliot und Thürot, nach Richard Wright 1762; — das Bildniß Nikolaus Ridley, Bischoffs von London, nach Holbein, zu Smollets Geschichte von England.

Nach eigner Erfindung stach er Vignetten zu den Gedichten der Universität Oxford, welche dem König von England bey seiner Vermählung 1761 überreicht wurden; ferner die Vignetten zu dem Horaz und Virgil von Baskerville; die Kupfer zu Smollets Geschichte von England, zu Hanway's Reisen, zu Thomsons Sophonisbe und a. m.

Er malte Landschaften, — die Bestätigung der Magna Charta (dieses Gemälde stach er auch in Kupfer), den König und die Königin von England u. v. a. — Auch ist von ihm der größte Theil der Kupfer in dem Traité de la méthode antique de graver en pierres fines, comparée avec la méthode moderne et expliquée en diverses planches; par *Laurent Natter*, Graveur en pierres fines. En Anglois et en François; à Londres 1755. Fol. avec 37 planches. — Marmora Arundeliana, auctiora, curante *Richardo Chandler*. Oxonii 1763. 1764. Fol. max. — The Ruins of Paestum or Posidonia. Lond. 1767. fol. reg. u. a. m. Das vorzüglichste aber, was man von Müller hat, ist folgendes Kupferwerk:

Illustratio Systematis sexualis *Linnaei;* per *Iohannem Millerum*. An Illustration of the sexual System of *Linnaeus*, by Iohn Miller. Lond. 1777. 15 Hefte, Lateinisch und Englisch im größten Folioformat. Kostet 20 Guineen. Zur Erklärung der Classen und Ordnungen des *Linneischen* Pflanzen-Systems und zur deutlichen Erklärung der Begriffe und Kunstwörter der Botanik überhaupt, besonders aber der, welcher sich Linné in der sechsten Ausgabe der Genera plantarum, bey Beschreibung ihrer Charaktere bedient hat, wählte Miller 104 Pflanzen aus, die er vorzüglich dazu geschickt fand, und wovon er auch die genauesten Zeichnungen entworfen, solche mit eigener Hand auf das meisterhafteste in Kupfer gestochen, und auf eben so viel Tafeln mit lebendigen Farben, nach der Natur ausgemalet und abgebildet hat. Zuerst kommt ein Verzeichniß der Classen und Ordnungen des Linneischen Systems, mit Anführung der generischen Namen von den Pflanzen, deren Abbildungen zur Erläuterung dienen sollen, mit kurzen Definitionen der Charaktere. Hierauf folgen die Classen, Ordnungen, und Unterabtheilungen der Pflanzen. Auf gleiche Weise folgt die Lateinische und Englische Terminologie der einfachen und zusammengesetzten Blätter, nach alphabetischer Ordnung, mit ihren Definitionen. Voran stehen Nummern, welche auf die Figuren von vier illuminirten Kupfertafeln verweisen, worauf die so mannigfaltigen Arten Blätter, und die Begriffe ihrer Benennungen, deutlich gemacht werden. Nach diesen, gleichsam als Vorbereitung anzusehenden Materien, folgen zum Hauptwerke auf 104 Blättern, (auf einer Seite nur bedruckt, ohne Seitenzahlen) aus der sechsten Ausgabe der Linneischen Geschlechter mit den eigenen Worten des Ritters, die Lateinischen Beschreibungen der generischen Charaktere von 104 Pflanzen-Geschlechtern. Gegen über ist in gespaltenen Columnen Zeile vor Zeile die Englische Uebersetzung, mit Terminologie, welche die bewährtesten Englischen Botanisten eingeführet haben. Zu des Ritters schon so genauen Beschreibungen, hat Herr Miller aus eigenen sorgfältigen Beobachtungen, hin und wieder beträchtliche Zusätze gemacht, die sich von des Ritters Worten durch andere Lettern unterscheiden. So hat auch Miller den Sinn mancher Lateinischen Kunstwörter in angehängten Parenthesen durch Umschreibungen deutlicher zu machen gesucht. Bey den Beschreibungen stehen die Charaktere der generischen Eigenschaften voran; nachher folgen die von Miller hinzugesetzten speciellen Eigenschaften des Stengels, der Blätter ꝛc. von der zum Muster aus jedem Geschlechte gewählten Pflanze. Zuletzt wird ihr specieller Name, und der Ort angeführt, wo sie wächst. Ueber jeder Beschreibung steht oben Zahl und Name der Classe und der Ordnung, zu welchen das Genus im Linneischen Systeme gehöret. Die zu den Beschreibungen gehörigen 164 schwarz abgedruckten Kupfertafeln sind nur blos mit dem Namen des Geschlechts, mit der Zahl und dem Namen der Linneischen Classe und Ordnung bezeichnet. Die Hauptfigur derselben stellet entweder eine ganze Pflanze vor, oder, wenn dieses nicht angieng, einen Hauptzweig einer solchen Species, in natürlicher Größe, daran die Charaktere des Geschlechts auf das deutlichste zu sehen sind. Meistentheils hat Miller solche Muster gewählet, woran die Blüthen, vom ersten Ausbruche der Knospe bis zur Vollkommenheit, sich zeigen. In mehrern Nebenfiguren findet man Blüthen einmal ganz, und dann in alle einzelne Theile zerlegt, und ferner diese wieder, so oft es nöthig schien, aufs geschickteste anatomirt, abgebildet. Wenn hier die natürliche Größe sich dem Auge nicht klar genug darstellte, so sind diese kleinern Theile mit einer gehörigen, meistens ansehnlichen, Vergrößerung gleich daneben gezeichnet. Wohlangebrachte Grundstriche, Umrisse, und punktirte Linien, setzen die Abbildungen der klei-

in natürlicher Größe gezeichneten Theile, mit den vergrößern Figuren in Verbindung, zeigen ihren wahren Stand an, er geben verschiedene Gesichtspunkte der Vorstellung zu erkennen, oder deuten den Zusammenhang an von einzelnen, durchs anatomische Messer abgetrennten Stücken. Da die schwarzen Kupfertafeln nicht blos umrissene, sondern völlig ausschattirte Figuren sind, und da sie durch die im Text beygefügten Buchstaben alle Deutlichkeit erhalten, so wären diese allein schon zu Erreichung dieses Zwecks hinlänglich; aber Müller wollte die Natur selbst darstellen. Er fügte daher jeder dieser Kupfertafeln noch eine andere, mit lebendigen Farben ausgemalte, hinzu, auf welchen (mit Weglassung der Buchstaben und Nummern, die er hier überflüßig und dem Auge hinderlich gehalten zu haben scheint) die Figuren, wie Originale, dastehen. Alle Begriffe, welche man durch jene schwarzen Kupfertafeln erhielt, werden durch diese in das helleste Licht gesetzt. Meusels Teutsches Künstlerlexicon, Th. I. S. 91. Th. II. S. 147. und vorzüglich Murr im Journal zur Kunstgeschichte, Th. XI. S. 3—22.

Müller, Marcus Wilhelm, ein gelehrter Subrektor am Königlichen Gymnasium zu Altona, geboren zu Wevelsfleth im Amte Steinburg am 5. Septbr. 1754, von einem Prediger, den er schon in seiner ersten Jugend verlor. Professor Ebler war sein Lehrer und Versorger, und dieser sorgte auch dafür, daß er seine Studien in Göttingen weiter fortsetzen konnte, wo er unter Heyne's Leitung vorzüglich Griechische und Lateinische Sprache und Antiquitäten studirte. Nach zwey Jahren gieng er nach Kiel, studirte daselbst anderthalb Jahre, bis er das Subrektorat in Altona erhielt. Auch hier blieben die Alten stets seine Lieblingsbeschäftigung, wobey er aber nie die Neueren versäumte. Die erste Probe seines gelehrten Fleißes war eine kritische Bearbeitung des Platonischen Dialogs Jo, mit einer Lateinischen Uebersetzung und Anmerkungen begleitet 1782, welche auch ausser Teutschland mit verdientem Beyfall aufgenommen wurde. Nun arbeitete er an einer Ausgabe des Aratus, aber durch unausgesetztes, allzueifriges Studiren schwächte er seinen Körper so sehr, daß er schon am 25. October 1785 in einem Alter von 31 Jahren der Welt entrissen wurde. Man muß sich wundern, wie viel dieser junge Mann in dem kleinen Ueberreste geschäftfreyer Zeit, während weniger als 8 Jahren durchdacht, und zur künftigen Vollendung angelegt hatte; aber alles sind nur Bruchstücke geblieben, die nach seinem Ableben dem Herrn Professor Buhle in Göttingen überlassen worden sind. Vom Hemsterhuis Aristée ou de la divinité, einem Buche, das er sehr liebte, hat er ebenfalls eine Uebersetzung im Manuscript hinterlassen. Sein Leben steht in den Schleßwig-Holsteinischen Provinzialberichten 1787.

Müller, Otto Friedrich, Königlich Dänischer Conferenzrath zu Copenhagen. Er war einer der größten Beförderer und eifrigsten Forscher der Naturkunde. Seinem Fleiß und Scharfsinn haben wir mehrere der wichtigsten Entdeckungen, besonders in der Classe der Würmer, zu verdanken. Dieser merkwürdige Mann war der Sohn eines armen Rektors zu Sondershausen, und 1730 am 11. März geboren. Sein Vater empfahl ihn seinem Schwager, einem armen Cantor zu Ribe, im J. 1743 zum Schüler, und als dieser bald hernach starb, nahm sich die Wittwe des Pastors Alsrrup seiner an, die ihn bis 1748 in allem frei hielt; wo er von dem gelehrten Rektor E. Falster zur Universität entlassen ward.

Bey allem Fleiß in den Sprachen hatte er sich auch sehr der Musik beflissen, so daß er neben seinem Studieren sich davon zwey Jahre lang anständig nähren konnte, und nachher, wegen vorzüglicher Würdigkeit einen Platz im Collegio Medicco oder Borrichiano erhielt. Nach der alten Weise hatte er Theologie studiert, auch ein Paar Probeschriften aus diesem Fache drucken lassen; und war als Redner im Dänischen und Teutschen bekannt und beliebt, so wie er auch ein Dänisches Hirtengedicht schrieb, das 1760 gedruckt wurde. Glücklicher Weise kam er 1753 als Hofmeister des jungen Grafen von Schulin auf das Land hinaus, beobachtete wie Trembley die Wasserthierchen, und erweiterte von den Jahren 1763 — 1767 seine Naturkunde auf ausländischen Reisen mit seinem jungen Herrn, dessen wohldenkender Frau Mutter er seine auch nachher noch fortdauernden bequemeren Umstände zu danken hatte, indem er auch schon seine armen Verwandten großmüthig unterstützte, und zugleich seiner ersten Wohlthäterin zu Ribe ihren Aufwand auf ihn wieder ersetzte, und in so thätiger Dankbarkeit gegen sie bis an sein Ende beharrte.

Seit 1762 beschenkte Müller mehrere ausländische Akademien mit seinen gründlichen Abhandlungen, ward von denselben zum Mitglied aufgenommen, und ließ auch einzelne Schriften drucken. Seine spätern großen Werke sind bekannt genug, und der von ihm neu entdeckten Thierarten sind gegen 400. Er scheuete aber auch keine Gefahren, um neue Seethierchen zu entdecken. — In Staatsämtern diente er nach seiner Zuhausekunft nicht lange; sie würden ihm auch nur die glücklichsten Stunden zum Naturforschen geraubt haben, und noch dazu würde keinem Königlichen Collegio mit einem so tiefen Naturforscher gedient gewesen seyn. Glücklicherweise schenkte 1773 eine reiche Kaufmannswittwe aus Dröbach in Norwegen ihm mit ihrer Hand ihr Vermögen, und er durfte nun ganz seiner Lieblingsbeschäftigung und seiner Gattin leben, von der er aber keine Leibeserben erhielt. Aber Gichtschmerzen verbitterten ihm diese übrigens glücklichen Jahre bis zu seinem am 26. Dec. 1784 erfolgten Tod. Seine kostbare Bibliothek und Naturaliensammlung schenkte er, mit Einwilligung seiner großmüthigen Frau, dem Naturaltheater der Universität. Seine kleinere Stiftung besteht in 800 Rthlrn. für die Schule zu Ribe; von deren halben Zinsen ein Lehrer die Naturkunde vortragen soll, eine kleine Zulage, von der andern Hälfte der Zinsen aber 4 Schüler jährlich kleine Prämien erhalten, zwei nämlich für Fleiß in der Naturkunde, und zwei für gute Handlungen. Seine würdige Gattin ehrte sein Andenken so sehr, daß sie dieser Schule auch seine Gypsbüste schenkte, die nun im Lehrsaal steht, um Schüler zur Nacheiferung zu erwecken. Auch gab sie noch die Kosten zu dem Druck und zu den 71 Kupferplatten seiner beiden vollständig hinterlassenen Schlußwerke her; nämlich zu den Entomostracis s. Insectis testaceis und zu den Animalculis infusoriis, fluviatilibus et marinis. Ferner ließ diese brave Gattin ihrem eben so verdienten als berühmten Mann ein schönes Monument auf dem St. Petri Kirchhof zu Kopenhagen errichten, welches der Prof. Weidenhaupt verfertiget hat. Es ist in der Gothaischen gel. Zeitung, der ausländischen Litteratur, auf das J. 1787. S. 7 beschrieben. Suhm verfertigte dazu folgende Innschrift:

H. S. E.
OTHO FRIDERICUS MULLER
Nat. 11 Mart. MDCCXXX. Denat. XXVI. Dec. MDCCLXXXIV.
Qui experientia duce
Naturae templum intravit
Peploque eius reducto
Vultum Deae vidit.
Carus amicis postgenitis clarus.

Ein Mann wie Müller, der sein ganzes Leben, Kräfte, Gesundheit und Vermögen der Naturgeschichte gewidmet hat, verdienet Achtung, Dank und Bewunderung. Seine Beobachtungen liefern uns fast lauter neue, seltene und höchst merkwürdige Sachen, die vielen als Wunder vorkommen werden, und welche die Naturgeschichte in mehr als einem Fach ungemein bereichern. Es ist erstaunlich, wie viel der Mann gesehen, und wie richtig er alles gesehen hat. — Nur wenige Naturforscher erreichten ihn an Fleiß, Beobachtungsgeist, Genie und allgemeinen Kenntnissen. Ihm hat die gesammte Naturgeschichte, besonders die des Thier- und Pflanzenreichs, viele Aufklärung und Bereicherung zu danken, er vermehrte diese beiden Fächer nicht nur mit vielen neuen Sachen, und beschrieb diese nach ihren Unterscheidungskennzeichen; sondern untersuchte auch alles, was zu ihrer vollständigen Geschichte gehörte, und beschrieb dieses genau und deutlich. Vorzügliche Epoche macht sein Name in der Geschichte der kleinsten Geschöpfe des Thier- und Pflanzenreichs, besonders aus der Classe der Gewürme, wo er viel helleres Licht verbreitet, und dieses zum Nutzen der menschlichen Gesellschaft angewendet hat.

Seine vortreflichen Schriften sind die gültigsten Zeugen einer Verdienste, und seines unbegrenzten Fleißes, und verdienen daher hier eine sorgfältige Erwähnung, weil der entfernte Ausländer diesen großen Naturforscher dadurch erst recht schätzen lernt. Ein vollständiges Verzeichniß aller seiner Werke und Aufsätze hat der Rektor Hanssen zu Ribe seiner Gedächtnißrede (die ich am Ende bemerken werde) S. 62 — 67 angehängt. In deren Ermangelung bemerke ich hier das mir bekannte in chronologischer Ordnung.

Efterretning og erfaring om Swampe, i saer Rörswampens velsmagende Pille, med Kaaber. Koppenhag. 1763. 4. pgg. 70. c. fig. aen. illum.

De Fungoidastro eiusque semine, in den Schweb. akadem. Abhandl. 1762. S. 105.

Fauna Insectorum Friedrichsdaliana, s. methodica descriptio insectorum agri Friedrichsdalensis, cum characteribus genericis et specificis, nominibus trivialibus, locis natalibus, iconibus allegatis, novisque pluribus speciebus additis. Lips. 1764. 8 Bog. in gr. 8. Friedrichsdal war damals ein Wittwensitz der Frau Gräfin von Schulin, wo Müller bei seinem dasigen Aufenthalt mehr als 100 neue Arten Insekten entdeckt hat, die er hier nach der Linnäischen Eintheilung beschreibt. Die Abbildungen, die sich bei Frisch, Rösel, Reaumur, de Geer, Albin, finden, sind fleißig beigefügt, woraus man sieht, daß der Verf. schon frühe auch die Litteratur seines Lieblingsfaches studirt hat.

Flora Fridrichsdaliana s. methodica descriptio plantarum in agro Fridrichsdalensi, simulque per regnum Daniae crescentium. Argent. 1767. 8. 17 Bog. mit 2 Kupfert.

Eine Flora Fridrichsdal. befindet sich auch in den Nou. Act. Acad. Nat. Curios. To. IV.

Icones plantarum, sponte nascentium, in Regnis Daniae et Norwegiae, in ducatibus Slesuici et Holsatiae, et in Comitatibus Oldenburgi et Delmenhorstiae, ad illustrandum opus de iisdem plantis, Regis iussu exarandum, Florae Danicae inscriptum, editae a *Geo. Christ. Oeder*, Vol. I. II. III. sine fasc. IX. Hafniae, 1762 — 70. in fol. Ein jeder Fascicul enthält 60 Kupfertafeln, und drei Fasciculn machen einen Band aus. Müller setzte dieses Werk vom 10ten Fascicul an fort, und gab bis zum J. 1782, wo das Werk aufhörte, den 15. Fascicul oder 2 Bände heraus.

Von Würmern des süßen und salzigen Wassers, mit Kupfern. Kopenhagen 1771. 200 Seit. mit 17 Kupfertafeln und 2 gestochenen Tabellen, in gr. 4. Dieses vortrefliche auf schönem Papier sauber gedruckte Werk ergänzet die Kenntniß einiger überaus merkwürdigen kleinen Würmer, die zu den Linneischen Geschlechtern Nereis, Aphrodita und Terebella gehören. Müller hat sie mit Röselscher Geduld und Aufmerksamkeit einige Jahre lang beobachtet, und die Zeichnungen von seinem Bruder unter seiner Aufsicht machen lassen. Wegen der vielen Verbesserungen der bisherigen Nachrichten von diesen Thierchen, und der noch zahlreichern neuen Bemerkungen, die hier auf allen Seiten vorkommen, verdienet dieses Werk unstreitig einen Platz unter denen, die in neuern Zeiten die Grenzen der Naturkunde am meisten erweitert haben. Das Vornehmste daraus hat in der Kürze Beckmann in seiner physikal. ökonom. Biblioth. B. 3. S. 34 — 50 auszuziehen versucht. Man sehe auch Berlin. Samml. 4. Band, S. 94. woselbst vorzüglich von Nereis und Aphrodita Linn. gehandelt wird, und 9 B: S. 217 Götting. gel. Anz. 1771 S. 1060. Schröter's Abh. 1. B. S. 541.

    Pile - larven med dobbelt Hale og dens Phalaene. Kiobenh. 1772. 4. cum 2. tabb. aen. Teutsch: die Gabelschwanzraupe. Leipz. 1775. mit Kupf. s. Götting. gel. Anz. 1773. S. 935.

    Zoologiae Danicae prodromus s. Animal. Dan. et Norweg. indigenarum Characteres, Nomina et Synonyma imprimis popularium. Hafniae, impensis Auctoris. 1776. gr. 8. Dieses Buch enthält das Verzeichniß der in Dänemark und Norwegen mehrentheils selbst von dem Verf. gefundenen Thiere. Die Anzahl derselben beläuft sich über 3100 Gattungen, worunter sich mehr als 500 neue, sonst noch nicht beschriebene, Thiere befinden. Die generischen und specifischen Kennzeichen hat Müller oft nach der Natur der Thiere verbessert, oft ganz geändert. Die Namen der von Linné beschriebenen Arten sind mehrentheils beibehalten worden, nur nicht da, wo sie der Natur widersprachen; mit sorgfältiger Bemerkung der Dänischen, Isländischen, Lappischen, Grönländischen Namen. Bey den Insekten nimmt der Verf. die Geschlechter des Geofroi an, und bei den Würmern behält er seine in der Historia vermium gegebene Eintheilung. Die kurze, deutliche Schreibart, und die dem Verf. eigene genaue Bestimmung der Kennzeichen ist ein vorzüglicher Werth dieses so mühsamen und brauchbaren Buchs. Die Mannichfaltigkeit der neu entdeckten Thiere ist groß, und giebt Müllers Bemühungen um die Naturgeschichte einen großen Werth. Eben daher setzt der unvergeßliche Leske in seinen Anfangsgr. der Naturgesch. 1. Th. S. 122 hinzu: „Kurze, doch richtige Beschreibungen, auf 800 neue Thiere." s. Beckmann's phys. ökonom. Bibl. B. 9. S. 18. wo Prof. Hermann in Straßburg das Neue aushub. Berlin. Samml. 9. B. S. 505. Erxlebens phys. Bibl. 3. B. S. 405. Schröter's neueste Litteratur, 2. B. S. 426. Götting. gel. Anz. 1777. Zug. S. 528.

    Icones animalium rariorum et incognitorum Daniae et Norvegiae, partem constituentes Zoologiae Danicae, Fasc. I. Tab. 1 — 40. Hafniae, 1777. in fol. Fasc. II. a tab. 41 — 80. ibid. 1780. fol. schwarz und illuminirt. Die beiden Fasciculn erhielten allgemein das Lob, daß die Abbildungen fein und richtig seyen, und da wir vorher noch keine getreuen Abbildungen seltner Seethiere hatten; so hat dieser trefliche Mann dieses Fach desto nützlicher bereichert. Der neuen Entdeckungen sind hier sehr viele; und was auf jeder Tafel abgebildet ist, hat Beckmann in seiner phyſik. ökonom. Bibl. B. 9. S. 11 und B. 12 S. 74 ſehr ausführlich angegeben. Aber, ſollte man es denn wohl glauben können, daß ein Werk wie dieſes, das für die Naturkunde faſt lauter Neues enthielt, ſo wenig Unterſtützung fand, und die geringe Anzahl von Käufern außer Dänemark ſich kaum auf 14 Subſcribenten belief, und das in einem Zeitpunkt, wo die koſtbarſten Ausgaben von Werken des Witzes Liebhaber genug fanden? —

Reiſe igiennem ovre Tillemarken til Chriſtianſand og tilbage 1775. Kiøbenhaven 1778. 8. Erſchien ohne Müllers Namen.

Zoologia Danica, ſeu Animalium Daniae et Norvegiae rariorum ac minus notarum Deſcriptiones et Hiſtoria. Vol. I. Explicationi Iconum Faſc. I. eiusdem operis inſerviens. Havniae et Lipſ. 1779. gr. 8. Vol. IIdum explicationi iconum faſc. II. inſerviens. ibid. 1784. gr. 8. Das Vorzüglichſte dieſes Werks beſtehet darinn, daß Müller das genau erfüllt, was der Titel verſpricht, und daß er lauter Animalia rariora et minus nota, beſonders in der Helminthologie, welches ſein Lieblingsfach war, und noch ſo viele Dunkelheiten enthält, geliefert und abgebildet hat. Der Text iſt in Octav, die Kupfer aber, die vorhin ſind angezeigt worden, in Folio. Die Kupfer ſind der Natur vollkommen getreu, wenn ſie auch von andern an Feinheit des Stichs und Erleuchtung ſollten übertroffen werden. In der Vorrede beſchwert ſich Müller mit Recht über die Vermehrung und Wiederholung der Abbildungen in der Naturgeſchichte, und verſichert, daß alle die ſeinigen neu ſind. Er beſchreibt die Werkzeuge, womit er die Thiere oft aus einer großen Tiefe herausgeholt hat, und verſichert, wegen der unbeſtändigen Witterung ſey das Aufſuchen derſelben öfters mit Gefahr des Lebens und der Geſundheit verknüpft; einen traurigen Beweis ſahe man an dem Verf. ſelbſt, den unaufhörlich Gichtſchmerzen plagten. Den größeſten Theil des Sommers und Herbſtes hat er vier Jahre lang mit Aufſuchung dergleichen Thiere zugebracht, und viele in dieſem Werke genannte Küſten, Buſen und Klippen befahren. Wem ſeine Glücks-Umſtände nicht erlauben, ſich die Kupfertafeln anzuſchaffen, der kann doch wenigſtens aus dieſem Buch, das man beſonders haben kann, dieſe ſeltenen Seethiere kennen lernen. Das ganze Werk enthält meiſtentheils Seethiere, und das zweite Stück größtentheils Würmer. Die Fortſetzung verhinderte die öftere Kränklichkeit des Verf. Von dem 1 Theil hat Prof. Hermann eine lehrreiche Anzeige gegeben in Beckmanns phyſ. ökon. Bibl. B. 11. Seite 10 — 26 und B. 13 S. 416. — Schröter's neueſte Litt. 2 B. S. 502. Berl. Samml. 9 B. S. 628 allgem. Teutſ. Bibl. 41 B. S. 519.

Zoologia danica, oder Geſchichte der ſeltenen und unbekannten Däniſchen und Norwegiſchen Thiere. 1ſter Band. Leipz. 1782 in fol.

Vermium terrestrium et fluviatilium, seu Animalium Infusoriorum, Helminthicorum et Testaceorum, non marinorum, succincta historia. Vol. I. Pars I. Hafniae et Lipf. 1773. Vol. I. Pars II. ibid. 1774. Vol. II. ib. eod. in gr. 4. Es ist dieß ein in seinem Fache klassisches, unentbehrliches Werk, und von dem schon oben angezeigten, von Würmern des süßen und salzigen Wassers, ganz verschieden. Schröter nennt es in seiner Geschichte der Flußconchylien (Halle 1779. gr. 4.). S. 64 das beste, vollständigste und brauchbarste Buch über die Flußconchylien. Hätte es Müllern gefallen, diejenigen Gattungen, die er entweder zuerst bekannt machte, oder aus seltenen oder kostbaren Schriftstellern entlehnte, in Abbildungen vorzulegen; so wäre bei dieser Schrift kein einziger Wunsch übrig geblieben, außer dem, daß Teutsche Liebhaber diese schöne Abhandlung in ihrer Muttersprache lesen möchten. s. Erxlebens phys. Bibl. 1. Band S. 1 und 334. Berlin. Samml. 6. B. S. 92. 185. 541. 593. u. 7. B. S. 86. Neue Mannichfaltigk. 1. Jahrg. S. 123. 141. 650. 663. II. Jahrg. S. 60. 75. L'Esprit des Iourn. 1775. Sept. p. 379. Iourn. des Scav. 1774. Aout p. 99. Götting. gel. Anz. 1773. S. 925 und J. 1775. S. 45 und Hydrachnae, quas in aquis Daniae palustribus detexit, descripsit, pingi et tabulis IX. aeneis incidi curavit etc. Lipf. 1781. 68 Seiten mit 1 illuminirten Kupfertafeln, in gr. 4. Musterhafte Beschreibungen, und gute Abbildungen dieser vorher fast unbekannten Thierchen. Freunden der Naturgeschichte ist es sehr angenehm und lehrreich, alle diese Thierchen hier so schon beysammen zu finden. Es hat nicht viele seines gleichen an Fleiß und Genauigkeit, und es kann auch dieses Werkchen den Oetonomen wichtig werden, weil diese Thierchen, die Wasserspinnen, wie Müller S. 5. erinnert, vom Vieh öfters mit dem Wasser verschluckt werden. s. Beckmann's phys. ökon. Bibl. 12 B. S. 84 — 96. Götting. gel. Anz. 1769 S. 1249. Fueßly neue entomolog. Mag. 1. B. S. 415.

Entomostraca seu Insecta testacea, quae in aquis Daniae et Norvegiae reperit, descripsit et iconibus illustravit. Lipf. et Havniae, 1785. 17 Bogen in gr. 4. mit 21 Kupfertafeln. Dieses an neuen Entdeckungen und Bemerkungen sehr reichhaltige Werk hat Müller noch kurz vor seinem Ableben zum Druck vollendet gehabt. Linné nannte diese Wasserinsektenclasse Monoculos, obgleich die Hälfte Binoculi sind; und seine Sprachkunde sagte ihm außerdem nicht, daß jenes Wort ein häßliches Hybridum anstatt Monophthalmos oder Unoculus, wäre. Auch der gelehrte Rektor, Joh. Leonh. Frisch, hätte diese Apus genannt, obgleich sie wirklich Füße hat. Und endlich nannte Schäffer die ganze Classe Branchipodes, obgleich alle Nauplii, einige Arguli und Ammones, und eine Art der Cytheris keine Branchias haben. Der scharfsinnige Müller bestimmte also zuerst die neue Wasserinsekten-Classe genauer, nachdem er zu den vor ihm bekannten 16 Arten, von 1769 bis 1784 so viel neue entdeckt, daß er 63 Arten beschreiben, und durch Microscopien abzeichnen laſſen konnte, wobei aber auch jedesmal die wahre natürliche Größe und Gestalt zugleich abgezeichnet ist. Sie ſind auch hier mit natürlichen Farben vorgestellet, wiewohl manche wenig Farbe haben. Für alle dieſe Arten erfand er nun den neuen Namen Entom=Ostraka, da sie alle beschalet ſind. Vor den genauern Beschreibungen aller Arten, denen auch Beobachtungen über die Eigenheiten mehrerer derselben in der Lebensart und Fortpflanzung beygefüget ſind, verzeichnete der Verf. auch alle vorher erschienenen Beschreibungen und Abbildungen, besonders auch die neuesten des Ritters de Geer. Der Vollſtändigkeit wegen ließ Müller hier S. 12 — 19 den ausführlicheren Commentarium de Unoculis speciatim de Cyclope minuto, vulgari quidem, at minus noto, wieder abdrucken, den schon R. H. A. Becker Engliſch überſetzt, mit einer Kupfertafel, in die Philos. Transactions Vol. 61. S. 230 — 46 eingerückt hatte. Hiernächſt S. 20 — 33 noch Mémoire ſur les Inſectes bivalves d'eau douce, ſpeciellement ſur la Tique, appellée la blanche-liſſe, das er vormals an das Bononiſche Institut gesandt hatte, wo es auch in den Commentarien abgedruckt seyn wird.

O. Fr. Müller's kleine Schriften aus der Naturhistorie von dem Verfaſſer aus andern Sprachen überſetzt und herausgegeben von J. A. E. Goeze. 1 Band. Deſſau, 1782. 8. 132 Seiten, mit 9 Kupfert. davon 5 illuminirt sind, und eine mit dem Bildniß des Verfaſſers. Sie enthalten 7 Abhandlungen, davon die erste vorher noch nicht gedruckt war. 1) vom Stabthierchen. 2) Kugelquadrat. 3) von der genügsamen Motte. 4) von Schwänen. 5) schleimichte Hornschnecke. 6) Kugelwaſſerspinne. 7) Kriſtalſchwämme.

Viele Abhandlungen in den Schriften gelehrter Geſellſchaften, z. B.

Ueber die Würmer mit anhangenden Eingeweiden, in den Schwed. akadem. Abhandl. 41. Band, S. 290.

Beschreibung der Gonium pectorale, in den neu. Abhandl. der Schwed. Akademie, 2. B. S. 21 mit Kupf.

Synonymen aus dem unſichtbaren Thierreiche, im Naturforscher, 9 St. S. 205.

Abhandlung von Thieren in den Eingeweiden der Thiere, insonderheit vom Kratzer im Hecht, ebend. St. 12. S. 178 mit Kupf.

Naturgeschichte der Müllerſchen Gliederwürmer, ebend. St. 14. Geschichte der Perlenblaſen, ebend. St. 15. S. 1. Taf. 1.

Descriptio nonnullorum animalculorum marinorum, in den Nou. Actis Acad. Nat. Cur. To. VII.

Beſchreibung zweier Medusen in den Beschäft. der Berl. Gesellsch. 2. Th. S. 290 Tab. IX.

Von deſſen unterbrochenen Bemühungen bei den Inteſtinalwürmern; in den Schriften der Berliner naturf. Geſellſch. 1. Band S. 202.

Man sehe: Tale til Erindring af Herr *Otto Fred. Müller* etc. da hans *Gyps-Brustbillede*, skienket af hans efterladte Enke-Frue, blev i *Ribe-Skole* höitideligen opsat den 30. Iulii 1787, holden af *Lorens Hanssen*, Rector ved Skolen i Ribe. Kopenh. 1787. 8. 4¼ Bog.

Münch, Johann Arnold, Churfürstlich Trierischer Hofrath und Professor der Rechte zu Trier, geboren den 9. Februar 1714 zu Rüber an der Mosel im Churfürstenthum Trier, kam 1727 in das Gymnasium zu Coblenz, und fieng zu Ende des Jahrs 1739 an, zu Trier die Rechte zu studiren. Schon im August 1740 war er beyder Rechte Doctor, repetirte bis 1747, wo er im Jan. Professor Pandectarum und Codicis wurde. Er besaß seinen Lehrstuhl 23 Jahre, bis ihm 1769 die Verwaltung der drey vereinigten Aemter Bernkassel, Baldenau und Hunoldstein angetragen wurde, wenn er das Lehramt niederlegen wollte. Er that es, resignirte aber schon 1771 die Amtsverwaltung, kehrte nach Trier zurück, und diente bis an seinen Tod, den 26. September 1788, in den Churfürstlichen Dikasterien als Advocat. Man hat mehrere Dissertationen von ihm, die im ersten Nachtrag des gelehrten Teutschlands verzeichnet sind; s. Neu hist. Handlex. 4. Th.

Münch, Maximilian, Regul. Chorherr im Kollegiatstift Rebdorf, war zu Landsberg in Baiern den 9. November 1743 geboren. Seine Aeltern widmeten ihn frühzeitig dem Studiren; und als er in seiner Vaterstadt die untern Classen durchgewandert hatte, schickten sie ihn nach Augsburg in das dasige Lyzeum, um daselbst die Philosophie zu hören, wo der durch seine Schriften bekannte Professor Daunenmayr sein Mitschüler war. Mit authentischen Zeugnissen seines Fleißes und guter Sitten kam er 1762 nach Rebdorf, und wurde daselbst nach abgelegten Proben seiner Fähigkeiten in dieses Chorherrenstift aufgenommen. Sein unermüdeter Fleiß in Durchlesung ortho- und heterodoxer Bücher erhob ihn bald zur Stelle eines Bibliothekars, die er auch mit Ruhm begleitete. Doch konnte er diesem Amte nicht getreu bleiben; er mußte die verdrußvolle Stelle eines Closterfrauen-Beichtvaters in Marienburg antreten. Die Zwistigkeiten, die sich unter mehreren Frauenzimmern leicht auspinnen können, versüßte er sich durch den Umgang und Briefwechsel theils der Altdorfischen Professoren, und theils Nürnbergischer Gelehrten.

Nach 7 Jahren kehrte er in sein Stift zurück, um einer erwünschlichen Ruhe zu genießen; allein sie wurde ihm nicht lange gegönnt; Münch mußte abermal das nämliche verdrüßliche Amt bey den Chorfrauen in Marienstein übernehmen. Er unterzog sich diesem Geschäfte desto lieber, weil er in Rebdorf wohnen, und dasige Bibliothek benützen konnte. Seine Correspondenz mit dem gelehrten Prälaten zu Polling, Franz Töpsel,

und mit dem Fuld:schen Hofraths-Präsidenten, Freyherrn von
Bibra, zu dessen Journal von und für Teutschland er manchen
Aufsatz lieferte, machten ihm alle seine Sorgen angenehm.
Sein vieles Sitzen zog ihm eine Herz-Wind-Wassersucht
zu, an der er in seinem 48. Lebensjahr am 29. November
1791 starb. Er hinterließ mehrere Schriften; die Gedruckten sind:
1) Kurze Geschichte des Frauenklosters Marienburg aus
einheimischen und fremden Urkunden. Im Histor. diplo-
mat. Magazin für das Vaterland und angränzende Gegenden. B. II. St. I.
2) Johann Heinrich von Falkenstein Leben und Schriften.
Im Journal von und für Franken. B. I. H. VI. S. 640 fg.
Die Ungedruckten sind in eben diesem Journal B. IV. H. II. S. 228
nebst seiner weitläuftigeren Lebensgeschichte zu finden.

Münchhausen, Gerlach, Adolph Freyherr von, Königl.
Grosbrittanischer Premier-Minister, geheimer Rath und Cam-
mer-Präsident und Curator der Georg-Augusts Universität zu
Göttingen. Dieser gelehrte Minister und Mäcen der Gelehrten
stammte von einer alten adelichen Familie ab, die schon seit mehreren Jahrhunderten im Braunschweig-Lüneburgischen und in
Westphalen blühete und wurde am 14. Oktobr. 1688 geboren.
Sein Vater war Gerlach Heino von Münchhausen, Erbherr
auf Wendlinghausen, Steinburg und Straßfurth, Churfürstl.
Brandenburgischer Oberkammerherr und Oberstallmeister, der
aber wegen seines kränklichen Zustandes im Jahr 1689 um Erlassung seiner Dienste ansuchen mußte, nach deren Erfolg er sich
bis an sein Ende auf seinen Gütern zu Steinburg aufhielt,
welches am 9. Jan. 1710 herannahete. Munchhausens Aus-
bildung läßt auf seine zweckmäßige Erziehung schließen. Im
Jahr 1707 begab er sich auf die Universität Jena, lag daselbst
besonders unter Wildvogels und Struv's Anführung dem Studiren mit Fleiße ob und sezte dieses 1710 zu Halle und 1711 zu
Utrecht fort, und kehrte von da noch in demselbigen Jahre nach
Jena zurück. Im Jahr 1712 gieng er auf Reisen, und da er
von selbigen zurück gekommen war, wurde er 1714 als Königl.
Pohlnischer und Churfürstl. Sächsischer Appellationsrath nach
Dresden, im Jahr 1715 aber als Königl. Grosbrittanischer
Ober-Appellationsrath nach Zelle berufen. Im Jahr 1722
wurde ihm als Königl. Grosbrittan. Subdelegaten, eine Königl.
Commission in Sachen des Fürsten von Ostfrießland wider den
Herzog von Sachsen-Barby aufgetragen, welche er in Hamburg glücklich ausrichtete und die streitenden Partheyen verglich.
1723 gieng er bey der Sedis Vacanz zu Hildesheim, als Abge-
sandter an das Domkapitel, dahin, und im Jahr 1726 als Co-
mitial-Gesandter nach Regensburg. Im Jahr 1727 ertheilte
ihm der König Georg II. die Würde eines würklichen Geheim-
en-Raths, als welcher er 1728 in das zur Regierung des
Churfürstenthums Hannover verordnete hohe geheimbe Raths-

kollegium eingeführt wurde. 1732 ward er zum Großvoigt in Zelle ernannt. Bei der Stiftung der Universität Göttingen, wurde ihm die Besorgung und Einrichtung derselben aufgetragen. Der Erfolg hat gezeigt, daß man keinen geschicktern Mann dazu hätte erwählen können. Er selbst, als Kenner und großer Verehrer der Gelehrsamkeit, sorgte angelegentlichst für das Beste der Universität und für die Aufnahme derselben, er machte die heilsamsten Einrichtungen, wählte selbst die Subjekte zu Lehrern und ward selten in seiner Wahl getäuscht. Bis an das Ende seines Lebens, 55 Jahre, war er Kurator derselben. 1765 ernannte ihn der König zum Premierminister. Er starb 1770 am 26. November. Treue und Rechtschaffenheit war in allem seinem Thun, daher auch die Hochachtung gegen ihn allgemein war. Seine Verdienst um die gelehrte Welt, wird durch die Universität Göttingen im beständigen Andenken bleiben.

In seiner Jugend machte er mehrere literarische Versuche, wovon die Diss. de legibus, consuetudinibus et forma imperii unter Struvs Vorsitz, und die Diss. de capitulatione perpetua, Ien. 1710. Praes. Wildvogelio, und die Diss. de Vicariatu Italico, Ien. 1712, ohne einen andern Vorsitz, zeugen. Auch ist noch eine geschriebene Collectaneensammlung von Münchhausen vorhanden, die er seit 1726 als Comitialgesandter und nachher als Staatsminister in Teutschen Reichssachen gemacht hatte. Gegenwärtig besitzt sie der geheime Justizrath Pütter zu Göttingen, nach dessen Tod sie für die Göttingische Bibliothek zur Aufbewahrung bestimmt ist.

Spittler klagt in der Vorrede zum ersten Band seiner Geschichte des Fürstenthums Hannover S. 5. „So manchen großen Minister die hiesigen Lande schon gehabt haben, so mancher derselben vor Bernstorf, so mancher nach Bernstorf war, so kennt doch kaum der sorgfältigere Geschichtforscher ihre Namen, und Bernstorf selbst so wenig als Gerlach Adolph von Münchhausen haben das so sehr verdiente Glück genossen, daß man etwa auch nur mangelhafte Schilderungen der Verdienste hätte, welche sie sich in so vielfältiger Beziehung um die hiesigen Lande gemacht haben. In allen bisher erschienenen Geschlechts-Historien der großen adelichen Familien der hiesigen Lande, namentlich die Treuerische Geschichte der Herren von Münchhausen mit eingeschlossen, sieht es fast nicht historisch klarer aus, als auf einem Herrnhutischen Kirchhofe. Vor- und Zunahme, Geburts- und Todes-Jahr, höchstens noch eine Anzeige der erzeugten Kinder und der verwalteten Aemter sind meist vollständig da: aber, was der Mann dem Lande war, oder was er hätte seyn sollen, wie viel er gelitten, oder was er leiden gemacht hat, was er ausgeführt oder was er ausführen wollte, dessen wird so wenig gedacht, daß man über den ruhigen Undank unseres Zeitalters fast unwillig werden muß." Sonst findet man noch Nachrichten von Münchhausens Leben in Gottens jetztlebendem gelehrten Europa, Thl. I. S. 511. — Treuers Münchhausische Geschlechtshistorie 1740. — Weidlichs Geschichte der jeztlebenden Rechtsgelehrten. Merseburg 1749. 8. Theil II. S. 129 u. f. — Pütters Versuch von einer akadem. gelehrten Geschichte der Universität Göttingen. Göttingen 1765. 8. S. 14. und Theil II. Göttingen 1788. S. 13 u. 226. — Pietas Societatis regiae Göttingensis in Münchhusii viri immortalis conditoris conservatorisque sui funere, sanctis manibus approbata in consessu publico a. d. 8. Dec. 1770 interprete Chr. G. Heyne. fol. — Parentale sacrum in honorem ac memoriam Munchhusii viri virtutibus, factis, meritis de re civili et litteraria immortalis, Georgiae Augustae piae prorector G. L. Böhmer cum senatu. Fol. Auch in Heynii opusc. acad. Vol. I. (Götting. 1785. 8.) pag. 383 u. f. wieder abgedruckt. — Oratio in sollennibus parentalibus Georgiae Augustae in honorem ac memoriam Munchhusianam pie celebratis — habita a Chr. G. Heyne d. 28. Dec. 1770. Fol. Steht auch in Heynii opusc. academ. (Götting. 1787, 8.) Vol. II. pag. 409 — 446.

Münchhausen, Otto von, Erbherr zu Schwöbber, Königl. churfürstl. Landrost auch Land- und Schatzrath im Fürstenthum Calenberg. Er war am 15. Jun. 1716 geboren. Durch seinen Hausvater machte er sich als Oekonom berühmt. Seine Kenntnisse in der Botanik und einigen andern Theilen der Naturgeschichte wurden selbst von Linné sehr geschätzt. Er starb auf seinem Landgute zu Schwöbber, am 13. Jun. 1774.
Schriften:
Hausvater. Band I — VI. Hannover 1765 — 1773. 8. Die Schrift enthält einen großen Schatz nützlicher Vorschriften und zeigt den Verfasser als einen prüfenden Forscher, der weder das Alte aus Vorurtheil beibehielt, noch den Neuerungen blindlings folgte. Vom ersten und zweiten Theil ist auch eine neue Auflage, Hannover 1766 erschienen. Der erste Theil handelt vom Pfluge, Miste, Futterkräutern und dergl.; der zweyte enthält eine ökonomische Bibliothek, der dritte ist dem Gartenbau gewidmet, sonderlich der Baumzucht und den eßbaren Früchten; der 4te behandelt den Hausvater in seiner Wirthschaft, und der fünfte giebt ein Verzeichniß aller Bäume und Stauden, welche in Teutschland fortkommen, einen Gartenkalender ꝛc. Der sechste führt den besondern Titel: die Natur der Dinge durch eine neue Theorie erklärt, oder allgemeine Physik. —
Monatliche Beschäftigung für einen Baum- und Plantage-Gärtner bei Wildnissen, Pflanzschulen, Obstbäumen, Spalieren, Orangerien und Gewächshäusern, auch Forsten. Hannover 1772. 8. Eigentlich eine Auslegung des im 5ten Theile des Hausvaters befindlichen Gartenkalenders.

von Münchow, Gustav Bogislav, Königlich preussischer Generallieutenant, Gouverneur von Spandow, Chef eines Regiments zu Fuß, Ritter des schwarzen Adler- und St. Johanniter-Ordens ꝛc. geboren in Pommern den 10. September 1686, nahm 1703 Kriegsdienste, wohnte im brabandschen Feldzuge den blutigsten Auftritten, bis zum Jahr 1712, besonders aber den Schlachten bey Malplaquet und Ramelies mit Ruhm bei, machte 1715 den pommerschen Feldzug mit, und mußte 1740 am kaiserlichen Hofe das Absterben Friedrich Wilhelms I. bekannt machen. Im Jahr 1744 kommandirte er bei der Belagerung von Prag, und wohnte den ferneren Unternehmungen in Oberschlesien bey, bis zum Frieden. Den 1756 angefangenen Feldzug konnte er wegen seines hohen Alters nicht mehr mit machen, er behielt aber doch seine Würden bis an seinen Tod, der den 12. Jul. 1766 in seinem 80. Jahre zu Berlin erfolgte. Er genoß die Gnade seines Königs wegen seiner Geschicklichkeit, seines kriegerischen Muthes und vieler andern schätzbaren Eigenschaften. — Lorenz Ernst von Münchow, war ebenfalls ein strenger und tapferer Soldat, und diente 43 Jahre lang bey der preußischen Armee, zuletzt als Generalmajor. Nach der Schlacht bei Hohenfriedberg bekam er wegen der darinn bezeigten Bravour den Orden pour le merite, wurde nachher bey Prag und Leuthen stark verwundet, und starb an den in der letzten Schlacht empfangenen Wunden im Januar 1758 im 58. Jahr seines Alters. — Richard Daniel, aus Pommern gebürtig, und 1703 geboren, erfüllte in den Schlesischen Kriegen die Pflichten eines tapfern Soldaten, wurde bei Lowositz und Kollin verwundet, und starb an den Wunden der letztern Schlacht den 18. Junius 1757 in seinem 55. Jahr. Er hat 33 Jahre lang gedienet. s. neu. hist. Handbr. 4. Th.

Münnich, Burkard Christoph von, Reichsgraf, der berühmte russische Minister. Er wurde 1683 am 9. May alten Kalenders zu Neu-Heutorf in der Grafschaft Oldenburg geboren. Sein Vater war Anton Günther von Münnich, charakterisirter dänischer Generallieutenant und wirklicher Teichgrafe der Grafschaft Oldenburg und Delmenhorst, und hernach fürstlich Ostfriesischer geheimer Rath. Dieser ließ sich 1702 seinen Adel bestätigen. Seinem Sohne, der große Naturgaben hatte, und sehr lehrbegierig war, gab er die beste Erziehung. Er unterrichtete ihn selbst in der Wasserbaukunst, und ließ ihn darauf reisen. 16 Jahr alt gieng er nach Frankreich, um sich in der Sprache und Kriegsbaukunst zu vervollkommnen, bekam auch im Elsaß als Ingenieur Dienste; weil er aber wider den Kaiser nicht dienen mochte, so gieng er unter Hessen-Darmstadt als Hauptmann. 1702 war er bey der Belagerung vor Landau und nachher auch bei der Belagerung vor Tournai und Mons. Der Schlacht bei Castiglione und dem blutigen Treffen bei Malplaquet wohnte er bei, und wurde nach dem letzten Obristlieutenant. In dem Treffen bei Denain 1712 ward er gefährlich verwundet und französischer Gefangener. Hier wurde er mit Fenelon bekannt. Nach seiner Befreiung 1713 ward er Obrister, und baute den Kanal und die Schleuse bey Karlshaven. Aus Liebe zum Kriege verließ er die Darmstädtischen Dienste, und gieng 1716 als Obrister in Pohlnische. 1717 ward er Generalmajor. In der Zeit machte er den sogenannten Kompakt, nach welchem die Pohlnischen Truppen bis jetzt unterhalten werden. Weil er dem Generalfeldmarschall Grafen von Flemming zu groß zu werden schien; so drückte er ihn, wie er mehreren Generalen gethan hat, und trieb ihn aus dem Dienste. Er gieng in Königlich Schwedische und nach Karls XII Tode 1720 in Russische Dienste als Generalingenieur und Generallieutnant. Peter I that ihm selbst den Antrag. Münnich nahm ihn auch an, aber weil er sich kein Patent ausgebeten hatte: so fand seine Bestallung, als er 1721 in Petersburg ankam, anfangs Hindernisse; weil er noch sehr jung aussah. Doch erhielt er endlich das Patent. Peter I lernte bald seine Geschicklichkeit kennen, und trug ihm den Bau des Ladogaischen Kanals auf, den er aller Hindernisse ungeachtet, die besonders Fürst Menzikof ihm machte, 1732 völlig zu Stande brachte. Indessen ward Münnich 1727 General en Chef und 1728 Graf. Der Kaiserinn Anna Gnade hatte er ganz, die ihn auch zu einem Mitgliede des neuerrichteten Kabinets machte; er kam aber selten darein, außer in Berathschlagung von Kriegssachen. 1731 ward er Generalfeldzeugmeister und 1732 Generalfeldmarschall und Präsident des Kriegskollegiums. Nun entwarf er einen neuen Kriegsstaat für die Russische Landmacht, und richtete das adeliche Kadetenkorps ein. Jetzt übertrug ihm die Kaiserinn das Generalkommando in Petersburg, und Ingermannland. Beym Grafen Biron machte er sich so nothwendig, daß er nichts ohne des Feldmarschalls Rath unternahm, bis Ostermann und Löwendale Feindschaft unter ihnen stifteten. Ostermann suchte ihn nunmehr von der Kaiserinn zu entfernen. Daher er nach Danzig geschickt wurde, diese von den Russen belagerte Stadt zu bezwingen. Er thats und arbeitete darauf an der Ruhe in Pohlen. Es kam zum Kriege mit den Türken, wider welche er die Armee anführte, und von 1736 — 1739 vier glückliche Feldzüge that. Im letzten eroberte er die Moldau, und wäre noch weiter vorgedrungen, wenn nicht auf den unglücklichen Frieden mit dem Kaiser auch der Friede mit Rußland, doch ganz ohne Münnichs Zuthun, wäre geschlossen worden. Als er nach Hause kam, fand er Graf Biron wieder als seinen Freund; er half ihm dafür auch in Erlangung der Regentenwürde von Rußland. Nun hofte er alles zu erhalten; weil aber der Regent that, wie er wollte: so unterstützte er die Prinzessinn Anna, und nahm Biron in der Nacht durch seinen Generaladjutanten von Mannstein gefangen. Er ward dafür Premierminister, und betrieb das Vertheidigungsbündniß mit Preußen. Weil aber die Regentinn mit Wien und Dresden in Verbindung trat; so nahm er 1741 Abschied. Er wollte nach Königsberg, ward aber, als Elisabeth den Thron bestieg, gefangen, und nach Pelinn in Siberien geschickt. 5 Jahre lebte er da sehr elend, mit einem täglichen Gehalt von 3 Rubeln, bis er 1762 wieder frei ward. Er trat in seine vorigen Würden, ward auch Reichsgraf, und starb 1767 den 16. Oktober 84 Jahre alt.

S. Lebensgeschichte des Grafen Burchard Christoph von Münnich; im Büsching. Magazin Theil 3. S. 389 — 536. Urkunden dazu, Ebend. Theil 16. S. 401. Münnich; vom Regierungsrath von Halem; in Woltmann's Geschichte und Politik St. 1. S. 13 — 60. St. 2. S. 125 — 180. St. 3. S. 237 — 271; ist aber hier noch nicht geendiget. — Obige kurze Nachricht von Münnich ist wörtlich aus Haid's hist. Wörterbuch, ohne daß, leider! von den vorhergehenden etwas benutzt worden wäre.

Musschenbroeck, Peter van, der Philosophie und Arzneykunde Doktor, Professor der Naturlehre und Mathematik zu Leiden, ein berühmter Physiker des achtzehnten Jahrhunderts. Er war 1692 zu Leiden geboren. Die Natur hatte ihn mit trefflichen Talenten zum Studieren ausgerüstet. Vorzüglich widmete er sich der Arzneykunde, und die Verbindung dieser mit der Naturlehre führte ihn auch zum Studium des Letztern. Er sahe aber bald ein, daß die Naturlehre ohne Kenntniß der Mathematik nur unvollkommen seyn könne, er studierte also auch diese. Mathematik und Naturlehre führten ihn nun zur Experimentalphysik, in welcher er sich einen so glänzenden Namen erwarb. Boerhave war sein Vorbild und Lehrer in der Arzneykunde und sein Bruder Johann van Musschenbroeck leitete ihn auf dem Wege zur Experimentalphysik. Um eben diese Zeit verbreiteten sich vorzüglich Newtons Naturphilosophische Entdeckungen und Schriften. Auch ihn zogen diese zum Studium an. Im Jahr 1715 wurde er in seiner Geburtsstadt Doktor der Arzneykunde und 1719 Doktor der Philosophie. Seine Kenntnisse in der Philosophie wurden an dem Berliner Hof so gerühmt, daß er noch in dem letztern Jahr als ordentlicher Professor der Philosophie und Mathematik nach Duisburg berufen wurde, fünf Jahre darauf erhielt er auch daselbst eine außerordentliche Stelle als Lehrer der Arzneykunde. Im Jahr 1723 wurde er nach Utrecht zu eben dem Amte berufen, welches er in Duisburg begleitet hatte. Die Fortschritte in der Naturlehre, die durch Musschenbroeck's Bemühungen ungemein befördert wurden, bewog die Vorsteher der Universität Utrecht, zum Nutzen der Wissenschaft und mit beträchtlichen Kosten einen physikalischen Apparat anzulegen und ihn mit den mehresten Instrumenten, auch die kostbarsten nicht ausgenommen, zu versehen. Mit diesem damals seltenen Vortheil wurde nun der Unterricht eines gründlichen Lehrers verbunden; es konnte daher nicht anders geschehen, als daß Musschenbroeck der Wissenschaft viele Freunde erwerben mußte. Er war ein Feind von willkührlichen Hypothesen, er nahm nichts an, was er nicht erwiesen glaubte. Archimed, Galiläus und Newton waren die Muster, die er sich immer vorstellte und nach deren Beyspiel er sich richtete. Nach dieser Art schrieb er seinen kurzen Begrif der physischen und mathematischen Anfangsgründe; ein Buch, in dem Gründlichkeit und Deutlichkeit herrschte und das für den damaligen Zustand der Wissenschaften von Gewinn war. Musschenbroeck drang immer tiefer in die Natur ein und gab davon 1729 eine neue trefliche Probe. Er stellte seine Versuche von der anziehenden Kraft der gläsernen Haarröhrchen und flachen Spiegel ans Licht. Er untersuchte die Größe der Erdkugel und den Zusammenhang der festen Körper mit vielem Fleiß. Die Lehre von dem Widerstande und Zusammenhange der Körper machte er zu einem besondern Stück der mathematischen Wissenschaften, bauete sie auf Gründe und Erfahrungen und suchte ihren Nutzen darzuthun. 1740 wurde er nach Leiden als ordentlicher Professor der Philosophie und Mathematik berufen, wo er sich besonders um die Elektricität verdient machte und als eine Zierde der Schüler seiner Vaterstadt glänzte und ihr mit Nutzen für die dort Studierenden und die Wissenschaften vorstand. Er starb am 19. Septembr. 1761.

Seine Schriften:

Disp. Inaug. Med. de aeris praesentia in humoribus animalibus, Lugd. Bat. 1715. 4. Epitome Elementorum physico-mathematicorum, in usus academicos. Lugd. Bat. 1726. 8.

Physicae Experimentales et Geometricae de magnete, tuborum capillarium vitreorumque speculorum attractione, magnitudine terrae, cohaerentia corporum firmorum, Dissertationes, ut et Ephemerides meteorologicae Ultrajectinae. Lugd. Bat. 1729. 4. Auch zu Wien 1757. 4.

Tentamina Experimentorum naturalium captorum in *Academia del Cimento*, sub auspiciis Ser. principis *Leopoldi*, Magnae Etruriae Ducis, ex Italico in Latinum sermonem conversa, quibus commentarios, nova experimenta et orationem addidit P. v. M. Lugd. Bat. 1731. 4. Auch zu Wien 1757. 4. Die beygefügte Oration handelt de methodo instituendi experimenta physica. Er hielt sie zu Utrecht 1730.

Elementa Physica conscripta in usus academicos. Lugd. Bat. 1734. 8. Es kamen mehrere Auflagen von diesem Werke, theils vom Verfasser und theils von Anton Genovesi in Italien besorgt heraus. Gottsched übersetzte es ins Teutsche: Grundlehren der Naturwissenschaft, nach der zweiten Lateinischen Ausgabe des Verf. nebst einigen neuen Zusätzen desselben. Leipz. 1747. 8. 1748 wurde es aufgelegt und erhielt den Titel Institutiones physicae cet. Beginseln der Naturkunde, Leiden 1736. 4. In Holländischer Sprache, zum Nutzen derjenigen, die die Lat. Elemente nicht verstunden, aber ausführlicher. Diese Schrift wurde auch ins Französische übersetzt: Essay de Physique par P. v. M. traduit de Hollandois par *Pierre Massuet*, à Leiden 1739. 2 Voll. 4.

Inſtitutiones logicae, praecipue comprehendentes artem argumentandi cet. Lugd. Bat. 1748. 8.

Introductio ad philoſophiam naturalem. Leiden 1762. 2 Voll. 4. Nach des Verfaſſers Tode von Lulof herausgegeben.

Muſſchenbroeck's Leben ſiehe in Bruders Bilderſaal Dec. III. und in Börners Nachrichten von Aerzten ꝛc. B. 1. S. 529. B. III. S. 742 und in Baldingers Zuſätzen zu Börners Nachr. S. 134.

Müthel, Johann Gottfried, Organiſt an der Hauptkirche zu Riga, war geboren zu Möllen im Sachſen-Lauenburgiſchen 1729, wo ſein Vater als daſiger Organiſt ihn ſchon in dem 6ten Jahre den Anfang auf dem Klaviere machen ließ. Hierauf ſchickte ihn ſelbiger nach Lübeck, zu dem berühmten J. Paul Kunzen, damit er unter deſſen Anführung ſowohl das Klavier, als auch die Kompoſition, fortſetzen ſollte. Hier wurde er nun von ſeinem neuen Meiſter auf das Schöne ſowohl in deſſen eigenen, als anderer Meiſter Partituren, aufmerkſam gemacht, und indem er ihm das Volle der Harmonie und den Ausdruck der Worte bemerken ließ, ſo ſuchte er ihm zugleich die dabey vorkommenden Zweifel aufzulöſen.

Dieſen Unterricht genoß er bis zu ſeinem 17. Jahre, wo er Cammermuſikus und Hoforganiſt am Herzoglich Meklenburg-Schweriniſchen Hofe wurde. Er hatte zugleich daſelbſt die Ehre, den Erbprinzen Ludwig und ſeine Schweſter, die Prinzeſſin Amalia in der Muſik zu unterrichten. Nachdem er einige Jahre in dieſen Dienſten geſtanden hatte, erhielt er die Erlaubniß vom Herzog, andere Höfe, mit Beybehaltung ſeiner Bedienung und ſeines Gehalts zu beſuchen. Seine Hauptabſicht hierbey war, bey dem großen Sebaſt. Bach in Leipzig, ſowohl im Spielen als in der Kompoſition, noch mehreres zu erlernen, und ſich die zur Muſik erforderlichen Wiſſenſchaften zu erwerben. Zu dieſem Ende erhielt er von ſeinem Fürſten ein ſehr gnädiges Empfehlungsſchreiben. Der Kapellmeiſter Bach nahm ihn ſehr freundſchaftlich auf, und räumte ihm eine Wohnung in ſeinem Hauſe ein.

Müthel machte ſich nun nicht allein deſſen Unterricht auf das Beſte zu Nutze, ſondern errichtete auch eine intime Freundſchaft mit deſſen Söhnen, welche ihm bey der Kompoſition vielen Vortheil verſchafte. Nach Bachs Tode hielt er ſich noch einige Zeit zu Naumburg bey deſſen Schwiegerſohne Herrn Altnikol, mit vielem Nutzen für ſeine Kunſt auf. Von hier gieng er nach Dresden, beſuchte die Kirchen, Opern und Conzerte fleißig, und machte mit Haſſen, dem er empfohlen war, mit Neruda, Salimbeni und andern daſigen würdigen Männern Bekanntſchaft. Durch den Aufenthalt in Dresden bekam ſein Geſchmack, zu ſeinem Vortheile, eine ganz neue Richtung. Nachdem er Dresden verlaſſen hatte, ſuchte er noch andere würdige Männer an verschiedenen Orten auf, kam endlich nach Potsdam, und von da nach Berlin; wo er sich besonders an seinen alten Freund, den damaligen Cammermusikus Em. Bach hielt, welche Freundschaft er auch nach der Zeit durch fleißigen Briefwechsel unterhalten hat. Er hörte auch die damals berühmte Astrua daselbst, und machte mehrere schätzbare Bekanntschaften. Er gieng darauf über Hamburg, um den Freund seines Vaters, Herrn Telemann, und andere geschickte Männer kennen zu lernen, und kehrete endlich an den Meklenburg. Hof wiederum zurück, um daselbst von dem mancherley Guten und Schönen Gebrauch zu machen, was er sich unterdessen zu eigen gemacht hatte.

Allein hier hatte sich verschiedenes so sehr geändert, daß ihm dieser sein voriger Aufenthalt diesmal wenig Vergnügen machte. Er sehnte sich wieder weg, und übernahm nach 2 Jahren 1753, auf Veranlassung seines Bruders, des Oberfiskals am Kaiserl. Hofgerichte zu Riga, die Direktion einer kleinen Kapelle des Russischen geh. Raths v. Vietinghoff. Und nach abermaligen 2 Jahren erhielt er die Anwartschaft auf die Organistenstelle an der Hauptkirche zu Riga, welche er nun wirklich besitzt; und ohnerachtet verschiedener glänzender Vorschläge wegen der ruhigen Lebensart nicht scheint vertauschen zu wollen.

Ich bin mit Fleiß dieser vollständigen und weitläuftigen Lebensbeschreibung, welche uns Hr. Bode im 3ten Bande seiner übersetzten Burn. Reisen giebt, fast wörtlich gefolget, weil Herr Müthel einer unserer größten Orgel- und Klavierspieler ist. Burney sagt mit Recht von ihm: „Wenn ein angehender Klavierspieler alle Schwierigkeiten überwunden hätte, die in Händels, Scarlattis, Schoberts, Eckhardts und Em. Bachs Klavierstücken anzutreffen sind, und, wie Alexander bedauerte, daß er weiter nichts zu überwinden hätte; dem würde ich Müthels Kompositionen vorschlagen, als ein Mittel, seine Geduld und Beharrlichkeit zu üben. Seine Arbeiten sind so voll von neuen Gedanken, so voller Geschmack, Anmuth und Kunstfertigkeit, daß ich mich nicht scheuen würde, sie unter die größten Produkte unserer Zeit zu rechnen." Auch die Bemerkung verschiedener Kunstrichter ist richtig, daß sich seine Manier, der, des Hrn. Em. Bachs am meisten nähert; doch ist sie dabey weniger sanft und mehr rauschend. Schade! daß seine Bedenklichkeiten, von denen sich unsere Modekomponisten so leicht zu befreyen wissen, nebst seinem Grundsatze: nur in heitern Stunden zu arbeiten, ihn theils an der Ausarbeitung, theils an der Herausgabe verschiedener Werke, hindert. Gedruckt ist folgendes von seinen Werken: 1) 3 Sonates et 2 Ariosi avec 12 Variations pour le Clavecin. 2) Oden und Lieder fürs Klavier. Hamb. 1759. 3) 2 Concerti per il Cembalo concert. Riga 1767. 4) Duetto für 2 Klaviere. Riga 1771. s. Gerbers Lex. für Tonk. 1. Th.

Muratori, Ludwig Anton, Bibliothekar des Herzogs von Modena, Probst der Pomposianischen Kirche zu Modena ꝛc., ein um die Geschichte Italiens höchst verdienter Gelehrter. Zu Modena wurde er am 21. Oktober 1672 geboren. Seine ersten Führer waren die Jesuiten seines Orts, die ihn bald so weit brachten, daß er sie verlassen und sich zu den Lehrern auf der Universität seiner Vaterstadt wenden konnte. Hier legte er sich auf Sprachen und Philosophie. Darauf studierte er Jurisprudenz und Theologie. 1688 trat er in den geistlichen Stand und wurde 1695 durch Dispensation Diaconus und Priester. In allem, was er vornahm, war er ungemein fleißig und übertraf in wenigen Jahren alle diejenigen, welche sich neben ihm auf gleiche Wissenschaften legten. Sein Name ward bald bekannt und noch nicht 22 Jahr alt rief ihn der Kardinal Borromäi nach Mayland und vertrauete ihm die Aufsicht über die berühmte und wichtige Ambrosianische Bibliothek an. Hier durchsuchte Muratori die Handschriften und vielen Bücher und fieng an seine Gelehrsamkeit der Welt in den anecdotis vor Augen zu legen. Diese sahe auch gar bald auf ihn, vornämlich als er dem zweiten Theile seiner anecdotorum eine Schrift von der eisernen Krone zu Mayland beyfügte, und dieß Kleinod Italiens in höchstem Grade verdächtig machte. Wer es weiß, wie hoch man diese Krone hielt, und wer die Streitigkeiten kennt, die diese Schrift erregt hat, der wird sie den ersten Grund zu dem bedeutenden Ansehn Muratori's nennen müssen.

Er hatte an Mayland einen Ort, wie er eben begehrte. Man ehrte und liebte ihn daselbst, doch aber zog ihn die Liebe zu seiner Geburtsstadt von da wieder hinweg. Rainold I. rief ihn 1700 wieder nach Modena und übergab ihm die Aufsicht über seine Bibliothek und sein Archiv. Der Herzog schätzte ihn wegen seines Fleißes und seiner Kenntnisse und übertrug ihm auch seinen Prinzen in der Moral zu unterrichten. Auch noch überdieß gebrauchte er ihn zu den wichtigsten Verrichtungen. Als Beyspiel mögen die Streitigkeiten wegen der Stadt Comacecchio dienen. Das Haus Este hatte ehemals über diesen Ort die Oberherrschaft behalten, der Päpstliche Stuhl aber hatte sie demselben abgenommen und sich selbst angemaßt. Kaiser Joseph I. setzte sich wider diese Anmaßung, und als man von beyden Seiten nöthig fand zur Feder zu greifen, so trug der Herzog von Modena unserm Muratori auf, des Kaysers und seine Rechte gegen den Pabst zu retten. Er führte die Arbeit mit vielem Fleiß aus und zeigte mit vieler Gewißheit, daß die alten Kayser, die den Päpsten ehemals Länder und Städte geschenkt, sich allezeit die Oberherrschaft über diese vorbehalten. Diese Bemühung gefiel aber dem Papst sehr wenig und Muratori vertheidigte sich nachher über die Beschuldigungen, die man ihm deswegen machte, in der piena esposizione.

So sehr er auch den Zorn von Rom auf sich zog, so sehr nahm sein Ansehn bey Italienischen und fremden Gelehrten, bey seinem Herzoge und selbst bey dem Kayser zu. Letzterer überschickte ihm auch eine goldene Kette. Die meisten gelehrten Gesellschaften in Italien und die Königl. Gesellschaft der Wissenschaften in London nahmen ihn zu ihrem Mitglied auf.

Der Herzog von Modena übertrug ihm eine neue Arbeit. Da die alte Geschichte des Hauses Este, wie die alte Geschichte überhaupt, ungewiß und durch viele Fabeln entstellt worden war; so sollte er diese reinigen und in derselben historische Wahrheit und fabelhafte Sage trennen. Er besuchte daher auf Befehl des Herzogs viele Städte Italiens und forschte nach Handschriften, die für diese Geschichte Brauchbarkeit hatten. Da er bey der Bearbeitung dieser Geschichte auch zugleich die Verwandtschaft des Hauses Braunschweig und Modena zu zeigen hatte; so schrieb er 1715, ehe er seine Arbeit heraus gab, seine Gedanken darüber an Leibnitz, der sein Vorhaben billigte und ihn zur Ausführung ermunterte.

Im Jahr 1716 übernahm er eine geistliche Stelle und wurde Propst bey der Pomposianischen Kirche, welches er aber nur bis 1733 blieb. Krankheit und viele andere Arbeiten nöthigten ihn dieser Stelle zu entsagen. Er hat beynahe in allen Wissenschaften etwas geschrieben. In den Alterthümern war er vorzüglich stark. Gegen das Ende seines Lebens wurde er fast gänzlich seines Gesichtes beraubt. Er starb zu Modena, am 23. Jan. 1750. Ich will mich hier bemühen seine Schriften möglichst vollständig anzugeben:

Anecdota, quae ex Ambrosianae bibliothecae codicibus nunc primum eruit, notis ac disquisitionibus auget cet. Tom. I. Mediol. 1697. II. ibid. 1698. III. et IV. Patavii 1713. 4. In dem ersten Bande stehen 4 Gedichte des Paulinus von Nola, die Muratori mit Anmerkungen und 2 Dissert. begleitete. Doch hat man erinnert, daß ein Gedicht, das Muratori unter Paulinus Namen habe drucken lassen, von einem gewissen Anton herrühre. Im 2ten Band fehlt 1) das Glaubensbekenntniß des Bacchiarius, das ums Jahr 390 geschrieben ist. 2) Johann Cermenedes Geschichte der Stadt Mayland von 397 — 1313. 3) Einiges gegen die Irrthümer der Manichäer. 4) Rede des Aeneas Sylvius gegen die Oesterreicher. 5) Formel der Freylassung der Knechte, die geistlich werden wollen. 6) Anzeige der Körper der Märtyrer, die zu Gregors Zeiten in Rom waren. 7) Zwey Zeitbücher vom Italienischen Glaubensbekenntniß des Fortunatus rc. Am Ende sind noch 2 Dissertationen a) von den Fasten der vier Zeiten, und b) von der eisernen Krone, mit welcher die Könige der Lombarden gekrönt wurden. Im dritten Bande stehen 1) Tertubon de oratione. 2) Stephanardi Vicomercadi Gedicht von den Händeln des Erzbischofs von Mayland Otto Viconti. 3) de computo, ungefähr vom Jahr 829. 4) 6 Briefe und 3 Reden des Hildebertus Lenomanensis. 5) Gezo, Abts von Tortona, Schrift de corpore et sanguine Christi. 6) Aeneas Sylvius Rede an Papst Calixtus III. für die Böhmen die Erlaubniß zu erhalten das Abendmahl unter beyderley Gestalt zu genießen. Der vierte Band enthält: 1) Predigten des Maximus von Turin. 2) Ein altes Kirchenbuch. 3) Des Monegaldes Schrift gegen Wolfelmus von Cölln. 4) Ueberbleibsel der Geschichte des Johann Cermenedes. 5) Eine Geschichte der Patriarchen zu Aquileja, bis 1350.

Vita e Rime di Carlo M. Maggi. In Milano. 1700. 5 Bände 8.

I primi Disegni della Repubblica Letteraria d'Italia cet. In Napoli (Venezia) 1703.

Prolegomena cet. in librum, cui titulus: Elucidatio Augustinianae de divina gratia doctrinae. Coloniae 1705.

Lettera ai generosi e cortesi Letterati d'Italia, senza data. In Venezia 1705.

Della Perfetta Poesia Italiana. Tom. II. Modena 1706. colle Note del Salvini. In Venezia 1723. 4. Das Werk erregte unter den Italienischen Dichtern einen Krieg. Muratori hatte einige ältere und neuere Dichter etwas schiefer beurtheilt, als die Anhänger derselben vertragen konnten. Besonders suchten sich zwey mittelmäßige Dichter Andreas Maranus und Anton Bergamini 1708 in einem Gespräch gegen Muratori zu vertheidigen. Es traten aber zwey andere Dichter auf die Seite desselben, und trieben die vorhergehenden zurück. Der eine war Nicolaus Amenta, und gab heraus: Lettera del Sig. Niccolo Amenta, dirizzata ol P. Sebastiano Paoli, in difesa del Sig. L. A. Muratori, dedicata dal dott Girolamo Catò. 1715. 8. Der andere war Sebastian Paoli, an den der vorhergehende Brief geschrieben. Von ihm kam 1715 in 8. heraus: Difesa delle censure del Sig. L. A. Muratori contro l'Eufrasio dialogo di due poeti Vicentini. Porte prima, distesa in un ragionamento da Sebastian Paoli. Außer diesen haben ihn auch noch mehrere beschützt.

Lettera in difesa del March. Gio. Gioseffo Orsi. Bologna 1707. Introduzione alle Paci Private. In Modena 1708.

Riflessiohi sopra il buon Gusto nelle Science e nelle arti Sotto nome di *Lamindo Pridanio*. In Venezia 1708 und mit einem 2ten Theil vermehrt Colonia (Napoli) 1715. 4.

Offervazioni sopra una lettera intitolata: Il Dominio temporale della Sede Apostolica sopra la citta di Comacchio cet. In Modena 1708.

Epistola ad Io. Albertum Fabricium cet. 1709.

Anecdota Graeca, quae ex MSS. codicibus nunc primum eruit, Latio donat, notis et disquisitionibus auget cet. Patavii. 1709. 4.

Supplica di Rinaldo I. D. di Modena alla S. Cef. Maostà cet. per le controversie di Comacchio. In Modena. 1700. fol.

Quaestioni Comacchiesi. In Modena 1711.

Epiſtola ad Leibnitzium de connexione Brunſuicenſis Familiae cum Eſtenſi. Edita Tom. III. Scriptorum Brunſuicenſia illuſtrantium ejusdem Leibnitzii.

Lettera di Lamindo Pritanio ad uno degli Autori del Giornale d'Italia. Modena 1716.

La rime di Franceſco Petraca, colle conſiderazioni del Taſſoni, Muzio e Muratori. In Modena 1711. 4.

Vita del Paolo Segneri juniore della Compagnia Ieſu, ad Eſerc. Spirituali etc. Tomi II. Modena 1720. 8.

Piena Eſpoſizione dei Diritti Imperiale ed Eſtenſi ſopra la città di Comacchio. In Modena 1712.

Del Governo della Peſte, e delle maniere di guardarſene, trattato diviſo in politico, morale et eccleſiaſtico. In Modena 1714. e colla Relazione della Peſte di Marſiglia. In Modena 1721. 8.

De Ingeniorum Moderatione in Religionis negotio, cum apologia St. Auguſtini adverſus multiplicem cenſuram Ioannis Phereponi. Pariſiis 1713. Cöln 1715. 8. Venedig 1727. 4. Muratori gab dieſe Schrift unter dem Namen Lamindi Pritanii heraus.

Le Antichità Eſtenſi ed Italiane. Parte prima oue ſi tratta dell origine et antichità della caſa d'Eſte. in Modena 1717.

Delle antichità Eſtenſi continuazione, o ſia parte ſecunda. In Modena 1740.

Diſamina d'una Scrittura intitolata: Riſpoſta a varie Scritture in propoſito della controverſia di Comacchio. In Modena 1720.

Epiſtola ad A. v. Davinium de potu vini calidi. Mutinae an. 1720 & 1725. inter ejusdem Davinii Tractatum.

Della carità Chriſtiana cet. In Modena 1723.

Corpus Mediolanenſe, ſ. *Rerum Italicarum ſcriptores* ab anno aere Chriſtianae D. ad MD. quorum potiſſima pars nunc primum in lucem prodiit; ex Ambroſianae, Eſtenſis aliarumque inſignium bibliothecarum codicibus Lud. Ant. Muratorius, Sereniſſ. Ducis Mutinae bibliothecae Praefectus, collegit, ordinavit et praefationibus auxit, nonnullos ipſe, alios vero *Mediolanenſes Palatini Socii* ad MSCrorum codicum fidem exactos, ſummoque labore, ac diligentia caſtigatos variis lectionibus ac notis tam editis veterum eruditorum quam noviſſimis auxere indicibusque. Mediolani 1723 — 1751. 25 Theile oder 28 Bände, in gr. fol. Nachleſen zu dieſem Werke haben geliefert: *Domin. Mar. Manni*, ohne Meldung ſeines Namens in 2 Folianten, Florenz. 1748 — 1770. — *Flamin. Cornelius* zum 8ten Band des *Laurent. de Monacis* Chronicon. Venet. 1759. 4. — *Ioh. Bened. Mitarelli* acceſſiones hiſtoricae Faventinae. ibid. 1771. fol.

Opere varie critiche di Ludovico Caſteluetro, inedite, con la vita del autore, per L. A. Muratori. In Lione (Milano) 1727. 4.

Motivi di credere tuttavia afcofo etc. il facro corpo di S. Agoftino. In Trento (Lucca) 1730.

Lettera al Zeno fulla dimora di Torquato Taffo in f. Anna di Ferrara. To. X. dell' Opere del Taffo cominiciate a ftampare in Venezia nel 1732.

Votum circa Differtationem de Iejunio cum efu carnium conjungendo. Eft in libro, cui titulus: Giudizio dell dottiffimo etc. Muratori etc. intorno la Differtazione Latina de Iejunio etc. Parmae anno 1707.

Das Leben von Carl Sigonius, vor der Ausgabe seiner Werke, die Philippus Argelatus zu Mayland 1732, in 6 Folianten herausgab.

Vita del Marchefe Gio. Giofeffo Orfi. in Modena 1735.

Differtazione fopra una Ifcrizione trovata nella città di Spello. Nel. To. XI. degli Opuscoli del P. Calogerà.

La filofofia Morale efpofta a i Giovani dal Sig. L. A. M. In Verona 1735. 4. Primo Efame della Eloquenza Italiana di Monfignor Fontanini, fenza il luogo della ftampa 1737.

Differtazione fopra l'Afcia fepolcrale. In Roma 1738. nel To. II. dei faggi di Differtazioni dell' Academia Etrufca di Cottona.

De Paradifo regnique coeleftis gloria, non exfpectata corporum refurrectione, juftis a Deo collata, adverfus Thomae Burneti, Britanni, librum de ftatu mortuorum. Veronae 1738. 4.

Antiquitates Italicae medii Aevi. To. I — VI. Mediolani, 1739 — 1747. Fol.

Vita di Aleffandro Taffoni. In Modena 1738.

Novus Thefaurus Veterum Infcriptionum in praecipuis earundem collectoribus hactenus praetermiffarum. Tom. IV. Mediolani 1739 — 1743. Fol.

Vita Raynaldi I. Ducis Mutinae: inter Memorabilia Italorum Lamii To. I. Florentiae an. 1742.

Vita Francifci Torti praemiffa ejusdem Operibus. Venetiis an. 1743.

De fuperftitione vitanda etc. Mediol. (Venetiis) an. 1742.

Dei Diffetti della Giurifprudenza. In Venezia 1742 Fol.

Epiftolae fub nomine Ferdinandi Valdefii etc. Mediolani (Venetiis) anno 1743.

Il Chriftianefimo Felice etc. P. I. in Venezia 1743. e P. II. nel 1749.

Annali d'Italia del principio dell'era volgare fieno all' anno 1500. compilati da L. A. M. In Milano (Venezia) 1744 et feq. 8 Voll. 4. Mit einer Fortsetzung bis 1749, Venezia 1750. 9 Voll, 4 maj. Mit Abhandlungen des Pater Catalani. ibid. 1753. 18 Voll. 8. In Monaco 1761 — 63. 9 Voll. 4. Fortgesetzt bis 1765 von Marchese Guafco. Lucca 1765. Mit einer Fortsetzung bis 1770. Livorno 1770 in 4. und 8. Teutsch mit historischdiplomatifchen Anmerkungen von D. *Ioh. Leonh. Baudis* und mit Vorreden von D. Jöcher. Leipzig 1745 — 1750. 9 Theile, 4.

Dissertazione sopra un' Iscrizione spettante alla città di Ereius in Provenza. Nel To. XXXI. degli Opuscoli Calogeriani 1744.

Delle Forza dell' Intendimento umano ofia il Pirronifmo confutato Traftato. In Venezia 1745. 8.

Della Forza della Fantafia. In Venezia 1745. 8.

Lufitanae Ecclefiae Religio in adminiftrando Poenitentiae Sacramento. Mutinae 1747.

Della Regolata Divozione dei Chriftiani, unter dem Namen, di Lamindo Pritanio. In Venezia 1747.

Vita di Benedetto Giacobini. Padova 1747.

Dissertazione sopra i servi e Liberti antichi. Nel T. I. delle Memorie della Società Colombaria di Firenze 1747.

Placitum Ravennae apud Claffem habitum a Silveftro II. P. M. & Ottone III. Aug. & a Muratorio illuftratum. In Vol. V. Symb. Gorian. Florentiae 1747.

Liturgia Romana Vetus, tria Sacramentaria complectens, Leonianum fcilicet, Gelafianum et antiquum Gregorianum, edente L. A. M., qui et ipfam cum aliarum gentium Liturgiis contulit, ad confirmandam prae ceteris Catholicae ecclefiae de Euchariftia doctrinam. T. II. Venetiis 1748. Rifpofta fotto nome di Lamindo Pritanio al Sig. Cardinal Querini nella Raccolta delle Scritture circa la diminuzion delle fefte. In Lucca 1748.

De Naevis in Religionem incurrentibus five Apologia Epiftolae a fanctiffimo D. B. Benedicto XIV P. M. ad Epifcopum Auguftanum fcriptae; Lucae 1749.

Della publica Felicità, aggetto de buoni Principi, Lucca. (Venezia) 1749. 8. Teutsch: L. A. Muratori Anfangsgründe der Regierungskunft für junge Fürften, welche einft ihr Volk glücklich zu machen wünfchen. Mit nöthigen Abkürzungen übersetzt und mit einigen Anmerkungen und Zufätzen verfehen von K. A. Cäfar. Leipzig 1798. 8.

Della Infigne Tavola di Bronzo fpettante ai Fanciulli e Fanciulle Alimentarj di Trajano Augufto nell' Italia diffoterata nel Territorio di Piazenza l'Anno 1747. Intera Edizione efpofizione fatta da L. A. M. In Firenze 1749. 8.

Differtationi fopra le Antichità Italiane, giu compofte e pubblicate in latino dal Propofto L. A. M., e da effo pofcia compendiate e transportate nell Italiana favella. Opera poftuma data in luce dal Propofte *Gian Francefco Sote Muratori*, fuo Nepore. In Milano (Venezia) 1751. 3 Voll. 4. Von Muratori's Werken ward im Jahr 1767 eine vollftändige Ausgabe veranftaltet, die fchon 1793. (nach der allgemeinen Litteratur-Zeitung, Jahrg. 1793. Nro. 236.) bis auf 36 Bände angewachfen, aber noch nicht vollendet war. In diefer Ausgabe find auch die von Muratori nur herausgegebenen Schriften mit aufgenommen. Eine neue Sammlung feiner Werke wurde unter dem Titel: *Opere del Muratori.* In Venezia 1790. 8. angefangen, wo auch 6 Bände erschienen, von deren weitern Fortsetzung ich aber keine Nachricht geben kann. Nur seine eigenen Schriften sollten darin abgedruckt werden.

Nachrichten von Muratori's Leben findet man in Göttens gelehrtem Europa, Theil 3. S. 91 und 842. und Nachträge dazu in den Beyträgen zur Historie der Gelahrheit, Theil 4. S. 251. Auch Aloysius Brenna hat Muratori's Leben beschrieben, welches in Angel. *Fabronii* Vitis Italorum doctrina excellentium. Vol. X pag. 89 — 391 (Pisis 1783. 8.) eingerückt steht.

Mustapha III., der Ruhmwürdige; Türkischer Großsultan. Er wurde den 20sten December 1715 geboren; sein Vater war Achmet III. Türkischer Kaiser, der 1730 abgesetzt ward, und 1736 starb. 1757 den 29. Oktober wurde er nach Osmans III. Tod erwählt. Im Jahre 1758 setzte er den Tartar-Chan, über den er mißvergnügt war, ab, und verwieß ihn nach Gallipolis. Der an dessen Stelle ernannte ward aber von den Tartarn nicht erkannt; der Kaiser ließ daher schon ein Heer anrücken, um seinen Befehlen Gehorsam zu verschaffen. Allein die Tartarn baten um Gnade, und erhielten die Bestätigung des von ihnen erwählten Chans. Er war auch so glücklich, den Aufruhr, welcher in eben diesem Jahre an manchen Orten seines Reichs entstund, zu stillen, und den Schaden, welchen die häufigen Feuersbrünste in Konstantinopel verursachten, bald zu ersetzen. Die Ausführung eines Werkes, welches schon Trajan sich vorbehielt, den See Askanius mit dem Meere zu vereinigen, vollendete er, mit 3 Millionen Piasters Kosten, glücklich. 1760 wurde gegen ihn, zum Vortheil seines im Serail eingeschlossenen Bruders Bajazeth, eine Verschwörung angesponnen, deren Ausbruch aber noch gehindert wurde. Mit dem Könige von Preußen schloß er zwar 1761 einen Handlungs-Vertrag, war aber auf keine Weise zu bewegen, sich in den zwischen den verbundenen Mächten und Preußen 1755 entstandenen Krieg zu mischen, sondern beobachtete die strengste Partheilosigkeit. 1763 schickte er den bekannten Achmet Effendi als Großbotschafter nach Berlin, welcher bis ins folgende Jahr daselbst blieb. In die Irrungen, welche 1764 wegen der Polnischen Königswahl entstunden, wollte er sich anfänglich gar nicht mischen, sondern erkannte vielmehr 1766 den neuen König Stanislaus August für das rechtmäßig erwählte Oberhaupt. Allein 1768 brachten es die drei Häupter der Konföderation zu Baar dahin, daß er der Russischen Kaiserinn den Krieg ankündigte. Mit was für einem Glücke er aber denselben geführt hat, ist bekannt. Er würde daher gern Frieden gemacht, und die während des Waffenstillstandes gemachten Foderungen der Russen bewilliget haben, wie die Friedensversammlungen zu Fokschany und Bucharest bezeugen, wenn nur der Divan die Unabhängigkeit der Krimm eingestanden hätte. Doch erlebte er den die Pforte so erniedrigenden

Frieden nicht mehr, da er 1774 den 21. Jänner starb. Er besaß viele gute Eigenschaften; und nicht den Stolz und die Grausamkeit der Sultane. Mit der Italienischen und Französischen Sprache war er sehr bekannt, und redete mit den Europäischen Gesandten, wenn er sich mit ihnen privatim unterhielt, öfters diese Sprachen. Seinen Bruder Abdul Hamid, ob er gleich bey den Janitscharen sehr beliebt war, behandelte er doch freundlich, und berief ihn einige Tage vor seinem Tode zu sich, da er ihn zu seinem Nachfolger ernannte. Er hatte zwar einen Sohn, den Sultan Selim Gihandari, der 1761 den 24. December geboren ward; aber in Rücksicht, daß unter einer minderjährigen Regierung das Türkische Reich bey den kriegerischen Umständen, in welchen es sich befand, durch die Eifersucht der Großen zerrüttet werden möchte, betrieb er es, daß Abdul Hamid an seinem Todestage zum Kaiser ausgerufen wurde. Den Beinahmen des Ruhmwürdigen, hatte er seinem Eifer für die Sicherheit des Grabes zu Mecca zu danken. Die Araber hatten im December 1757 die jährlich von Konstantinopel nach Mecca gehende Karavane angefallen, und geplündert. Sie droheten sogar der Stadt Mecca selbst; doch die gegen sie ausgesandten Türkischen Völker schlugen sie in zwei Treffen, und das Volk zu Konstantinopel, welches über die Nachricht, daß Mecca gerettet, und die Karavane glücklich bey dem heiligen Grabe angelanget wären, in Enthusiasmus gerieth, rief auf allen Straßen: Es lebe der große und ruhmwürdige Kaiser der Muselmänner, Mustapha III. S. histor. Wörterbuch B. II. S. 1444.

www.ingramcontent.com/pod-product-compliance
Lightning Source LLC
Chambersburg PA
CBHW031356230426
43670CB00006B/561